Flash CS5

Flash CS5
Einstieg, Praxis, Profitipps

Sascha Kersken & André Reinegger

BEIJING · CAMBRIDGE · FARNHAM · KÖLN · SEBASTOPOL · TOKYO

Kommentare und Fragen können Sie gerne an uns richten:
O'Reilly Verlag
Balthasarstr. 81
50670 Köln
E-Mail: kommentar@oreilly.de

Copyright:
© 2010 by O'Reilly Verlag GmbH & Co. KG
1. Auflage 2010

Adobe® Flash® CS5 ist in den USA und in anderen Ländern ein Warenzeichen oder ein registriertes Warenzeichen von Adobe Systems, Inc.

Bibliografische Information Der Deutschen Nationalbibliothek
Die Deutsche Nationalbibliothek verzeichnet diese Publikation in der Deutschen Nationalbibliografie; detaillierte bibliografische Daten sind im Internet über http://dnb.d-nb.de abrufbar.

Lektorat: Inken Kiupel, Köln
Korrektorat: Sibylle Feldmann, Düsseldorf
Gestaltung des Reihenlayouts: Roman Bold & Black, Köln
Satz: Reemers Publishing Services GmbH, Krefeld; www.reemers.de
Umschlaggestaltung: Michael Oreal, Köln
Produktion: Andrea Miß, Köln
Belichtung, Druck und buchbinderische Verarbeitung:
Himmer AG, Augsburg

ISBN 978-3-89721-987-8

Dieses Buch ist auf 100 % chlorfrei gebleichtem Papier gedruckt.

Inhalt

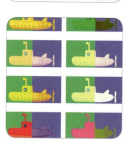

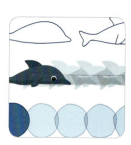

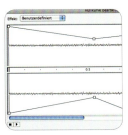

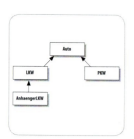

Einführung

Der Anfang ist die Hälfte des Ganzen.

Aristoteles

Adobe Flash ist für viele Webdesigner und -entwickler die Software der Wahl, wenn es um die Erstellung multimedialer, interaktiver Inhalte fürs Web geht. Ob Trickfilm, Webvideo, E-Learning-Anwendung, Simulation oder Benutzeroberfläche mit individueller Ästhetik: Flash CS5 eignet sich für unterschiedlichste Anwendungen und unterstützt Sie mit umfangreichen Funktionen bei deren Erstellung.

Dieses Buch möchte Ihnen die vielen Möglichkeiten, Flash in der Version CS5 kreativ zu nutzen, näher bringen. Sie finden darin solides Grundlagenwissen und viele in sich abgeschlossene Übungen und Workshops, mit denen Sie Flash selbst erkunden können.

Über dieses Buch

Adobe Flash ist seit vielen Jahren ein bewährtes Werkzeug zur multimedialen Aufwertung von Websites und zur Erstellung von Rich Internet Applications (RIAs). Fast jede neue Version des Programms hat bedeutende Neuerungen eingeführt, wie die Unterstützung von Video und 3-D, immer weiter verfeinerte Animationswerkzeuge sowie die leistungsfähige Programmiersprache ActionScript, die nunmehr in ihrer dritten und bisher besten Version enthalten ist.

Trotz des Marketing-Hypes um die Funktionen der kommenden HTML-Version 5.0 (die bisher nur von sehr wenigen Browsern unterstützt wird) und Apples offener Abneigung gegen diese Technologie ist Flash weit verbreitet. Es trägt dazu bei, benutzerfreundlichere Webanwendungen zu erstellen, deren zahlreiche interaktive Funktionen ohne Flash kaum oder nur sehr eingeschränkt verfügbar wären.

Dieses Buch stellt alle wesentlichen Aspekte der aktuellen Version Flash CS5 in Theorie und Praxis dar: In jedem Kapitel werden die Konzepte der verschiedenen Werkzeuge, Funktionen und Programmiermöglichkeiten erläutert, und die meisten Kapitel enthalten zusätzlich Workshops, in denen anhand realistischer Beispiele Schritt für Schritt beschrieben wird, wie Sie diese Elemente von Flash praktisch nutzen können.

Eine wesentliche Neuerung von Flash CS5 ist die Fähigkeit, native Anwendungen für das Betriebssystem iOS zu erstellen, also Apps für iPhone, iPad und iPod touch, die selbst keinen Flash Player besitzen. Allerdings änderte Apple kurz vor Erscheinen von Flash CS5 die Regeln für den App Store: Es wurden keine Apps mehr akzeptiert, die mit Drittanbietertools wie eben Flash erstellt wurden. Adobe kündigte daraufhin an, den iOS-Support in der nächsten Version wieder fallen zu lassen.

Im September 2010 wurden die Bedingungen überraschend erneut gelockert, sodass der iOS-Export nun offiziell wieder möglich ist. Inzwischen hat Adobe auf diese Neuigkeiten reagiert und bietet unter *http://labs.adobe.com/technologies/ packagerforiphone/* eine neue Version des »Packager for iPhone« zum Download an. Es soll auch im App Store auch erste Apps geben, die damit aus Flash exportiert wurden. Leider fanden diese Ereignisse erst nach dem Redaktionsschluss dieses Buchs statt.

Aufbau des Buchs

Das Buch ist in 20 Kapitel und drei Anhänge unterteilt. Die Kapitel behandeln im Einzelnen folgende Themen:

Kapitel 1, *Flash im Überblick*, stellt zunächst verschiedene Funktionen und Einsatzmöglichkeiten des Programms vor. Sie erfahren, was Flash genau ist, wozu man es sinnvoll einsetzen kann und in welchen Fällen man besser auf seinen Einsatz verzichtet. Auch verschiedene mögliche Alternativen zu Flash werden angesprochen.

Kapitel 2, *Die Arbeitsumgebung von Flash*, stellt die wichtigsten Elemente der Benutzeroberfläche vor. Sie erfahren, was es mit Bühne, Zeitleiste, Werkzeugleiste, Eigenschaftenpalette und anderen nützlichen Elementen auf sich hat.

In Kapitel 3, *Zeichnen mit Flash*, lernen Sie die grafischen Arbeitsmittel und Funktionen des Programms kennen, insbesondere die zahlreichen Zeichen- und Auswahlwerkzeuge.

Kapitel 4, *Farben und Füllungen*, behandelt alles, was Sie über Füllfarben, Farbverläufe und andere Aspekte des Umgangs mit Farben wissen sollten.

Kapitel 5, *Zeichnungen modifizieren*, beschreibt die diversen Transformationsmöglichkeiten für bestehende Zeichnungen wie Skalieren, Drehen, Spiegeln, Verzerren, aber auch grundlegende Änderungen wie Begradigen und Glätten der gezeichneten Linienzüge selbst. In diesem Kapitel gibt es den ersten Workshop, der alle wesentlichen Zeichenfunktionen in einem Praxisbeispiel vereint.

In Kapitel 6, *Mit Text arbeiten*, geht es um die diversen Textwerkzeuge und -funktionen. Dem in Flash CS5 neu eingeführten, typografisch hochwertigeren TLF-Text wird dabei besondere Aufmerksamkeit gewidmet.

Kapitel 7, *Symbole und Instanzen*, kümmert sich um die Arbeit mit Symbolen. Dies sind wiederverwendbare Objekte, die in Form sogenannter Instanzen beliebig oft eingesetzt werden können und dabei jeweils nur wenig zusätzlichen Speicher verbrauchen.

Kapitel 8, *Animation mit Flash*, stellt die verschiedenen Animationsfunktionen vor: Hilfsmittel für gezeichnete Einzelbildanimationen werden ebenso behandelt wie die sogenannten Tweening-Verfahren, die die Zwischenbilder einer Animationssequenz automatisch berechnen. Auch das professionelle Bones-Werkzeug für inverse Kinematik kommt zur Sprache. Zur Verdeutlichung finden Sie in diesem Kapitel einen größeren Workshop.

Kapitel 9, *Mit Grafiken arbeiten*, behandelt alle Aspekte des Imports von Bitmap-Grafiken. Im Gegensatz zu der innerhalb von Flash verwendeten Vektorgrafik sind diese auflösungsabhängig, aber besser für die Darstellung von Fotos und anderen halbtonreichen Bildern geeignet. Auch dieses Kapitel enthält einen Workshop.

Kapitel 10, *Sound verwenden*, behandelt den Import und die Verwendung von Audiodateien. Gute Multimedia-Produktionen bestehen aus einer Verbindung aus Bild- und Tondarbietungen, weil sich mithilfe von Sound Atmosphäre, Benutzerführung und – in Form gesprochener Sprache – die Vermittlung der Inhalte verbessern lassen.

Kapitel 11, *Flash-Video*, beschreibt, wie Sie Videodateien in Flash importieren und nutzen können. Los geht es mit der Konvertierung von Fremdformaten in das Flash-Videoformat; dies erledigt die externe, in Flash mitgelieferte Anwendung Adobe Media Encoder. Danach erfahren Sie alles über Einbettung und Steuerung der Videos. In einem Workshop erfahren Sie, wie die Videosteuerung in der Praxis funktioniert.

In Kapitel 12, *Flash-Filme veröffentlichen*, werden die Exportfunktionen des Programms vorgestellt. Das Hauptaugenmerk liegt dabei auf dem SWF-Dateiformat und seiner Einbettung in Webseiten. Sie lernen sowohl den dafür nötigen HTML-Code als auch diverse Möglichkeiten der automatischen Veröffentlichung kennen.

Kapitel 13, *ActionScript-Werkzeuge*, dient der Einführung in den zweiten Teil des Buchs, der sich intensiv den Grundlagen der Programmierung mit ActionScript widmet. In diesem Kapitel werden zunächst die Aktionenpalette und andere Programmierhilfsmittel beschrieben; anschließend erfahren Sie das Wichtigste über die Codefragmente, die das Hinzufügen von Interaktivität ohne eigene Programmierung erlauben. Ein Workshop zur Erzeugung von Drag & Drop-Verhalten rundet das Kapitel ab.

Kapitel 14, *ActionScript 3.0-Sprachgrundlagen*, stellt die Sprachgrundlagen der Skriptsprache vor. Hier lernen Sie systematisch die Grundbegriffe zur Steuerung von Flash-Filmen und ihren Inhalten durch ActionScript kennen.

Kapitel 15, *Objektorientiertes ActionScript*, konzentriert sich ganz auf das Konzept der objektorientierten Programmierung und seine Umsetzung in ActionScript. Gerade größere Softwareprojekte profitieren von dieser Programmiertechnik, die Datenstrukturen und Funktionen zu autonom »handelnden« Objekten verbindet.

In Kapitel 16, *Movieclips mit ActionScript steuern*, erfahren Sie, wie sich unabhängige Elemente programmgesteuert animieren, einfärben und interaktiv verarbeiten lassen. Auch das Erzeugen leerer Movieclips zum Zeichnen per ActionScript wird behandelt. Hier gibt es den ersten größeren Programmierworkshop: eine Anwendung, in der die User mit der Maus auf die Bühne zeichnen können.

In Kapitel 17, *Mit ActionScript auf externe Daten zugreifen*, geht es um verschiedene Arten der Verknüpfung externer Daten und Dateien. Sie erfahren unter anderem, wie Sie von einem Flash-Film aus andere Filme laden können, wie sich per ActionScript Weblinks erstellen lassen und wie Sie Bilder, MP3-Sounds und Videos dynamisch laden können. Auch der Zugriff auf Webcam und Mikrofon wird beschrieben.

Kapitel 18, *Formulare erstellen*, erläutert, wie Sie mit Flash und ActionScript Webformulare einrichten können. Nach einem kurzen Blick hinter die Kulissen des Webprotokolls HTTP und einem Vergleich mit HTML-Formularen werden die wichtigsten Flash-Formularbestandteile vorgestellt: dynamische Textfelder und Komponenten. Beide Anwendungsbereiche werden auch anhand von Workshops illustriert.

In Kapitel 19, *Interaktion mit Webserveranwendungen*, wird erläutert, wie Ihre Flash-Filme mit Serverprogrammen kommunizieren können. Als Beispiel wird hier die in der Praxis weit verbreitete Kombination aus dem Webserver Apache, der Programmiersprache PHP und der Datenbank MySQL verwendet. Zusätzlich erhalten Sie eine Einführung in die XML-Verarbeitung mit ActionScript. Der große Workshop in diesem Kapitel behandelt ein Multiuser-Whiteboard, das mehreren Benutzern über eine Serververbindung das Zeichnen auf die Bühne erlaubt.

Kapitel 20, *Ausflug in die Welt der Spiele*, geht schließlich auf die Spieleprogrammierung mit Flash ein, einen der bedeutsamsten Anwendungszwecke für die Technologie. Nachdem das für Spiele wichtige Konzept der Kollisionserkennung beschrieben wird, erstellen Sie im Workshop Ihr eigenes einfaches »Space-Invaders«-Spiel.

Die Anhänge runden die Themenpalette des Buchs durch die folgenden Inhalte ab:

- Kurzreferenz der Menüs und Tastenkürzel
- Übersicht über die Flash-Voreinstellungen
- Ressourcen und Tools (Überblick über weitere Bücher, Websites und Hilfsprogramme)

Inhalte der Buch-DVD

Auf der beiliegenden DVD finden Sie das gesamte Material der Praxisworkshops, mit denen Sie die im Buch beschriebenen Beispiele nachvollziehen können. Wenn Sie möchten, können Sie die Dateien auch als Basis für Ihre eigenen Projekte nehmen und entsprechend anpassen.

Flash CS5 ist zwar am besten für ActionScript 3 ausgelegt, aber mit den entsprechend getroffenen Exporteinstellungen kann es auch mit ActionScript 1 und 2 umgehen. Obwohl ActionScript 3 wesentlich mächtiger ist als seine Vorgänger, kann es in manchen Fällen sinnvoll sein, die älteren Versionen einzusetzen. Notwendig ist das beispielsweise, um Flash-Inhalte für ältere Flash Player als Version 9 oder 10 zu produzieren. Ältere Versionen von FlashLite, dem Flash-Player für klassische Smartphones, verstehen beispielsweise höchstens ActionScript 2. Wenn Sie also Informationen zu ActionScript 1 und 2 brauchen, schauen Sie einfach auf der DVD zum Buch nach. Dort finden Sie die ActionScript-Kapitel aus dem Buch »Praxiswissen Flash 8« von Sascha Kersken (O'Reilly Verlag).

Und schließlich finden Sie auf der DVD die 30-Tage-Testversion von Adobe® Flash® CS5 Professional für Windows und Mac OS X.

Zielgruppe

Dieses Buch wurde vor allem für Flash-Einsteiger mit keinen oder geringen Vorkenntnissen konzipiert. Sie können also die Demoversion von der beiliegenden DVD installieren (oder bei Adobe herunterladen) und bei null beginnen.

Flash ist eine Webtechnologie. Um erfolgreich mit diesem Buch arbeiten zu können, sollten Sie sich grundsätzlich mit dem World Wide Web auskennen – Erfahrungen mit Browser und E-Mail genügen im Grunde schon. HTML-Kenntnisse sind von Vorteil, aber nicht unbedingt notwendig.

Erforderlich ist dagegen, dass Sie grundsätzlich mit Ihrem Computer und dem Betriebssystem umgehen können. Programmstarts, Dateiverwaltung, Softwareinstallation und Grundlagen der Systemanpassung sollten Ihnen zumindest geläufig sein.

Typografische Konventionen

In diesem Buch werden folgende typografische Konventionen verwendet:

Kursivschrift

Wird für Datei- und Verzeichnisnamen, E-Mail-Adressen und URLs, für Schalt-flächenbeschriftungen und Menüs sowie bei der Definition neuer Fachbegriffe und für Hervorhebungen verwendet.

`Nichtproportionalschrift`

Wird für Codebeispiele und Variablen, Funktionen, Befehlsoptionen, Parameter, Klassennamen und HTML-Tags verwendet.

`Nichtproportionalschrift fett`

Bezeichnet Benutzereingaben auf der Kommandozeile.

`Nichtproportionalschrift kursiv`

Kennzeichnet innerhalb von Codebeispielen Platzhalter, die Sie durch Ihre eigenen spezifischen Angaben ersetzen müssen.

Adobe Flash ist in Versionen für zwei verschiedene Systemplattformen erhältlich: Windows und Mac OS X. Im Allgemeinen funktionieren die beiden Versionen gleich, jedoch mit einem wichtigen Unterschied: Tastenkürzel, die unter Windows mit der [Strg]-Taste gebildet werden, verwenden auf dem Macintosh die [⌘]-Taste. Um den Text nicht künstlich zu verlängern, wird in diesen Fällen jeweils nur [Strg] angegeben. Abweichungen von diesem Schema werden dagegen ausdrücklich aufgeführt.

Danksagungen

André Reinegger

Dieses Buch ist meinen Eltern Klaus und Gabriele gewidmet. Ich wäre nicht dort, wo ich heute bin, ohne eure Liebe, Hilfe und Unterstützung. Außerdem möchte ich es meiner ganzen Familie widmen, meiner Großmutter Hedwig und vor allem meinem Großvater Anton, von dem ich wohl das kreative Talent geerbt habe.

Danke an Sascha Kersken, dass du dieses Buchprojekt zusammen mit mir ge-stemmt hast. Ein besonderer Dank geht an unsere Lektorin Inken Kiupel, die uns bei dem Buch mit Rat und Tat zur Seite gestanden hat, sowie an das gesamte Team von O'Reilly, das an diesem Projekt beteiligt war.

Ein Dank richtet sich auch an meine ehemaligen Professoren der FH Design in Aachen, dank derer ich den richtigen Weg eingeschlagen habe.

Ich freue mich täglich darüber, den Job gefunden zu haben, den ich liebe, sodass ich an keinem Tag mehr arbeiten muss!

Danke an Adobe Systems und das Adobe Flash-Team für diese geniale Software. Macht weiterhin so tolle Produkte!

Und natürlich danke ich Ihnen, dass Sie sich für dieses Buch und vielleicht auch für eines meiner vielen Videotrainings entschieden haben.

Sascha Kersken

Ein Teil dieses Buchs basiert auf meinem Buch »Praxiswissen Flash«. Ich danke allen Leserinnen und Lesern seiner vier Auflagen (Flash MX 2004 bis Flash CS4) für die Unterstützung durch den Kauf sowie durch diverse Hinweise und Verbesserungsvorschläge, die mich per E-Mail erreicht haben und zum Teil auch in dieses Buch eingeflossen sind.

Vielen Dank auch an André Reinegger, der sich darauf eingelassen hat, aus meinem Flash-Einführungsbuch etwas auch grafisch Einladendes zu machen – obwohl ich von jeher ein großer Fan von Comics und anderer visueller Kunst bin, habe ich es nie zum guten Zeichner oder Maler gebracht. Was auch immer in den Beispielen dieses Buchs gut und geschmackvoll aussieht, ist ihm zu verdanken.

Weiterer Dank für die Verwirklichung dieses schönen, neuen Buchs gebührt vor allem dem Team des O'Reilly Verlags, besonders unserer Lektorin Inken Kiupel, die das Projekt durch zahlreiche Tipps, Hinweise und ihre nie endende Geduld unterstützt hat.

Ich widme meinen Teil des Buchs meinem Vater Heinz-Hermann Kersken, der leider vor einem Jahr verstorben ist. Niemand hat so wie du meine Neugier auf Wissenschaft und Technik angeregt, sodass ich ohne dich niemals in der IT gelandet wäre.

Den größten Beitrag zu diesem Buch hat wie immer meine Familie geleistet: Mein Sohn Leon und meine Frau Tülay mussten viel zu lange und zu oft auf meine Gesellschaft verzichten. Vielen, vielen Dank euch beiden!

Schließlich danke ich Ihnen, denn Sie haben dieses Buch gekauft oder schauen es sich gerade an und zeigen so Interesse für unsere Arbeit. Mehr kann sich ein Autor kaum wünschen.

1　2　3　4　5　6　7　8　9　10　11　12　13　14　15　16　17　18　19　20

Flash im Überblick

Saviour of the universe

Queen (aus dem Titelsong zu »Flash Gordon«)

Was ist Flash?

Der sinnvolle Einsatz von Flash

Die Stärken von Flash

Die Konkurrenz – von Ajax bis Flex

In diesem Kapitel finden Sie einen knappen Überblick über die Entwicklung der Software bis hin zur aktuellen Version Flash CS5. Wir zeigen Ihnen anhand von Beispielen aus der Praxis, welche Einsatzmöglichkeiten von Flash wir für sinnvoll halten und in welchen Zusammenhängen man besser darauf verzichtet. Auch verschiedene Alternativen zu Flash werden angesprochen.

Was ist Flash?

Die Geschichte von Flash begann, als der Multimedia-Spezialist Macromedia im Jahr 1996 das kleine Sechspersonenunternehmen FutureWave kaufte. So wurde aus dem Programm *Future Splash Animator* die erste Version von *Macromedia Flash*. Sowohl Macromedia als auch die (damals noch wenigen) Anwender waren von dem Programm fasziniert, weil es zum ersten Mal in der noch jungen Geschichte des Web ein standardisiertes Format für die Darstellung von Vektorgrafik bot, noch dazu animierter Vektorgrafik. Das ermöglichte frei skalierbare Grafiken in fließender Bewegung mit äußerst geringen Dateigrößen.

Ende 2005 wurde die Firma Macromedia von ihrem bisherigen Hauptkonkurrenten Adobe aufgekauft. Dieser integrierte die nächste Flash-Version in seine Creative Suite-Produktlinie, sodass sie jetzt unter dem Namen Flash CS3 verkauft wurde. Entsprechend gehört die aktuelle Version zur CS5-Familie. Hierbei handelt sich um die elfte Generation des Programms, dessen Versionsnummerierung eine recht wechselhafte Geschichte hinter sich hat: Auf Flash 1 bis 5 folgten Flash MX und Flash MX 2004, dann erschien Flash 8 und schließlich, nach der Übernahme von Adobe, Flash CS3 bis Flash CS5.

Aus dem einfachen Vektoranimationsprogramm ist im Lauf seiner Entwicklungsgeschichte eine gelungene Synthese aus Multimedia-Autorensystem und professioneller Entwicklungsumgebung geworden, mit der sowohl Designer als auch Programmierer an sogenannten *Rich-Media-Webanwendungen* arbeiten können. Aber auch die Zeichen- und Animationsfähigkeiten wurden von Version zu Version immer weiter ausgebaut. Inzwischen können die Funktionen zur Grafikeditierung beinahe mit »hauptberuflichen« Vektorgrafikprogrammen wie Adobe Illustrator mithalten. Darüber hinaus bietet Flash aber auch zahlreiche eigene Werkzeuge und Funktionen, die sich sehr intuitiv bedienen lassen.

Neben Vektoren lassen sich zahlreiche Medientypen in Flash-Dokumente integrieren, insbesondere Bitmaps, Audio und Video. Eine erfreuliche Konsequenz der Übernahme durch Adobe ist in diesem Zusammenhang die erweiterte Unterstützung für Photoshop- und Illustrator-Dateien in Flash.

Flash bietet zudem spezielle Kompressionsformate für Videodateien: MPEG-4 H.264 und On2 VP6 (ältere Versionen verwenden Sorensen Spark). Vor allem H.264 bietet eine hohe Qualität bei guter Kompressionsrate.

Da der Flash Player im Web weiter verbreitet ist als jedes andere Browser-Plug-in (Abbildung 1-1), lassen sich mit Videos im Flash-Format mehr User erreichen als mit QuickTime, Windows Media Video oder RealVideo. Das macht Flash zur interessantesten Plattform für Webvideo. So ist es nicht weiter verwunderlich, dass große Webvideoportale wie YouTube zur Präsentation der Videos auf Flash setzen.

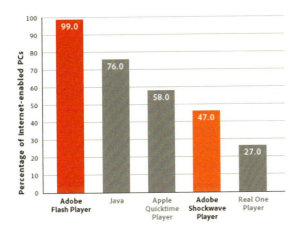

Millward Brown survey, conducted June 2010. See **Methodology Section** for details on the Millward Brown study.

◀ **Abbildung 1-1**
Die Verbreitung des Flash Players im Vergleich mit anderen Playern (Quelle: Millward Brown Survey 2010)

Bitmap- und Vektorgrafik

Es gibt zwei unterschiedliche Arten von Computergrafik: die Pixel- oder Bitmap-Grafik und die Vektorgrafik.

Bei der *Bitmap-Grafik* (Abbildung 1-2) wird jedes einzelne Pixel mit einer eigenen Farbinformation gespeichert – wie ein Mosaik setzt sich das Bild aus vielen winzigen Quadraten zusammen. Das Ergebnis sind sehr detailgetreue Bilder; folgerichtig wird Pixelgrafik für die Darstellung von Fotos, Gemälden und sonstigen halbtonreichen Bildern am Computer verwendet. Das Format besitzt aber auch zwei gravierende Nachteile: Zum einen sind Bitmap-Dateien recht groß. Man versucht zwar, sie durch verschiedene Arten der Komprimierung zu verkleinern, wirklich effiziente Kompressionsverfahren wie JPEG sind allerdings verlustbehaftet, das heißt, es bleiben nicht alle Informationen des ursprünglichen Bilds erhalten. Zum anderen sind Pixelgrafiken auflösungsabhängig und kaum skalierbar – schließlich kann ein Computer bei der Vergrößerung keine Details

hinzufügen, die vorher nicht da waren, und bei der Verkleinerung auch nicht sinnvoll darüber entscheiden, welche Details weggelassen werden können.

▲ **Abbildung 1-2**
Eine Bitmap-Grafik mit pixeligem Rand

Vektorgrafik (Abbildung 1-3) gibt sich dagegen überhaupt nicht mit der Speicherung der einzelnen Pixel ab. Stattdessen werden die mathematischen Formeln für Kurven und Linien gespeichert. Zumindest für Bilder, die nicht allzu komplex sind, ergibt sich so eine erheblich geringere Dateigröße als bei einem Pixelbild mit demselben Inhalt. Darüber hinaus sind Vektorgrafiken auflösungsunabhängig – die

Grafik kann beliebig skaliert werden, weil sie in jeder Größe wieder neu in Pixel umgerechnet wird. Das bietet natürlich auch für die Animation einen unschätzbaren Vorteil. Allerdings geht es hier ebenfalls nicht ganz ohne Nachteile: Eine Vektorgrafik kann bei vernünftiger Dateigröße niemals den Komplexitätsgrad einer Bitmap erreichen; außerdem benötigt die ständige Neuberechnung der konkreten Bildschirmdarstellung in einer bestimmten Größe relativ viel Rechenzeit.

Ebenfalls aus Vektoren besteht übrigens Text.

▲ **Abbildung 1-3**
Eine Vektorgrafik mit klarer Kontur

Eine ebenso wichtige Komponente der Software ist die eingebaute Programmiersprache *ActionScript*: Bis einschließlich Flash 4 gab es lediglich einige vorgefertigte »Aktionen«, in Version 5 wurde ActionScript als vollwertige Skriptsprache hinzugefügt. Die Syntax entspricht durch die Bindung an den Standard ECMA-262 derjenigen von JavaScript, was vielen Webentwicklern und -designern den Einstieg erleichtern dürfte.

In Flash MX 2004 wurde die Sprache vor allem um objektorientierte Ansätze ergänzt und in ActionScript 2.0 umbenannt. Seit Flash CS3 und dem Flash Player 9 ist wieder eine neue Version verfügbar, nämlich ActionScript 3.0. Sie ist nunmehr konsequent objektorientiert und daher nicht abwärtskompatibel zu den Versionen 1 und 2. Deshalb können Sie für jedes Projekt selbst wählen, mit welcher ActionScript-Variante Sie arbeiten möchten oder müssen. Die Programmierthemen ab Kapitel 13 in diesem Buch konzentrieren sich verständlicherweise auf ActionScript 3; die Besonderheiten der älteren Versionen finden Sie jedoch zusammengefasst im Zusatzmaterial auf der beiliegenden DVD.

Das beste Autorensystem nützt natürlich nichts, wenn das produzierte Dateiformat nur von wenigen Benutzern verwendet werden kann. Der Flash Player wird daher von Adobe kostenlos zur Verfügung gestellt und ist in vielen modernen Browsern sogar schon eingebaut. Ansonsten genügt ein relativ kleiner Download beziehungsweise eine schnelle Onlineinstallation, um beinahe jeden Browser auf zahlreichen Plattformen Flash-tauglich zu machen: Während die Flash-Entwicklungsumgebung nur unter Windows und Mac OS X läuft, gibt es den Flash Player auch für weitere Systeme wie Linux und andere Unix-Systeme oder das alte Mac OS 9.

Der sinnvolle Einsatz von Flash

Dieser kurze Unterabschnitt soll Ihnen eine Vorstellung davon vermitteln, welche Arten von Anwendungen mit Flash erstellt werden können. Selbstverständlich ist diese Liste nicht vollständig, sondern soll lediglich der ersten Inspiration dienen:

Rich-Internet-Applications: Dies ist im Sinne des Herstellers Adobe der bevorzugte Verwendungszweck für Flash-Webanwendungen, die das Arbeiten so angenehm machen wie auf dem Desktop eines modernen Betriebssystems. Die in Flash eingebauten Formular- und Datenkomponenten erleichtern den Aufbau solcher Anwendungen.

Zeichentrickfilme: Die nächstliegende Anwendung für animierte Vektorgrafik ist die Erstellung von Trickfilmen. Im Web gibt es unzählige Beispiele dafür, dass sich selbst professionelle Zeichentrickfilme in Flash nachbauen oder ganz neu erstellen lassen. Und selbst in Kino und Fernsehen gibt es immer mehr Trailer und Werbung, deren spezielle Ästhetik darauf schließen lässt, dass sie mit Flash erstellt wurden.

▲ **Abbildung 1-4**
Ein schönes Beispiel für einen mit Flash realisierten Trickfilm:
www.angryalien.com

Spiele: Ein weiteres sehr beliebtes Anwendungsfeld für Flash sind natürlich Spiele. Die Kombination aus Animation und Interaktivität ermöglicht die Umsetzung vielfältiger Spielideen, vom Quiz über das Actionspiel bis hin zur Multiuser-Spielen.

▲ **Abbildung 1-5** *www.gettheglass.com* ist ein beliebtes, ebenfalls in Flash umgesetztes Spiel

E-Learning und Simulationen: Flash ist hervorragend geeignet, um die Funktionsweise komplexer Systeme zu visualisieren. Besonders die Möglichkeit, Animationen beliebig ineinander zu verschachteln, sorgt dafür, dass kaum eine Apparatur zu komplex ist, um mit Flash nachgebaut zu werden, ob es sich nun um eine Dampfmaschine, eine Kaffeemühle oder Musikinstrumente handelt.

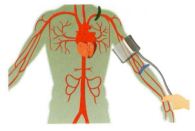

▲ **Abbildung 1-6**
Beispiel für eine medizinische E-Learning-Applikation

Webvideo: Wie bereits erwähnt, ist das Flash-Plug-in sehr weit verbreitet. Den hohen Verbreitungsgrad für Video verdankt Flash nicht zuletzt den vielen beliebten Videoportalen wie YouTube und Co. Da Flash Video mit effizienter Komprimierung bei guter Qualität unterstützt, ist es kein Wunder, dass Flash so häufig für die Verbreitung von Videofilmen im Internet eingesetzt wird und sich zum Standard entwickelt hat.

▲ **Abbildung 1-7** Adobe-TV ist ein hervorragendes Beispiel für gelungenes Webvideo

Intelligente Benutzerführung: GUI-Elemente (Graphical User Interface) können jedes gewünschte Aussehen haben. Deshalb können Sie mit Flash beliebig komplexe Menüs mit individueller Ästhetik erstellen. Ob Sie den Schwerpunkt dabei eher auf Übersicht und Nützlichkeit oder auf künstlerische Verspieltheit setzen, ist natürlich von Verwendungszweck und Zielgruppe der Website abhängig.

▲ **Abbildung 1-8** *www.whitevoid.com* macht vor, wie eine intelligente Nutzerführung aussehen kann

▲ **Abbildung 1-9**
www.allensolly.com: Künstlerisch anspruchsvolles Webdesign mit Flash

Kunst und experimentell: Zunächst einmal ist (gutes) Webdesign natürlich immer auch Kunst. Hier ist allerdings besonders der verspielte, experimentelle und nicht um jeden Preis zweckgebundene Einsatz von Flash gemeint.

Die Stärken von Flash

In diesem Abschnitt finden Sie einen stichpunktartigen Überblick über die Besonderheiten von Flash. Er soll Ihnen die Entscheidung darüber erleichtern, ob es die richtige Technologie für Ihr Webprojekt ist.

Es folgen zunächst einmal die wichtigsten Fakten zur Verbreitung und dem Abspielverhalten von Flash-Inhalten im Web.

- Für das Anzeigen der Flash-Filme auf Webseiten ist der *Flash Player* zuständig. Er kann auf der Website von Adobe kostenlos heruntergeladen werden und steht für viele verschiedene Browser und Betriebssysteme zur Verfügung – weiter unten in diesem Kapitel finden Sie eine Übersicht. In zahlreichen Browsern ist der Player bereits vorinstalliert.

- Obwohl Flash in jeder Version um zahlreiche neue Funktionen erweitert wird und viele verschiedene Medientypen unterstützt, haben Macromedia und dann Adobe es bisher geschafft, den Player verhältnismäßig klein zu halten. Sollte ein Browser noch nicht damit ausgestattet sein, ist die Downloadzeit deshalb erträglich.

- In Flash-Filmen können Sie nicht nur animierte Vektorgrafik und programmierte Interaktion erstellen, sondern auch externe Medien wie Bitmap-, Audio- und Videodateien importieren. Wer schon einmal versucht hat, Audio oder Video separat in HTML-Dokumente einzubetten und dabei den zahlreichen verschiedenen Browsern und Multimedia-Plug-ins gerecht zu werden, wird sich darüber freuen, dass der Flash Player weiter verbreitet ist als all diese Plug-ins zusammen.

- Der Flash Player verwendet ein anderes Dateiformat als die Arbeitsumgebung: Für den Player wird das schnelle, stark komprimierte SWF-Format eingesetzt. SWF (sprich »Swiff«) steht für Small Web Format. FLA (Flash Authoring) ist das Format des Autorensystems und enthält noch allerlei zusätzliche Daten, die für die Bearbeitung, aber nicht für das spätere Abspielen wichtig sind.

- Bei importierten Mediendateien kann jeweils der gewünschte Komprimierungsgrad eingestellt werden, den Sie in der fertig exportierten SWF-Datei haben möchten. Bequemerweise gibt es zunächst eine Voreinstellung für alle Daten eines Typs und anschließend die Möglichkeit, diese für einzelne Dateien zu überschreiben.

Wo Flash fehl am Platz ist

Viele Internetnutzer halten Flash nicht für ein nützliches Hilfsmittel, sondern schlicht für nervig. Das führt so weit, dass einige Webdesigner generell von Flash abraten. Das ist in dieser Form natürlich Unsinn – man könnte genauso gut vom Gebrauch eines Hammers abraten, weil sich manche Menschen damit schon einmal auf den Finger gehauen haben. Der Usability-Experte Jacob Nielsen, der früher so gut wie gar nichts mit Flash zu tun haben wollte, bringt es inzwischen so auf den Punkt: »I don't hate Flash per se. It's just being used in the wrong way and often gets in the way of the user's experience.« (»Ich hasse nicht Flash als solches. Es wird nur falsch verwendet und steht so der Benutzerführung im Weg.«)

Selbstverständlich gibt es auch Situationen, in denen die Verwendung von Flash nicht sinnvoll ist. Das lässt aber natürlich nicht den Schluss zu, das Programm tauge grundsätzlich nichts. Dennoch finden Sie hier einige Beispiele für den kontraproduktiven Flash-Einsatz:

Lästige Intros: Noch heute ist die Unsitte verbreitet, ansonsten statische Websites mit einem möglichst bunten und zappeligen Flash-Intro einzuleiten, womöglich sogar ohne *Skip Intro*-Button (Abbildung 1-10). Kaum ein anderer Fehler hat so sehr für den besagten schlechten Ruf von Flash gesorgt.

▲ **Abbildung 1-10**

Textlastige Sites: Zwar ist Flash für Typografen allemal geeigneter als HTML, da Sie beliebige Schriften verwenden können. Dennoch ist es keine Plattform, um umfangreiche Texte zu transportieren. Wenn Sie Flash aufgrund anderer Vorteile verwenden möchten, sollten Sie auf den Flash-Seiten selbst nur kurze, stichpunktartige Texte benutzen und längere Beschreibungen in HTML- und/oder PDF-Dateien auslagern;

auch eine Mischung aus Kurztexten und Sprachaufnahmen kann sehr praktisch und benutzerfreundlich sein.

Statische Seiten: Manche Websites verwenden Flash, erstellen damit aber nichts weiter als statische Inhalte, die sich seitenweise durchblättern lassen. Dafür ist HTML jedoch nicht nur aus Sicht der Suchmaschinenoptimierung erheblich besser geeignet.

Seriöse Inhalte: Auf den Websites von Banken, Versicherungen oder Beerdigungsinstituten hat Flash nur selten etwas verloren (außer für einzelne Aspekte wie etwa interaktive Börsenkursdiagramme). Hier geht es um schnell abrufbare, sachliche Informationen in einem ernsthaften Rahmen – die potenzielle Verspieltheit von Flash wirkt dabei wahrscheinlich eher störend. Ausnahmen bestätigen natürlich die Regel.

- Die Konturen der verwendeten Schriften werden standardmäßig mit in den fertigen SWF-Film gepackt. Das bedeutet, dass Sie sämtliche Schriften verwenden können, die auf Ihrem Rechner vorhanden sind. Sie brauchen nicht auf dem Computer des Betrachters installiert zu sein, damit dieser den Film genau so sehen kann, wie Sie ihn sich vorgestellt haben.

- Eine der wichtigsten Eigenschaften von Flash-Filmen ist die *Streaming*-Fähigkeit. Damit ist gemeint, dass die Flash-Datei nicht vollständig geladen sein muss, bevor sie angezeigt wird. Der Browser kann bereits mit dem Abspielen beginnen, wenn das erste Bild des Films geladen ist. Besonders datenintensive Abschnitte lassen sich aber auch gezielt vorausladen, um Ruckeln oder gar Unterbrechungen zu vermeiden.

- Neben dem Flash Player existiert für diverse Handys und PDAs der FlashLite Player; sein Funktionsumfang entspricht je nach Version dem Flash Player 4 bis 8.

- Mit dem Flash Player-Update auf Version 10.1 verbesserte Adobe Performance und Stabilität. Durch die Integration der Laufzeitumgebung des Open Screen Project soll diese Version sowohl auf PCs als auch auf modernen Smartphones laufen.

- Darüber hinaus unterstützt der Flash Player 10.1 unter anderem Multitouch mit der zugehörigen Gestensteuerung sowie Multicast und Adobes HTTP Dynamic Streaming. Darüber lässt sich prinzipiell jeder Webserver in einen Streaming-Server mit adaptiver Bitratensteuerung verwandeln.

- Zusätzlich berücksichtigt der Flash Player in modernen Browsern den Fall, dass der Anwender den sogenannten Private-Browsing-Mode aktiviert hat. Dann werden sowohl normale Cookies als auch Flash-Cookies nur temporär im Speicher abgelegt und nach dem Beenden der privaten Sitzung gelöscht.

- Außerdem gibt es einige Player für andere Plattformen von Drittanbietern. Das SWF-Format wurde nämlich vor einigen Jahren von Macromedia offengelegt und kann so von Entwicklern für jede beliebige Plattform implementiert werden.

Was das Flash-Autorensystem selbst angeht, sollten folgende Fakten besonders hervorgehoben werden:

- Da Flash vor allem mit Vektorgrafiken arbeitet, enthält die Arbeitsumgebung zahlreiche Zeichenwerkzeuge. Es gibt sogar zwei völlig separate Zeichenmodi, zwischen denen Sie jederzeit wechseln können: zum einen komplexe und sehr exakte Bézierwerkzeuge, die erfahrenen Benutzern von Vektorprogrammen wie Illustrator zusagen, und zum anderen einen intuitiven Freihandzeichenmodus, der bereits in den ersten Flash-Versionen vorhanden war.

- Trotz des immensen Funktionsumfangs von Flash haben die Entwickler es seit mehreren Versionen geschafft, ein gewisses Maß an Übersichtlichkeit zu erreichen: Die zahlreichen Paletten und Bearbeitungsfenster sind normalerweise nicht mehr wild über die Arbeitsfläche verstreut, sondern jeweils aneinander angedockt (Abbildung 1-11). Im Menü *Fenster* → *Arbeitsbereich* können Sie sich zudem unterschiedliche Vorgaben für ihre Anordnung aussuchen, je nachdem, ob Ihr Arbeitsschwerpunkt gerade Design, Animation oder Entwicklung ist.

- In frühen Versionen von Flash herrschte ein ziemliches Durcheinander an Paletten, bis die praktische Arbeitspalette *Eigenschaften* eingeführt wurde. Sie ist kontextsensitiv, enthält also je nach ausgewähltem Element unterschiedliche Schaltflächen und Optionen. Sämtliche erweiterten Funktionen, die nicht so häufig benötigt werden, wurden dagegen in separaten Paletten untergebracht, die Sie über das Menü *Fenster* einblenden und verbergen können.

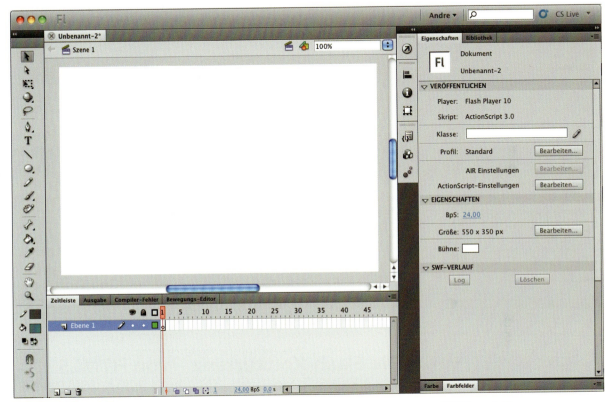

- Dieser Punkt betrifft eigentlich nicht nur die Arbeitsumgebung, sondern beeinflusst auch das Abspielverhalten des Ergebnisses positiv: Flash ermöglicht das Erstellen wiederverwendbarer Elemente, der sogenannten *Symbole*. Ein einmal erstelltes Symbol können Sie beliebig oft auf die Bühne (oder auch in ein anderes Symbol hinein) ziehen und dann nach Bedarf transformieren. Wenn Sie das Symbol nachträglich bearbeiten, verändern alle auf dem Symbol basierenden sogenannten *Instanzen* nachträglich ihr Aussehen und Verhalten.

- Die Flash-Entwickler haben besonders großen Wert darauf gelegt, die Erstellung von Animationen einfach und effektiv zu machen. Die *Zeitleiste*, die dafür verwendet wird, ist mit zahlreichen praktischen Hilfsmitteln ausgestattet. Beispielsweise können Sie über den *Zwiebelschaleneffekt* (Abbildung 1-12) die vorherigen oder nachfolgenden Einzelbilder durchscheinen lassen. Das ist ideal für handgezeichnete Einzelbildanimationen.

▲ **Abbildung 1-11**
Die Arbeitsoberfläche von Flash

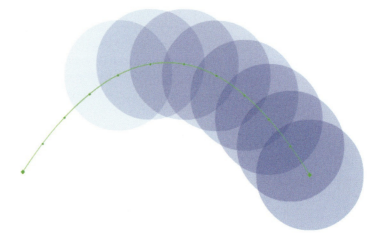

▶ **Abbildung 1-12**
Zwiebelschaleneffekte eignen sich
gut für Einzelbildanimationen

▲ **Abbildung 1-13**
Ein Bewegungs-Tweening

▲ **Abbildung 1-14**
Ein Form-Tweening

- Die eigentliche Stärke der Flash-Animation sind jedoch die beiden Arten des *Tweening* (Abbildung 1-13 und 1-14): Das *Bewegungs-Tweening* ermöglicht das automatische Berechnen von Zwischenstufen beliebiger Positionsänderungen und Transformationen, während das *Form-Tweening* sogar unterschiedlich aussehende Vektoren ineinanderfließen lässt (Morphing). Diese Technologien sind überaus hilfreich beim effizienten Erstellen von Animationen. Insbesondere das Bewegungs-Tweening wurde effizienter gestaltet; ein Teil der Ideen stammt aus After Effects von Adobe.

- Die eingebaute Programmiersprache ActionScript lässt sich entweder manuell eingeben oder per Dialog über die Skripthilfe auswählen. Außerdem werden Codefragmente angeboten, die besonders für Designer eine sehr einfache Verwendung von ActionScript 3 ermöglichen.

Die Flash-Konkurrenz – von HTML5 bis Flex

Natürlich ist Flash nicht die einzige Lösung für interaktive, multimediale Inhalte in Websites. Es gibt eine ganze Reihe verschiedener Ansätze. Deshalb werden hier die wichtigsten Konkurrenzlösungen jeweils in einigen Zeilen beschrieben.

HTML5

HTML5 wird als größter Konkurrent von Flash angepriesen, bietet es doch einen Großteil der Funktionalitäten von Flash. Vor allem die Möglichkeit, Videos im Browser ohne zusätzliches Plugin abzuspielen, wird als bahnbrechend bewertet.

Da HTML5 noch sehr jung ist, gibt es einige zentrale Aspekte, die bisher noch ungeklärt sind. Das betrifft beispielsweise die Frage, welches Videoformat von HTML5 unterstützt werden soll. So baut Apple auf H.264, während Google, Mozilla und Opera den Open Source-Codec VP8 unterstützen wollen. Auch Adobe will zukünftig auf den VP8-Codec setzen.

Ein anderes Problem stellt die noch nicht durchgängige HTML5-Unterstützung auf Seiten der Browserhersteller dar. Bis dato interpretieren lediglich Safari und Google Chrome HTML5 korrekt. Vom Internet Explorer 6 bis 8 wird HTML5 überhaupt nicht unterstützt. Da in Deutschland immer noch ca. 30 % der User den Internet Explorer nutzen, wird sicherlich noch einige Zeit vergehen, bis HTML5 als Alternative zu Flash wirklich interessant wird. Im Allgemeinen zeigt der hohe Verbreitungsgrad von veralteten Browsern, dass ein Großteil der User sich schwer tut, auf aktuelle Browserversionen umzusteigen. Sieht man sich hingegen die Flash Player-Statistik an, liegt auf der Hand, dass die User sehr regelmäßig Updates installieren: Die Verbreitung des Flash Player 10, der Ende 2008 erschienen ist, liegt heute bei über 97 %.

Auch aus technischer Sicht spricht einiges für die Ausgabe von Videos im Flash-Player: Videos können per ActionScript gesteuert werden, und sie lassen sich auch besser buffern. Darüber hinaus besteht eine dynamische Kontrolle über die Qualität der Videos und die Möglichkeit des sicheren Streamings. So können Sie sich darauf verlassen, dass Ihre Filme auf den Rechnern der User genauso aussehen wie Sie sie entwickelt haben. Außerdem bietet das Flash-Videoformat diverse Vorteile beim Abspielen von Videos im Fullscreen-Modus, und der Zugriff auf Kamera und Mikrofon wird unterstützt.

Wie schnell sich HTML5 etablieren wird, hängt vor allem davon ab, wie sich der Browsermarkt entwickelt und wie schnell die User auf HTML5-fähige Browser umsteigen. So oder so ist Flash in vielen Bereichen nicht mehr wegzudenken, und es lässt sich demnach auch nicht ersetzen.

Dynamic HTML und Ajax

Der Begriff *Dynamic HTML* (kurz: DHTML) ist im Grunde ein Widerspruch in sich: HTML ist eine Seitenbeschreibungssprache, die den Aufbau statischer Dokumente beschreibt. Bei DHTML ist letztlich auch gar nicht der HTML-Code selbst dynamisch. Stattdessen werden Stylesheet-Einstellungen mithilfe von JavaScript manipuliert; die wichtigsten modernen Browser beherrschen dazu vor allem das DOM-Konzept (Document Object Model), das den HTML-Code als Baummodell auffasst, dessen Bestandteile nachträglich hinzugefügt, entfernt oder ausgetauscht werden können.

Bei aller Dynamik und browserübergreifenden Einheitlichkeit, die das DOM mittlerweile bietet, bleibt die fehlende Medienintegration ein Problem: Die verschiedenen Browser-Plug-ins für die Darstellung von Formaten wie Audio und Video verhalten sich recht unterschiedlich, und es ist beinahe unmöglich, sie alle zu berücksichtigen. Abgesehen davon ist keines dieser Plug-ins auch nur annähernd so weit verbreitet wie der Flash Player.

Eine aktuelle Erweiterung des DHTML-Konzepts liefert die *Ajax*-Technik (Asynchronous JavaScript and XML): Sie ermöglicht den Datenaustausch zwischen Browser und Webserver über Text- oder XML-Nachrichten, ohne die gesamte Seite neu laden zu müssen. Das führt zu benutzerfreundlicheren Webanwendungen, weil sie sich wie Applikationen auf dem Desktop verhalten und das regelmäßige Warten auf den Seitenaufbau entfällt. Flash verwendet übrigens standardmäßig eine ähnliche Technik; sie wird in Kapitel 19 vorgestellt.

SVG

Streaming Vector Graphics oder kurz SVG ist ein offenes, XML-basiertes Format für Vektorgrafiken, das vom World Wide Web Consortium (W3C) empfohlen und gepflegt wird. Mit SVG können Sie beliebige Vektorzeichnungen definieren; über die Einbettung von JavaScript lassen sich diese auch animieren und interaktiv machen. SVG wäre in der Tat ein ernst zu nehmender Konkurrent für Flash, gäbe es da nicht einige Probleme:

- Das Format kam einige Jahre zu spät, um sich gegen den De-facto-Standard Flash zu behaupten.
- Es gibt zwar einige Bearbeitungswerkzeuge wie beispielsweise das Open Source-Tool *Inkscape*, diese sind aber vom Komfort und vom Umfang der Flash-Autorenumgebung noch weit entfernt.
- Es existieren verschiedene SVG-Player und -Plug-ins für die meisten Browser. Sie unterstützen allerdings nicht alle den vollständigen SVG-Standard und sind nicht besonders weit verbreitet.
- Bis 2005 wurde SVG vor allem von der Firma Adobe unterstützt – insbesondere um mit Macromedias SWF zu konkurrieren. Nachdem Adobe nun aber Macromedia aufgekauft und sich auf diese Weise das SWF-Format zu eigen gemacht hat, ist das Ende dieser Unterstützung so gut wie besiegelt. Auch die neueste Flash-Version kann leider kein SVG importieren oder exportieren.

Java-Applets

Die objektorientierte Programmiersprache Java wurde im Jahr 1995 von Sun Microsystems veröffentlicht. Sie ist plattformunabhängig, weil Java-Programme nicht in die Maschinensprache eines bestimmten Prozessors übersetzt werden. Stattdessen werden sie von einer *virtuellen Maschine* ausgeführt, einem für verschiedene Hardwareplattformen und Betriebssysteme verfügbaren Programm.

In den ersten Jahren war Java vor allem deshalb beliebt, weil Netscape eine solche Java Virtual Machine (JVM) in den Browser integrierte (diesem Beispiel folgten bald auch andere Browserhersteller). Das ermöglichte das Einbetten kleiner Java-Programme in Webseiten, die als *Applets* (Verkleinerungsform von *Applications*) bezeichnet wurden. Anfangs gab es kaum eine andere Möglichkeit, interaktive grafische Anwendungen im Web zu betreiben. Mit dem Aufkommen von DHTML, Shockwave und nicht zuletzt natürlich Flash wurden jedoch die Nachteile von Java-Applets immer deutlicher: Erstens war die Performance eher mäßig, und zweitens musste man eine ziemlich komplexe Programmiersprache erlernen – für hauptberufliche Webdesigner ein nicht zu rechtfertigender Zeitaufwand.

Heute spielen Applets keine besonders große Rolle mehr – außer wenn der Browser als Frontend für System- oder Netzwerkadministrationsdienste eingesetzt wird. Immer mehr Webanwendungen oder -spiele setzen auf Flash oder andere moderne Technologien. Abgesehen davon enthält der Microsoft Internet Explorer als verbreitetster Browser inzwischen standardmäßig keine JVM mehr, was zusätzlich zum allmählichen Verschwinden der Applets aus dem Web beiträgt. Der Sprache Java selbst kann das allerdings wenig anhaben: Sie gehört inzwischen zu den wichtigsten Programmiersprachen für die Entwicklung von Netzwerk- und Enterprise-Anwendungen.

Adobe Shockwave

Noch bevor Macromedia sich mit der Weiterentwicklung von Future Splash zu Flash beschäftigte, versuchte das Unternehmen, eine eigene Technologie für multimediale Webanwendungen zu etablieren. Der *Shockwave Player* bietet die Möglichkeit, mit *Macromedia Director* erstellte Anwendungen in Webseiten zu integrieren. Der Schwerpunkt des Autorensystems Director ist eigentlich die Produktion von Multimedia-CD-ROMs und -DVDs. Director unterstützt noch mehr Medientypen als Flash; neuere Versionen sind vor allem durch die Möglichkeit interaktiver 3-D-Anwendungen beliebt. Lange Zeit war auch die Programmierbarkeit von Director mit der eingebauten Sprache Lingo (und später alternativ JavaScript) dem neueren Programm Flash überlegen. Erst mit dem Erscheinen von Flash MX konnte Flash hier aufholen.

Noch heute gibt es zahlreiche Websites, die Shockwave einsetzen – vor allem für Onlinespiele. Schließlich verfügt Director noch immer über einige spezielle Fähigkeiten, die Flash oder andere Technologien nicht beherrschen. Das wichtigste Argument für den Einsatz von Shockwave ist seine eingebaute 3-D-Unterstützung. Nahezu alles andere lässt sich mindestens genauso gut mit Flash bewerkstelligen, was den zusätzlichen Vorteil hat, dass der Flash Player unter den Internetnutzern erheblich weiter verbreitet ist als der Shockwave Player. Zudem ist Director schwieriger zu erlernen als Flash und wird – aufgrund der Tatsache, dass die Bedeutung von Offline-Multimedia stetig abnimmt – von Adobe zwar weitergeführt, aber immer seltener eingesetzt.

Adobe Flex und Flash Builder

Noch mehr Konkurrenz aus dem eigenen Haus: Adobe Flex wurde bereits vor der Übernahme von Macromedia durch Adobe entwickelt. War Version 1 noch eine sehr teure reine Serversoftware, so ist Flex in den Versionen 2 bis 4 dagegen vor allem ein ActionScript 3.0-Framework und -Compiler zum Erzeugen von Anwendungen für Flash Player 9 beziehungsweise 10. Seit Version 3 wurde das Framework sogar als Open Source-Software freigegeben. Die visuellen Elemente werden dabei nicht in einer grafik- und animationsorientierten Umgebung wie Flash erstellt, sondern durch ein spezielles XML-Format namens MXML beschrieben. Daher eignet sich Flex auch besser zur Erstellung formularbasierter Flash-Anwendungen als für Multimedia.

Flex 4 besteht aus zwei Komponenten: Das kostenlose Flex SDK stellt den Compiler und eine umfangreiche Klassenbibliothek zur Verfügung. Wenn Sie damit leben können, die MXML- und ActionScript-Dateien in einem Texteditor (oder einer freien IDE) Ihrer Wahl zu bearbeiten, brauchen Sie nicht mehr. Komfortabler wird die Arbeit dagegen mit dem kostenpflichtigen Flash Builder, einer spezifischen Erweiterung der Open Source-Entwicklungsumgebung Eclipse. Eine Alternative dazu ist die (ebenfalls kostenpflichtige) Entwicklungsumgebung FDT – Näheres erfahren Sie unter *http://www.solutions.powerflasher.com/*. Viele Flash-Entwickler, beispielsweise die Macher des großartigen Audiotools (*http://audiotool.com*) geben an, dass sie damit produktiver arbeiten können als mit dem Flash Builder.

▶ **Abbildung 1-15**
Das Audiotool ist ein schönes Beispiel für eine Flex-basierte Anwendung

Adobe Flash Catalyst

Flash Catalyst CS5 ist der jüngste Neuzugang der Adobe Creative Suite und ermöglicht es, beeindruckende interaktive Web- oder Desktopsanwendungen (Widgets) zu erstellen, ganz ohne Code schreiben zu müssen. Als Grundlage dienen hier Layouts aus Illustrator, Photoshop oder Fireworks.

Flash Catalyst ist das Bindeglied zwischen den Designanwendungen Photoshop, Illustrator, Fireworks sowie Flash auf der einen Seite und den entwicklerbasierten Anwendungen Flash Builder und Flex SDK auf der anderen Seite. Es schlägt eine Brücke zwischen Designern und Entwicklern. Das Programm ermöglicht Designern, die eigenen Layouts mit Interaktion zu versehen und sie dann an den Entwickler weiterzugeben. Dieser kann somit am im Hintergrund generierten Code weiterarbeiten.

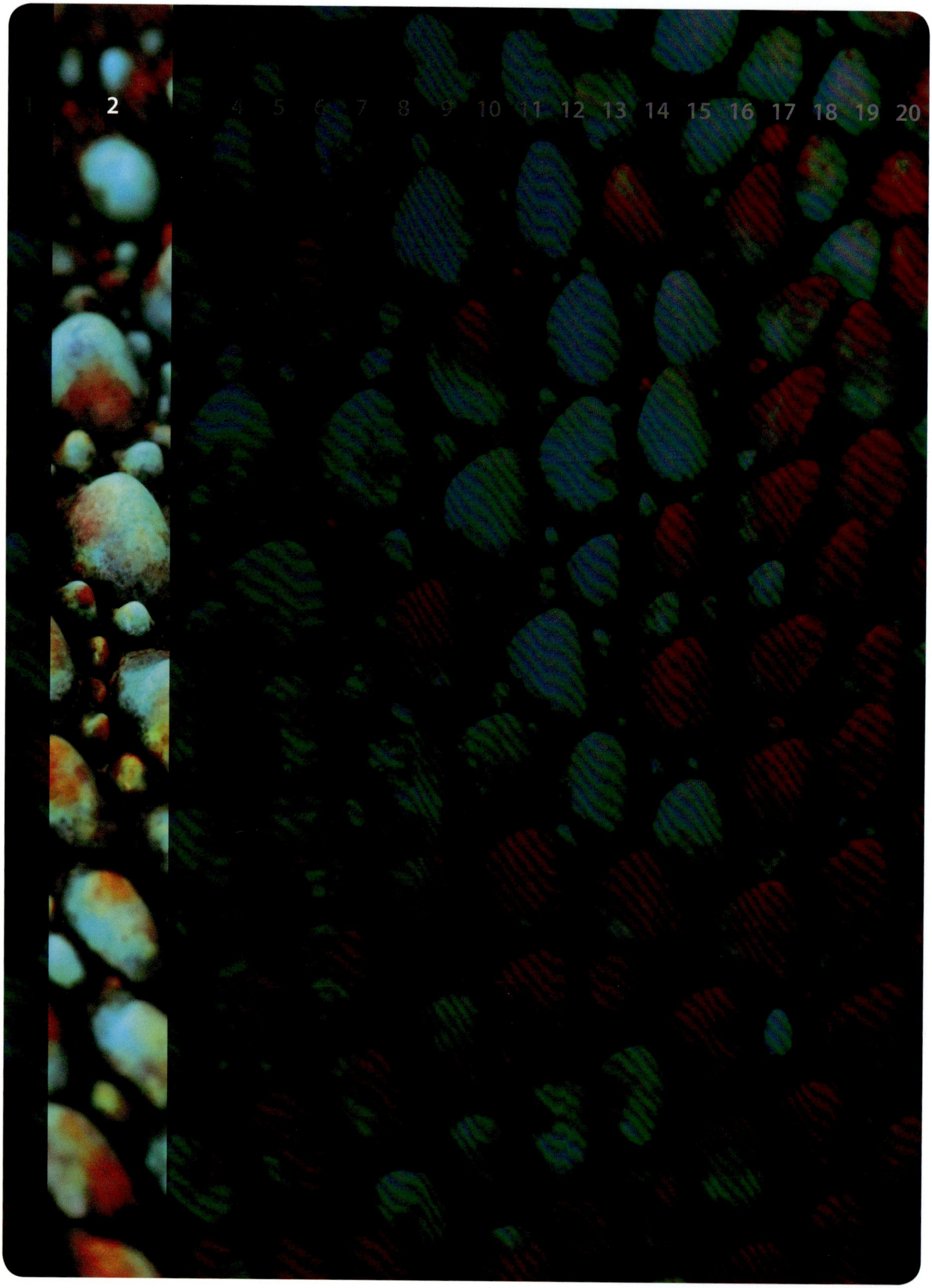
1 2 4 5 6 7 8 9 10 11 12 13 14 15 16 17 18 19 20

Die Arbeitsumgebung von Flash

Arbeit, die Freude macht, ist schon zur Hälfte fertig.

Französisches Sprichwort

Der Begrüßungsbildschirm

Der Arbeitsbereich

Das Dokumentfenster

Die Werkzeugleiste

Die Zeitleiste

Die Eigenschaftenpalette

Den Arbeitsbereich anpassen

Da im gesamten Buch immer wieder von einigen wichtigen Bestandteilen der Programmoberfläche die Rede sein wird, sollen diese hier kurz vorgestellt werden, bevor es richtig losgeht. Wenn dann später das erste Praxisbeispiel folgt, wissen Sie bereits genau, welche wichtigen Dialogfenster Sie verwenden und wohin Sie klicken müssen.

Der Begrüßungsbildschirm

Gleich nach dem Start von Flash CS5 Professional werden Sie vom »Willkommens-bildschirm« begrüßt (Abbildung 2-1). Er zeigt Ihnen bereits eine Auswahl der häufig genutzten Programmfunktionen.

▲ Abbildung 2-1
Der Begrüßungsbildschirm von Flash

Der Begrüßungsbildschirm ist in folgende Bereiche unterteilt:

Aus Vorlage erstellen ❶: Dieser Punkt öffnet per Mausklick ein neues Fenster mit einer Auswahl an Vorlagen, kategorisiert nach Animation, Banner, Beispieldateien, Medienwiedergabe, Präsentation und Werbung.

Zuletzt geöffnete Dateien ❷: Hier lässt sich auf die Schnelle auf Dokumente aus einer Auflistung der zuletzt verwendeten Dateien zugreifen.

Neu erstellen ❸: Anhand einer Liste mit den gängigsten Dateitypen können Sie per Mausklick ein neues Dokument erstellen.

Erweitern ❹: Flash, wie auch die meisten anderen Adobe-Programme, lässt sich über Adobe Exchange um Funktionen erweitern. Die Vielfalt auf dem *Adobe Marketplace & Exchange* ist groß, es gibt dort viele praktische Erweiterungen, die das Arbeiten mit Flash erleichtern.

Lernen ❺: Dieser Bereich auf dem Begrüßungsbildschirm enthält eine Auflistung an Links zu Dokumenten und Lernvideos zum grundlegenden Umgang mit Flash – somit eine gute Ressource für den Einstieg in Flash.

Aktuelles ❻: Der untere Bereich des Begrüßungsbildschirms ist reserviert für Links zu aktuellen Themen. Dieser Bereich wird mit dem Internet synchronisiert und stellt Links zu interessanten News, Updates, Lehrgängen, Fachwissen und Inspirationen bereit.

Nicht mehr anzeigen ❼: Über das Häkchen lässt sich der Startbildschirm deaktivieren. Sämtliche Funktionen bis auf den Newsbereich stehen Ihnen auch über das Menü zur Verfügung, der Startscreen ist daher nicht unbedingt nötig. Über das Menü *Bearbeiten → Voreinstellungen* (bzw. *Flash → Voreinstellungen* am Mac) lässt sich in der Kategorie *Allgemein* der Begrüßungsbildschirm wieder aktivieren.

Der Arbeitsbereich

Nach dem ersten Start finden Sie den kompletten Arbeitsbereich von Flash CS5 Professional vor (Abbildung 2-2). Die meisten Elemente werden Sie erst nach und nach in den folgenden Kapiteln kennenlernen; in diesem Abschnitt geht es tatsächlich nur um die allerwichtigsten. Dazu zählen das Dokumentfenster ❶, die Werkzeugleiste ❷, die Zeitleiste ❸ und die Eigenschaftenpalette ❹.

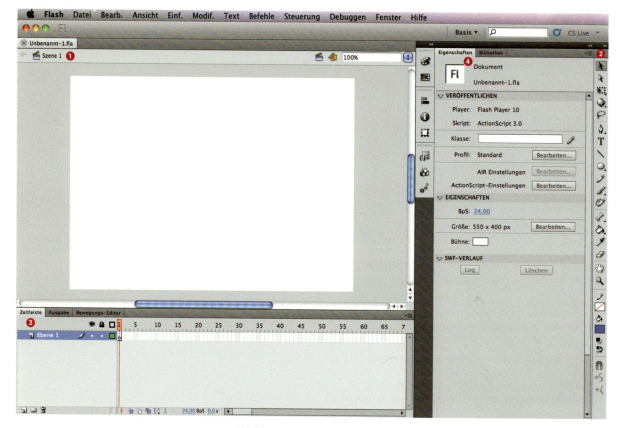

▲ Abbildung 2-2
Der Arbeitsbereich von Flash

Das Dokumentfenster

Jeder Flash-Film wird in einem eigenen Dokumentfenster bearbeitet. Sie können stets mehrere Filme zur gleichen Zeit bearbeiten – das ist auch deshalb nützlich, weil Sie Inhalte zwischen den Dokumenten über die Zwischenablage austauschen können. Sehr praktisch sind dafür die Tabs, die das schnelle Umschalten zwischen allen offenen Dokumenten ermöglichen.

Abbildung 2-3 zeigt drei geöffnete Dokumente, die sich über die einzelnen Tabs ❶ ansteuern lassen. Den Hauptteil des Dokumentfensters bildet der Arbeitsbereich ❷, das große graue Feld. Darin befindet sich die (anfangs weiße) *Bühne* ❸. Sie können Zeichnungen und Objekte an einer beliebigen Stelle im Arbeitsbereich positionieren, nicht nur auf der Bühne. Allerdings werden Inhalte außerhalb der Bühne im fertigen Film normalerweise nicht angezeigt.

Tipp

Sie sollten sich nicht darauf verlassen, dass außerhalb der Bühne platzierte Objekte nicht angezeigt werden – Inhalte, die den User verwirren könnten oder ihn nichts angehen, gehören weder auf noch neben die Bühne; sie gehören gar nicht in das Dokument hinein!

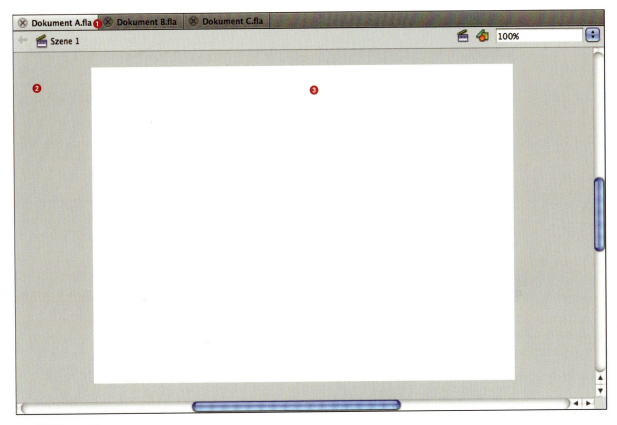

▲ **Abbildung 2-3**

Oberhalb des Dokumentfensters befinden sich – von links nach rechts – die folgenden Elemente (Abbildung 2-4):

▲ **Abbildung 2-4**

- Mithilfe des Pfeils ❶ können Sie in einer Hierarchie ineinander verschachtelter Symbolinstanzen oder Gruppen zum jeweils übergeordneten Element wechseln.
- Die Anzeige ❷ gibt an, welche Szene, welches Symbol oder welche Gruppe aktuell bearbeitet wird; alle Einträge, die übergeordnete Elemente darstellen, lassen sich für einen schnellen Wechsel anklicken.
- Über die Schaltfläche *Szene bearbeiten* ❸ können Sie sofort jede Szene Ihres Films ansteuern.
- Die Schaltfläche *Symbole bearbeiten* ❹ ermöglicht die Auswahl von Symbolen zur Bearbeitung in alphabetischer Reihenfolge.
- Mit dem letzten Feld in der Reihe ❺ können Sie den Zoomfaktor der Arbeitsfläche einstellen. Die Optionen *An Fenster anpassen* beziehungsweise *Bild anzeigen* stellen die gesamte Bühne im Fenster dar, *Alles anzeigen* passt die Vergrößerung dagegen den aktuellen Inhalten an.

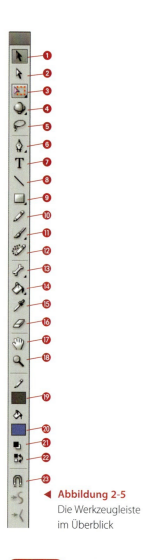

◀ **Abbildung 2-5**
Die Werkzeugleiste
im Überblick

Tipp

Bei Werkzeugen und Schaltflächen, die eigentlich nicht beschriftet sind, sondern ein Symbol tragen, beziehen sich die kursiv gesetzten Titel in diesem Kapitel auf den Tooltipp, das heißt auf das Beschreibungsfeld, das bei einer Mausberührung eingeblendet wird.

Die Werkzeugleiste

Das wichtigste Hilfsmittel zum Zeichnen und Bearbeiten von Objekten in Flash ist die Werkzeugleiste (Abbildung 2-5). Standardmäßig befindet sie sich am rechten Rand des Flash-Arbeitsfensters. Sollte sie gerade nicht angezeigt werden, können Sie sie mit dem Menübefehl *Fenster → Werkzeuge* oder mithilfe der Tastenkombination Strg + F2 aktivieren.

Für viele Werkzeuge sind im Bereich *Optionen* ㉓ am unteren Ende der Werkzeugleiste zusätzliche Einstellungen oder Unterwerkzeuge verfügbar. In den nachfolgenden Abschnitten wird ihre Verwendung genau erläutert.

In Tabelle 2-1 finden Sie zunächst eine Übersicht über alle Werkzeuge, dazu die Tastenkürzel zur schnellen Auswahl, die Angabe, wo sich die Schaltflächen in Abbildung 2-5 befinden, ihre Funktion und die jeweils verfügbaren Optionen im unteren Bereich der Palette.

Tabelle 2-1: Kurzübersicht aller Werkzeuge in der Flash-Werkzeugleiste

Werkzeug/ Tastenkürzel	Nr.	Aufgabe	Optionen
Auswahlwerkzeug V	❶	Auswahl von Linien, Füllungen und Objekten	*An Objekten ausrichten* (Magnet) – Objekte rasten an Eckpunkten und Linien ein (ein-/ausschalten)
			Glätten – ausgewählte Kurven werden mit jedem Klick stärker geglättet
			Begradigen – ausgewählte Kurven werden mit jedem Klick stärker begradigt
			(siehe Kapitel 3)
Unterauswahl A	❷	Umschalten in Béziermodus; Auswahl und Bearbeitung einzelner Eck- oder Ankerpunkte	keine (siehe Kapitel 3)

Werkzeug/ Tastenkürzel	Nr.	Aufgabe	Optionen
Frei transformieren Q	❸	Modifikation ausgewählter Zeichnungen oder Objekte: skalieren, drehen, neigen, Mittelpunkt verschieben	*An Objekten ausrichten* (s.o.) *Drehen und neigen* – Dreh- und Neigeoptionen leicht verfügbar *Skalieren* – schnellerer Zugang zu Skalierungsfunktionen *Verzerren* – perspektivische Verwerfung, funktioniert leider nur mit einfachen Zeichnungen *Umhüllen* – Begrenzungsrechteck zur wellenförmigen Verzerrung in kurze Abschnitte unterteilen, nur für Zeichnungen (siehe Kapitel 5)
Farbverlaufswerkzeug F	❸	Farbverlauf oder Bitmap-Füllung transformieren	*An Objekten ausrichten* (s.o.) (siehe Kapitel 4)
3D-Drehungswerkzeug W	❹	Symbolinstanzen in alle 3-D-Richtungen kippen (siehe Kapitel 5)	*An Objekten ausrichten* (s.o.) *Globale Transformierung* (zwischen relativem und absolutem Modus umschalten; (siehe Kapitel 7)
3D-Versetzungswerkzeug G	❹	die Perspektive, in der Symbolinstanzen dargestellt werden, in alle 3-D-Richtungen verschieben (siehe Kapitel 7)	*An Objekten ausrichten* (s.o.) *Globale Transformierung* (zwischen relativem und absolutem Modus umschalten; siehe Kapitel 7)

Werkzeug/ Tastenkürzel	Nr.	Aufgabe	Optionen
Lassowerkzeug L	❺	beliebige Freihandauswahlen	*Zauberstab* – Auswahl farbähn- licher Flächen in importierten Bitmaps (siehe Kapitel 8) *Zauberstab-Einstellungen* – Op- tionen für die Zauberstab- funktion (siehe Kapitel 8) *Polygon-Modus* – polygo- nale Auswahl statt reiner Freihandauswahl; jeder Klick setzt einen Punkt (siehe Kapitel 3)
Stiftwerkzeug P	❻	Zeichnen von Bézierkurven: Klick = Eckpunkt setzen, Ziehen = Kurve	*Objektzeichnung* – Zeichnung als geschlossenes, geschütz- tes Objekt erstellen (ein-/ ausschalten) *An Objekten ausrichten* (s.o.) (siehe Kapitel 3)
Ankerpunkt ein- fügen +	❻	zusätzlichen Ankerpunkt einem Pfad hinzufügen	*Objektzeichnung* (s.o.) *An Objekten ausrichten* (s.o.) (siehe Kapitel 3)
Ankerpunkt löschen -	❻	den angeklickten Ankerpunkt aus einem Pfad ent- fernen	*Objektzeichnung* (s.o.) *An Objekten ausrichten* (s.o.) (siehe Kapitel 3)
Ankerpunkt umwandeln C	❻	Klick = Kurvenwendepunkt in Eckpunkt umwandeln, Ziehen = umgekehrt	*Objektzeichnung* (s.o.) *An Objekten ausrichten* (s.o.) (siehe Kapitel 3)
Textwerkzeug T	❼	Text erstellen	keine (Einstellungen in Eigenschaftenpalette) (siehe Kapitel 6)
Linienwerkzeug N	❽	Zeichnen ein- zelner, gerader Konturlinien	*Objektzeichnung* (s.o.) *An Objekten ausrichten* (s.o.) (siehe Kapitel 3)

Werkzeug/ Tastenkürzel	Nr.	Aufgabe	Optionen
Rechteckwerkzeug R	❾	Rechtecke zeichnen, mit Umschalt: Quadrate; beide optional abge-rundet	*Objektzeichnung* (s.o.) *An Objekten ausrichten* (s.o.) (siehe Kapitel 3)
Ellipsenwerkzeug O	❾	Ellipsen bzw. Ellipsenaus-schnitte oder – mit Umschalt-Taste – Kreise bzw. Kreisausschnitte erstellen	*Objektzeichnung* (s.o.) *An Objekten ausrichten* (s.o.) (siehe Kapitel 3)
Werkzeug für Rechteck-grundform R	❾	Rechteckobjekt, dessen Eigen-schaften inkl. Eckradius nach-träglich änderbar bleiben	*An Objekten ausrichten* (s.o.) (siehe Kapitel 3)
Werkzeug für Ellipsengrundform O	❾	Ellipsenobjekt, dessen Eigen-schaften inkl. Ausschnitt nach-träglich änderbar bleiben	*An Objekten ausrichten* (s.o.) (siehe Kapitel 3)
Polysternwerkzeug keine Taste	❾	Polygone und Sterne zeichnen	*Objektzeichnung* (s.o.) *An Objekten ausrichten* (s.o.) (siehe Kapitel 3)
Freihandwerkzeug Y	❿	freies Zeichnen von Linienzügen mit der Maus	*Objektzeichnung* (s.o.) Auswahl Zeichenmodus: *Begradigen* (Zeichnung in zusammengesetzte gera-de Linien umwandeln), *Glätten* (Unebenheiten in Kurven entfernen), *Freihand* (Zeichnung exakt beibehal-ten) (siehe Kapitel 3)

Werkzeug/ Tastenkürzel	Nr.	Aufgabe	Optionen
Pinselwerkzeug [B]	⓫	freies Malen von Füllungen ohne Konturlinien	*Objektzeichnung* (s.o.) *Füllung sperren* – derselbe Verlauf wird über mehrere eigentlich unabhängige Zeichnungen verteilt *Pinselmodus* – bestimmt, inwieweit vorhandene Zeichnungen übermalt werden *Pinselgröße* – acht Stufen vom kleinen Punkt bis zum dicken Pinsel *Pinselform* – diverse Ellipsen und Rechtecke; schräg gestellte Linien für kalligrafie-ähnliche Arbeiten (siehe Kapitel 3)
Sprühen-Werkzeug [B]	⓫	zufälliges Aufsprühen von Farbpunkten (Airbrush-Effekt)	keine (siehe Kapitel 7)
Deko-Werkzeug [U]	⓬	Füllen und Dekorieren mithilfe von Symbolen (siehe Kapitel 5)	keine (siehe Kapitel 7)
Bone-Werkzeug [X]	⓭	Symbole oder Formen durch »Gelenke« verbinden, um sie verkettet zu animieren (inverse Kinematik; s. nächstes Kapitel)	*An Objekten ausrichten* (s.o.) (siehe Kapitel 7)
Bindungswerkzeug [Z]	⓭	Bones an die Eckpunkte von Formen binden (s. nächstes Kapitel)	*An Objekten ausrichten* (s.o.) (siehe Kapitel 7)

Werkzeug/ Tastenkürzel	Nr.	Aufgabe	Optionen
Farbeimerwerkzeug K	⓮	Füllungen ändern oder (zwischen Konturen) neu erstellen	*Lückengröße* – bestimmt, ob Konturen ganz geschlossen sein müssen, damit sie als füllbarer Innenraum akzeptiert werden *Füllung sperren* (siehe Pinselwerkzeug) (siehe Kapitel 4)
Tintenfasswerkzeug S	⓮	Zuweisen von Linienstilen durch Anklicken von Konturen	keine (siehe Kapitel 4)
Pipette I	⓯	Füllungen, Linienstile oder Textattribute aufnehmen, um sie auf andere Elemente zu übertragen	keine (siehe Kapitel 3)
Radiergummiwerkzeug E	⓰	freies Entfernen von Zeichnungsteilen mit der Maus	*Radiermodus* – bestimmt, welche Zeichnungsteile wegradiert werden und welche verschont bleiben *Wasserhahn* – jeder Klick entfernt genau eine Linie oder Füllung *Radiergummiform* – verschiedene Formen und Größen zur Auswahl (siehe Kapitel 3)
Handwerkzeug H	⓱	aktuellen Arbeitsfensterausschnitt schnell verschieben (einfacher: Leertaste gedrückt halten)	keine (siehe Kapitel 3)
Zoomwerkzeug M oder Z	⓲	Vergrößern oder Verkleinern der Bühnenansicht	Auswahl zwischen Vergrößerung und Verkleinerung (siehe Kapitel 3)

Neben den in Tabelle 2-1 zusammengefassten Werkzeugen besitzt die Werkzeugleiste noch den Abschnitt *Farben*. Dieser enthält insgesamt vier Elemente:

Strichfarbe ⑲: Aus diesem Pop-up-Menü können Sie die aktuelle Farbe oder den Farbverlauf für Konturlinien auswählen.

Füllfarbe ⑳: Hier wird die Farbe oder der Verlauf für die Füllung ausgewählt.

Schwarz-Weiß ㉑: Stellt den Ausgangszustand wieder her: Konturfarbe Schwarz, Füllfarbe Weiß.

Farben austauschen ㉒: Kontur- und Füllfarbe werden miteinander vertauscht. Funktioniert nur, wenn die aktuelle Füllung eine Farbe und kein Verlauf ist.

Ganz unten in der Werkzeugleiste befindet sich schließlich ein Abschnitt mit Optionen für das jeweils ausgewählte Werkzeug ㉓. Diese werden in Tabelle 2-1 in der Spalte *Optionen* beschrieben.

Die Zeitleiste

Die Zeitleiste dient der Erstellung von Animationen und steuert allgemein den zeitlichen Ablauf Ihres Films. In Abbildung 2-6 sehen Sie eine gefüllte Zeitleiste mit mehreren Ebenen. Ausführlich wird die Verwendung der Zeitleiste in Kapitel 8 behandelt; an dieser Stelle lernen Sie lediglich die wichtigsten Begriffe und Elemente kennen.

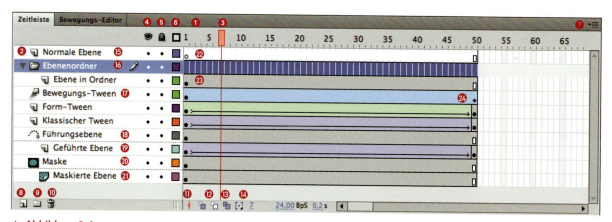

▲ **Abbildung 2-6**
Die Zeitleiste

Wie jeder Film besteht auch ein Flash-Film aus Einzelbildern, die nacheinander abgespielt werden. In der deutschen Flash-Version werden sie als *Bilder* bezeichnet. Da dieses Wort auch für Bitmaps verwendet wird und es daher zu Verwechslungen kommen kann, wird in diesem Buch häufiger die englische Originalbezeichnung *Frames* benutzt. Die Zeitleiste ❶ ist horizontal in diese Frames unterteilt und vertikal in *Ebenen* ❷. Die vertikale rote Linie durch einen bestimmten Frame aller

Ebenen wird *Abspielkopf* ❸ genannt. Sie stellt eine Momentaufnahme des Films dar, während eine Ebene jeweils eine Zeichnungsschicht oder ein animiertes Element beherbergt.

Das Ebenenkonzept von Flash funktioniert prinzipiell genau so wie die Ebenen in Photoshop, nur dass sich in Flash die Ebenen animieren lassen. Sie können sich die Ebenen eines Films vorstellen wie übereinandergelegte transparente Folien. Auch bei handgezeichneten Trickfilmen ist diese Technik durchaus üblich. Ebenen sind vor allem dann wichtig, wenn verschiedene Objekte unabhängig voneinander, zum Beispiel in unterschiedliche Richtungen, bewegt werden sollen.

Links oben, über den Ebenen, finden Sie drei kleine Schaltflächen: Das *Auge* ❹ blendet Ebenen ein und aus, das *Vorhängeschloss* ❺ sperrt Ebenen und verhindert die Auswahl von Elementen in dieser Ebene. Das *Quadrat* ❻ schaltet die jeweilige Ebene in den Konturmodus, in dem all ihre Inhalte nur noch als Konturen in der angezeigten Farbe erscheinen. Sie können auf das entsprechende Feld neben einer einzelnen Ebene klicken, um die gewünschte Eigenschaft für diese Ebene ein- oder auszuschalten. Wenn Sie das bei gleichzeitig gedrückter ⌨Alt -Taste tun, werden alle anderen Ebenen umgeschaltet. Klicken Sie dagegen die drei Schaltflächen selbst an, sind sämtliche Ebenen von der Änderung betroffen.

Der *Abspielkopf* ❸ gibt Auskunft darüber, an welcher zeitlichen Position sich der Film gerade befindet. Die nummerierte Skala selbst zeigt die Frame-Nummern an. Wenn Sie an irgendeiner Stelle darauf klicken, wird der Abspielkopf an diese Position gesetzt; auf der Bühne erscheinen sofort die entsprechenden Inhalte.

Die kleine Schaltfläche rechts oben neben der Skala ❼ öffnet ein Menü, in dem sich die Ansichtsoptionen der Zeitleiste selbst einstellen lassen (Anzeigebreite und -höhe sowie eine optionale Miniaturvorschau der Ebeneninhalte). Mehr dazu lesen Sie in Kapitel 8.

Der Bereich links zeigt die Bezeichnungen und Eigenschaften der Ebenen an: Das Icon vor einem Ebenennamen gibt den Ebenentyp an. Um diesen Typ (und andere Ebeneneigenschaften) zu ändern, klicken Sie doppelt auf dieses Symbol. Ein Doppelklick auf den Namen ermöglicht das Umbenennen der Ebene; besonders wenn Sie mit vielen Ebenen arbeiten, sollten Sie sich etwas Aussagekräftigeres einfallen lassen als die vorgegebenen Namen wie z.B. »Text_Animation« anstatt »Ebene 124«.

Unterhalb der Ebenen finden Sie von links nach rechts die drei folgenden kleinen Schaltflächen: *Ebene einfügen* ❽, *Ebenenordner erstellen* ❾ und *Ebene löschen* ❿.

Der erste Button unterhalb der Zeitleiste ⓫ setzt die Zeitleistenansicht so, dass sich der Abspielkopf in der Mitte befindet. Das erleichtert das Wiederfinden, wenn Sie die Position beim horizontalen Scrollen geändert haben.

Die nächsten beiden Schaltflächen ⓬ aktivieren den *Zwiebelschaleneffekt*, der vorherige oder nachfolgende Frames abgeschwächt zeigt beziehungsweise als Konturen durchscheinen lässt. Das ermöglicht gewissermaßen das »Durchpausen« von Inhalten, wie es in der traditionellen Trickfilmtechnik eingesetzt wird.

Tipp

Sie sollten sich angewöhnen, auch nicht visuelle Elemente wie Sounds oder ActionScript-Anweisungen grundsätzlich auf eigene dafür reservierte Ebenen zu packen. Dadurch behält man den Überblick, und es werden unnötige Fehler vermieden.

Tipp

Bitte beachten Sie, dass keine dieser Operationen Auswirkungen auf den fertigen SWF-Film hat: Wenn Sie beispielsweise eine Ebene ausblenden, betrifft das nur die Arbeitsumgebung.

Der vierte Button ⓭ sollte nur im Notfall und mit äußerster Vorsicht angewendet werden: Er ermöglicht das Bearbeiten der Inhalte mehrerer Frames gleichzeitig. Das ist beispielsweise nützlich, wenn Sie einen kompletten Animationsablauf verschieben oder skalieren müssen. Achten Sie darauf, alle Ebenen zu sperren, die von der Änderung nicht betroffen sein sollen, und den Button wieder auszuschalten, sobald Sie seine Funktion nicht mehr benötigen!

Die nächste Schaltfläche ⓮ ermöglicht die Festlegung, welche Frames überhaupt vom Zwiebelschaleneffekt oder von der Bearbeitung aller Bilder betroffen sein sollen. Die drei nachfolgenden Felder zeigen den aktuellen Frame, die tatsächliche Abspielgeschwindigkeit (Bilder pro Sekunde) und die vergangene Zeitdauer seit Filmbeginn an.

Von oben nach unten sind in Abbildung 2-6 folgende Ebenentypen vertreten:

- *Normale Ebenen* ⓯ (hier im Ordner) enthalten statische oder animierte Grafikelemente, aber auch Sounds oder ActionScript-Anweisungen.
- Der *Ebenenordner* ⓰ ermöglicht es, bei besonders vielen Ebenen den Überblick zu behalten. Er kann Ebenen verschiedener Typen oder auch verschachtelte Ebenenordner enthalten und lässt sich je nach Bedarf auf- und zuklappen.
- Die nächsten drei Ebenen ⓱ beinhalten die drei verschiedenen Tween-Arten: Bewegungs-Tween, Form-Tween und klassischen Tween. Die unterschiedlichen Tween-Arten werden jeweils mit einer bestimmten Farbe hinterlegt. Klassische Tweens und Form-Tweens werden zusätzlich noch mit einem Pfeil dargestellt.
- Die *Führungsebene* ⓲ kann einen Pfad enthalten, der die Position animierter Objekte bestimmt. *Führungsebenen* spielen in Flash CS5 keine so große Rolle mehr wie früher, da Bewegungs-Tweens nun ihren eigenen Führungspfad enthalten können.
- Die darunterliegende *geführte Ebene* ⓳ kann Animationen enthalten, die von der *Führungsebene* abhängen.
- Die *Maske* ⓴ bestimmt, welche Inhalte der davon abhängigen Ebene(n) sichtbar sind.
- Die zugehörige *maskierte Ebene* ㉑ wird entsprechend von der darüberliegenden Maske beeinflusst.

In der Zeitleiste selbst sehen Sie vier Arten von Frames:

- Ein gefüllter Kreis ㉒ ist ein *Schlüsselbild* oder *Keyframe*. Sie müssen ein Schlüsselbild verwenden, wenn eine Ebene an einer bestimmten zeitlichen Stelle einen neuen Inhalt erhalten soll.
- Der leere Kreis ㉓ ist ein leeres Schlüsselbild. Es gibt keinen prinzipiellen Unterschied zwischen leeren und gefüllten Schlüsselbildern; das leere weist lediglich darauf hin, dass die Ebene an der entsprechenden Position (noch) keinen Inhalt besitzt. Wenn der Inhalt einer Ebene zu einer bestimmten Zeit verschwinden soll, können Sie dort ein leeres Schlüsselbild setzen.
- Bei dem kleinen Karo ㉔ handelt es sich um ein Eigenschaften-Schlüsselbild. Es kommt bei Bewegungs-Tweens vor und zeigt an, dass die Eigenschaften des Schlüsselbilds zu dem Zeitpunkt verändert werden.
- Die Kästchen ohne Kreise sind gewöhnliche Frames. Sie zeigen weiterhin den Inhalt des vorigen Schlüsselbilds an; falls sie unter einem Pfeil zwischen zwei Schlüsselbildern liegen, sind sie Teil einer Tweening-Animation, die automatisch die Zwischenzustände berechnet.

Die Eigenschaftenpalette

Das wichtigste Arbeitswerkzeug von Flash ist die *Eigenschaftenpalette*. Sie ist kontextsensitiv, enthält also je nach ausgewähltem Element unterschiedliche Optionen. Das Praktische an der Eigenschaftenpalette ist, dass sie alle wichtigen Einstellungen enthält, die verändert werden können. An dieser Stelle werden nicht alle Varianten der Palette beschrieben, sondern nur zwei der wichtigsten; weitere folgen in späteren Kapiteln.

▲ **Abbildung 2-7**
Die Eigenschaftenpalette

Abbildung 2-7 zeigt die Eigenschaftenpalette, wenn nichts ausgewählt ist (Sie können diesen Zustand von der Bühne aus herstellen, indem Sie `Esc` drücken). In diesem Zustand zeigt sie die wichtigsten Filmeinstellungen auf einen Blick an:

- Ganz oben steht der Typ des Elements, dessen Eigenschaften gerade bearbeitet werden ❶, hier *Dokument*.
- Darunter steht der Dateiname des aktuellen Films ❷.
- *Veröffentlichen* fasst die wichtigsten Einstellungen für den SWF-Export zusammen: Version des Flash Player ❸ (5 bis 10 sowie FlashLite 1.0 bis 4.0) und ActionScript-Version (1.0 bis 3.0). Wenn Sie den Film für ältere Player exportieren, gehen natürlich die Fähigkeiten neuerer Versionen ersatzlos verloren. Das *Profil* bezeichnet einen gespeicherten Satz von Voreinstellungen. Klicken Sie auf *Bearbeiten*, um die Einstellungen zu ändern.
- *Klasse* ❹ ist nur aktiv, wenn Sie unter *Veröffentlichen* mindestens Flash Player 9 und ActionScript 3.0 gewählt haben. Hier lassen sich dem Dokument eindeutige Klassennamen zuweisen, um beispielsweise andere Klassen davon abzuleiten.
- *BpS* ❺ steht für *Bilder pro Sekunde*. Diese Voreinstellung für die Abspielgeschwindigkeit ist in der Regel ein Maximalwert. Wenn ein Computer diese Rate nicht schafft, spielt er den Film einfach langsamer ab (in der Zeitleiste können Sie, wie bereits erwähnt, die tatsächliche Geschwindigkeit sehen). Der in Kapitel 10 erläuterte Stream-Sound sorgt allerdings dafür, dass Flash die eingestellte Geschwindigkeit auf jeden Fall beibehält und bei Geschwindigkeitsproblemen stattdessen einzelne Frames weglässt.
- *Größe* ❻ zeigt die aktuelle Pixelanzahl der Bühne (Breite x Höhe) an; über diese Schaltfläche lässt sie sich sofort ändern. 550 x 400 Pixel ist die Voreinstellung.
- *Bühne* ❼ ermöglicht die schnelle Auswahl einer neuen Hintergrundfarbe für den Film.
- Im SWF-Verlauf ❽ werden bei jedem Exportvorgang die jeweilige Dateigröße sowie Datum und Uhrzeit angezeigt. Somit lässt sich unter anderem nachverfolgen, wie die Dateigröße im Lauf der Projektzeit anwächst.

Abbildung 2-8 zeigt dagegen, wie die Eigenschaftenpalette aussieht, wenn eine einfache Zeichnung ausgewählt ist. Hier können Sie Position und Größe, Linien- und Füllfarbe, Linienart und -stärke sowie einige weitere Optionen einstellen. Näheres dazu erfahren Sie in Kapitel 3.

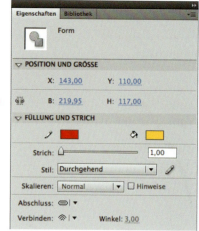

▲ **Abbildung 2-8**
Die Eigenschaftenpalette bei ausgewählter Zeichnung

Den Arbeitsbereich anpassen

Wenn Sie einige Zeit mit Flash gearbeitet haben, werden Sie feststellen, dass man im Durcheinander der zahlreichen Bedienfelder leicht den Überblick verlieren kann. Glücklicherweise hat Adobe aber einige Hilfsmittel eingebaut, die die Orientierung erleichtern.

Beispielsweise können Sie jedes Bedienfeld durch Ziehen mit der Maus an den Rändern andocken, damit sie nicht beim Arbeiten im Weg sind. Damit der Arbeitsbereich von Flash dem der anderen Adobe-Produkte ähnelt, kann man z.B. als Erstes die Werkzeugleiste von der rechten auf die linke Seite ziehen (Abbildung 2-11).

▲ **Abbildung 2-9**

Um mehr Platz für die Bühne zu schaffen, lassen sich die Paletten per Klick auf den Doppelpfeil ❶ auf Icongröße minimieren (Abbildung 2-9).

Wenn Sie die Arbeitsoberfläche dann so eingerichtet haben, dass Sie gut damit zurechtkommen, sollten Sie über den Arbeitsbereichswähler ❶ im Anwendungsrahmen von Flash *Neuer Arbeitsbereich...* anklicken, damit Flash sich die aktuelle Anordnung merkt. Der von Ihnen gewählte Name erscheint dann ebenfalls im Arbeitsbereichswähler, in dem Sie notfalls auch immer zu einem der vordefinierten Layouts zurückkehren können (Abbildung 2-10).

▲ **Abbildung 2-10**
Der Arbeitsbereichswähler

Für einige Berufsgruppen und Anwendungsfälle gibt es bereits vorgefertigte Arbeitsbereiche, beispielsweise für Animatoren, Designer oder Entwickler (Abbildung 2-10). Somit stehen z.B. dem Animator die wichtigsten Paletten für die Animation zur Verfügung, dazu gehören die Zeitleiste, Szenen und Bewegungsvoreinstellungen. Der Arbeitsbereich für Entwickler stellt dagegen Paletten zur Programmierung bereit, also Komponenten-, Compiler- und Ausgabepaletten.

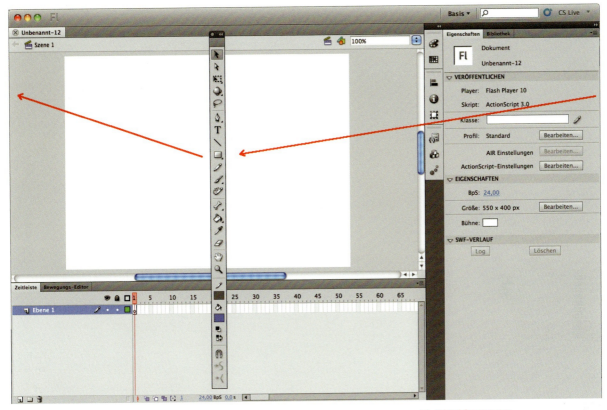

Nun, da Sie die Arbeitsumgebung von Flash kennengelernt haben, ist es an der Zeit, im nächsten Kapitel die einzelnen Werkzeuge zum Zeichnen von Grafiken näher zu betrachten.

Kapitel 3

Zeichnen mit Flash

Der beste Teil der Schönheit ist der, den ein Bild nicht wiedergeben kann.

Francis Bacon

Linien, Formen und andere Grundelemente

Das Linienwerkzeug

Das Rechteck- und Ellipsenwerkzeug

Das Polysternwerkzeug

Das Freihandwerkzeug

Das Pinselwerkzeug

Das Radiergummiwerkzeug

Das Stiftwerkzeug

Das Auswahlwerkzeug

Das Unterauswahlwerkzeug

Das Lasso

Linienabschlüsse und -verbindungen

In diesem Kapitel werden die zahlreichen Zeichenfunktionen und -hilfsmittel von Flash vorgestellt. Das Programm besitzt zwei verschiedene Zeichenmodi: den intuitiven Zeichenmodus, in dem Konturlinien und Füllungen separat bearbeitet werden können, und den Bézierzeichenmodus, der eher der Arbeitsweise in professionellen Vektorzeichenprogrammen wie Adobe Illustrator ähnelt. Sie können jederzeit den Modus wechseln, indem Sie die passenden Werkzeuge in der Werkzeugleiste auswählen.

Linien, Formen und andere Grundelemente

Vektorzeichnungen bestehen in Flash aus zwei Elementen: *Linien* und *Füllungen*. Der Innenraum geschlossener Pfade kann eine Füllung enthalten; dies kann eine einzelne Farbe, ein Farbverlauf oder eine Bitmap sein. Umgekehrt kann jede Fläche von Konturlinien begrenzt werden; diese können unterschiedliche Farben, Stärken und Formen (durchgezogen, gestrichelt, Wellenlinien und so weiter) aufweisen.

Werkzeuge für Formen, wie Rechteck, Polygon und Ellipse, erstellen standardmäßig Konturlinien mitsamt Füllungen. Beide Bestandteile können getrennt voneinander ausgewählt und dann verschoben oder entfernt werden. Dadurch entsteht entweder eine Konturlinie ohne Füllung oder aber eine Füllung, die nicht von Konturlinien umgeben wird. Die Alternative ist der sogenannte *Objektzeichenmodus* – er erstellt Zeichnungselemente als in sich geschlossene Elemente, die einander unbeschadet überlagern können; erst durch einen Doppelklick können Sie die darin verschachtelten Linien und/oder Füllungen bearbeiten.

Abbildung 3-1 zeigt vier verschiedene Rechtecke: eines ohne Füllung, eines ohne Konturlinie und zwei mit beiden Eigenschaften. Beim dritten ist die Füllung ein modifizierter Farbverlauf, beim vierten wird ein spezieller Linienstil (gestrichelt) verwendet. Um diese Zeichnung zu erstellen, können Sie wie folgt vorgehen (die einzelnen Funktionen werden weiter unten noch ausführlich besprochen):

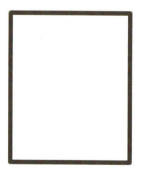   

▲ **Abbildung 3-1**
Vier verschiedene Varianten eines Rechtecks: nur Kontur, nur Füllung, Kontur mit einem Verlauf als Füllung und Füllung mit einer speziell gestrichelten Kontur

Wählen Sie in der Werkzeugleiste das Rechteckwerkzeug oder drücken Sie die Taste ⌞R⌟. Stellen Sie sicher, dass Sie nicht versehentlich das Werkzeug für die Rechteckgrundform wählen; es liegt auf derselben Schaltfläche, und die Taste ⌞R⌟ schaltet zwischen den beiden hin und her. Auch die Option *Objektzeichnung* (vorletzte Schaltfläche in der Werkzeugleiste, wenn alle Schaltflächen untereinander dargestellt werden, also die zweitunterste) sollte deaktiviert sein.

Um Rechtecke zu erstellen, die die gleiche Größe und den gleichen Abstand von-einander haben, können Sie zum Beispiel das Raster verwenden. Wählen Sie dazu den Menüpunkt *Ansicht → Raster → Raster einblenden*; die zugehörige Tasten-kombination ist ⌴Strg⌴ + ⌴Ä⌴ (Windows) beziehungsweise ⌴⌘⌴ + ⌴'⌴ (Mac OS X).

Stellen Sie in der obersten Zeile der Eigenschaftspalette unter *Füllung und Strich* die gewünschte Konturfarbe für das erste Rechteck ein (Abbildung 3-2). Daneben finden Sie ein Pop-up-Menü für die Füllfarbe; wählen Sie hier das rot durchgestri-chene Feld oben rechts aus – es steht für das Weglassen der Füllfarbe. Nun können Sie das erste Rechteck aufziehen.

Hinweis

Im Folgenden – wie im Vorwort be-reits angemerkt – entfällt die dop-pelte Nennung von Tastenkombi-nationen immer dann, wenn diese unter Windows mit ⌴Strg⌴ und unter Mac OS X mit ⌴⌘⌴ gebildet werden, aber ansonsten identisch sind.

◀ **Abbildung 3-2**
Die Konturfarbe festlegen

Wählen Sie jetzt in der Eigenschaftspalette die gewünschte Füllfarbe aus, als Konturfarbe dagegen das durchgestrichene Feld. Ziehen Sie mit diesen Einstel-lungen das nächste Rechteck auf (Abbildung 3-3).

◀ **Abbildung 3-3**
Die Füllfarbe festlegen

Nun wählen Sie wieder eine Konturfarbe aus und stellen als Füllung den linearen Farbverlauf von Schwarz nach Weiß ein (Abbildung 3-4). Ziehen Sie dann das dritte Rechteck auf. Um den Winkel des Farbverlaufs zu drehen, wird das Farbver-laufswerkzeug (auf derselben Schaltfläche wie das Freitransformierwerkzeug, Taste ⌴F⌴) verwendet (Abbildung 3-5). Für den zweiten Farbwechsel im selben Verlauf ist die Palette *Farbmischer* zuständig. Experimentieren Sie damit oder lassen Sie den Verlauf zunächst, wie er ist; beide Funktionen werden weiter unten genau erläutert.

▲ **Abbildung 3-4**
Den Farbverlauf festlegen

▲ **Abbildung 3-5**
Das Farbverlauf-Werkzeug

Stellen Sie nun wieder eine einfache Farbe als Füllmuster ein. Wählen Sie jetzt aber – ebenfalls oben in der Eigenschaftenpalette – den Linienstil *Gepunktet* aus. Anschließend können Sie das letzte Rechteck aufziehen.

Wenn Sie nun das Auswahlwerkzeug (schwarzer Pfeil – das erste Werkzeug in der Werkzeugleiste) verwenden, werden Sie bemerken, dass sich Linien und Füllungen getrennt voneinander auswählen lassen. Verwenden Sie dagegen das Unterauswahlwerkzeug (weißer Pfeil), wird der Bézierzeichenmodus aktiviert; Sie können die einzelnen Eckpunkte des jeweils aktivierten Rechtecks bearbeiten.

In den folgenden Abschnitten erfahren Sie Näheres zur Arbeit mit den Werkzeugen, die »intuitives« Zeichnen ermöglichen. Die Funktionen der entsprechenden Werkzeuge werden nacheinander ausführlich vorgestellt.

Das Linienwerkzeug

Mit dem Linienwerkzeug, das Sie optional über die Taste N erreichen, können Sie mit der Maus gerade Linien ziehen. Wenn Sie die Umschalt-Taste gedrückt halten, zeigen die Linien nicht mehr in jede beliebige Richtung, sondern rasten an Positionen im Abstand von je 45° ein.

In der Eigenschaftenpalette (Abbildung 3-6) können Sie bei diesem Werkzeug folgende Einstellungen vornehmen:

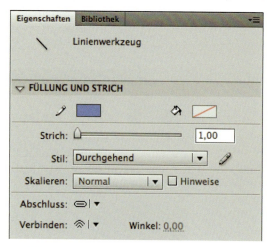

▲ **Abbildung 3-6**
Linienoptionen in der Eigenschaftenpalette

Strichfarbe: Auswahl aus allen definierten Farben.

Strich: Werte für die Liniendicke zwischen 0,1 und 200 Pixeln. Obwohl das widersinnig erscheint, können Sie in Flash auch Bruchteile von Pixeln angeben – da Vektorgrafiken skaliert werden können, werden sie bei entsprechender Vergrößerung zu ganzen Pixeln.

Stil: Hier haben Sie die Auswahl zwischen den Optionen *Haarlinie* (bleibt unabhängig von einer Skalierung stets so dünn wie möglich), *Durchgehend* (gerade Standardlinie) und diversen speziellen Linientypen, deren Eigenschaften Sie mithilfe der Schaltfläche *Strichstil bearbeiten* rechts neben der Stilauswahl (siehe weiter unten) näher einstellen können. Wenn Sie den Strichstil *Durchgehend* wählen, werden auch die restlichen darunterliegenden Einstellungsmöglichkeiten freigeschaltet.

Skalieren: Wird eine Zeichnung beim Abspielen dynamisch skaliert, bestimmt diese Option, ob und in welche Richtungen die Linien mitskaliert werden: *Normal* (in alle Richtungen), nur *Horizontal* oder *Vertikal* oder aber gar nicht (Auswahl *Keine*).

Bézier-Modus

Dieser Modus wurde benannt nach Pierre Bézier (1910–1999), einem französischen Ingenieur, der diese mathematische Art der Formenbeschreibung erfunden hat.

Hinweise: Wenn Sie diese Option aktivieren, werden die Eckpunkte von Linienzügen auf ganze Pixel beschränkt, um unscharfe Linien zu vermeiden.

Abschluss: Diese Option bestimmt die Linienenden; Sie sollten sie mit sehr dicken Linien ausprobieren. Sie haben die Wahl zwischen *Keine* (am Pfadende abgeschnitten), *Rund* (abgerundete Enden) und *Quadratisch* (quadratischer Abschluss nach dem Pfadende). Die Unterschiede werden Sie besser verstehen, wenn Sie mit Pfaden arbeiten (siehe weiter unten in diesem Kapitel; dort finden Sie auch eine Abbildung mit den verschiedenen Abschlüssen und Verbindungen).

Verbinden: Hier wird eingestellt, wie aufeinandertreffende Pfadlinien miteinander verbunden werden sollen. *Winkel* verbindet sie spitzwinklig miteinander, *Rund* wählt einen abgerundeten Übergang und *Geschliffen* eine stumpfe Kante.

Winkel: Wenn Sie im nachfolgenden Pull-down-Menü *Verbinden* den Eintrag *Winkel* auswählen, können Sie hier einen Grenzwert für die Linienstärke in Pixeln eingeben, bis zu der die Linien mit einem Winkel abgeschlossen werden sollen. Dickere Linien werden dann stumpf miteinander verbunden.

Diese Einstellungen stehen übrigens nicht nur für das Linienwerkzeug zur Verfügung, sondern auch bei allen anderen Werkzeugen, die Konturlinien erstellen oder bearbeiten: Stiftwerkzeug, Ellipse, Rechteck, Polystern, Freihandwerkzeug und Tintenfasswerkzeug.

Wenn Sie auf die Schaltfläche *Strichstil bearbeiten* klicken, öffnet sich der in Abbildung 3-7 dargestellte Dialog. Er enthält folgende Elemente:

◀ **Abbildung 3-7**
Das Strichstil-Dialogfeld

4x-Zoom: Das Kontrollkästchen *4x-Zoom* vergrößert lediglich die Beispielabbildung.

Stärke: Hier können Sie eine Strichstärke zwischen 0,25 und 200 Punkt (gemeint sind eigentlich Pixel) auswählen oder eingeben; die wenigen Auswahloptionen stammen noch aus alten Flash-Versionen, in denen 10 die maximale Strichstärke war.

Spitze Ecken: Wenn Sie dieses Kontrollkästchen aktivieren, werden die Übergänge an Eckpunkten nicht (wie ansonsten üblich) abgerundet.

Typ: Ermöglicht die Auswahl des grundsätzlichen Linienstils; die Optionen unterhalb dieses Felds variieren je nach gewähltem Stil. Folgende Varianten sind verfügbar:

Durchgehend: Standardlinie; keine weiteren Optionen.

Gestrichelt: Einfache gestrichelte Linien; die beiden numerischen Werte bezeichnen die Länge der Teilstriche und den Abstand zwischen ihnen; die Voreinstellung (jeweils 6 Punkt) bedeutet, dass die (abgerundeten) Segmente unmittelbar aneinanderstoßen.

Gepunktet: Das sind Linien aus identischen Punkten mit dem gleichen Abstand. Die einzige Option ist der Abstand zwischen den Punkten, da ihre Dicke durch die Strichstärke festgelegt wird.

Ausgefranst: Die Linien dieses Typs sind mehr oder weniger stark zufällig gewellt (Abbildung 3-8). Die Option *Muster* bestimmt die Art der Linienführung mit den Auswahlmöglichkeiten *Durchgehend*, *Einfach*, *Zufällig*, *Gepunktet*, *Zufällige Punkte*, *Dreifache Punkte* und *Zufällige dreifache Punkte*. *Wellenhöhe* bestimmt die Stärke der Wellen mit den Optionen *Flach*, *Leichte Wellen*, *Starke Wellen* und *Wild*. Die *Wellenlänge* legt die Längenausdehnung der Wellen fest; die Möglichkeiten reichen von *Sehr kurz* über *Kurz* und *Mittel* bis *Lang*.

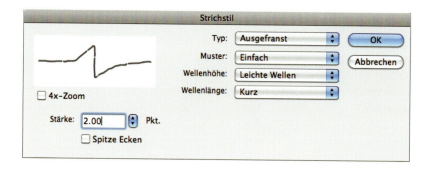

▶ **Abbildung 3-8**
Der Strichtyp »Ausgefranst«

Getupft: Im Gegensatz zur Option *Gepunktet* bestehen diese Linien aus Punkten mit zufälligen Größen und Abständen. Die Option *Punktgröße* bestimmt die Bezugsgröße der Punkte: *Sehr klein*, *Klein*, *Mittel* oder *Groß*. Unter *Punktvariation* können Sie sich aussuchen, wie stark die Unterschiede zwischen den Punktgrößen sein dürfen: *Eine Größe*, *Kleine Variation*, *Unterschiedliche Größen* oder sogar *Zufällige Größen*. Die *Dichte* bestimmt den Abstand zwischen den Punkten; Sie haben die Wahl zwischen *Sehr dicht*, *Dicht*, *Weit* und *Sehr weit*.

Schraffiert: Für schraffierte Linien sind folgende Einstellungen verfügbar (Abbildung 3-9): *Stärke* bestimmt die Dicke der Schraffurstriche, nämlich *Haarlinie*, *Dünn*, *Mittel* oder *Dick*. Der *Abstand* regelt, wie weit die Striche voneinander entfernt sind; zur Auswahl stehen *Sehr eng*, *Nah*, *Weit* und *Sehr weit*. *Verwackeln* ermöglicht seitliche Positionsunterschiede zwischen den Strichen; Sie können *Keine*, *Springen*, *Locker* oder *Wild* einstellen. Mit *Drehen* können Sie unterschiedliche Winkel für die Striche einstellen: *Keine* setzt sie gerade zur Kurvenrichtung; mit *Wenig*, *Mittel* und *Zufällig* werden unterschiedlich starke Variationen eingestellt. *Kurve* bestimmt, ob die Striche in sich gekrümmt sein sollen; zur Auswahl stehen *Nicht gekrümmt*, *Leicht gekrümmt*, *Mittel gekrümmt* und *Stark gekrümmt*. Die Option *Länge* bestimmt schließlich die zulässigen Längenvariationen; wählen Sie zwischen *Gleich* (keine Abweichung), *Geringer Unterschied*, *Mittlerer Unterschied* und *Zufällig*.

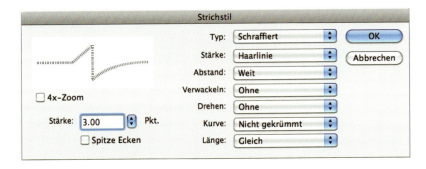

◄ **Abbildung 3-9**
Der Strichtyp »Schraffiert«

Ganz unten in der Werkzeugleiste stehen für das Linienwerkzeug zwei Optionen zur Verfügung: *Objektzeichnung* (Taste ⎣J⎦) und *An Objekten ausrichten* (auch *Magnet* genannt). Der Objektzeichenmodus dürfte erfahrenen Benutzern von Vektorzeichenprogrammen wie Illustrator entgegenkommen: Sobald Sie die Maustaste loslassen, wird das aktuelle Zeichenelement in ein geschlossenes Objekt umgewandelt; solche Objekte können einander gefahrlos überlagern. Beim Auswählen per Mausklick wird ein rechteckiger Rahmen um das gesamte Objekt angezeigt; zur Bearbeitung der Bestandteile müssen Sie einen Doppelklick darauf ausführen. Näheres über diesen Modus erfahren Sie weiter unten im Abschnitt »Zeichenobjekte und Gruppen«; bis dahin sollten Sie ihn ausgeschaltet lassen, um die Erklärungen auch weiterhin praktisch nachvollziehen zu können.

Wenn Sie *An Objekten ausrichten* aktivieren, werden neu gezeichnete Linien von vorhandenen Konturen und Eckpunkten angezogen. Diese Option existiert übrigens für viele Werkzeuge und besitzt stets die gleiche Aufgabe: Beim Erstellen oder auch Verschieben von Objekten rasten diese merklich an vorhandenen Zeichnungen ein. Die Stärke der Anziehungskraft können Sie unter *Bearbeiten →* *Voreinstellungen* anpassen.

Das Rechteck- und Ellipsenwerkzeug

Das Rechteckwerkzeug (Taste R) ermöglicht das einfache Zeichnen von Rechtecken (Abbildung 3-10). Mit gedrückter Umschalt-Taste können Sie Quadrate erstellen.

▶ Abbildung 3-10

In der unteren Hälfte der Eigenschaftenpalette, also in der Kategorie *Rechteckoptionen*, finden Sie für dieses Werkzeug die spezielle Option *Eckradius*. Positive Werte runden die Ecken um die entsprechende Pixelzahl zwischen 0 und 100 ab, negative Werte sägen dagegen je eine Viertelellipse aus. Standardmäßig gilt der eingestellte Radius für alle vier Ecken gleichermaßen. Klicken Sie auf das kleine Vorhängeschloss zwischen ihnen, um jeder Ecke einen eigenen Wert zuzuweisen.

Abbildung 3-11 zeigt drei unterschiedlich abgerundete Rechtecke: +15 an allen Ecken, –15 an allen Ecken sowie eine Form mit vier individuellen Werten.

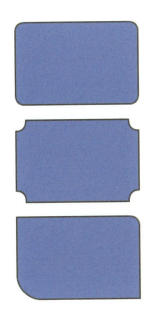

Das Ellipsenwerkzeug, das Sie auch über die Taste ⎡O⎤ erreichen können, ermöglicht das Zeichnen von Ellipsen. Wenn Sie gleichzeitig die ⎡Umschalt⎤-Taste drücken, werden es Kreise.

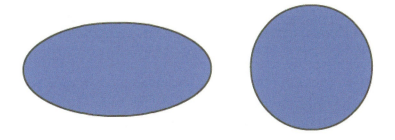

◀ **Abbildung 3-12**

Im unteren Bereich der Eigenschaftenpalette befinden sich erweiterte Einstellungen für dieses Werkzeug: *Anfangswinkel* und *Endwinkel* ermöglichen das Zeichnen von Kreis- beziehungsweise Ellipsenausschnitten (Tortenstücken sozusagen). *Innerer Radius* lässt im Inneren des Kreises oder der Ellipse ein Stück mit der angegebenen Pixelzahl weg. Abbildung 3-13 zeigt einige Beispiele.

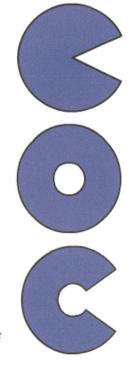

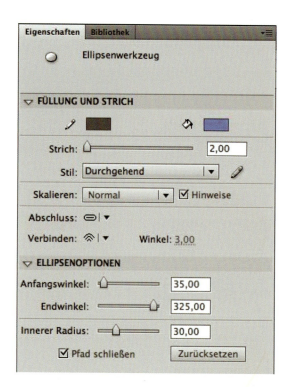

▶ **Abbildung 3-13**
Drei verschiedene Ellipsen-
optionen mit unterschiedlichen
Anfangs- und Endwinkeln sowie
innerem Radius

Tipp

Mit gedrückter ⌐Alt⌐-Taste lassen
sich übrigens sowohl Ellipsen als
auch Rechtecke von ihrem Mittelpunkt aus aufziehen. Sie können diese Option auch mit der ⌐Umschalt⌐-
Taste kombinieren, um, wie bereits
erläutert, einen Kreis beziehungsweise ein Quadrat aus der Mitte aufzuziehen.

Werkzeugeinstellungen

Stil:	Polygon
Anzahl der Seiten:	5
Sternspitzengröße:	0.50

Abbrechen   OK

▲ **Abbildung 3-14**
Das Dialogfeld Werkzeugeinstellungen

Auf demselben Symbol der Werkzeugleiste finden Sie darüber hinaus die Varianten *Werkzeug für Rechteckgrundform* und *Werkzeug für Ellipsengrundform*. Sie
unterscheiden sich von den normalen Formen dadurch, dass sie in sich geschlossene Objekte sind, deren Eckenabrundungen beziehungsweise Ausschnitteinstel-
lungen sich nachträglich ändern lassen.

Das Polysternwerkzeug

Auch das Polysternwerkzeug wurde auf demselben Feld wie das Rechteck- und
das Ellipsenwerkzeug untergebracht. Sie erreichen es, indem Sie die Maustaste
länger gedrückt halten; ein Tastaturkürzel ist nicht verfügbar. Das Werkzeug ermöglicht das Zeichnen von Sternen und Polygonen.

Die konkrete Form, die Sie zeichnen möchten, können Sie mithilfe der Schaltfläche
Optionen unter *Werkzeugeinstellungen* in der Eigenschaftenpalette bestimmen;
das entsprechende Dialogfeld sehen Sie in Abbildung 3-14. Hier stehen drei Einstellungsmöglichkeiten zur Verfügung:

- Unter *Stil* können Sie sich grundsätzlich zwischen *Stern* und *Polygon* entscheiden.

- *Anzahl der Seiten* bestimmt bei einem Polygon die Seitenanzahl und bei einem Stern die Zackenanzahl.
- Die *Sternspitzengröße* ist ein Wert zwischen 0,1 und 1, der festlegt, wie spitz oder stumpf die Spitzen eines Sterns sein sollen; auf ein Polygon hat der Wert keinen Einfluss.

In Abbildung 3-15 sehen Sie einige Beispiele: ein Polygon und zwei Sterne (mit den Spitzengrößen 0,5 und 0,7), jeweils mit fünf und acht Ecken.

◄ **Abbildung 3-15**

Um ein Dreieck zu zeichnen, wählen Sie in den Optionen der *Werkzeugeinstellungen* als Stil *Polygon* und unter *Anzahl der Seiten* 3 aus.

Auch bei diesen drei Werkzeugen steht wieder der weiter oben beschriebene Magnet als Option zur Verfügung. Die Spitzengröße ist in dem Fall egal.

Das Freihandwerkzeug

Das Freihandwerkzeug erreichen Sie auch über die Taste Y. Sie können damit Freihandzeichnungen mit der Maus anfertigen.

Abbildung 3-16 zeigt die unterschiedlichen Stiftmodi: *Begradigen*, *Glätten* und *Freihand* von links nach rechts. In den Optionen finden Sie ein Pop-up-Menü, aus dem Sie einen der drei Stiftmodi auswählen können:

▶ **Abbildung 3-16**
Die Stiftmodi Begradigen (links),
Glätten (Mitte) und Freihand (rechts)

Begradigen: Unebenheiten in der Zeichnung werden bevorzugt durch zusammengefügte gerade Linien ersetzt. Dieser Modus bietet zudem die Option der *Formerkennung*; wenn Sie annähernd eine bestimmte geometrische Form zeichnen, wandelt Flash Ihre Zeichnung in diese Form um. Abbildung 3-17 zeigt ein Beispiel, in dem die Zeichnung (links) nach dem Loslassen der Maustaste in ein Dreieck (rechts) umgewandelt wird.

Tipp

Sie können die Formerkennung
einschalten und ihre Genauigkeit
wählen, indem Sie *Bearbeiten* →
Voreinstellungen → *Zeichnen* wählen. Dort finden Sie auch zahlreiche
weitere Zeicheneinstellungen – die
Einzelheiten des umfangreichen Voreinstellungsdialogs sind in Anhang C
dokumentiert.

Glätten: Unebenheiten in Kurven werden merklich geglättet. Die Option *Glätten* im unteren Bereich der Eigenschaftspalette bestimmt dabei, wie stark geglättet wird – mit möglichen Werten von 0 (nicht glätten, entspricht der nachfolgenden Option *Freihand*) bis 100 (maximale Glättung).

Freihand: Die Zeichnung bleibt exakt so erhalten, wie Sie sie angelegt haben – der kleine Unterschied, der nach dem Loslassen der Maustaste zu entstehen scheint, besteht im Anti-Alias (der Kantenglättung), das erst dann berechnet wird.

▶ **Abbildung 3-17**
Ein Beispiel für die Formerkennung:
Die mit dem Freihandwerkzeug
gezeichnete Form (links) wird automatisch in ein Dreieck (rechts) umgewandelt.

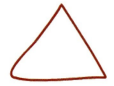
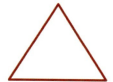

Das Pinselwerkzeug

Auch mit dem Pinsel (Taste B) können Sie Freihandzeichnungen anfertigen. Im Unterschied zum Freihandwerkzeug werden damit allerdings keine Konturlinien erstellt, sondern Füllungen.

Als erste Option steht auch bei diesem Werkzeug der Objektzeichenmodus zur Verfügung – allerdings nur, wenn Sie den Modus *Normal malen* verwenden. Die zweite Option, *Füllung sperren*, ermöglicht die Verwendung eines Farbverlaufs über mehrere Zeichnungen hinweg. Dieses Verfahren und seine praktischen Folgen werden weiter unten im Abschnitt »Farben und Füllungen« genauer erläutert.

Die wichtigste Option des Pinselwerkzeugs ist das Pop-up-Menü für die *Pinselart*. Hier können Sie nämlich einstellen, welche vorhandenen Zeichnungselemente durch den Pinsel übermalt werden sollen (Abbildung 3-18). Folgende Einstellungen sind möglich:

- *Normal malen* ❶ übermalt ohne Unterschied alle betroffenen Bestandteile von Zeichnungen auf der aktuellen Ebene.
- *Füllen* ❷ übermalt vorhandene Füllungen, aber lässt Linien bestehen.
- *Im Hintergrund malen* ❸ füllt nur Bereiche, die noch gar keinen Zeichnungsinhalt besitzen.
- *In Auswahl malen* ❹ ändert nur die Inhalte von Füllungen, die Sie zuvor ausgewählt haben – die Auswahlwerkzeuge werden weiter unten genauer behandelt.
- *Innen malen* ❺ übermalt Füllungen innerhalb des abgeschlossenen Bereichs, in dem Sie zu malen angefangen haben. Wenn Sie in einem völlig leeren Bereich zu malen beginnen, funktioniert diese Option genau wie *Im Hintergrund malen*.

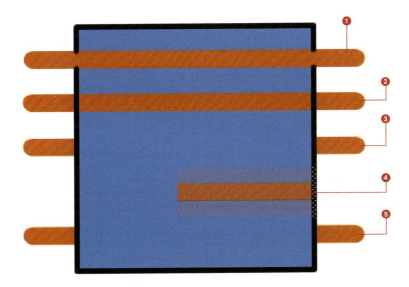

◀ **Abbildung 3-18**
Die verschiedenen Pinselmodi

Die beiden restlichen Optionen ermöglichen die Auswahl der *Pinselgröße* und der *Pinselform*. Es stehen zehn verschiedene Größen und viele unterschiedliche Formen zur Verfügung. Beachten Sie, dass sich die gewählte Größe auf Ihren Bildschirm und nicht auf die Bühne des Flash-Dokuments bezieht – wenn Sie bei zwei unterschiedlichen Zoomfaktoren mit demselben Pinsel malen, erhalten Sie unterschiedlich dicke Pinselstriche. Bei Konturlinien ist das anders; die eingestellte Pixelbreite bezieht sich tatsächlich auf die Bühnengröße und ändert sich entsprechend mit dem eingestellten Zoomfaktor.

Das Radiergummiwerkzeug

Der Radiergummi (Taste $\boxed{E}$) ermöglicht das gezielte Entfernen ausgewählter Teile von Zeichnungen. Ähnlich wie der Pinsel verfügt er über ein Auswahlmenü für den Radiermodus; dieser bestimmt, welche Bestandteile einer Zeichnung radiert werden.

Abbildung 3-19 zeigt die unterschiedlichen Radiermodi des Radiergummiwerkzeugs. Folgende Modi stehen zur Auswahl:

- *Normal radieren* ❶ entfernt sämtliche berührten Stellen ohne Unterschied.
- *Füllungen radieren* ❷ radiert Füllungen, während Linien bestehen bleiben.
- *Linien radieren* ❸ entfernt nur Linien, Füllungen bleiben erhalten.
- *Ausgewählte Füllungen radieren* ❹ entfernt Füllungen nur an Stellen, an denen eine Auswahl besteht.
- *Innen radieren* ❺ radiert nur Füllungen innerhalb der geschlossenen Form, in der Sie beginnen.

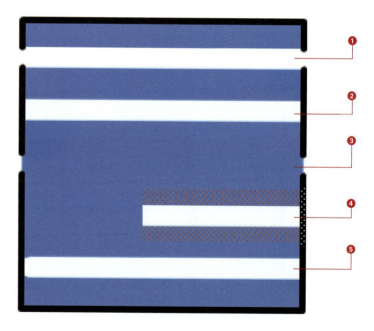

▶ **Abbildung 3-19**
Die verschiedenen Radiermodi

Die zweite Option des Radiergummiwerkzeugs ist der *Wasserhahn*. Es handelt sich um ein Unterwerkzeug, das bei jedem Klick genau ein Liniensegment oder eine Füllung entfernt. Prinzipiell das Gleiche erreichen Sie mit dem Auswahlwerkzeug, wenn Sie eine Linie oder Füllung auswählen und dann auf $\boxed{\text{Entf}}$ drücken.

Als Letztes können Sie unter *Radiergummiform* noch Werkzeuggröße und -form einstellen. Sie haben die Auswahl zwischen je fünf unterschiedlich großen kreisförmigen und quadratischen Varianten. Auch beim Radiergummi bezieht sich die Größe nur auf den Bildschirm und nicht auf den aktuellen Zoomfaktor der Bühne.

Das Stiftwerkzeug

Mit dem Stift, der sich am schnellsten über das Tastenkürzel ⎡P⎤ erreichen lässt, können Sie Pfade zeichnen. Grundsätzlich fügt ein einfacher Mausklick einen Ankerpunkt hinzu, wodurch gerade Linien entstehen (Abbildung 3-20).

▲ **Abbildung 3-20**
Einen Ankerpunkt setzen

Durch Klicken und Ziehen entsteht ein Kurvenankerpunkt, der eine Kurve beschreibt (Abbildung 3-21). Richtung und Länge der dabei aufgezogenen Hilfslinie bestimmen den Kurvenverlauf.

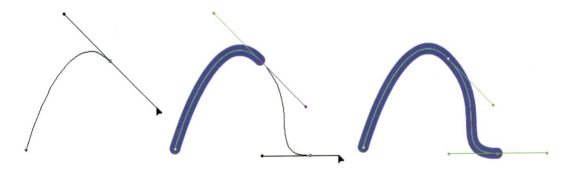

▲ **Abbildung 3-21**
Einen Kurvenankerpunkt erzeugen

Wenn Sie den Pfad schließen möchten, müssen Sie sich dem Anfangspunkt wieder annähern, bis am Mauszeiger ein kleiner Kreis erscheint (Abbildung 3-22). Der Pfad wird geschlossen, sobald Sie klicken oder ziehen. Wurde bereits eine Füllfarbe ausgewählt, wird er sofort auch gefüllt.

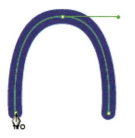  

▲ **Abbildung 3-22**
Einen Pfad schließen

Als Erstes sollten Sie versuchen, ein Polygon zu zeichnen, also eine Figur aus geraden Linien. Dazu genügen ein paar einfache Mausklicks. Abbildung 3-23 zeigt die Schritte, die erforderlich sind, um einen einfachen Drachen zu zeichnen. Damit solche Zeichnungen präziser werden, können Sie Raster und Hilfslinien verwenden.

▲ **Abbildung 3-23**
Einen Drachen mit Pfadwerkzeugen zeichnen

Tipp

Beachten Sie, dass das exakte Schließen von Pfaden durch Anklicken des Ursprungspunkts nur dann zuverlässig funktioniert, wenn die Option *Ansicht → Ausrichten → An Objekten ausrichten* (Tastenkürzel `Strg` + `Umschalt` + `#`) aktiviert ist. Sie entspricht der *Magnet*-Option, die bei vielen anderen Werkzeugen in den Werkzeugoptionen direkt einstellbar ist.

Wenn Sie nicht einfach klicken, sondern mit der Maus an den jeweiligen Punkten ziehen, entstehen anstelle der geraden Linien Kurven. In Abbildung 3-24 sehen Sie, wie mithilfe der Pfadwerkzeuge eine Welle gezeichnet wird. Bevor Sie die eigentliche Zeichnung anfertigen, sollten Sie die im Bild gezeigten Hilfslinien aufrufen: Blenden Sie zunächst mit *Ansicht → Lineale* (oder `Strg` + `Alt` + `Umschalt` + `R`) die Lineale ein, anschließend können Sie die Hilfslinien einfach durch Ziehen an den Linealen erzeugen. Im Beispiel wurden vertikale Hilfslinien mit einem Abstand von 100 Pixeln und horizontale Hilfslinien mit einem Abstand von 50 Pixeln verwendet. Die Farbe der Hilfslinien können Sie übrigens unter *Ansicht → Hilfslinien → Hilfslinien bearbeiten* (oder `Strg` + `Alt` + `Umschalt` + `G`) ändern.

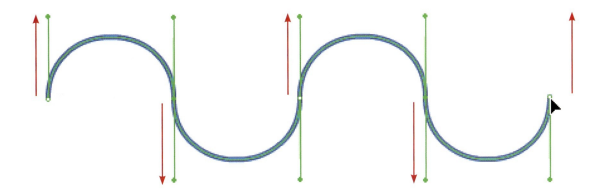

Zeichnen einer (etwas eckig geratenen) Welle mithilfe des Stiftwerkzeugs

Im nächsten Schritt werden die unteren Wellen nach oben geklappt. Mit dem Unterauswahl-Werkzeug ist es möglich, einen Vektorpunkt auszuwählen und dann mit gedrückter ⌈Alt⌉-Taste die Pfade unabhängig voneinander zu verschieben.

Das Stiftwerkzeug besitzt die folgenden zusätzlichen Funktionen: Ein Klick auf einen bestehenden Pfad erstellt einen neuen Ankerpunkt. Diese Funktion wird durch ein kleines Pluszeichen am Mauszeiger angezeigt, sobald Sie sich einem Pfad nähern (Abbildung 3-25). Spezialisiert auf diese Aufgabe ist das Ankerpunkt-einfügen-Werkzeug (Taste ⌈+⌉), das Sie auf derselben Schaltfläche der Werkzeugleiste finden.

◀ **Abbildung 3-25**
Einen neuen Ankerpunkt erzeugen

Ein Klick auf einen vorhandenen Kurvenankerpunkt wandelt diesen in einen Eckpunkt um. Der Mauszeiger erhält einen kleinen Winkel, sobald Sie einen solchen Punkt berühren (Abbildung 3-26). Auch dafür gibt es ein Spezialwerkzeug: das Ankerpunkt-umwandeln-Werkzeug (Taste ⌈C⌉).

◀ **Abbildung 3-26**
Einen Kurvenankerpunkt in einen Eckpunkt umwandeln

► **Abbildung 3-27**
Einen Eckpunkt löschen

Wenn Sie einen Eckpunkt anklicken, wird er ganz gelöscht; das erkennen Sie zuvor an dem Minuszeichen, das sich am Mauszeiger befindet. Das eigentliche Hilfsmittel zum Entfernen von Punkten ist das Ankerpunkt-löschen-Werkzeug (Taste $\boxed{-}$).

Mit gedrückter $\boxed{\text{ALT}}$-Taste ist es möglich, einen einfachen Ankerpunkt durch Klicken und Ziehen in einen Kurvenankerpunkt umzuwandeln. In Abbildung 3-28 wurde so eine gerade Linie gebogen.

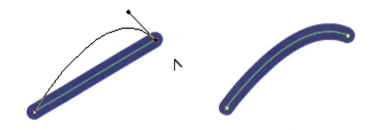

► **Abbildung 3-28**
Einen Ankerpunkt in einen Kurvenankerpunkt umwandeln

Wenn Sie die $\boxed{\text{Strg}}$-Taste festhalten, übernimmt das Stiftwerkzeug vorübergehend die Aufgabe des Unterauswahlwerkzeugs.

Auswahlfunktionen

Das Auswählen ganzer Zeichnungen oder einzelner Teile davon ist notwendig, um diese nachträglich zu bearbeiten, beispielsweise um sie zu transformieren (skalieren, drehen, verschieben und so weiter) oder um ihre Farbe zu ändern. Im Zusammenhang mit dem intuitiven Zeichenmodus stehen Ihnen dafür zwei verschiedene Auswahlwerkzeuge zur Verfügung: das einfache Auswahlwerkzeug (der schwarze Mauszeiger) sowie das Lasso. In diesem Abschnitt werden ihre Aufgaben vorgestellt.

Übrigens können Sie in Flash – wie in vielen anderen Anwendungsprogrammen – alle Objekte auswählen, die aktuell verfügbar sind, indem Sie den Menübefehl *Bearbeiten → Alles auswählen* verwenden oder $\boxed{\text{Strg}}$ + $\boxed{\text{A}}$ drücken. Ebenso einfach ist die bestehende Auswahl aufzuheben, indem Sie einmal ins Leere klicken oder die Taste $\boxed{\text{Esc}}$ betätigen.

Das Auswahlwerkzeug

Den einfachen Auswahlpfeil erreichen Sie am schnellsten über die Taste `V`. Alternativ können Sie während der Verwendung anderer Werkzeuge auch die Taste `Strg` (Windows) beziehungsweise `⌘` (Mac) gedrückt halten, um vorübergehend zu diesem Werkzeug zu wechseln.

Warnung

Das funktioniert nur dann nicht, wenn Sie gerade mit den weiter unten beschriebenen Pfadwerkzeugen (Stift und Unterauswahlwerkzeug) arbeiten.

Ein einfacher Mausklick mit dem Auswahlwerkzeug wählt das angeklickte Objekt oder Zeichnungselement (das heißt ein einzelnes Liniensegment oder eine zusammenhängende Füllung) aus. Ausgewählte Elemente können Sie anschließend mit der Maus frei verschieben; darüber hinaus stehen noch zahlreiche andere Optionen zur Verfügung, beispielsweise die weiter unten ausführlich behandelten Transformationsfunktionen.

Das grundlegende Verhalten des Auswahlpfeils ist nur eine von vielen Möglichkeiten. Tabelle 2-2 enthält eine Übersicht über sämtliche Aktionen, die Sie mit diesem Werkzeug durchführen können. Besonders bemerkenswert ist das Ziehen an Linien oder Eckpunkten, die nicht ausgewählt sind: Auf diese Weise können Sie intuitiv, das heißt ohne Einsatz der komplexeren Bézierwerkzeuge, die Richtung von Kurven beziehungsweise die Position einzelner Eckpunkte verändern. Abbildung 3-29 zeigt Beispiele für die meisten dieser Aktionen. Dort sehen Sie im Übrigen, wie sich der Mauszeiger bei den verschiedenen Operationen ändert.

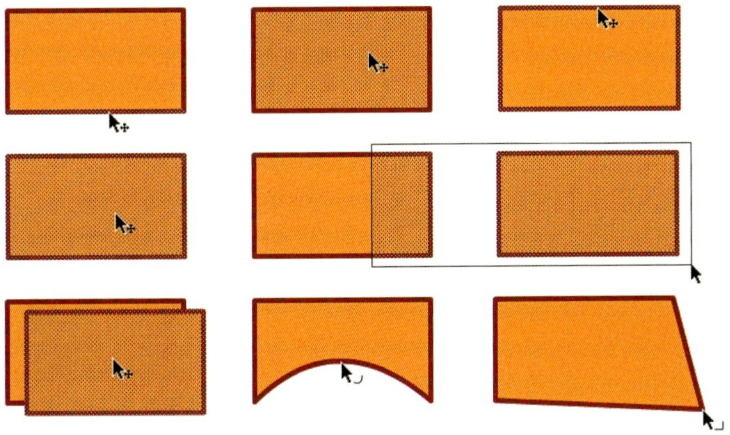

▲ **Abbildung 3-29**
Die verschiedenen Funktionen des Auswahlwerkzeugs

Tabelle 2-2: Wirkung der unterschiedlichen Einsatzmöglichkeiten des Auswahlwerkzeugs

Aktion	Effekt
Klick auf eine Linie	Das einzelne Liniensegment (bis zu den nächsten Eckpunkten) wird ausgewählt.
Klick auf eine Füllung	Die Füllung wird ausgewählt.
Doppelklick auf eine Linie	Alle miteinander verbundenen Liniensegmente, die denselben Linienstil besitzen, werden ausgewählt.
Doppelklick auf eine Füllung	Die Füllung und alle unmittelbar angrenzenden Konturlinien werden ausgewählt.
Doppelklick auf ein festes Objekt (Text, Zeichenobjekt, Gruppe oder Instanz)	Das Objekt wird zur Bearbeitung geöffnet – es erscheint ein Textcursor beziehungsweise der Bearbeitungsmodus für die Inhalte des Objekts.
Aufziehen einer Auswahl	Alle Teile von Zeichnungen sowie alle festen Objekte, die vollständig im betroffenen rechteckigen Bereich liegen, werden ausgewählt.
Klick oder Aufziehen mit gedrückter ⌷Umschalt⌷-Taste	Neue Objekte werden zur bisherigen Auswahl hinzugefügt; bereits ausgewählte werden wieder abgewählt.
Klick ins Leere (oder ⌷Esc⌷)	Die Auswahl wird vollständig aufgehoben.
Ziehen an einer Auswahl	Die Auswahl wird verschoben.
Ziehen an einer Auswahl mit gedrückter ⌷Alt⌷-Taste	Ein Duplikat der Auswahl wird erstellt und verschoben.
Ziehen an einer nicht ausgewählten Linie oder Kurve	Die Kurvenrichtung wird verändert.
Ziehen an einem nicht ausgewählten Eckpunkt	Der Eckpunkt wird verschoben; daran hängende Linien bzw. Kurven ändern entsprechend ihren Verlauf.

Das Auswahlwerkzeug ist mit drei verschiedenen Optionen ausgestattet:

- Die Option *An Objekten ausrichten* wurde bereits im Zusammenhang mit anderen Werkzeugen beschrieben; wenn Sie die Schaltfläche für dieses Werkzeug aktivieren, geschieht sowohl das Verschieben ausgewählter Elemente als auch das Verformen durch Ziehen an Kurven und Eckpunkten magnetisch.

- Die Schaltfläche *Glätten* hat nur dann eine Wirkung, wenn Sie zuvor Vektorelemente ausgewählt haben: Bei jedem Klick werden die Konturen noch etwas stärker geglättet. Dies ist eine schneller zu erreichende Variante der Menüoption *Modifizieren → Form → Glätten*.

- Auch der Button *Begradigen* verändert die aktuelle Auswahl: Kleinere Kurven werden schrittweise in zusammengesetzte, gerade Liniensegmente umgewandelt. Der Menübefehl *Modifizieren → Form → Begradigen* bewirkt dasselbe.

Das Unterauswahlwerkzeug

Dieses Werkzeug (der weiße Mauszeiger, Taste A) dient dazu, Pfade und ihre Bestandteile auszuwählen (Abbildung 3-30).

◀ **Abbildung 3-30**
Das Unterauswahlwerkzeug

Im Einzelnen besitzt es die folgenden wichtigen Funktionen:

- Ein einzelner Klick aktiviert bei einer Zeichnung den Pfadbearbeitungsmodus; das funktioniert natürlich auch, wenn sie zuvor mit den weiter oben vorgestellten intuitiven Werkzeugen erstellt wurde.

- Ein Klick auf einen Punkt wählt diesen explizit aus; Sie können ihn nun beispielsweise mit der Entf-Taste (Windows) beziehungsweise Backspace-Taste (Macintosh) löschen.

- Wenn Sie mit gedrückter Alt-Taste an einem Eckpunkt ziehen, wird dieser in einen Kurvenankerpunkt umgewandelt.

- Ziehen Sie dagegen mit Alt an einem Kurvenankerpunkt, wird er in einen Eckpunkt zwischen zwei Kurven umgewandelt; Sie erhalten nun also zwei unabhängige Steuerungslinien, um die Richtung der angrenzenden Kurven zu beeinflussen.

Tipp

Importieren Sie einfache Bilder (siehe Kapitel 9), sperren Sie ihre Ebene ab und versuchen Sie, ihre Konturen auf der darüberliegenden Ebene mit den Pfadwerkzeugen nachzuzeichnen. Auf diese Weise bekommen Sie schnell die nötige Praxis.

Die Arbeit mit den Pfadwerkzeugen erfordert viel Übung; die Richtung von Kurven ist nicht immer auf den ersten Blick einleuchtend (Abbildung 3-31).

▶ **Abbildung 3-31**
Das Pfadwerkzeug

Das Lasso

Mit dem Lassowerkzeug (Taste ⌊L⌋) können Sie beliebige Freihandauswahlen aufziehen (Abbildung 3-32). Dabei werden alle Teile von Zeichnungen in die Auswahl einbezogen, die sich innerhalb des mit der Maus umfahrenen Bereichs befinden. Wenn Sie die Maustaste loslassen, bevor Sie wieder am Ausgangspunkt angekommen sind, wird diese Strecke durch eine gerade Linie verbunden. Halten Sie beim Einsatz des Werkzeugs die ⌊Umschalt⌋-Taste gedrückt, wird der neu ausgewählte Bereich zur vorhandenen Auswahl hinzugefügt.

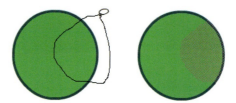

▶ **Abbildung 3-32**
Das Lassowerkzeug

Das Lassowerkzeug bietet Ihnen drei Optionen:
- Das Unterwerkzeug *Zauberstab* ermöglicht die Auswahl farbähnlicher Bereiche in importierten Bitmaps, wie Abbildung 3-33 zeigt. Hier sind ähnliche Farbbereiche an Bauch und Flosse des Delfins ausgewählt. Dieses Auswahlverfahren wird in Kapitel 9 noch genauer beschrieben.

◀ **Abbildung 3-33**
Ähnliche Farbbereiche mit dem
Zauberstab auswählen

- Ein Klick auf die Schaltfläche *Zauberstab-Einstellungen* öffnet den gleichnamigen Dialog (Abbildung 3-34), in dem Sie einstellen können, wie ähnlich Farben einander sein müssen, um vom Zauberstabwerkzeug ausgewählt zu werden (*Schwellenwert*). Auch über diese Einstellungen erfahren Sie alles in Kapitel 9.

◀ **Abbildung 3-34**
Die Zauberstab-Einstellungen

- Der *Polygon-Modus* ist ebenfalls ein Unterwerkzeug (Abbildung 3-35). Wenn Sie ihn aktivieren, fügt jeder Mausklick einen Eckpunkt eines Polygons zur bisherigen Auswahl hinzu. Der Abschluss des Auswahlvorgangs erfolgt durch einen Doppelklick. Dieselbe Funktion steht Ihnen übrigens auch zur Verfügung, wenn Sie bei der Verwendung des Lassowerkzeugs die ⌶Alt⌶-Taste gedrückt halten.

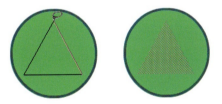

◀ **Abbildung 3-35**
Der Polygon-Modus

Linienabschlüsse und -verbindungen

In Abbildung 3-36 sehen Sie die Wirkung der verschiedenen Linienabschlüsse und -verbindungen; neben den 15 Pixel starken Linien werden auch die Pfade eingeblendet (durch Auswahl mit dem Unterauswahlwerkzeug). Hier zeigt sich unter anderem der Unterschied zwischen den ohne Pfadansicht gleich aussehenden Abschlussvarianten *Keine* und *Quadratisch*: Durch die Option *Keine* schließt die Linie bündig mit dem Pfadende ab, während *Quadratisch* an jedem Ende die halbe Linienstärke anfügt.

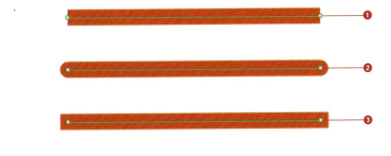

◀ **Abbildung 3-36**
Die unterschiedlichen Linienabschlüsse und -verbindungen mit
ihren Pfaden

- *Abschluss: Ohne* ❶
- *Abschluss: Rund* ❷
- *Abschluss: Quadrat* ❸
- *Verbindung: Winkel* ❹
- *Verbindung: Rund* ❺
- *Verbindung: Geschliffen* ❻

Sie haben nun die verschiedenen Zeichenwerkzeuge von Flash etwas besser kennengelernt. Als nächstes geht es darum, sich mit Farben und Füllungen vertraut zu
machen, um diese zusammen mit den Zeichenwerkzeugen einzusetzen.

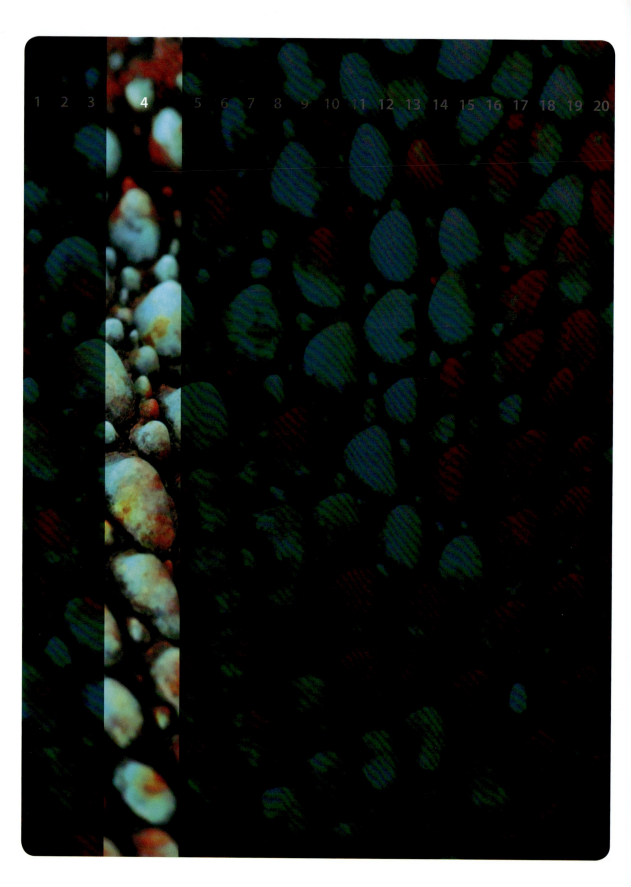

Kapitel 4

Farben und Füllungen

**Es sind Harmonien und Kontraste in den Farben verborgen,
die ganz von selbst zusammenwirken**

Vincent van Gogh

Die Farbbedienfelder

Die Farbpalette

Die Farbfelder-Palette

Farbkombinationen mit Kuler

Farbwerkzeuge

Wie Sie in der Werkzeugleiste auf einfache Weise Linien und Füllungen auswählen und abändern können, wurde im vorangehenden Kapitel schon angesprochen. Dort stehen Ihnen allerdings nur diejenigen Farben und Verläufe zur Verfügung, die zuvor bereits erstellt wurden. In diesem Kapitel lernen Sie deshalb sämtliche Bedienfelder und Werkzeuge kennen, die für die Arbeit mit Farben und Verläufen wichtig sind.

Die Farbbedienfelder

Zur Definition und Verwaltung von Farben sind zwei wichtige Bedienfelder vorhanden: *Farbe* und *Farbfelder*. In diesem Abschnitt werden zunächst diese beiden Paletten vorgestellt, bevor Sie die farbrelevanten Werkzeuge der Werkzeugleiste kennenlernen, damit Sie mit diesen etwas Sinnvolles anfangen können.

Die Farbpalette

In Abbildung 4-1 sehen Sie zunächst das Bedienfeld *Farbe*. Sie erreichen es über *Fenster → Farbe* oder mit der Tastenkombination (Umschalt) + (F9).

Die Palette bietet die folgenden Bedienelemente:

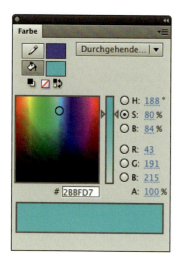

▲ **Abbildung 4-1**
Das Bedienfeld »Farbe«

- Links oben wird die *Strichfarbe* eingestellt. Sie können aus dem Pop-up-Menü eine vorhandene Farbe oder einen Verlauf für die Konturen auswählen oder aber den kleinen Farbkreis anklicken, um eine individuelle Konturfärbung einzustellen (Abbildung 4-2).

- Unmittelbar darunter befindet sich die Einstellung für die *Füllfarbe*. Ein Klick auf das Farbeimersymbol sorgt dafür, dass sich alle weiteren Einstellungen in der Palette auf das aktuelle Füllmuster beziehen. Im Farb-Pop-up daneben können Sie aus den bereits vorhandenen Farben und Verläufen wählen.

- Unter den beiden Farbarten finden Sie die gleichen drei Optionsschaltflächen wie in der Werkzeugleiste: *Schwarzweiß*, *Keine Farbe* und *Farben austauschen*.

- Das Pop-up-Menü *Typ* rechts oben ermöglicht die Auswahl der Füllart und bietet folgende Optionen an (Abbildung 4-3):

▲ **Abbildung 4-2**
Die Konturfärbung über den Farbkreis festlegen

  Ohne: Das aktuelle Objekt erhält – je nach aktiviertem Feld – keine Kontur beziehungsweise keine Füllung. Das funktioniert nur bei Werkzeugen, die Kontur und Füllung erzeugen, also bei Rechteck, Polystern und so weiter.

  Durchgehende Farbe: Als Strichfarbe oder Füllung wird eine einfache Farbe verwendet.

  Linearer Farbverlauf: Es wird ein linearer Farbverlauf erstellt, der in diesem Bedienfeld definiert werden kann.

  Radialer Farbverlauf: Ein kreisförmiger Verlauf wird benutzt (die näheren Optionen können ebenfalls in dieser Palette eingestellt werden).

  Bitmap-Füllung: Sie können eine importierte Bitmap als Füllmuster wählen. Sollten Sie bisher noch keine Bitmaps importiert haben, öffnet sich der Importdialog. Näheres über Bitmap-Füllungen erfahren Sie in Kapitel 9.

- Bei dem großen, farbigen Feld handelt es sich um den Farbwähler. Hier lässt sich intuitiv ein Farbton auswählen.

- Rechts vom Farbwähler können Sie die einzelnen Komponenten der aktuellen Farbe in numerischer Form sehen oder auch eingeben. Da Flash ein bildschirmorientiertes Programm ist, werden die Farben hier im RGB-Modus definiert. Diese sogenannte Farbaddition mischt jede Farbe aus Licht in den drei Grundfarben Rot, Grün und Blau. Wenn alle drei Farben ausgeschaltet werden, erhalten Sie Schwarz; strahlen alle mit voller Intensität, entsteht Weiß. Somit ergibt die Mischung aus Rot und Grün nicht etwa ein schmutziges Braun, wie es bei der subtraktiven Mischung von Pigmentfarben auf Papier der Fall ist, sondern reines, leuchtendes Gelb.

In die drei Felder *R*, *G* und *B* können Sie die Intensität der Rot-, Grün- und Blauwerte von 0 bis 255 eingeben. Das vierte Feld A steht für *Alpha* und bestimmt den Transparenzgrad der Farbe: *100 %* ist vollständig deckend, *0 %* ist absolut unsichtbar. Die Zwischenstufen lassen darunterliegende Objekte unterschiedlich stark durchscheinen. Über dem RGB-Modus befindet sich das Farbmodell für HSB. Diese Abkürzung steht für *Hue, Saturation and Brightness* (Farbton, Sättigung und Helligkeit). In diesem Farbmodell werden die Farbtöne im Kreis angeordnet und als Winkel von 0 bis 360 Grad angegeben. Die in Prozent gemessene Sättigung bestimmt, wie »bunt« die Farbe ist (kleinere Werte nähern sich Grau an). Der dritte Wert bestimmt die Helligkeit, die ebenfalls in Prozent definiert wird: *0 %* ist völlig schwarz, während *100 %* die aktuelle Farbe selbst ist.

▲ **Abbildung 4-3**
Das Pop-up-Menü »Typ«

- Zwischen Farbwähler und den Farbmodellen befindet sich ein Regler, der sich dem gewählten Modus anpasst. Hierüber lassen sich entsprechend der Farbton, die Sättigung, die Helligkeit sowie die Werte für RGB und Alpha einstellen.

- Wenn Sie unter *Typ* eine der beiden Verlaufsarten (*Linearer* oder *Radialer Farbverlauf*) ausgewählt haben, finden Sie ganz unten im Dialog *Farbe* die Verlaufseinstellungen: Pfeile auf dem Balken bestimmen die einzelnen Farben, aus denen der Verlauf besteht (Abbildung 4-4). Bei einem radialen Verlauf sehen Sie links übrigens die innerste und rechts die äußerste Farbe. Sie können durch einfaches Klicken bis zu 16 solcher Pfeile hinzufügen. Wenn Sie einen von ihnen anklicken, können Sie die entsprechende Farbe modifizieren – mitsamt Alphawert, sodass Sie auch Verläufe definieren können, die unterschiedliche Transparenzstufen besitzen. Um einen Farbpfeil wieder loszuwerden, müssen Sie ihn nach unten wegziehen.

- Der *Fluss* wird nur angezeigt, wenn ein Verlauf gewählt wurde. Er bestimmt die Art und Weise, wie eine Form mit dem Verlauf gefüllt werden soll. Von links nach rechts sind folgende Optionen verfügbar: *Farbe erweitern*, *Farbe reflektieren*, *Farbe wiederholen* (der Verlauf wandert zwischen den beiden Außenfarben hin und her) sowie *Wiederholung in eine Richtung*.

- Unter dem Farbauswahlfeld steht der HTML-Farbcode der Farbe (Hexcode). Es handelt sich dabei um den RGB-Wert, der hexadezimal mit je zwei Stellen für Rot, Grün und Blau angegeben wird. #000000 ist beispielsweise Schwarz, #FFFFFF ist Weiß.

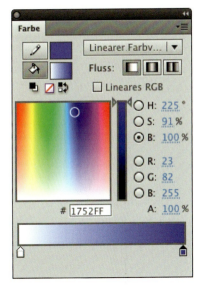

▲ **Abbildung 4-4**
Die Verlaufseinstellungen

Hexadezimalzahlen

Das Hexadezimalsystem ist das Sechzehnersystem: Der Wert einer Stelle ist jeweils 16-mal so groß wie derjenige der Stelle rechts daneben. Da es keine 16 verschiedenen Ziffern gibt, werden die Ziffern 10 bis 15 als A bis F geschrieben.

- Zu guter Letzt verfügt das Farbe-Bedienfeld über ein eigenes Menü (rechts oben in Abbildung 4-5). Hier können Sie ein *Farbfeld hinzufügen*; dieser Befehl übernimmt die aktuellen Einstellungen in die Farbpalette des aktuellen Dokuments. Die restlichen Menüpunkte dienen der Organisation des Bedienfelds selbst in der Flash-Arbeitsumgebung.

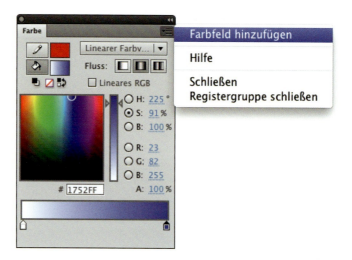

▶ **Abbildung 4-5**
Das Einstellungsmenü des Bedienfelds »Farbe«

Die Farbfelder-Palette

Das Bedienfeld *Farbfelder* erreichen Sie mithilfe des Menübefehls *Fenster → Farbfelder* oder über die Tastenkombination Strg + F9 . Der Inhalt des Felds selbst ist einfach die aktuelle Farbpalette (Abbildung 4-6). Im Auslieferungszustand von Flash handelt es sich um die sogenannte *Web-Palette*. Sie repräsentiert diejenigen Farben, die in den Systemfarbpaletten der unterschiedlichen Betriebssysteme identisch sind. Es handelt sich um die 216 Farben, bei denen die Rot-, Grün- und Blauwerte Vielfache von 51 sind, also einen der Werte 0, 51, 102, 153, 204 oder 255 (hexadezimal 00, 33, 66, 99, CC und FF) besitzen.

Das Menü dieses Bedienfelds enthält folgende Befehle:

Farbfeld duplizieren: Das aktuell ausgewählte Farbfeld wird erneut der Palette hinzugefügt, um z.B. eine eigene Farbpalette zu erstellen.

Farbfeld löschen: Das ausgewählte Farbfeld wird aus der Palette entfernt. (Farbpaletten genießen keinen besonderen Schutz, also Vorsicht!)

Farben hinzufügen: Mit diesem Menüpunkt können Sie eine zuvor gespeicherte Farbpalette laden, die dann den vorhandenen Paletten hinzugefügt wird.

Farben ersetzen: Auch diese Option lädt eine bereits gespeicherte Farbpalette, entfernt aber zuvor die vorhandenen Farben.

◀ **Abbildung 4-6**
Die Palette »Farbfelder«

Standardfarben laden: Mit dieser Option werden spezielle Einstellungen entfernt, und die Standardfarbpalette wird wiederhergestellt.

Farben speichern: Dieser Befehl ermöglicht das Speichern der aktuellen Farben. Sie haben die Wahl zwischen zwei Dateiformaten: *Farbtabelle* (Dateiendung *.act*) speichert nur die Farben und keine Verläufe, ist aber dafür mit den meisten Adobe-Programmen kompatibel, was für einen konsistenten Workflow wichtig ist. Ein *Flash-Farbsatz* (Endung *.clr*) speichert alle Einstellungen, kann aber nur in Flash verwendet werden.

Als Standard speichern: Diese Option speichert die aktuellen Einstellungen als Standard für neue Flash-Filme und für die Option *Standardfarben laden*. Das bietet sich beispielsweise an, wenn Sie spezielle Farben für eine Corporate Identity haben, die Sie immer wieder verwenden müssen.

Farben entfernen: Die gesamte Palette wird gelöscht; nur Schwarz und Weiß bleiben erhalten.

Web 216: Dieser Befehl setzt die Palette auf absolute Werkeinstellungen zurück; dies kann auch durch die Option *Als Standard speichern* nicht überschrieben werden.

Nach Farben sortieren: Sortiert die Palette nach Farbtönen; diese Einstellung kann nicht mehr rückgängig gemacht werden.

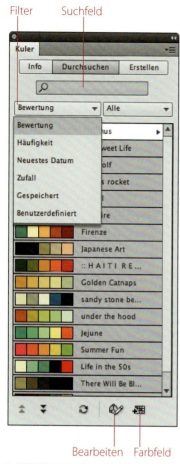

▲ **Abbildung 4-7**
Das »Kuler« Bedienfeld

Farbkombinationen mit Kuler

Im Menü verbirgt sich unter *Fenster* → *Erweiterungen* → *Kuler* die Farb-Community-Applikation Kuler. Das Onlinewerkzeug hilft beim Finden und Erstellen von Farbkombinationen. Anwender können in Kuler erstellte Farbpaletten untereinander tauschen und bewerten.

Über das *Kuler*-Bedienfeld (Abbildung 4-7) können Sie Tausende von Farbschemata durchsuchen und herunterladen, um sie zu editieren und in eigene Projekte einzubinden. Außerdem besteht die Möglichkeit, Schemata zu entwerfen, zu speichern und dann per Upload der Kuler-Community bereitzustellen.

Über der Schaltfläche *Durchsuchen* lässt sich in der Farb-Community online nach geeigneten Farbschemata suchen. Über das Suchfeld können Sie z.B. nach Begriffen wie »Feuer«, » Himmel« oder »Grau« suchen. Mithilfe der beiden darunterliegenden Drop-down-Felder lässt sich das Suchergebnis nach Kriterien wie Bewertung, Häufigkeit und Aktualität filtern. Nachdem eines der Farbschemata aus der Liste ausgewählt wurde, kann es über das *Bearbeiten*-Symbol noch weiter editiert werden. Durch einen Klick auf das Farbfeld-Icon fügen Sie das ausgewählte und bearbeitete Farbschema der aktuellen Farbpalette in Flash hinzu.

Die Schaltfläche *Erstellen* erlaubt es, ein ausgewähltes Farbschema zu editieren oder ein eigenes neues Farbschema zu erstellen (Abbildung 4-8). Zum Erstellen eines neuen Farbschemas können Sie im Drop-down-Feld unter *Regel* eine Farbharmonieregel auswählen, mit der Sie arbeiten wollen. Anschließend können Sie die Farbwähler beliebig verschieben. Alle anderen Farbwähler richten sich automatisch nach der zuvor definierten Farbharmonieregel aus. Sobald eine Grundfarbe ausgewählt ist, lassen sich deren Helligkeit mit dem Regler auf der rechten Seite und die Farbe selbst mit den Reglern für Rot, Grün und Blau weiter anpassen.

Wenn Sie ein geeignetes Farbschema generiert haben, stehen Ihnen nun drei Möglichkeiten zur Auswahl:
- Über die Schaltfläche *Farbschema speichern* lässt sich das erstellte Farbschema lokal auf dem Rechner speichern. Gespeicherte Farbschemata befinden sich hinter der Schaltfläche *Durchsuchen* im Drop-down-Feld *Gespeichert*.
- Per Farbfelder-Icon können Sie das erstellte Farbschema der Farbpalette von Flash hinzufügen.
- Über das Kuler-Symbol lässt sich das aktuelle Farbschema zur Kuler-Community von Adobe hochladen und steht somit auch anderen Benutzern von Kuler zur Verfügung.

Farbwerkzeuge

In diesem Unterabschnitt werden kurz die vier Werkzeuge aus der Werkzeugleiste vorgestellt, die sich speziell um die Zuweisung von Farben und Verläufen kümmern: das Tintenfasswerkzeug, das Farbeimerwerkzeug, die Pipette und das Farbverlaufswerkzeug.

Das Tintenfasswerkzeug

Mit dem Tintenfass (Taste $\boxed{S}$) können Sie nicht nur die Farbe, sondern auch die anderen Eigenschaften von Linien nachträglich ändern. Sie können damit sogar einer »randlosen« Füllung nachträglich Konturlinien zuweisen (Abbildung 4-9). Für beides brauchen Sie lediglich die entsprechenden Linieneigenschaften in der Eigenschaftenpalette auszuwählen und dann nur die Kontur oder die vorhandene Linie einer Form anzuklicken.

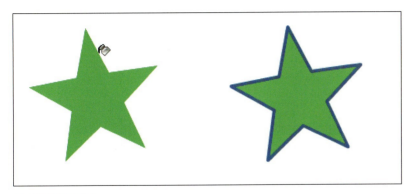

▲ **Abbildung 4-9**
Das Tintenfasswerkzeug

Die möglichen Einstellungen für den Linienstil, die Sie in der Eigenschaftenpalette vornehmen können, wurden bereits weiter oben bei der Beschreibung des Linienwerkzeugs erläutert.

Das Farbeimerwerkzeug

Womöglich kennen Sie das Farbeimerwerkzeug aus Bildbearbeitungsprogrammen; in einem Vektorzeichenprogramm ist es eher unüblich, passt aber zum intuitiven Ansatz von Flash. Der Farbeimer, der alternativ über die Taste $\boxed{K}$ zu erreichen ist, ermöglicht das nachträgliche Ändern oder Hinzufügen einer Füllung (Abbildung 4-10).

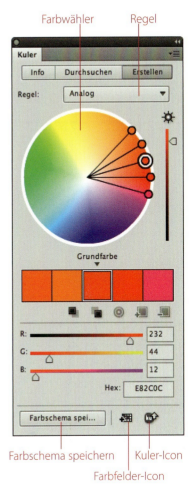

▲ **Abbildung 4-8**
Farbschemata erstellen mit Kuler

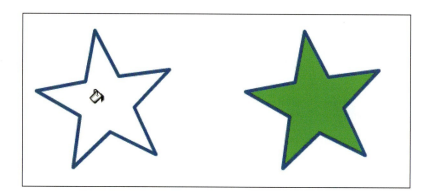

▶ **Abbildung 4-10**
Das Farbeimerwerkzeug

Wenn Sie als Füllfarbe eine monochrome Farbe gewählt haben, genügt zum Füllen ein einfacher Klick an eine beliebige Stelle innerhalb der Form. Bei einem radialen Farbverlauf bestimmt die Klickposition seinen Mittelpunkt. Wollen Sie einen linearen Farbverlauf erzeugen, können Sie die Maus auch ziehen, um die Verlaufsrichtung festzulegen. Flash merkt sich diese Richtung für die nächsten einfachen Klicks, bis Sie durch erneutes Ziehen eine andere Ausrichtung festlegen.

Anders als in der Bildbearbeitung besteht hier übrigens nicht die Gefahr, dass die Füllung aus dem gewünschten Bereich herausläuft und die gesamte Arbeitsfläche bedeckt – wenn der umgebende Pfad Lücken aufweist, wird standardmäßig überhaupt keine Füllung hinzugefügt. Dieses Verhalten können Sie (bis zu einem gewissen Grad) ändern, indem Sie im *Optionen*-Bereich der Werkzeugleiste das Pop-up-Menü *Lückengröße* verwenden (Abbildung 4-11): Je nach Einstellung toleriert das Werkzeug Lücken unterschiedlicher Größe:

- Lücken nicht schließen
- Kleine Lücken schließen
- Mittlere Lücken schließen
- Große Lücken schließen

▲ **Abbildung 4-11**
Das Pop-up-Menü »Lückengröße«

Lücken nicht schließen: Es wird gar keine Lücke akzeptiert.

Kleine Lücken schließen: Lücken von weniger als einem Pixel werden ignoriert (nur im Zusammenhang mit Vergrößerungen nützlich).

Mittlere Lücken schließen: Lücken von bis zu fünf Pixeln stehen der Füllung nicht im Weg.

Große Lücken schließen: Die Lücken dürfen bis zu zehn Pixel breit sein.

> **Tipp**
>
> Die angegebenen Werte beziehen sich auf den Zoomfaktor 100 %; bei anderen Ansichtsmodi ändern sie sich.

Die zweite Option des Farbeimerwerkzeugs ist ein Optionsschalter mit der Beschreibung *Füllung sperren*. Dieses Hilfsmittel ist auch beim Pinsel (siehe oben) vorhanden. Seine Aufgabe besteht darin, denselben Verlauf über mehrere Zeichnungen zu verteilen. Das lässt sich einfacher umgekehrt erläutern: Wenn diese Option nicht aktiv ist, wird ein Farbverlauf auf jedes gefüllte Objekt beziehungsweise auf jeden Pinselstrich einzeln angewendet; sobald Sie sie aktivieren, verhalten sich alle nachfolgenden Mal-beziehungsweise Füllvorgänge relativ zum ersten. Abbildung 4-12 zeigt die beiden Möglichkeiten im Vergleich: In beiden Bildhälften wurden alle Kreise mit einem radialen weiß-blauen Farbverlauf gefüllt. Im linken Teil der Abbildung wurde ohne Vorhänge-schloss gearbeitet, rechts wurde zunächst der mittlere Kreis gefüllt, und nach Aktivierung der Sperroption wurde mit den restlichen fortgefahren.

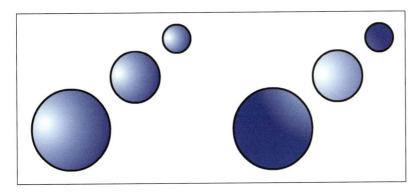

◀ **Abbildung 4-12**
Die Option »Füllung sperren«

Solange Sie kein Element aus der Gruppe mit der gemeinsamen Füllung transformieren oder verschieben, bleibt dieser Verbund übrigens erhalten und kann gemeinsam mit dem im nächsten Abschnitt beschriebenen Farbverlaufswerkzeug bearbeitet werden.

Das Farbverlaufswerkzeug

Dieses praktische Werkzeug befindet sich unter demselben Button wie *Frei transformieren* (Taste ⬚F⬚). Es ermöglicht das nachträgliche Modifizieren von Farbverläufen und Bitmap-Füllungen (Letzteres wird in Kapitel 9 vertieft). Sobald Sie eine Füllung anklicken, werden einige Anfasserpunkte angezeigt, mit denen Sie das Aussehen der Füllung verändern können.

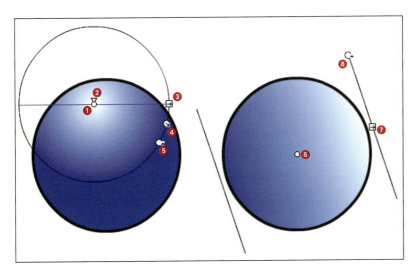

▶ **Abbildung 4-13**
Das Farbverlaufswerkzeug

Bei einem radialen Verlauf können Sie folgende Einstellungen modifizieren:

- Mittelpunkt ❶
- Brennpunkt ❷
- Ellipsenform ❸ (mehr oder weniger starke Verformung des ursprünglichen Kreises zur Ellipse)
- Ausdehnung ❹
- Rotationswinkel ❺ (nur interessant, wenn Sie aus dem ursprünglichen Kreis bereits eine Ellipse gemacht haben)

Bei linearen Verläufen sind dagegen nur drei Änderungen möglich:
- Mittelpunkt ❻
- Ausdehnung ❼
- Rotationswinkel ❽

In Abbildung 4-13 sehen Sie, wie das Werkzeug im Einsatz mit den beiden Verlaufstypen aussieht.

Die Pipette

Auch ein Pipettenwerkzeug (Taste $\boxed{\text{I}}$) kennen Sie möglicherweise aus der Bildbearbeitung (Abbildung 4-14). In Flash ermöglicht die Pipette allerdings nicht nur die Aufnahme und Übertragung der Füllfarbe, sondern hat insgesamt drei Funktionen:

- Wenn Sie eine Füllung anklicken, wird sowohl ihre Farbe beziehungsweise ihr Verlauf als auch ihre eventuelle Transformation übernommen. Flash wechselt automatisch zum Farbeimerwerkzeug mit eingestellter Option *Füllung sperren*, damit Sie die Füllung sofort anwenden können.

- Beim Klick auf eine Konturlinie werden ihre sämtlichen Attribute (Farbe, Linienstil und Strichstärke) übernommen. Anschließend wird das Tintenfasswerkzeug aktiviert, um diese Linieneinstellungen übertragen zu können.

- Zu guter Letzt können Sie auch Text anklicken, um alle seine Attribute wie Schriftart, -größe und -farbe und Absatzausrichtung, zu übernehmen.

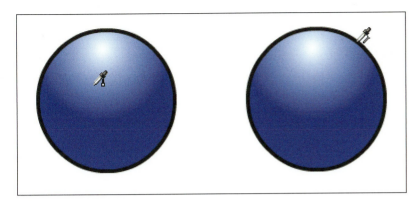

◀ **Abbildung 4-14**
Das Pipettenwerkzeug

In den letzten zwei Kapiteln haben Sie gelernt, wie sich Formen erstellen und farblich anpassen lassen. In Kapitel 5 geht es nun darum, diese Formen weiter zu modifizieren, also zu skalieren, zu drehen, zu neigen und zu verzerren.

Kapitel 5

Zeichnungen modifizieren

Alles wird zum Schluss etwas anderes. Alles verändert sich, und etwas Neues entsteht.

Lars Saabye Christensen

Transformationsfunktionen

Objekte ausrichten

Vektoren modifizieren

Objektzeichenmodus

Objekte gruppieren

Vektorgrafik importieren

Objekte illustrieren in Flash

Neben den bereits gezeigten Hilfsmitteln zum Erzeugen von Inhalten stellt Flash auch zahlreiche Werkzeuge und Menübefehle zur Veränderung bestehender Zeichnungen zur Verfügung. In diesem Kapitel werden zunächst die Transformationsfunktionen besprochen; anschließend geht es um die Möglichkeiten, den eigentlichen Inhalt von Zeichnungen zu manipulieren.

Transformationsfunktionen

Im Folgenden werden zunächst die wichtigsten Funktionen vorgestellt, mit denen sich Zeichnungen und andere Objekte transformieren lassen. Damit sind Operationen wie Skalieren, Drehen oder Spiegeln gemeint. Am schnellsten können Sie solche Aktionen mithilfe des Frei-transformieren-Werkzeugs durchführen. Weitere wichtige Hilfsmittel zur Durchführung von Transformationen bietet Flash über diverse Paletten:

Wenn Sie mit den weiter oben beschriebenen Auswahlwerkzeugen etwas ausgewählt haben, können Sie in der Eigenschaftenpalette Größe und Position verändern (Abbildung 5-1).

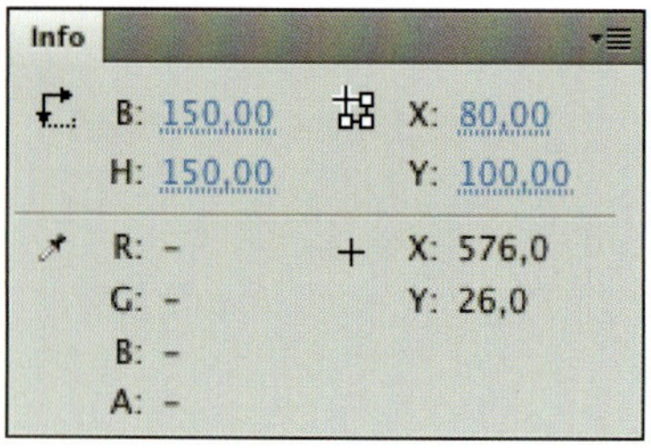

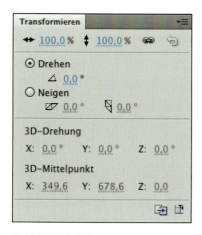

▲ **Abbildung 5-2**
Die Infopalette

▲ **Abbildung 5-1** Die Eigenschaftenpalette

Eine ähnliche Funktion sowie einige zusätzliche Informationen bietet die Infopalette (Abbildung 5-2).

Die Transformierenpalette ermöglicht eine prozentuale Skalierung sowie eine Drehung beziehungsweise Neigung um eine bestimmte Gradzahl per Eingabe (Abbildung 5-3).

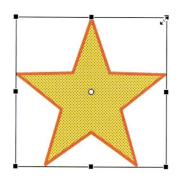

▲ **Abbildung 5-3**
Die Transformierenpalette

Das Transformationswerkzeug

Das wichtigste Hilfsmittel zum Transformieren von Auswahlen ist das Freitransformieren-Werkzeug in der Werkzeugleiste (Taste Q). Sie können dieses Werkzeug auf eine beliebige Auswahl anwenden; es ermöglicht die einfache Durchführung zahlreicher Transformationsoperationen.

Durch Ziehen an den Eckpunkten können Sie die Auswahl skalieren. Wenn Sie dabei die Umschalt-Taste gedrückt halten, bleiben die Proportionen erhalten (Abbildung 5-4).

Wenn Sie an den Punkten in der Mitte der Außenlinien ziehen, werden die ausgewählten Elemente ebenfalls skaliert, allerdings nur in eine Richtung (Abbildung 5-5).

▲ **Abbildung 5-4**

Leicht außerhalb der Eckpunkte wird der Mauszeiger in einen kreisförmigen Pfeil umgewandelt; das weist darauf hin, dass Sie die Auswahl drehen können, wenn Sie hier klicken und ziehen (Abbildung 5-6).

Das Ziehen innerhalb des Begrenzungsrechtecks in der Nähe der Kantenmittelpunkte neigt die Auswahl parallelogrammförmig (Abbildung 5-7).

Zu guter Letzt können Sie den Mittelpunkt der Auswahl verschieben; nachfolgende Drehungen beziehen sich auf diesen veränderten Mittelpunkt. Beachten Sie, dass sich Flash den Mittelpunkt nach dem Abwählen der aktuellen Auswahl nur bei gruppierten Objekten und Symbolen merkt, aber nicht bei Zeichnungen (Abbildung 5-8).

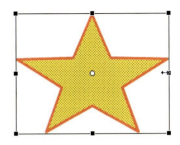

▲ Abbildung 5-5

Übrigens werden die Skalierungsoperationen bei Zeichnungen normalerweise nur zu derjenigen Seite beziehungsweise Ecke hin ausgeführt, an der Sie an einem Anfasser ziehen. Bei Objekten werden sie dagegen vom Mittelpunkt aus in alle Richtungen vollzogen. Die Alt-Taste kehrt diese Verhaltensweise jeweils um.

Wenn Sie bei einer Drehungsoperation die Alt-Taste festhalten, orientiert sie sich nicht mehr am definierten Mittelpunkt des Objekts, sondern am diagonal gegenüberliegenden Eckpunkt des Begrenzungsrechtecks. Bei Neigungsoperationen bewirkt Alt hingegen, dass die gegenüberliegende Seite gleichzeitig in die Gegenrichtung verschoben wird.

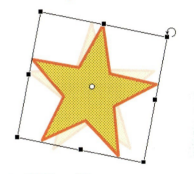

▲ Abbildung 5-6

Zusätzlich zu diesen Grundfunktionen bietet das Werkzeug noch vier erweiterte Möglichkeiten, die Sie über die Schaltflächen im Bereich *Optionen* der Werkzeugleiste erreichen.

Die Schaltfläche *Drehen und Neigen* reduziert die möglichen Operation auf die oben beschriebenen Dreh- und Neigeoperationen. Sie brauchen also nicht mit der Maus herumzufahren, bis Sie die entsprechenden Mauszeigerformen vorfinden, sondern können zum Drehen einfach an den Eckpunkten und zum Neigen an den Kantenmittelpunkten ziehen (Abbildung 5-9).

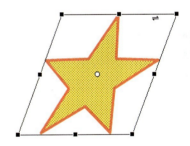

▲ Abbildung 5-7

Mit *Skalieren* stehen Ihnen dagegen vorübergehend nur noch die Skalierungsfunktionen zur Verfügung. Als Nebenwirkung wird beim Ziehen an den Eckpunkten grundsätzlich nur proportional skaliert, auch ohne Umschalt-Taste.

Die Option *Verzerren* funktioniert nur mit Zeichnungen, nicht mit festen Objekten, sprich Gruppen oder Symbolen, sie ist nämlich im engeren Sinn keine Transformation, sondern ändert den Inhalt der Zeichnung. Sie können an jedem der vier Eckpunkte ziehen, um die Zeichnung in die entsprechende Richtung zu verzerren; wenn Sie dabei die Umschalt-Taste gedrückt halten, wird der benachbarte Eckpunkt in die Gegenrichtung verschoben. Diese Funktionen ermöglichen perspektivische Wirkungen (Abbildung 5-10).

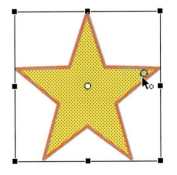

▲ Abbildung 5-8

▲ Abbildung 5-9

▲ Abbildung 5-10

▲ Abbildung 5-11

Auch *Umhüllen* können Sie nur mit offenen Zeichnungen verwenden. Das Begrenzungsrechteck wird in zahlreiche Anfasserpunkte unterteilt; wenn Sie daran ziehen, werden sie zu Bézierankerpunkten. Auf diese Weise können Sie Ihre Zeichnung beliebig wellenförmig verzerren (Abbildung 5-11).

In den letzten drei Abbildungen wurde der vorliegende Text in eine Form umgewandelt – das erreichen Sie, indem Sie bei ausgewähltem Text zweimal die Menüoption *Modifizieren* → *Teilen* wählen oder Strg + B drücken.

Alle Optionen des Transformationswerkzeugs sind übrigens auch über das Menü erreichbar, und zwar als Unterpunkte von *Modifizieren* → *Transformieren*. Dort finden Sie zusätzlich die beiden Funktionen *Horizontal spiegeln* und *Vertikal spiegeln*; über das Frei-transformieren-Werkzeug sind sie nur indirekt verfügbar, nämlich durch Weiterziehen über die Mitte hinaus, wenn Sie ein Objekt verkleinern.

Transformationseigenschaften

Haben Sie eine Auswahl getroffen, enthält der untere Teil der Eigenschaftenpalette Eingabefelder, um die Position und die Größe dieser Auswahl zu modifizieren (Abbildung 5-12).

Die Felder *B* und *H* ermöglichen die numerische Eingabe der Breite beziehungsweise Höhe der Auswahl in Pixeln. Das Kettensymbol links daneben stellt das Beibehalten der Proportionen ein: Wenn Sie es aktivieren und eine der beiden Angaben ändern, wird die andere relativ dazu mitverändert.

X und *Y* bestimmen die Position der Auswahl, das heißt ihren Abstand vom linken beziehungsweise oberen Bühnenrand. Der Bezugspunkt ist entweder der Mittelpunkt oder der linke obere Eckpunkt des Begrenzungsrechtecks (dies lässt sich in der Infopalette umschalten).

Die Infopalette

Unter dem Menüpunkt Fenster → Info oder mithilfe der Tastenkombination Strg + I können Sie das Bedienfeld *Info* (Abbildung 5-13) aktivieren. Es besitzt vier Bereiche mit folgenden Aufgaben:

• Links oben können Sie in den Feldern *B* und *H* die Breite beziehungsweise Höhe der Auswahl in Pixeln ändern. Anders als in der Eigenschaftenpalette besteht hier keine Möglichkeit, das Beibehalten der Proportionen zu aktivieren.

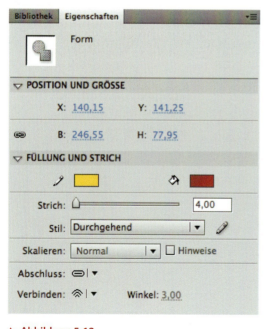

▲ Abbildung 5-12
Transformationseinstellungen in der Eigenschaftenpalette

- Rechts oben befinden sich die beiden Felder *X* und *Y*; damit können Sie genau wie in der Eigenschaftenpalette die Position der Auswahl festlegen. Das Symbol mit den Anfasserpunkten bietet Ihnen die Auswahl, ob die linke obere Ecke des Begrenzungsrechtecks oder der definierte Mittelpunkt als Referenz für die Positionierung dienen soll. Das gilt auch für die Einstellungen in der Eigenschaftenpalette.

- Der Bereich unten links zeigt die RGB-Komponenten und den Alphawert der Farbe, über der sich der Cursor gerade befindet.

- Rechts unten können Sie die aktuelle Position des Mauszeigers ablesen, gemessen als Abstand vom linken oberen Bühnenrand.

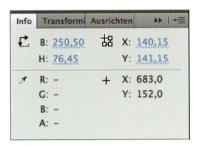

◀ **Abbildung 5-13**
Das Info-Bedienfeld

Die Transformierungspalette

Ein weiteres praktisches Hilfsmittel ist das Bedienfeld *Transformieren*. Sie erreichen es über den Menüpunkt *Fenster → Transformieren* oder die Tastenkombination ⌈Strg⌋ + ⌈T⌋. Es ermöglicht das prozentuale Skalieren, Drehen und Neigen per Eingabe.

In der obersten Reihe können Sie den horizontalen und vertikalen Skalierungsfaktor eingeben; wenn das Verkettungsicon aktiviert ist, wird proportional skaliert (Abbildung 5-14).

Die zweite Reihe ermöglicht die Eingabe des Winkels, um den die Auswahl gedreht werden soll. Statt der einfachen Drehung können Sie in der nächsten Reihe auf *Neigen* umschalten; hier können Sie zwei verschiedene Winkel für die horizontale und vertikale Verwerfung eingeben.

Ganz unten finden Sie zwei kleine Schaltflächen. Die linke hat den Tooltipp *Auswahl duplizieren und transformieren*. Wenn Sie sie anklicken, wird eine Kopie der aktuellen Auswahl mit der gewählten Transformierung erstellt. Mit dem rechten Button, *Zurücksetzen*, können Sie die durchgeführten Änderungen wieder rückgängig machen.

▲ **Abbildung 5-14**
Die Transformierenpalette

▲ Abbildung 5-15

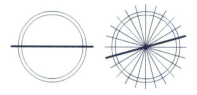

▲ Abbildung 5-16

▶ Abbildung 5-17

▶ Abbildung 5-18

▲ Abbildung 5-19

Interessant ist vor allem die Option, die Auswahl zu duplizieren und zu transformieren. Sie erfahren jetzt Schritt für Schritt, wie Sie mit ihrer Hilfe ein Zahnrad erstellen.

Legen Sie zwei ineinander liegende Kreise an. Der kleinere Kreis wird erstellt, indem Sie den größeren mit einem Skalierungsfaktor von 90 % kopieren (Abbildung 5-15).

Die Segmente aus Abbildung 5-16 entstehen durch das mehrmalige Kopieren einer Linie mit einer Drehung um 15°.

Als Nächstes müssen Sie verschiedene Linienstücke anklicken und löschen, um das komplette Innere mit einer Füllung versehen zu können (Abbildung 5-17).

Zum Schluss ist es am einfachsten, die verbleibenden Außenlinien mit einem Doppelklick komplett auszuwählen und zu löschen. Das Endergebnis zeigt Abbildung 5-18.

Das 9-teilige Segmentraster

Wenn Sie ein Rechteck mit abgerundeten Ecken in Flash unproportional skalieren, werden die Rundungen mitskaliert und somit verzerrt, was zu unschönen Ergebnissen führt (Abbildung 5-19).

Durch die Verwendung des 9-teiligen Segmentrasters (auch *9-Slice Scaling* genannt) lässt sich die Skalierung einer Form steuern. Da sich das Segmentraster lediglich in Movieclips aktivieren lässt, muss das zu skalierende Objekt erst über F8 in ein Movieclip-Symbol konvertiert werden.

Das Dialogfenster *In Symbol konvertieren* (Abbildung 5-20) lässt sich per Klick auf die Schaltfläche *Erweitert* vergrößern, anschließend besteht dann die Möglichkeit, die Funktion *Hilfslinien für Skalierung in 9-teiligem Segmentraster* zu aktivieren.

▲ Abbildung 5-20
Das Dialogfenster »In Symbol konvertieren«

Wenn Sie danach über einen Doppelklick auf das Symbol in den Symbolbearbeitungsmodus wechseln, wird das Segmentraster anhand von gestrichelten Linien dargestellt (Abbildung 5-21). Wie Sie sehen, wird das Objekt mithilfe der Rasterlinien in neun Segmente unterteilt. Die Ecken, also die Segmente 1 bis 4, werden von der Skalierung ausgeschlossen. Lediglich die Segmente 5 und 6 werden horizontal und die Segmente 7 und 8 vertikal skaliert. Das Segment in der Mitte wird sowohl horizontal als auch vertikal skaliert. Durch das Verschieben des Segmentrasters lässt sich somit genau festlegen, wo das Objekt später skaliert werden kann.

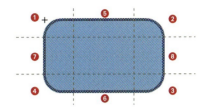

▲ **Abbildung 5-21**

Bei einer Rechteckform mit abgerundeten Ecken sollten Sie also darauf achten, dass sich alle Ecken in den äußeren Segmenten 1 bis 4 befinden, da diese nicht skaliert und somit auch nicht verzerrt werden. Nachdem nun das Segmentraster definiert wurde, kann der Symbolbearbeitungsmodus über einen Klick auf Szene 1 oben links wieder verlassen werden.

Jetzt kann das Rechteck beliebig skaliert werden, ohne dass die Rundungen in den Ecken verzerrt werden (Abbildung 5-22).

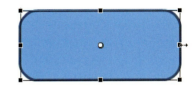

▲ **Abbildung 5-22**

Objekte ausrichten

Symmetrie wird als schön und harmonisch empfunden. Eine weitere wichtige Funktion erfüllt daher das Bedienfeld *Ausrichten*: Mit seiner Hilfe können Sie die Position oder Größe mehrerer Objekte aneinander oder an die Bühnenränder anpassen. Sie erreichen die Palette über den Menüpunkt *Fenster → Ausrichten* oder die Tastenkombination Strg + K. Die Befehle im Menü *Modifizieren → Ausrichten* erfüllen übrigens dieselben Aufgaben wie die Schaltflächen der Palette. In Abbildung 5-23 wird das Bedienfeld *Ausrichten* gezeigt.

Damit diese Befehle überhaupt eine Wirkung haben, müssen Sie zuvor mehrere Elemente (Zeichnungen oder Objekte) auf der Bühne markieren. In der obersten Reihe finden Sie sechs Schaltflächen.

Ausrichten: Die drei linken richten die markierten Elemente vertikal gleichmäßig aus, und zwar linksbündig, zentriert oder rechtsbündig. Die drei Buttons rechts erledigen dagegen die horizontale Anpassung: Die markierten Objekte werden am oberen Rand, in der Mitte oder am unteren Rand bündig zueinander ausgerichtet.

Verteilen: Hier finden Sie Schaltflächen, die die Aufteilung von drei oder mehr Elementen zueinander harmonisieren. Die linken drei sind für die vertikale Aufteilung zuständig (gemessen am oberen Rand, an der Mitte beziehungsweise am unteren Rand). Die Buttons rechts verteilen die Elemente entsprechend vertikal.

Abstände: Für gleichmäßige Abstände zwischen den Elementen sorgen dagegen die beiden Schaltflächen unter *Abstand*.

▲ **Abbildung 5-23**
Das Ausrichten-Bedienfeld

Größe anpassen: Dieser Befehl stellt ebenfalls drei Buttons zur Verfügung. Mit ihnen lassen sich die Breiten, die Höhen oder beide Dimensionen der markierten Objekte aneinander anpassen.

Wenn Sie das Kontrollkästchen *An Bühne ausrichten* aktivieren, beziehen sich die genannten Änderungen nicht mehr auf die Dimensionen der Elemente selbst, sondern auf die Bühnengröße.

Vektoren modifizieren

Einige Menübefehle ermöglichen Ihnen, die eigentlichen Inhalte Ihrer Zeichnungen zu modifizieren. Hier werden nur die wichtigsten angesprochen; eine Kurzübersicht aller Menüoptionen erhalten Sie in Anhang A.

Der Befehl *Modifizieren → Form → Optimieren* (oder die Tastenkombination Strg + Alt + Umschalt + C) öffnet einen Dialog, der das Vereinfachen komplexer Zeichnungen ermöglicht (Abbildung 5-24). Dabei können Sie sich aussuchen, wie stark geglättet werden soll – wenn Sie den Schieber weiter nach rechts in Richtung *Maximum* verschieben, wird das Ergebnis stärker vereinfacht. *Mehrmals durchführen* führt die Vereinfachung automatisch in einer Schleife durch. Wenn Sie *Ergebnis einblenden* ankreuzen, erhalten Sie nach getaner Arbeit eine Meldung nach folgendem Schema: »Die ursprünglichen Formen hatten 117 Kurve(n). Die optimierte Form hat nun 53 Kurve(n). Dies stellt eine Verringerung um 54 % dar.«

▶ **Abbildung 5-24**
Der Dialog
»Kurven optimieren«

Der Befehl *Modifizieren → Form → Linien in Füllung konvertieren* wandelt Konturlinien in identisch aussehende Füllungen um. Beachten Sie, dass das bei komplexen Linienstilen zu einem erheblichen Ressourcenverbrauch führt. Es kann aber beispielsweise bei Animationen mit automatischer Skalierung wichtig sein, weil Füllungen im Gegensatz zu Konturlinien dauerhaft mitskaliert werden.

▲ **Abbildung 5-25**
Das Bedienfeld »Füllung erweitern«

Der Befehl *Modifizieren → Form → Füllung erweitern* vergrößert oder verkleinert den Inhalt der ausgewählten Füllungen um die eingestellte Pixelanzahl (Abbildung 5-25). Bei einer Vergrößerung wird die äußere Form dabei nicht einfach linear erweitert, sondern an den Eckpunkten abgerundet.

Der Befehl *Modifizieren → Form → Ecken abrunden* ergibt einen sehr interessanten Effekt (Abbildung 5-26): Am äußeren Rand der Füllung wird durch aufeinanderfolgende Umrandungen mit abnehmendem Alphawert ein weicher Übergang zum Hintergrund hergestellt; das Ergebnis wirkt weichgezeichnet. Die Funktion sollte aber mit Bedacht eingesetzt werden, weil die vielen Linien den Flash-Film aufblähen und verlangsamen.

▲ **Abbildung 5-26**
Das Bedienfeld »Ecken abrunden«

Zeichnungsobjekte und Gruppen

Eine Eigenart von Flash irritiert vor allem erfahrene Anwender von Vektorzeichenprogrammen wie FreeHand oder Illustrator: Auf jeder Ebene der Bühne gibt es nur eine einzelne Schicht für Zeichnungen. Wenn Sie also eine Zeichnung erstellen, die eine andere in derselben Ebene zum Teil überdeckt, ist der überdeckte Teil anschließend nicht mehr vorhanden.

Objektzeichenmodus

Vor einigen Jahren wurde in Flash 8 ein alternativer Zeichenmodus neu eingeführt, der den Gewohnheiten der Benutzer traditioneller Grafikprogramme entgegenkommt: der *Objektzeichenmodus*. Er wird mithilfe der Schaltfläche *Kreis im Quadrat* im untersten Bereich der Werkzeugleiste in den Werkzeugoptionen aktiviert beziehungsweise deaktiviert und steht für folgende Werkzeuge zur Verfügung: Linienwerkzeug, Stiftwerkzeug, Ellipsenwerkzeug, Rechteckwerkzeug, Polysternwerkzeug, Freihandwerkzeug und Pinselwerkzeug (Letzteres nur im Modus *Normal malen*).

Sobald Sie den Objektzeichenmodus aktiviert haben, erzeugt jede Verwendung eines der genannten Werkzeuge – vom Mausklick bis zum Loslassen – ein in sich geschlossenes Einzelobjekt. Diese Objekte stanzen sich nicht gegenseitig aus, sondern werden in Erstellungsreihenfolge übereinandergestapelt. Diese Stapelreihenfolge können Sie mithilfe der Befehle im Menü *Modifizieren → Anordnen* nach Belieben verändern – oder noch einfacher über die Tastenkombination Shift + ↑ bzw. ↓. Zeichnungen, die nicht im Objektzeichenmodus erstellt wurden, bleiben dagegen stets ganz unten auf ihrer Ebene.

Zeichnungen, die im Objektzeichenmodus erstellt wurden, erkennen Sie an einem blauen Kasten, der die Form umgibt. Abbildung 5-27 veranschaulicht das an einem simplen Kreis.

Zeichnungsobjekte sind nach wie vor Zeichnungen – das merken Sie an ihrem Verhalten beim Transformieren und auch daran, dass Sie Tintenfass und Farbeimer auf sie anwenden können, um die Linien beziehungsweise Füllungen zu verändern, aus denen sie bestehen. Auch Formänderungen mithilfe der intuitiven Bearbeitung durch den Auswahlpfeil oder die Pfadwerkzeuge sind nach wie vor möglich.

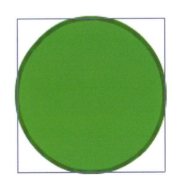

▲ **Abbildung 5-27**
Eine Zeichnung im Objektzeichenmodus

Möchten Sie dagegen wie gehabt Linie und Füllung getrennt voneinander bearbeiten, müssen Sie einen Doppelklick auf das Zeichnungsobjekt durchführen. Die entsprechende Zeichnung wird im Vordergrund ihrer Ebene angezeigt; die anderen Inhalte verblassen etwas (genau so wie beim Symbolbearbeitungsmodus). Nun können Sie alle bereits beschriebenen Werkzeuge und Techniken auf die Zeichnung anwenden. Wenn Sie fertig sind, gibt es drei Möglichkeiten, das Zeichnungsobjekt wieder zu verlassen:

- Doppelklick ins Leere.
- Klick auf die Bezeichnung links neben *Zeichnungsobjekt* in der Symbolleiste des Dokumentfensters (der Standard ist hier *Szene 1*).
- Auswahl des Menüpunkts *Bearbeiten → Alle bearbeiten*.

Sie können ein Zeichnungsobjekt auch endgültig in eine normale Zeichnung mit allen oben beschriebenen Eigenschaften umwandeln. Wählen Sie dazu *Modifizieren → Teilen* oder drücken Sie [Strg] + [B].

Objekte gruppieren

Eine andere Möglichkeit, Zeichnungen und andere Elemente zu geschlossenen Objekten zusammenzufügen, ist das *Gruppieren*. Um eine Gruppe zu erstellen, müssen Sie die gewünschten Objekte auswählen und dann den Befehl *Bearbeiten → Gruppieren* wählen oder die Tastenkombination [Strg] + [G] drücken. Das beschränkt sich nicht auf Zeichnungen; Ihre Gruppe kann auch weitere Gruppen, Text oder sogar Symbolinstanzen enthalten. Um die Gruppierung später wieder rückgängig zu machen, können Sie *Modifizieren → Gruppierung aufheben* anklicken oder [Strg] + [Umschalt] + [G] drücken.

Wenn Sie eine Gruppe mit dem Auswahlwerkzeug anklicken, wird sie nicht mehr durch eine blaue Schraffur der Zeichnungsinhalte, sondern durch ein türkisfarbenes Begrenzungsrechteck hervorgehoben (Abbildung 5-28). Sie können eine Gruppe genau so transformieren wie eine Zeichnung; allerdings stehen die inhaltsverändernden Optionen *Verzerren* und *Umhüllung* wie bereits erwähnt nicht zur Verfügung.

Um die Inhalte einer Gruppe zu bearbeiten, brauchen Sie die Gruppierung aber nicht aufzuheben. Stattdessen können Sie *Bearbeiten → Auswahl bearbeiten* wählen oder wie bei Objektzeichnungen einfach auf die Gruppe doppelklicken. Wieder verblassen die umgebenden Inhalte, und Sie können die Bestandteile der Gruppe modifizieren, als seien sie nicht gruppiert. Wenn Sie fertig sind, können Sie entweder *Bearbeiten → Alle bearbeiten* wählen, ins Leere doppelklicken oder in der Symbolleiste über der Zeitleiste auf das Szenensymbol klicken.

▲ **Abbildung 5-28**
Eine mit dem Auswahlwerkzeug
angewählte Gruppe

Vektorgrafiken importieren

Flash bietet die Möglichkeit, verschiedene Vektorgrafikformate zu importieren. In Tabelle 5-1 sehen Sie eine Übersicht über alle importierbaren Vektorformate.

Tabelle 5-1: Von Flash unterstützte Vektordateiformate

Dateiformat	Dateiendung	Eigenschaften
FreeHand	.fh, .fh8, .fh9 usw.	Eigenes Dateiformat von Macromedia FreeHand.
Illustrator	.ai, .eps	Eigenes Dateiformat von Adobe Illustrator (erweitertes EPS).
AutoCAD DXF	.dxf	Die »Mutter aller Vektorformate« und der kleinste gemeinsame Nenner aller 2-D- und 3-D-Vektorprogramme.
Enhanced Metafile	.emf	Erweiterte Fassung des Windows-Standardformats WMF.
Windows Metafile	.wmf	Klassisches Standardvektorformat unter Windows, bekannt von den MS-Office-ClipArts.

Wenn Sie Vektorgrafiken importieren, stehen sie innerhalb von Flash als normale Zeichnungen zur Verfügung und können weiterverarbeitet werden. Für Adobe Illustrator-Dateien stehen ähnliche Optionen zur Verfügung wie für den in Kapitel 9 beschriebenen Photoshop-Import. Den betreffenden Dialog zeigt Abbildung 5-29.

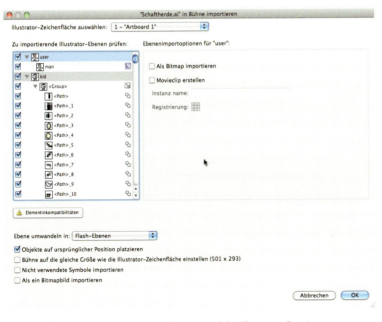

▲ **Abbildung 5-29** Importoptionen für eine Adobe Illustrator-Datei.

▲ Abbildung 5-30

▲ Abbildung 5-31

▲ Abbildung 5-32

▲ Abbildung 5-33

Objekte illustrieren in Flash

In diesem Workshop lernen Sie, eine Illustration auf der Basis eines Fotos zu erstellen. Die Herangehensweise entspricht der eines 3-D-Modelleurs, d.h., Sie bearbeiten eine Grundform wie ein Rechteck oder eine Ellipse (3-D-Künstler verwenden hier Kugeln, Zylinder usw.) und zupfen so lange an der Grundform, bis sich daraus die gewünschte komplexere Form ergibt. Auf diese Art und Weise lässt sich ganz intuitiv jedes Objekt zeichnen.

In diesem Workshop erstellen Sie die Illustration eines Autos, genau genommen einer Isetta. Das Foto, das in diesem Workshop verwendet wird, finden Sie auf der DVD zum Buch.

Vorüberlegungen

Als Erstes geht es darum, das Chassis, die größte Fläche der Isetta, zu zeichnen. Es ist immer am einfachsten, mit der größten Form anzufangen. Dann arbeiten Sie von außen nach innen (von groß nach klein), und es werden immer mehr Details hinzugefügt. Der Zeichenvorgang wird so lange wiederholt, bis sämtliche gewünschten Details abgebildet sind. Wie tief Sie beim Zeichnen ins Detail gehen, hängt davon ab, ob die Zeichnung eher cartoonhaft oder eher naturgetreu sein soll. Die Detailtiefe bestimmt hier den Charakter der Zeichnung.

2 Die Illustration vorbereiten

Öffnen Sie die Datei *isetta.jpg*, die Sie im Ordner *05_Zeichnungen_modifizieren* finden. Zum Start erstellen Sie eine neue leere Ebene über der Ebene mit dem Foto und sperren die Fotoebene per Schlosssymbol in der Zeitleiste, damit sie nicht versehentlich verschoben wird. Nun zeichnen Sie ein Rechteck in einer markanten Farbe, das als Ausgangsgrundform für das Chassis dienen soll. Erst mal geht es nur um die Formen, die Farbgebung wird zu einem späteren Zeitpunkt definiert.

3 Den Konturmodus einschalten

Damit sich das Rechteck zum Abpausen des Chassis besser verwenden lässt, sollte es auf den Konturmodus gestellt werden. Zum Ein- und Ausschalten des Konturmodus klicken Sie einfach in der Zeitleiste auf das Rechteck in der entsprechenden Ebene. Die Konturfarbe sollte einen guten Kontrast zum Hintergrund haben, damit sie sich von ihm absetzt. Sie lässt sich jederzeit über einen Doppelklick auf das Kontursymbol in den Ebeneneigenschaften ändern.

4 **Die Auswahl grob justieren**

Im nächsten Schritt werden nun die vier Eckpunkte des Rechtecks über das Auswahlwerkzeug (⟨V⟩) an markante Stellen des abzupausenden Chassis verschoben.
Wenn Sie mit dem Auswahlwerkzeug eine der vier Ecken überfahren, sehen Sie,
wie an dem Zeiger des Werkzeugs ein rechter Winkel erscheint. Nun lässt sich per
Drag and Drop der Punkt an eine beliebige Stelle verschieben. Stellen Sie beim
Auswahlwerkzeug sicher, dass in den Werkzeugoptionen der Magnet (*An Objekt
ausrichten*) deaktiviert ist, um noch präziser arbeiten zu können.

▲ Abbildung 5-34

5 **Weitere Ankerpunkte festlegen**

Mit gedrückter ⟨Alt⟩-Taste lassen sich mit dem Auswahlwerkzeug weitere Ankerpunkte aus der Grundform herausziehen. Erzeugen Sie diverse weitere Ankerpunkte an markanten Stellen, indem Sie die Kontur mit der Maus überfahren
und bei gedrückter ⟨Alt⟩-Taste klicken und ziehen. Wenn Sie einen Punkt zu viel
erzeugt haben, können Sie ihn ganz einfach beseitigen, indem Sie ihn auf einen
anderen Ankerpunkt ziehen. Somit werden die Punkte vereint, und aus zwei Vek-
torpunkten wird einer.

▲ Abbildung 5-35

6 **Die Verbindungslinien anpassen**

Nun werden die linearen Verbindungslinien zwischen den einzelnen Vektoran-
kerpunkten gebogen, um die Form des Chassis zu erreichen. Bei Überfahren der
Kontur einer Linie zwischen zwei Punkten mit dem Auswahlwerkzeug erscheint
neben dem Zeiger des Werkzeugs eine Rundung. Wenn Sie jetzt klicken und
ziehen, erzeugen Sie eine Kurve. Sie sind somit in der Lage, eine gerade Linie zu
biegen. Verbiegen Sie auf diese Art sämtliche Linien zwischen den einzelnen Vek-
torpunkten. Versuchen Sie dabei, das Chassis bestmöglich abzupausen.

▲ Abbildung 5-36

7 **Das Zwischenergebnis kontrollieren**

Wenn Sie damit fertig sind, die Punkte zu setzen und die Verbindungslinien zu
verbiegen, können Sie durch einen einfachen Klick auf das Kontursymbol auf der
Ebene in der Zeitleiste den Konturmodus verlassen, um das Ergebnis zu begutachten. Die Farbe ist bis dato noch uninteressant, da sie zu einem späteren Zeitpunkt
noch angepasst wird. Im Moment ist es noch von Vorteil, kontrastreiche Farben zu
verwenden, um die Form besser zu beurteilen und um sie von anderen Formen
optisch abzusetzen.

▲ Abbildung 5-37

▲ Abbildung 5-38

8 **Die Tür bearbeiten**

Das Chassis ist nun fertig und kann gesperrt und ausgeblendet werden, damit es nicht versehentlich verändert wird und bei den folgenden Zeichnungen auch nicht im Weg steht. Da wir uns von den großen Elementen an die kleineren herantasten, ist im nächsten Schritt die Tür dran. Weil sie größtenteils aus der gleichen Form besteht wie das Chassis, duplizieren Sie als Erstes diese Ebene, indem Sie das Schlüsselbild in der Zeitleiste auswählen, es kopieren (Strg + C), auf das Symbol für eine neue Ebene klicken und das Bild an gleicher Position wieder einfügen (Strg + Shift + V). Über das Lassowerkzeug im Polygonmodus wählen Sie nun den gesamten Bereich der Form aus, der für die Tür nicht benötigt wird.

9 **Überflüssige Formen löschen**

Der ausgewählte Bereich wird nicht mehr benötigt und kann somit über die Entf-Taste gelöscht werden (Abbildung 5-39). Auf diese Art sparen Sie sich das Neuzeichnen der rechten Kante der Tür.

10 **Weitere Ankerpunkte setzen**

Mit dem Überbleibsel gehen Sie jetzt genau so vor wie mit dem Chassis. Ziehen Sie markante Punkte bei gedrückter Alt-Taste aus der Form und biegen Sie die Verbindungslinien, bis die Tür abgezeichnet ist.

11 **Erneut das Zwischenergebnis prüfen**

Auch die Tür erhält eine markante Farbe, und über das Deaktivieren des Konturmodus lässt sich das Ergebnis erneut besser kontrollieren (Abbildung 5-40). Setzen Sie gegebenenfalls weitere Punkte und biegen Sie nach. Danach können Sie die Ebene sperren und ausblenden.

12 **Die Fenster aufziehen**

Nun sind die Fenster an der Reihe. Ziehen Sie einfach über jedem Fenster ein eigenes Rechteck auf (Abbildung 5-41). In diesem Beispiel wurden drei neue Ebenen verwendet, eine für die Heck-, eine für die mittlere und eine für die Frontscheibe. Sie können hierfür aber auch getrost nur eine einzige Ebene verwenden.

▲ Abbildung 5-39

▲ Abbildung 5-40

▲ Abbildung 5-41

13 Die Fensterrechtecke zurechtzupfen

Nachdem Sie nun die vier Rechtecke durch zusätzliche Punkte und Anpassen der Verbindungslinien in Form gebracht haben, sollte das Ganze ungefähr so aussehen (Abbildung 5-42).

14 Den Konturmodus ausschalten

Schalten Sie auch hier kurzzeitig den Konturmodus aus, um die erstellten Formen genauer beurteilen zu können. Nach einem Feinschliff können Sie diese Ebene ebenfalls sperren (Abbildung 5-43).

▲ Abbildung 5-42

▲ Abbildung 5-43

15 Alle Ebenen einblenden

Wenn Sie nun noch mal alle Ebenen, die Sie gezeichnet haben, einblenden, sehen Sie, wie die Isetta langsam Konturen annimmt. Um der Zeichnung mehr Details zu geben, zeichnen Sie als Nächstes den Kotflügel nach (Abbildung 5-44).

16 Den Kotflügel zeichnen

Um den Kotflügel zu zeichnen, gehen Sie genau so vor wie bei der Tür. Sie duplizieren das Chassis in eine neue Ebene und entfernen alle Bereiche, die für den Kotflügel nicht benötigt werden (Abbildung 5-45).

▲ Abbildung 5-44

▲ Abbildung 5-45

17 Überflüssige Bereiche entfernen

Hierfür können Sie das Auswahlwerkzeug verwenden und einfach eine große Auswahl über dem gesamten Bereich aufziehen, den Sie beseitigen möchten. In diesem Fall muss der Bereich oberhalb und rechts des Kotflügels entfernt werden (Abbildung 5-46).

18 Die Feinarbeit angehen

Auch hier verfahren Sie wieder wie bei den vorherigen Formen: Sie erzeugen zusätzliche Punkte, biegen die Linien, deaktivieren den Konturmodus, machen mal einige Feinarbeiten, sperren die Ebene und blenden sie aus (Abbildung 5-47).

▲ Abbildung 5-46   ▲ Abbildung 5-47

▲ Abbildung 5-48

▲ Abbildung 5-49

19 Die Reifen modellieren

Was noch fehlt, sind die Reifen. Natürlich kommt nun das Ellipsenwerkzeug zum Einsatz. Jetzt erzeugen Sie eine oder mehrere neue Ebenen unterhalb des Kotflügels. Es wird lediglich eine Ebene benötigt, wenn Sie in den Werkzeugoptionen den Objektzeichnungsmodus aktiviert haben. In dem Fall können Sie ganz einfach mehrere Ellipsen übereinanderzeichnen, die Reihenfolge ändern (*Rechtsklick → Anordnen →* ... oder Strg + ↑ bzw. ↓) und sie einfärben. Wenn Sie ohne den Objektzeichnungsmodus arbeiten, sollten Sie mehrere Ebenen verwenden, um nicht versehentlich Formen voneinander abzuziehen. In diesem Beispiel wurde mit mehreren Ebenen gearbeitet. Ziehen Sie mit dem Ellipsenwerkzeug einfach mit gedrückter Alt -Taste von der Mitte des Rads einen Kreis oder eine Ellipse auf. Mit dem Frei-transformieren-Werkzeug (Q) lässt sich die Ellipse im Nachhinein noch weiter anpassen. Fangen Sie auch hier wieder von außen an und arbeiten Sie sich nach innen vor, also von groß nach klein.

20 Die Scheinwerfer zurechtzupfen

Nun kommt mit dem Scheinwerfer das erste kleinere Detail. Zeichnen Sie ein Rechteck und »zupfen« Sie es in Form. Um nun die Lampe in den Scheinwerfer einzubauen, nehmen Sie das Linienwerkzeug und zeichnen zwei Striche durch die Form des Scheinwerfers. Dadurch wird die Form unterteilt in drei Bereiche, die sich einzeln auswählen lassen.

21 Die Flächen einfärben

Verbiegen Sie jedoch zuerst die Linien noch so, dass die Form einer Lampe entsteht. Nun wählen Sie die einzelnen Bereiche aus, die Sie durch die Linien voneinander getrennt haben, und färben die Bereiche unterschiedlich ein. Danach können die Linien per Doppelklick ausgewählt und gelöscht werden. Weil die Flächen nun unterschiedliche Farben haben, können sie weiterhin ausgewählt und verändert werden.

22 Alle Ebenen einblenden

▲ Abbildung 5-50

Die wichtigsten Teile des Autos sind jetzt nachgezeichnet. Wenn Sie nun alle Ebenen wieder einblenden, sollten Sie sämtliche Flächen in verschiedenen Farben zu sehen bekommen.

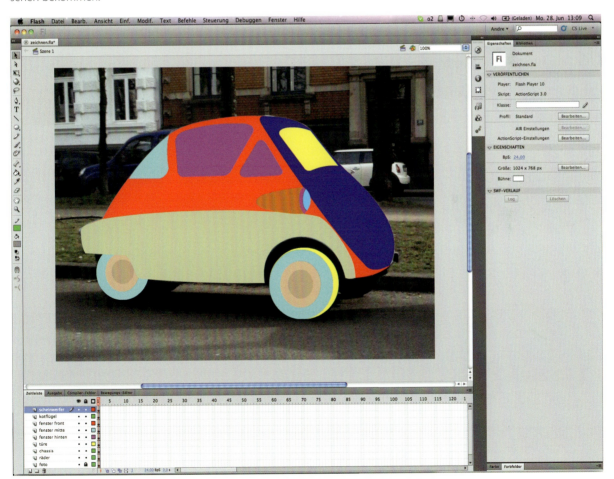

▲ Abbildung 5-51

▲ Abbildung 5-52

23 **Die Farben anpassen**

Als Nächstes geht es darum, die Farben zu optimieren. Dafür müssen Sie sich noch mal jeder einzelnen Ebene widmen. Aktivieren Sie nacheinander jede Ebene und wählen Sie eine Farbe aus. Sie können natürlich auf eine Farbe des darunterliegenden Fotos zurückgreifen, aber auch eine nach Ihrem Geschmack auswählen.

▲ Abbildung 5-53

24 **Reflexionen und Schatten**

Nun ist noch ein wenig Detailarbeit an den Formen gefragt. Um den Fensterscheiben Reflexionen und dem Scheinwerfer Schatten zuzuweisen, werden die einzelnen Formen durch Linien unterteilt. Achten Sie dabei darauf, die Linien in die Ebene zu zeichnen, in der sich die Form befindet.

▲ Abbildung 5-54

25 **Teilbereiche einfärben**

Nun, da die Formen durch die Linien in einzelne Bereiche unterteilt sind, können sie unabhängig voneinander eingefärbt werden. Auf diese Art und Weise lassen sich nachträglich noch ganz neue Highlights setzen.

▲ Abbildung 5-55

26 **Letzte Details**

Im letzten Schritt werden noch ein paar Details ergänzt. Mit dem Tintenfasswerkzeug wurde hier den Fenstern eine Gummierung hinzugefügt, die Felgen haben über das Ellipsenwerkzeug Löcher erhalten, und den Kotflügeln wurde eine kleine Aussparung gegeben. Zusätzlich hat das Fahrzeug zwei Blinker, einen Türgriff sowie ein Nummernschild erhalten.

Je weniger Details Sie hier zeichnen, umso abstrakter und cartoonartiger wird das Ergebnis. Wenn Sie sich dagegen mehr Zeit nehmen und detailreicher arbeiten, wirkt die Zeichnung realistischer und natürlicher.

Kapitel 6

Mit Text arbeiten

Ein schlechter Pinsel ist besser als ein gutes Gedächtnis.

Chinesisches Sprichwort

Das Textwerkzeug

Texteigenschaften

TLF-Text

Ein weiterer wichtiger Bestandteil von Flash-Filmen – wenn auch im engeren Sinn keine Zeichnung – ist Text. Wie bereits in der Einführung erwähnt, bietet Flash den großen Vorteil, dass es die Konturen der verwendeten Schriftarten mit in die exportierten SWF-Dateien packt, sodass Sie jede beliebige Schrift benutzen können, die auf Ihrem System installiert ist. In diesem Kapitel erfahren Sie das Wichtigste über das Erstellen und Modifizieren statischer Textinhalte. Andere wesentliche Komponenten der Flash-Textunterstützung, nämlich die Änderung von Text per ActionScript und die Texteingabe durch Benutzer, werden erst in Kapitel 18 besprochen.

Das Textwerkzeug

Das Textwerkzeug (Taste ⊤) ermöglicht die Eingabe von Text direkt auf der Bühne. Ein einfacher Klick an der gewünschten Stelle erzeugt eine Textbox mit variabler Breite, in der Sie beliebig lange Zeilen eingeben können. Wenn Sie dagegen klicken und ziehen, erhalten Sie eine Textbox mit fester Breite, in der automatisch eine Silbentrennung durchgeführt wird. In beiden Fällen befindet sich am rechten Rand der Textbox ein Anfasserpunkt. Ein Doppelklick darauf schaltet auf variable Breite um, durch Ziehen lässt sich die feste Breite einstellen.

Texteigenschaften

Sämtliche Schrift- und Absatzoptionen werden in der Eigenschaftenpalette eingestellt; in Abbildung 6-1 sehen Sie die Einstellungen, die für statischen Text (klassische Text-Engine) verfügbar sind. Der Übersichtlichkeit halber sind die wichtigsten Elemente nummeriert; die nachfolgende Beschreibung verwendet diese Nummern.

Text-Engine

Als Erstes wird die Text-Engine ❶ ausgewählt. Hier hat man die Wahl zwischen *Klassischer Text* und *TLF-Text*.

Klassischer Text war bisher die einzige Einstellung in Flash. Neu in Flash CS5 ist die Option hinzugekommen, TLF-Text als Text-Engine auszuwählen. TLF steht für Text Layout Framework und macht Typografie in Druckqualität möglich.

Textboxen lassen sich damit besser layouten und können miteinander verknüpft werden, vergleichbar mit InDesign. Mehr dazu im Abschnitt »TLF-Text« weiter unten in diesem Kapitel.

Texttypen

Oben wird zunächst der Texttyp ❷ eingestellt:

- *Statischer Text* ist einfacher Text, den Sie einmalig bei der Erstellung des Dokuments eingeben und der sich beim Abspielen des Webfilms nicht verändern kann.

- *Dynamischer Text* lässt sich per ActionScript modifizieren; das wird in Kapitel 18 vertieft.

- *Eingabetext* erstellt ein Textfeld, in das der Benutzer beim Abspielen des fertigen SWF-Films Text eingeben kann. Auch das wird vor allem in Kapitel 18 behandelt.

▲ **Abbildung 6-1**

Zeichen

Unter *Familie* ❸ können Sie die Schriftart einstellen. Wie bereits erwähnt, können Sie beliebige Schriftarten verwenden, weil ihre Konturen in die SWF-Datei übernommen werden.

Die unter ❹ zusammengefassten Optionen sind die einfachen Textattribute, nämlich Stil (fett und kursiv), Schriftgröße und Schriftfarbe. Wenn Sie einzelne Zeichen auswählen, werden diese Eigenschaften individuell auf sie angewendet, ist dagegen eine ganze Textbox angeklickt, gelten die Einstellungen für alle Zeichen.

Unter ❺ wird der Buchstabenabstand geregelt. Sie können auf diese Weise gesperrten oder dichter gedrängten Text erstellen.

Wenn Sie *Automatisch unterschneiden* ❻ ankreuzen, werden die Kerning-Einstellungen (Sonderregelungen für Zeichenabstände) der aktuellen Schriftart angewendet. Das empfiehlt sich bei größeren Schriften, weil sie sonst unausgeglichen wirken.

Option ❼ ist sehr wichtig und betrifft die *Methode zur Schriftwiedergabe*. Normalerweise wird bei Text automatisch Kantenglättung (*Anti-Alias*) aktiviert. Kleine Schriften sehen dadurch allerdings matschig und unleserlich aus. Deshalb lohnt es sich, diese Einstellung für unterschiedliche Schriftarten und -größen anzupassen. Im Einzelnen stehen folgende Optionen zur Verfügung:

Geräteschriftarten verwenden: Flash exportiert die verwendete Schriftart nicht wie üblich mit der SWF-Datei für den Flash Player, sondern verlässt sich darauf, dass sie auf dem jeweiligen Zielrechner installiert ist. Als Schriftart sollten Sie in diesem Zusammenhang keine bestimmte Schrift, sondern eine der Schriftklassen _sans (serifenlos), _serif (mit Serifen) oder _typewriter (Nichtproportionalschrift) wählen – die meisten Rechner wählen dann Arial, Times oder Courier. Das ist nur bei Dateien erforderlich, deren Größe für unangenehm lange Ladezeiten sorgen würde; selbst dann sollte diese Einstellung aber nur das letzte Mittel sein, weil nicht vorherzusagen ist, welche Schrift der jeweilige Zielcomputer einsetzen wird.

Bitmaptext: Es wird gar kein Anti-Alias verwendet, sondern es werden nur die voll deckenden Pixel der Schrift skaliert. Das ist, je nach Schriftart, bei kleiner Schrift bis etwa 12 Punkt oft die beste Option, da sie ansonsten schlecht lesbar ist.

Anti-Aliasing für Animation: Diese Anti-Alias-Variante wird schneller berechnet, ist aber nicht so gut lesbar. Daher ist sie vor allem für animierten Text geeignet.

Anti-Aliasing für Lesbarkeit: Ein nicht ganz so stark geglättetes, für bessere Lesbarkeit optimiertes Anti-Alias.

Benutzerdefiniertes Anti-Aliasing: Hier können Sie die Anti-Alias-Optionen manuell einstellen. Die *Stärke* legt die Ausdehnung der Schriftkonturen fest; positive Werte machen sie stärker, negative dünner als normal. Unter *Schärfe* wird der Glättungsgrad festgelegt – Werte unter 0 lassen die Schrift zunehmend glatter und schließlich weichgezeichnet wirken, während die Werte über 0 die Glättung vermindern, bis die Schrift dem Bitmaptext ähnelt.

Die Schaltflächen unter ❽ ermöglichen es, ausgewählten Text hoch- oder tiefzustellen.

Absatz

Mit den Schaltern unter ❾ können Sie die Absatzausrichtung regeln: linksbündig, zentriert, rechtsbündig oder Blocksatz.

Im Bereich ❿ befinden sich zusätzliche Absatzoptionen: *Einzug* (Einrückung der ersten Zeile eines Absatzes), *Zeilenabstand*, *Linker Rand* und *Rechter Rand*.

Textlinks

Unter *Optionen* ⓫ besteht die Möglichkeit, aus dem ausgewählten Text einen Hyperlink zu erzeugen. Dazu müssen Sie lediglich Text markieren und dann im Textfeld eine URL eintragen. Unter *Ziel* lässt sich *_blank* wählen, wenn der Link in einem neuen Browserfenster (Tab) geöffnet werden soll.

TLF-Text

Für Flash CS5 wurde eine völlig neue Textart eingeführt, nämlich *TLF-Text* (TLF steht für Text Layout Framework). Sie bietet gegenüber dem bisherigen Text, der in CS5 als *Klassischer Text* bezeichnet wird, zahlreiche neue Möglichkeiten der professionellen Typografie, unter anderem ist Folgendes möglich:

- Mehrspaltiger Text.
- Verkettung mehrerer Textboxen.
- Seitlich gedrehter Text (270°).
- Unterstrichene, durchgestrichene, hoch- und tiefgestellte Zeichen.
- Die speziellen Zeichenstile Kapitälchen und Mediävalziffern (falls die verwendete Schriftart sie unterstützt).
- Anwendung von 3-D-Verzerrung, Farbeffekten und Mischmodi direkt auf TLF-Textboxen, ohne diese in Movieclips umwandeln zu müssen.
- Unterstützung von Text, der von rechts nach links läuft (z.B. für Arabisch oder Hebräisch) – beide Laufrichtungen können auch vermischt werden, um zum Beispiel europäische Wörter in arabischen Texten zu verwenden oder umgekehrt.

Wählen Sie das Textwerkzeug, um TLF-Text zu erstellen. Stellen Sie ganz oben in der Eigenschaftenpalette den Typ *TLF-Text* ein. Darunter können Sie drei verschiedene Untertypen auswählen:

Nur zum Lesen: Der Text wird auf der Bühne angezeigt, und es sind keine Interaktionsmöglichkeiten verfügbar.

Auswählbar: Der Text kann auf der Bühne markiert und in die Zwischenablage kopiert werden.

Bearbeitbar: Der Benutzer kann auf der Bühne Text in das Feld eingeben, während der Film läuft.

Im Gegensatz zum klassischen Text, der die Variante *Statischer Text* besitzt, kann der Inhalt aller Varianten von TLF-Text mithilfe von ActionScript geändert werden. Das wird, zusammen mit der Texteingabe, ausführlich in Kapitel 18 besprochen.

Wenn Sie TLF-Text auswählen und mit dem Textwerkzeug auf die Bühne klicken, erhalten Sie ein TLF-Textfeld mit variabler Breite; diese richtet sich ausschließlich nach dem Inhalt. Ziehen Sie dagegen ein Textfeld auf, erhalten Sie ein TLF-Textfeld mit fester Breite. Nur bei Letzterem können Sie die Option für mehrspaltigen Text verwenden.

Im Gegensatz zum klassischen Text bietet die Eigenschaftenpalette bei TLF-Text zwei textspezifische neue Abschnitte: *Erweitert – Zeichen* (Abbildung 6-2) sowie *Container und Fluss*. Weitere Abschnitte, die hinzukommen, sind *3D-Position und Ansicht*, *Farbeffekt* sowie *Anzeige und Filter*. Diese beziehen sich nicht ausschließlich auf TLF-Text und werden in Kapitel 7 ausführlich besprochen.

▲ **Abbildung 6-2**
Die Einstellungen im Abschnitt *Erweitert – Zeichen* der Eigenschaftenpalette.

Unter *Erweitert – Zeichen* können Sie folgende Einstellungen vornehmen:

Groß-/Kleinschreibung: Einstellungen für die automatische Groß- und Kleinschreibung ausgewählter Zeichen (Abbildung 6-3). *Standard* verändert die Groß- und Kleinschreibung nicht, *Großbuchstaben* setzt den gesamten Text in Großbuchstaben, *Kleinbuchstaben* entsprechend in Kleinbuchstaben. *Großbuchstaben in Kapitälchen* wandelt die Großbuchstaben in Kapitälchen (spezielles Alphabet kleiner Großbuchstaben) um – das wird in manchen Texten für Akronyme verwendet (in der Abbildung für HTML und USA). *Kleinbuchstaben in Kapitälchen* schließlich wandelt die Kleinbuchstaben in Kapitälchen um; dies wird manchmal für Einleitungszeilen oder -absätze verwendet.

▲ **Abbildung 6-3**
Auswirkung der verfügbaren Einstellungen für Groß-/Kleinschreibung

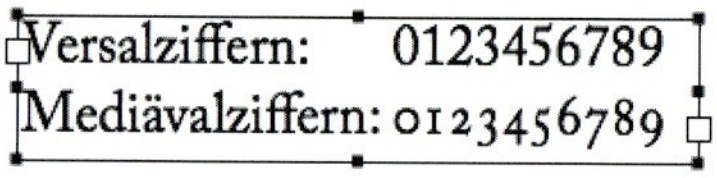

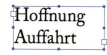

Abbildung 6-4
Vergleich zwischen Versalziffern (üblicher Standard) und Mediäval- oder Minuskelziffern

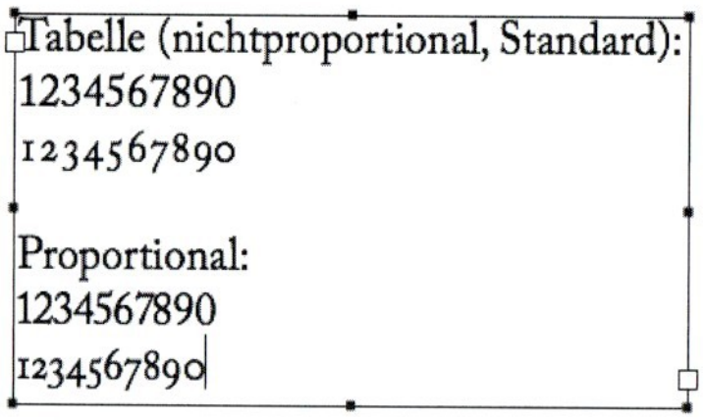

Abbildung 6-5
Die Ziffernbreiten Tabelle und Proportional im Vergleich

Abbildung 6-6
Beispiel für unterschiedliche Ligatureinstellungen (oben: Allgemein, unten: Minimum)

Ziffernschreibweise: Legt fest, ob *Versalziffern* (die üblichen Ziffern in der stets gleichen Höhe von Großbuchstaben) oder *Mediävalziffern* (auch Minuskelziffern genannt) verwendet werden; Letztere haben meist die Größe von Kleinbuchstaben und teilweise Ober- und Unterlängen. Die dritte Einstellung, *Standard*, verwendet stets die Voreinstellung der aktuellen Schriftart – dies dürften in 99% der Fälle die Versalziffern sein. In Abbildung 6-4 sehen Sie ein Beispiel für beide Ziffernarten.

Ziffernbreite: Standardmäßig sind die Ziffern in fast allen Schriften nicht proportional, das heißt, sie besitzen alle dieselbe Breite. Nur so lassen sich Ziffern in Berechnungen und dergleichen korrekt untereinanderschreiben. Die Einstellung *Tabelle* erzwingt diese Festbreite, *Standard* verwendet die Voreinstellung der aktuellen Schrift, die auch so gut wie immer Tabelle sein dürfte. *Proportional* setzt die Ziffern dagegen gemäß ihrer eigenen Zeichenbreite, was sich harmonischer in Fließtext einfügt. In Abbildung 6-5 sehen Sie den Unterschied, der sowohl Versal- als auch Mediävalziffern betreffen kann.

Ligaturen: Die Zusammenziehung (Ligatur) bestimmter nebeneinanderliegender Zeichen ist eine Schriftsetzertradition, die beinahe so alt ist wie der Buchdruck selbst. Dies betrifft beispielsweise Zeichenfolgen wie ft und ff; auch & oder ß sind aus Ligaturen hervorgegangen. Im Bleisatz gab es eigene Lettern für diese Ligaturen, in besseren Computerschriftarten gibt es entsprechend eigenständige Zeichen dafür. In dem Auswahlfeld sind vier Optionen verfügbar: *Minimum* (so gut wie keine Ligaturen verwenden), *Allgemein* (die üblichen Ligaturen verwenden), *Unüblich* (auch einige seltenere Ligaturen verwenden) und *Exotisch* (nur in wenigen Schriftarten verfügbare historische Ligaturen verwenden).

Abbildung 6-6 zeigt ein typisches Beispiel: Das Wort »Hoffnung« enthält die Ligatur der beiden f (Einstellung *Allgemein*). In »Auffahrt« wurden die f dagegen markiert, und *Minimum* wurde ausgewählt – da jedes f zu einer eigenen Silbe gehört, darf hier keine Ligatur verwendet werden.

Umbruch: Legt fest, bei welchen Zeichen innerhalb einer Zeile gegebenenfalls ein Zeilenumbruch stattfinden darf, wenn das Zeilenende erreicht wird. Die Voreinstellung *Auto* bricht bevorzugt bei Leer- und Satzzeichen um. *Alle* fügt hinter jedem betroffenen Zeichen einen Zeilenumbruch ein, schreibt sie also untereinander. *Beliebig* wählt je nach Platzbedarf eines der Zeichen aus. *Kein Umbruch* schließlich hält Textfolgen zusammen, beispielsweise »Flash CS5«.

Grundlinienverschiebung: Verschiebt die ausgewählten Zeichen gegenüber der gemeinsamen Textlinie (Grundlinie, unterer Rand der Großbuchstaben) um den ausgewählten Wert nach oben oder unten und erlaubt damit feinere Einstellungen als automatisch hoch- oder tiefgestellten Text.

Gebietsschema: Legt sprachspezifische Besonderheiten wie Standardligaturen oder Zeichen, die für Zeilenumbrüche infrage kommen, fest.

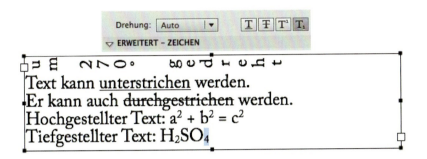

Noch über dem Abschnitt *Erweitert – Zeichen* finden Sie weitere neue Zeicheneinstellungen, die nur für TLF-Text verfügbar sind (Abbildung 6-7):

Drehung: Bestimmt die Druckrichtung der Zeichen. Für die lateinische Schrift und viele andere sind die Einstellungen *Auto* und *0°* identisch. In einigen asiatischen Schriften gibt es dagegen Zeichen, die standardmäßig gedreht werden, *0°* verhindert das. *270°* legt die Zeichen auf die linke Seite.

Unterstrichen: Sorgt dafür, dass ausgewählte Zeichen mit einer einzelnen Linie unterstrichen werden. Machen Sie sparsamen Gebrauch davon, die meisten Webuser gehen bei unterstrichenem Text von einem Hyperlink aus.

Durchgestrichen: Streicht den ausgewählten Text in der Mitte mit einer einzelnen Linie durch.

Hochgestellt: Setzt den Text etwas über die Grundlinie und verkleinert die Schriftgröße.

Tiefgestellt: Setzt den Text entsprechend etwas tiefer; auch hier wird die Schriftgröße automatisch vermindert.

◀ **Abbildung 6-7**
Die zusätzlichen Zeichenoptionen für TLF-Text und ihre Auswirkungen

Im Bereich *Container und Fluss* finden Sie folgende Einstellungen (Abbildung 6-8):

- Unter *Verhalten* können Sie einstellen, ob das Textfeld *Einzeilig* oder *Mehrzeilig* sein soll. Die Option *Mehrzeilig, kein Umbruch* bricht den Text nicht automatisch um, sondern nur an den Stellen, an denen Sie [Enter] drücken. Bei Textfeldern mit variabler Breite ist lediglich diese Art von Mehrzeiligkeit verfügbar. Bei bearbeitbarem TLF-Text ist zusätzlich die Option *Kennwort* verfügbar, die die eingegebenen Zeichen durch * ersetzt.

- *Max. Zch* bestimmt die maximale Anzahl der Zeichen im Textfeld. Auch diese Option ist nur für bearbeitbare TLF-Textfelder verfügbar.

- Die vier Schaltflächen rechts neben *Max. Zch* bestimmen die vertikale Ausrichtung des Texts bei Feldern mit fester Größe: *Text an Oberkante des Containers*

▲ **Abbildung 6-8**
Der Abschnitt Container und Fluss in der Eigenschaftspalette

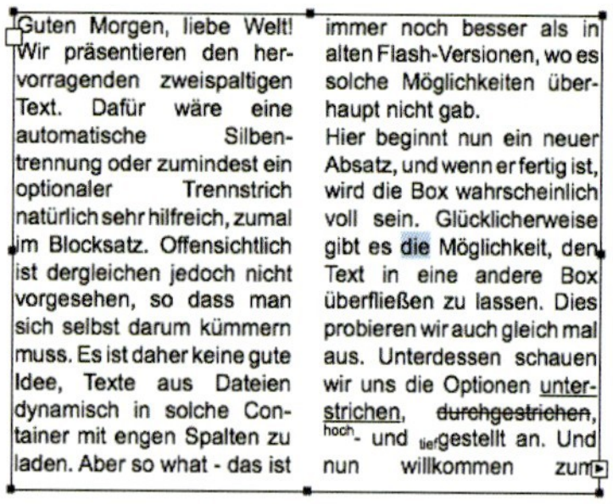

▲ **Abbildung 6-9**
Mehrspaltiger TLF-Text, hier mit zwei Spalten.

ausrichten, *Text an Mitte des Containers ausrichten*, *Text an Unterkante des Containers ausrichten* oder *Blocksatz für Text im Container* (Letzteres verteilt die Zeilen gleichmäßig über die gesamte Höhe).

- *Spalten* bestimmt die Anzahl der Textspalten in mehrzeiligen TLF-Feldern mit fester Breite. In Abbildung 6-9 sehen Sie ein Beispiel für ein zweispaltiges Textfeld.

- Rechts neben der Anzahl der Spalten wird der *Zwischenschlag* eingestellt, das heißt der Abstand zwischen den einzelnen Spalten.

- Im Abschnitt *Zellauffüllung* können Sie den Abstand von den jeweiligen Zellenrändern zum Inhalt festlegen. Wenn Sie das Verkettungssymbol (*Die vier Zellauffüllungswerte aneinander binden*) schließen, gilt für alle vier Ränder derselbe Wert; öffnen Sie es, wenn Sie jeden einzelnen Wert individuell festlegen möchten.

- *Farbe des Containerrahmens*: Hier können Sie eine Farbe für die Umrandung des Textfelds festlegen. Dies ist insbesondere bei Eingabetextfeldern wichtig.

- *Hintergrundfarbe des Containers*: Alternativ oder zusätzlich können Sie auch den Hintergrund einfärben.

- *Offset 1. Zeile* legt fest, wo die erste Textzeile im Container beginnt: *Oberlänge* setzt das höchste Zeichen unmittelbar unter der oberen Zellauffüllung an, *Zeilenhöhe* orientiert sich dagegen an der Gesamtzeilenhöhe inklusive Durchschuss (dem Abstand zwischen den Zeilen) und setzt den Text somit etwas tiefer. *Auto* ist in den meisten Fällen identisch mit *Oberlänge*.

Zu guter Letzt sollten Sie noch wissen, wie mehrere TLF-Textboxen miteinander verkettet werden. Klicken Sie dazu das Textausgangskästchen (bei lateinischem Standardtext rechts unten) mit dem Auswahlwerkzeug an. Der Cursor verwandelt sich in ein Verkettungssymbol, mit dem Sie das Textfeld anklicken können, in das der Text hineinfließen soll. In Abbildung 6-10 sehen Sie das Ergebnis der Verkettung gleich nach dem Klick in die untere Textbox.

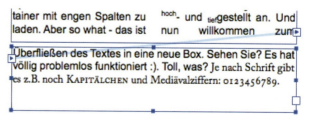

▲ **Abbildung 6-10** Verkettung von Textfeldern – die blaue Linie zeigt die soeben erfolgte Verkettung des oberen Felds mit dem unteren an.

Kapitel 7

Symbole und Instanzen

Alle Kunst ist zugleich Oberfläche und Symbol.

Oscar Wilde

Symbole erstellen und bearbeiten

Die Bibliothek

Instanzen im Einsatz

Farbeffekte

Mischmodi

Filter

Symbolrelevante Werkzeuge

In diesem Kapitel beschäftigen Sie sich mit dem Einsatz von Symbolen. Damit sind wiederverwendbare Objekte gemeint, die in Form sogenannter Instanzen beliebig oft in Flash-Filmen oder Animationen verwendet werden können. Dadurch ersparen Sie sich nicht nur Arbeit, sondern Sie schonen auch Speicherressourcen, wenn es um das Abspielen von Flash-Filmen geht. Ein ausführlicher Überblick über die Werkzeuge, die bei der Arbeit mit Symbolen zum Einsatz kommen, rundet das Kapitel ab.

Symbole erstellen und bearbeiten

Ein *Symbol* ist eine Vorlage, die beliebige Zeichnungen, Objekte und sogar Animationen enthalten kann. Wenn Sie diese Vorlage anwenden (das Symbol aus der Bibliothek auf die Bühne ziehen), entsteht eine sogenannte *Instanz* des Symbols. Ihre Form wird durch das zugrunde liegende Symbol festgelegt. Wenn Sie das Symbol modifizieren, ändern auch alle Instanzen dieses Symbols ihr Aussehen. Instanzen können allerdings frei transformiert werden: Sie können sie unabhängig vom Symbol skalieren, drehen, neigen und spiegeln. Daneben besteht sogar die Möglichkeit, sie individuell einzufärben.

Durch den Einsatz von Symbolen lässt sich im Vergleich zu mehreren identisch aussehenden Gruppen oder gar Zeichnungen viel Speicherplatz und damit Ladezeit einsparen. Die Faustregel für den ökonomischen Umgang mit Ressourcen lautet: Sobald Sie ein Objekt mindestens zweimal benötigen, sollten Sie bereits ein Symbol dieses Objekts erstellen und Instanzen davon verwenden. Angenommen, auf Ihrer Website soll die Flagge der USA vorkommen. Bekanntlich enthält sie 13 Streifen und 50 Sterne. Wenn Sie den Stern einmal als Symbol erstellen und dann 50 Instanzen davon verwenden, benötigen Sie nur einen Bruchteil der Speichermenge, die für 50 einzeln gezeichnete Sterne benötigt würde. Zudem könnten Sie den weißen, fünfzackigen Stern auch gleich für die türkische Flagge verwenden, und – da sich Instanzen skalieren und einfärben lassen – sogar für die sechs verschieden großen gelben Sterne der chinesischen Flagge.

Sie haben grundsätzlich zwei verschiedene Möglichkeiten, ein Symbol zu erstellen: Wählen Sie *Einfügen* → *Neues Symbol* oder drücken Sie [Strg] + [F8], um ein Symbol völlig neu zu erstellen.

Wenn Sie *Modifizieren* → *In Symbol konvertieren* wählen oder die Taste [F8] drücken, wird die aktuelle Auswahl als Inhalt für das Symbol übernommen; die bisherige Auswahl selbst wird dabei in eine Instanz dieses neuen Symbols umgewandelt (Abbildung 7-1).

▶ **Abbildung 7-1**
Die Auswahl wird für das Symbol übernommen.

Neu erstellte Symbole landen automatisch in der *Bibliothek* und werden dort aufbewahrt und verwaltet. Sie können diese Palette über den Menübefehl *Fenster* → *Bibliothek* oder die Tastenkombination [Strg] + [L] aktivieren.

Wenn Sie ein neues Symbol erstellen oder die Auswahl in ein Symbol umwandeln, haben Sie die Wahl zwischen drei verschiedenen Symbolarten:

Ein *Movieclip* ist vom Prinzip her ein eigenständiger Flash-Film. Er verfügt über seine eigene Zeitleiste, die unabhängig vom Hauptfilm gesteuert werden kann. Movieclips gehören zu den wichtigsten Elementen der fortgeschrittenen ActionScript-Programmierung.

Eine *Schaltfläche* ist das grundlegende Element zum Erstellen von Benutzeroberflächen: Sie ist in der Lage, auf Benutzeraktionen wie Mausklicks oder einfache Berührungen zu reagieren – zum einen durch fest eingebaute Änderungen des Aussehens und zum anderen durch den Aufruf programmierter Befehle. Sie haben eine eigene Zeitleiste, die lediglich aus den vier Bildern beziehungsweise Zuständen *Auf*, *Darüber*, *Gedrückt* und *Aktiv* besteht. Im Gegensatz zu den beiden anderen Symboltypen werden Schaltflächen erst in Kapitel 14 näher besprochen.

Genau wie ein Movieclip kann auch ein *Grafiksymbol* mehrere Ebenen, Zeichnungen und Animationen enthalten. Der Unterschied besteht darin, dass der Ablauf der Einzelbilder in einem Grafiksymbol vom Hauptfilm abhängt und nicht unabhängig ist.

Ein Klick auf die Schaltfläche *Erweitert* stellt einige zusätzliche Einstellungen für das Symbol zur Verfügung. Sie haben mit der gemeinsamen Nutzung von Symbolen in mehreren Dateien zu tun und sind in diesem Kapitel noch nicht wichtig.

Wenn Sie ein ganz neues Symbol erstellen, befinden Sie sich nach dem Klick auf *OK* im Symbolbearbeitungsmodus. Links oben über der Bühne erscheint der Name des Symbols. Statt der Bühne ist eine gleichmäßig in der aktuellen Hintergrundfarbe gefärbte Arbeitsfläche zu sehen; in der Mitte der Ansicht befindet sich ein Fadenkreuz, das den vorgegebenen Mittelpunkt aller Instanzen des Symbols bilden wird. Nachdem Sie mit der Erstellung des Symbolinhalts fertig sind, können Sie mit dem Befehl *Bearbeiten → Dokument bearbeiten* (oder $\boxed{\text{Strg}}$ + $\boxed{\text{E}}$), mit einem Klick auf den Szenennamen (*Szene 1*) oder durch einen Doppelklick außerhalb des Symbols wieder zur Bearbeitung des Hauptfilms zurückkehren.

Bei der Umwandlung der aktuellen Auswahl in ein Symbol können Sie neben dem Symboltyp noch die *Registrierung* auswählen. Dabei handelt es sich um die Entscheidung, an welcher Stelle der Symbolmittelpunkt platziert werden soll. Sie können entweder den Mittelpunkt oder einen der acht Außenpunkte des Begrenzungsrechtecks wählen. Nachdem Sie Ihre Einstellungen mit *OK* bestätigt haben, befinden Sie sich wieder im Hauptfilm. Wenn Sie wollen, bearbeiten Sie jetzt das neu erstellte Symbol (und jedes andere), indem Sie es rechts oben über der Bühne im Pop-up (Abbildung 7-2) *Symbole bearbeiten* auswählen oder auf sein Vorschaubild in der Bibliothek doppelklicken.

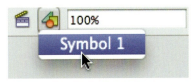

▲ **Abbildung 7-2**
Ein Symbol bearbeiten

Sie können ein Symbol allerdings auch bearbeiten, indem Sie eine seiner Instanzen auswählen: Wählen Sie *Bearbeiten → An Position bearbeiten* oder, noch leichter, doppelklicken Sie auf die Instanz auf der Bühne, um das Symbol ähnlich wie Zeichenobjekte oder Gruppen (siehe Kapitel 6) im aktuellen Bildzusammenhang zu bearbeiten. Sollten die gleichen Instanzen mehrfach zu sehen sein, können Sie die Änderung an allen gleichzeitig beobachten.

Es kann auch vorkommen, dass innerhalb eines Symbols ineinander verschachtelte Gruppen und Zeichenobjekte liegen. Um diese zu editieren, müssen Sie einfach so lange darauf doppelklicken, bis Sie sich in deren Bearbeitungsmodus befinden. Die Verschachtelung wird dann oben links neben *Symbol 1* angezeigt.

Die Bibliothek

In der Bibliothek (Aufruf mit *Fenster → Bibliothek* oder `Strg` + `L`) verwalten Sie sämtliche Symbole sowie alle importierten Ressourcen wie beispielsweise Bitmaps, Audio- und Videodateien. Abbildung 7-3 zeigt die Bibliothek mit je einem Symbol jedes Typs; um die anderen Arten von Ressourcen geht es im nächsten Kapitel.

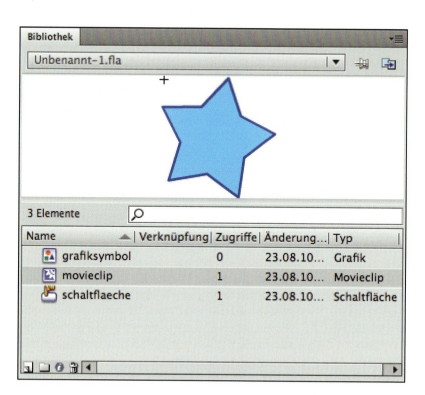

▶ **Abbildung 7-3**
Die Bibliothek mit den drei Symbolarten Grafik, Movieclip und Schaltfläche

Oben sehen Sie eine Vorschau der aktuell ausgewählten Ressource. Darunter befindet sich die Liste mit den einzelnen Symbolen, sonstigen Ressourcen wie z.B. Bitmaps, Audio- und Videodateien sowie Ordnern, die Sie zum Sortieren der Symbole anlegen können. Wenn Sie die Vorschau oder einen Listeneintrag auf die Bühne ziehen, entsteht eine Instanz des Symbols.

Je nachdem, wie breit Sie die Bibliothek aufziehen, können Sie einige oder sämtliche der folgenden Informationen über die Symbole und Ressourcen sehen:

Name: Das ist der Name der Ressource. Sie können ihn per Doppelklick ändern. Links neben dem Namen sehen Sie ein kleines Icon, das den Ressourcentyp anzeigt.

Verknüpfung: Diese Spalte besitzt nur einen Inhalt, wenn sich mehrere Flash-Dokumente das entsprechende Symbol teilen.

Zugriffe: Der Wert gibt an, wie viele Instanzen der Ressource zurzeit verwendet werden. Im Gegensatz zu früheren Versionen von Flash wird die Angabe stets live aktualisiert.

Änderungsdatum: Wie der Name schon sagt – Datum und Uhrzeit der letzten Änderung der Ressource.

Typ: Die Beschreibung des Ressourcentyps. Es handelt sich bei Symbolen um eine der Bezeichnungen *Movieclip*, *Schaltfläche* oder *Grafik*, für die anderen Ressourcen gibt es Bezeichnungen wie *Bitmap* und *Sound*. Wie bereits erwähnt, wird der Symboltyp bereits beim Erstellen des Symbols festgelegt; über die Bibliothek kann er allerdings auch noch nachträglich geändert werden.

Wenn Sie auf einen der Spaltenköpfe klicken, wird die Bibliothek nach dem entsprechenden Kriterium sortiert; der kleine Pfeil rechts daneben kehrt die Sortierreihenfolge um.

Am Fuß der Bibliothek befinden sich einige kleine, unbeschriftete Schaltflächen. Von links nach rechts sind es folgende:

Neues Symbol: Dieser Button erstellt ein neues Symbol, genau wie der bereits angesprochene Menübefehl und die F8-Taste.

Neuer Ordner: Mit diesem Schalter können Sie einen Ordner erstellen, in den sich beliebige Bibliotheksressourcen verschieben lassen. Genau wie im Dateisystem erleichtern Ordner gerade bei umfangreichen Flash-Dokumenten die Orientierung.

Eigenschaften: Diese Schaltfläche öffnet einen Dialog, in dem Sie diverse Eigenschaften der aktuell ausgewählten Ressource einstellen können: Bei einem Symbol – dem Thema dieses Abschnitts – ist er identisch mit dem bereits beschriebenen Dialog zur Symbolerstellung; im Wesentlichen können Sie hier also den Namen und den Symboltyp ändern. Die Dialoge für importierte Dateien lernen Sie ab Kapitel 9 kennen.

> **Tipp**
>
> In diesem Zusammenhang ist die Option *Nicht verwendete Elemente auswählen* aus dem Pop-up-Menü der Bibliothek (rechts oben) interessant: Sie markiert alle Bibliotheksinhalte, von denen keine Instanzen in Gebrauch sind. In umfangreichen Projekten können Sie auf diese Weise regelmäßig aufräumen, um den Überblick zu behalten.

Löschen: Ein Klick auf den kleinen Mülleimer löscht die aktuelle Auswahl. Achtung: Die Elemente werden sofort ohne Sicherheitsabfrage gelöscht!

Tabelle 7-1 erläutert im Schnellüberblick die zahlreichen Befehle im Menü der Bibliothek.

Tabelle 7–1: Befehle im Pop-up-Menü der Bibliothek

Bibliotheksmenübefehl	Bedeutung
Neues Symbol	Dialog zum Erstellen eines Symbols, auch `Strg` + `F8`.
Neuer Ordner	Neuen Bibliotheksordner für bessere Übersicht erstellen.
Neue Schriftart	Eine Schriftart zum Einbetten in den Flash-Film auswählen (siehe Kapitel 18).
Neues Video	Eine Videodatei importieren (siehe Kapitel 11).
Umbenennen	Das aktuelle Element umbenennen (schneller: Doppelklick auf den Namen).
Löschen	Die aktuelle Auswahl löschen, auch Taste `Entf`.
Duplizieren	Eine Kopie des aktuellen Elements erstellen.
Verschieben nach	Die ausgewählten Elemente in einen neuen oder vorhandenen Ordner verschieben.
Bearbeiten	Das ausgewählte Element editieren (schneller: Doppelklick auf die Vorschau).
Bearbeiten mit	Auswahl eines externen Bearbeitungsprogramms für importierte Elemente.
Mit Soundbooth bearbeiten	Das Programm Adobe Soundbooth starten (falls vorhanden) und die Datei darin bearbeiten, speziell für Sounds.
Abspielen	Animation, Sound o.Ä. des aktuellen Objekts in der Bibliotheksvorschau abspielen, auch Playbutton in der Vorschau.
Aktualisieren	Die Ansicht eines Objekts auffrischen.
Eigenschaften	Einstellungen für das Element.
Komponentendefinition	Einstellungen für Komponenten (siehe Kapitel 18).
Eigenschaften der gemeinsamen Bibliothek	Angabe der URL einer anderen Flash- bzw. SWF-Datei, deren Bibliothek mitbenutzt werden soll.
Nicht verwendete Elemente auswählen	Alle Objekte markieren, die zurzeit nicht im Film benutzt werden.

Bibliotheksmenübefehl	Bedeutung
Ordnerinhalte einblenden	Aktuellen Ordner aufklappen.
Ordnerinhalte ausblenden	Aktuellen Ordner zuklappen.
Alle Ordnerinhalte einblenden	Sämtliche Ordner aufklappen.
Alle Ordnerinhalte ausblenden	Sämtliche Ordner zuklappen.
Hilfe	Hilfe zur Bibliothek anzeigen.

Instanzen im Einsatz

Es wurde bereits erwähnt, dass Sie eine Instanz erstellen können, indem Sie ein Symbol aus der Bibliothek auf die Bühne ziehen. In der Eigenschaftenpalette stehen einige spezielle Optionen zur Verfügung, wenn Sie eine Instanz ausgewählt haben (Abbildung 7-4).

- Ganz oben können Sie bei Schaltflächen und Movieclips einen *Instanznamen* eingeben. Dieser Name wird vor allem benötigt, um die Instanz über Action-Script-Befehle anzusprechen (siehe Kapitel 16).

- Gleich darunter können Sie das *Instanzverhalten* auswählen, das heißt, ob die Instanz als *Movieclip*, *Schaltfläche* oder *Grafik* dienen soll. Die Einstellung kann vom zugrunde liegenden Symbol abweichen, was aber nur in seltenen Fällen sinnvoll ist: Zum Beispiel würden die verschiedenen Zustände einer *Schaltfläche* einfach hintereinander als Animation abgespielt, wenn Sie das Verhalten der Instanz in *Grafik* änderten.

- Mithilfe der Schaltfläche *Austauschen* können Sie das Symbol austauschen, aus dem die Instanz gebildet wurde. Sämtliche Transformationen der Instanz bleiben dabei erhalten und verändern entsprechend das Aussehen des neuen Symbols. Diese Funktion ist zum Beispiel nützlich, wenn Sie eine Animations-sequenz zunächst mit einem Prototyp des späteren Objekts erstellen: Sobald das endgültige Objekt fertig ist, können Sie den Dummy durch dieses Symbol ersetzen, dabei aber die Schlüsselbilder der Animation beibehalten.

- Im Abschnitt *Position und Größe* werden x- und y-Position sowie Breite (*B*) und Höhe (*H*) der Instanz festgelegt. Links neben Breite und Höhe finden Sie ein Verkettungssymbol (*Werte für Breite und Höhe zusammenschließen*), das die Instanz entweder proportional skaliert (geschlossene Kette) oder aber Breite und Höhe getrennt einstellt (unterbrochene Kette).

- Unter *3D-Position und Ansicht* können Sie die relative x-, y- und z-Position der Instanz (»Kameraperspektive«) verschieben. Dieselbe Aufgabe erfüllt das *3D-Versetzungswerkzeug* in der Werkzeugleiste (Kurztaste $\boxed{G}$).

- Das Pop-up-Menü *Stil* unter *Farbeffekt* ermöglicht die Auswahl eines Farbeffekts zum Umfärben sowie zum Verändern der Transparenz der aktuellen Instanz. Die Farbeffekte werden im nächsten Abschnitt genauer vorgestellt.

▲ **Abbildung 7-4**
Instanzeigenschaften

- *Mischen* im Abschnitt *Anzeige* bestimmt, auf welche Weise die Instanz mit den darunterliegenden Inhalten gemischt werden soll. Dies wird ebenfalls im übernächsten Abschnitt beschrieben.

- Im Abschnitt *Filter* können Sie Instanzen mit diversen grafischen Effekten versehen – beispielsweise Schlagschatten, Reliefeffekten oder erweiterten Farbanpassungen. Wahrscheinlich kennen Sie solche Filter von Bildbearbeitungsprogrammen wie Photoshop. Näheres darüber weiter unten in diesem Kapitel.

In Abbildung 7-5 sehen Sie ein Symbol und seine Instanzen vor und nach einer Änderung des Symbolinhalts. Sie sehen Sie einige unterschiedlich transformierte Instanzen des Symbols *flipper*: Die linke obere Instanz wurde nicht verändert, die rechte obere wurde um etwa 30° nach rechts gedreht. Die Instanz links unten wurde etwas verkleinert, während die untere rechte proportional skaliert, horizontal gespiegelt, gedreht und geneigt wurde. Der untere Teil des Bilds zeigt das Symbol und seine Instanzen, nachdem die Grafik innerhalb des Symbols selbst getauscht wurde. Wie Sie sehen, haben auch die vier Instanzen die grafische Änderung durchgemacht, dabei aber ihre Transformationen beibehalten.

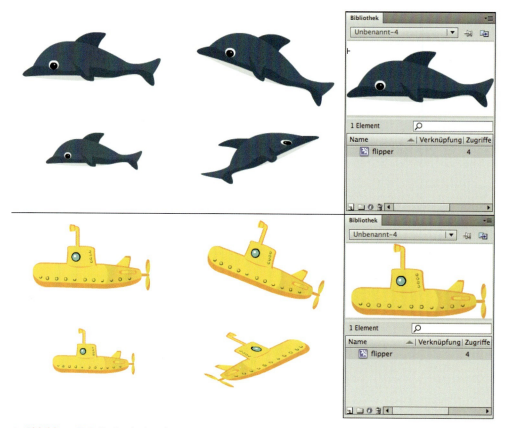

▲ **Abbildung 7-5** Ein Symbol und seine Instanzen

Farbeffekte

Mithilfe des Pop-up-Menüs *Stil* unter *Farbeffekt* in der Eigenschaftenpalette können Sie eine Instanz einfärben oder ihr einen sogenannten *Farbeffekt* zuweisen (Abbildung 7-6).

Sie haben vier verschiedene Optionen zur Auswahl:

- *Helligkeit*: Der Vorgabewert für die Originalhelligkeit der Instanz ist 0%. Sie können Werte zwischen –100% (völlig schwarz) und +100% (ganz weiß) einstellen.

- *Farbton* überlagert die Instanz gleichmäßig mit der Farbe, die Sie mithilfe eines Farb-Pop-ups oder als RGB-Werte einstellen können. Der Prozentsatz entspricht dabei der Intensität dieser Einfärbung: 0 % ist das Original, 100 % verdeckt alles komplett mit der gewählten Farbe. Übrigens entspricht das Einfärben mit Weiß einem positiven und das Einfärben mit Schwarz einem negativen Helligkeitswert.

- *Alpha* gibt den Transparenzgrad der Instanz an. Die Voreinstellung 100 % besagt, dass sie voll deckend gezeichnet wird, bei 0 % ist sie völlig unsichtbar.

- Wenn Sie *Erweitert* wählen, können Sie jeden Kanal der Einfärbung einzeln einstellen: die drei Farbkanäle Rot, Grün und Blau sowie Alpha für die Transparenz. Auf diese Weise sind beliebige Kombinationen der drei anderen Farbeffekte möglich. Jeder Kanal wird nach dem Schema *n % * Grundwert + Einfärbung* berechnet: Der Prozentsatz bestimmt, wie stark die ursprüngliche Farbkomponente berücksichtigt werden soll, während der Einfärbungswert rechts die Instanz gleichmäßig damit einfärbt. Die möglichen Werte für die Einstellungen auf der linken Seite reichen von –100 % bis +100 %; auf der rechten Seite sind –255 bis +255 möglich.

Einer der interessantesten Aspekte von Farbeffekten ist, dass ihre Änderungen automatisch in das in Kapitel 8 behandelte Bewegungs-Tweening mit aufgenommen werden und sie somit auch animiert werden können. Das ermöglicht unter anderem interessante Einblendeffekte.

▲ **Abbildung 7-6**
Das »Farbeffekt«-Menü in der Eigenschaftenpalette

Mischmodi

Dieses spannende Feature sorgt dafür, dass Instanzen nicht einfach deckend übereinandergestapelt werden, sondern dass ihre Farben sich nach einem einstellbaren Kriterium vermischen. Das Verfahren ähnelt den aus Photoshop bekannten Ebenenmodi, ist aber etwas flexibler, da es keine Ebenen, sondern einzelne Objekte betrifft.

Um einen Mischmodus anzuwenden, müssen Sie eine Instanz auf der Bühne markieren und einen Wert aus dem Pull-down-Menü *Mischen* im Abschnitt *Anzeige* der Eigenschaftenpalette auswählen (Abbildung 7-7). Sofort sehen Sie, dass die

Tipp

Bitte beachten Sie, dass Mischmodi – anders als Farbeffekte – nicht in die automatisch berechneten Änderungen einer Tweening-Animation aufgenommen werden. Stattdessen ändert sich der Mischmodus im Zielschlüsselbild der Animation schlagartig.

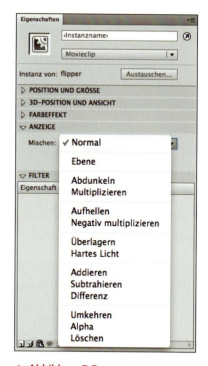

▲ Abbildung 7-7
Einen Mischmodus anwenden

Instanz sich mit den darunterliegenden Inhalten vermischt. Im Einzelnen stehen folgende Modi zur Verfügung:

Normal: Es wird keine besondere Vermischung vorgenommen; die Instanzen überlagern einander voll deckend oder mit ihren vorgegebenen Alphawerten.

Ebene: Dieser Modus sieht aus wie *Normal*, ist aber erforderlich, um die Modi *Alpha* und *Löschen* auf überlagernde Objekte anzuwenden – andernfalls funktionieren sie nicht.

Abdunkeln: An der jeweiligen Position der Überlagerung setzt sich die jeweils dunklere Farbe durch – unabhängig davon, ob sie sich in der unteren oder in der überlagernden Instanz befindet.

Multiplizieren: Die aufeinanderliegenden Farben werden miteinander multipliziert, wodurch sie insgesamt dunkler werden.

Aufhellen: Funktioniert ähnlich wie *Abdunkeln*, allerdings wird hier entsprechend die jeweils hellere Farbe ausgewählt.

Negativ multiplizieren: Die darunterliegende Farbe wird mit dem Kehrwert der oben liegenden multipliziert, sodass die Farben heller werden.

Überlagern: Je nach unterer Farbe wird die aufgetragene Farbe multipliziert oder gefiltert.

Hartes Licht: Hier hängt die Entscheidung zwischen Multiplizieren und Filtern von der überlagernden Farbe ab. Der Effekt ähnelt der Beleuchtung durch einen Strahler.

Addieren: Die Farben werden zusammenaddiert.

Subtrahieren: Die überlagernde Farbe wird von der unteren abgezogen.

Differenz: Die jeweils hellere der aufeinandertreffenden Farben wird von der dunkleren abgezogen.

Umkehren: An jeder Stelle, an der die oben liegende Instanz Pixel besitzt, werden die Farben der darunterliegenden umgekehrt. Lediglich ein geringerer Alphawert der überlagernden Farbe schwächt den Negativeffekt ab, sodass die Originalfarbe bei einem Alphawert von 0% bestehen bleibt, während bei 50% Alpha ein einheitliches mittleres Grau entsteht.

Alpha: Wendet die überlagernde Instanz als Alphamaske auf die untere an. Funktioniert nur, wenn Sie für die darunterliegende Instanz den Modus *Ebene* einstellen.

Löschen: Die untere Farbe wird aus der aufliegenden Instanz gelöscht. Auch hier müssen Sie den Modus *Ebene* für die darunterliegende Instanz aktivieren.

Die Option *Als Bitmap zwischenspeichern* erstellt beim Abspielen des Films automatisch eine Bitmap-Version der mit dem gewünschten Mischmodus versehenen Instanz, was die Abspielgeschwindigkeit verbessern kann.

In Abbildung 7-8 sehen Sie die Wirkung der verschiedenen Mischmodi anhand eines Beispiels. Das U-Boot liegt in einer Ebene über der Ebene mit dem zweifarbigen Hintergrund.

Tipp

Die genaue Wirkung der Mischmodi hängt sehr stark von Färbung und Transparenzgrad der verwendeten Objekte ab. Letztendlich müssen Sie sie jeweils im Einzelfall ausprobieren, um die gewünschten Ergebnisse zu erzielen.

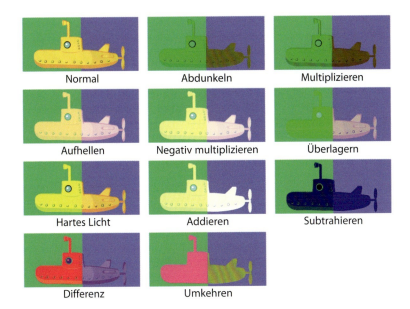

◀ **Abbildung 7-8**
Die Wirkung der verschiedenen Mischmodi

Filter

Noch etwas komplexer als die Mischmodi sind die verschiedenen *Filter*. Anders als die Mischmodi können sie nicht nur auf Instanzen, sondern auch auf Text angewandt werden. Um einen Filter auf ein Objekt anzuwenden, gehen Sie in der Eigenschaftenpalette in den Abschnitt *Filter*, der bereits weiter oben in Abbildung 7-4 zu sehen war.

Sie können auf eine einzelne Instanz mehrere Filter anwenden, indem Sie den Button *Filter hinzufügen* unten links in der Palette anklicken. Das Icon mit dem Mülleimer entfernt den ausgewählten Filter wieder. Durch Ziehen nach oben oder unten wird die Filterreihenfolge verändert, was bei bestimmten Kombinationen durchaus einen Unterschied ausmacht.

Im Einzelnen stehen folgende Filter zur Verfügung (Abbildung 7-9):

Schlagschatten   Weichzeichnen   Glühen

Abschrägen   Farbverlauf – Glühen   Farbverlauf – Geschliffen

▶ **Abbildung 7-9**
Beispiele für verschiedene Filter

Tipp

Bei der Animation einer horizontalen Bewegung empfiehlt sich ein Weichzeichnen der x-Achse, bei einer vertikalen Bewegung das Weichzeichnen der y-Achse, und bei einem Zoomen ist das Weichzeichnen beider Achsen sinnvoll, um einen dynamischen Effekt zu erzielen.

Schlagschatten: Am Rand des Objekts wird in eine bestimmte Richtung ein weichgezeichneter Schatten eingeblendet. Sie können den (per Vorhänge-schloss gekoppelten) *Weichzeichnen*-Grad in x- und y-Richtung, die *Stärke* in Prozent sowie die *Farbe*, den *Winkel* und den *Abstand* vom Objektrand einstellen. *Aussparung* sorgt dafür, dass das Objekt selbst ausgeblendet und nur noch sein Schatten angezeigt wird, *Innerer Schatten* verlagert den Schatten von der äußeren auf die innere Kante, und *Objekt ausblenden* ersetzt das gesamte Objekt durch einen durchgehenden Schatten.

Weichzeichnen: Die gesamte Instanz wird weichgezeichnet. Bei diesem Filter brauchen Sie nur die x- und y-Ausdehnung in Pixeln zu wählen.

Glühen: Um die Instanz herum wird ein eingefärbter Rahmen gezeichnet – je nach Wunsch innen oder außen. Die Optionen entsprechen dem Filter *Schlagschatten*, allerdings sind *Abstand*, *Winkel* und *Objekt ausblenden* nicht verfügbar.

Geschliffen: Auf die Kante wird ein Reliefeffekt mit wählbaren Eigenschaften angewendet: Sie können je eine Farbe für *Schatten* und *Schlaglicht* auswählen; der *Typ* legt fest, ob der Filter außen, innen oder in beide Richtungen angewendet wird. Die restlichen Einstellungsmöglichkeiten entsprechen denen von *Schlagschatten*.

Farbverlauf-Glühen: Diese Erweiterung des Effekts *Glühen* verwendet keine einzelne Farbe, sondern einen Verlauf.

Farbverlauf-Geschliffen: Auch *Geschliffen* lässt sich um einen Verlauf ergänzen.

Farbe anpassen: Hier können Sie vier Aspekte der Objektfarbe einstellen: *Helligkeit*, *Kontrast*, *Sättigung* und *Farbton*. Das ähnelt den oben beschriebenen Farbeffekten. Die möglichen Werte für die vier Optionen sind jeweils –100 bis +100; der jeweilige Standardwert ist 0.

Symbolrelevante Werkzeuge

Einige Werkzeuge aus der Werkzeugleiste wurden in Kapitel 3 ausgelassen, da sie nur im Zusammenhang mit Symbolinstanzen verwendet werden. Das sind:

- das Sprühen-Werkzeug,
- das Deko-Werkzeug,
- das 3D-Drehungswerkzeug,
- das 3D-Versetzungswerkzeug,
- das Bone-Werkzeug sowie
- das Bindungswerkzeug.

Diese werden nun im Folgenden näher erläutert.

Das Sprühen-Werkzeug

Das Sprühen-Werkzeug in Flash wird in vielen anderen Programmen auch als »Airbrush« bezeichnet. Es befindet sich auf derselben Schaltfläche wie der Pinsel, und auch die Taste B schaltet zwischen den beiden hin und her.

Wenn Sie dieses Werkzeug über die Arbeitsfläche ziehen, werden Punkte in zufälliger Verteilung gestreut. Alle während desselben Sprühvorgangs (vom Drücken bis zum Loslassen der Maustaste) gesprühten Punkte werden zu einer Gruppe zusammengefasst; intern sind die einzelnen Punkte Füllungen. Es besteht aber auch die Möglichkeit, ein Symbol aus der Bibliothek zu wählen, dann handelt es sich beim Sprühen um Instanzen des entsprechenden Symbols.

Optionen hat dieses Werkzeug nicht; die wenigen Einstellungsmöglichkeiten finden Sie in der Eigenschaftenpalette:

- Wenn Sie neben *Sprühen: <kein Symbol>* auf *Bearbeiten* klicken, können Sie statt des Punkts ein Symbol aus der Bibliothek auswählen und somit auch andere Objekte sprühen.

- Wenn Sie bei *Standardform* wieder ein Häkchen setzen, kehren Sie zu den ursprünglichen Punkten zurück. Hier lässt sich dann auch eine Farbe für die Punkte definieren.

- *Skalieren* wählt eine Basisgröße für die Punkte aus. Wenn Sie ein Symbol verwenden, stehen die Optionen *Breite skalieren* und *Höhe skalieren* zur Verfügung. Damit können Sie das gewählte Symbol bei Bedarf auch nicht proportional skalieren.

- *Zufällige Skalierung* verwendet keine gleich großen, sondern unterschiedlich große Punkte beziehungsweise Instanzen.

- *Symbol drehen* dreht die gesprühten Symbolinstanzen jeweils in die Malrichtung (diese Option ist nur verfügbar, wenn ein Symbol ausgewählt wurde).

Tipp

Mit dem Sprühen-Werkzeug lassen sich auch hervorragend Symbole auf die Bühne sprühen, die Animationen beinhalten. Dadurch lässt sich z.B. ein leuchtender Sternenhimmel bestehend aus lauter kleinen animierten Sternen aufsprühen.

- *Zufällige Drehung* (ebenfalls nur für Symbole) dreht jede Symbolinstanz in eine zufällige Richtung.

Abbildung 7-10 zeigt einen Fischschwarm, der mithilfe des Sprühen-Werkzeugs erstellt wurde. Er besteht aus dem gleichen Symbol, das mit zufälliger Skalierung auf die Bühne gesprüht wurde.

▶ **Abbildung 7-10**
Dieser Fischschwarm wurde mit dem Sprühen-Werkzeug erstellt.

Das Deko-Werkzeug

Das *Deko-Werkzeug* (Taste U) wurde in Flash CS5 noch um einige Funktionen erweitert. Über dieses Werkzeug lässt sich ein Bereich mit Instanzen füllen. Hierfür gibt es verschiedene Optionen:

- *Rankenfüllung* zeichnet ein Blumenmuster mit Blättern und Blüten.

- *Rasterfüllung* zeichnet ein regelmäßiges Raster, basierend auf bis zu vier Symbolen.

- *Symmetriepinsel* zeichnet mehrere Instanzen eines Symbols in einer wählbaren symmetrischen Anordnung.

- *3D-Pinsel* verteilt bis zu vier Symbole zufällig perspektivisch auf der Bühne.

- *Gebäudepinsel* generiert aus einer Auswahl von vier Hochhäusern Gebäude in einer zufälligen Optik.

- *Dekorpinsel* zeichnet ein Dekor, basierend auf 20 verschiedenen Vorgaben (von der Welle über Seile bis zu Pfeilen).

- *Feueranimation* erzeugt eine Feueranimation, basierend auf einer vordefinierten Anzahl an Bildern, Farben und Funken.

- *Flammenpinsel* zeichnet Flammen, bestehend aus lauter einzelnen Vektoren in einer angegebenen Flammenfarbe und Größe.

- *Blumenpinsel* erzeugt (ähnlich wie der Flammenpinsel) vier verschiedene Blumenarten unter Vorgabe von Blüten, Blatt und Zweigfarbe.

- *Blitzpinsel* zeichnet zufällige Blitze, basierend auf Farbe und Maßstab des Pinsels.

- *Partikelsystem* generiert, abhängig von bis zu zwei Symbolen und zehn verschiedenen Optionen, eine Partikelanimation.

- *Rauchanimation* erstellt (ähnlich wie die Feueranimation) animierten Rauch unter Angabe von Farbe, Größe, Geschwindigkeit und Dauer.

- *Baumpinsel* erzeugt (ähnlich wie der Blumenpinsel) 20 verschiedene Baumarten unter Angabe von Zweig, Blatt und Blütenfarbe.

Abbildung 7-11 zeigt ein Beispiel für die Verwendung des Deko-Werkzeugs anhand von *Gebäudepinsel* in Kombination mit *Baumpinsel*.

◀ **Abbildung 7-11**
Diese Grafik wurde mit dem Deko-Werkzeug erzeugt.

Das 3D-Drehungswerkzeug

Das *3D-Drehungswerkzeug* (Taste W) ermöglicht es, eine Movieclip-Instanz in jede 3-D-Richtung zu bewegen. Dazu wählen Sie ganz einfach mit dem 3D-Drehungswerkzeug die Instanz eines Movieclips aus und ziehen dann in irgeneine Richtung; der eingeblendete Kreis mit Fadenkreuz zeigt die Kipprichtungen an. Direkt neben dem Mauszeiger wird dann angezeigt, welche Achse gerade verändert wird.

- x-Achse: Die rote vertikale Linie stellt die x-Achse dar.

- y-Achse: Die grüne horizontale Linie symbolisiert die y-Achse.

- z-Achse: Der blaue Kreis repräsentiert die z-Achsen.

Abbildung 7-12 zeigt die Drehung einer Movieclip-Instanz auf allen drei Achsen.

x-Achse   y-Achse   z-Achse

▶ **Abbildung 7-12**
Die Achsen zur Drehung einer
Movieclip-Instanz

Tipp

Durch einen Doppelklick auf den
Bezugspunkt wird dieser wieder auf
seinen Ursprung zurückgesetzt, also
in die Mitte des Objekts.

Die Mitte des Fadenkreuzes lässt sich verschieben. Dadurch wird der Bezugspunkt, auf dessen Basis das Objekt auf der 3-D-Achse gedreht wird, verändert. In Abbildung 7-13 wurde der Bezugspunkt nach rechts verschoben.

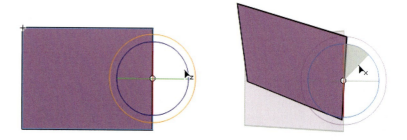

▲ **Abbildung 7-13** Wird der Bezugspunkt verschoben, kommt eine andere Drehung zustande.

Das 3D-Versetzungswerkzeug

Das *3D-Versetzungswerkzeug* (Taste G) kann ebenso wie das 3D-Drehungswerkzeug nur auf Movieclip-Instanzen angewendet werden. Mit diesem Werkzeug lässt sich die Instanz auf den drei Achsen verschieben. Es dient also der Positionierung des Objekts im 3-D-Raum.

- x-Achse: Der rote Pfeil steht für die x-Achse.
- y-Achse: Der grüne Pfeil stellt die y-Achse dar.
- z-Achse: Der blaue Punkt steht für die z-Achse, also die Tiefe.

Abbildung 7-14 zeigt die Positionierung einer Movieclip-Instanz auf allen drei Achsen.

▲ **Abbildung 7-14** Die Positionierung einer Movieclip-Instanz

Perspektive und Fluchtpunkt

Wenn Sie eine Movieclip-Instanz mit einem der beiden 3-D-Werkzeuge modifizieren, richtet sich die Veränderung an der Drehung und an der Position nach der Perspektive sowie dem Fluchtpunkt des Flash-Films. Perspektive und Fluchtpunkt lassen sich in der Eigenschaftenpalette definieren (Abbildung 7-15). Das Festlegen der Perspektive ist vergleichbar mit der Wahl eines Objektivs für eine Kamera. Der Standardwert in Flash ist 55, was einer 55-mm-Linse einer Kamera entspricht. Die Skala der perspektivischen Verzerrung geht in Flash von 1 bis 179. Höhere Werte entsprechen einem Zoomeffekt, niedrigere Werte wirken eher wie der Weitwinkel einer Kamera.

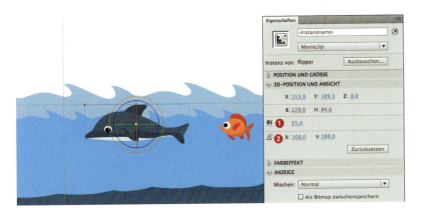

◀ **Abbildung 7-15**
Der Fluchtpunkt ❶ und die Perspektive ❷ lassen sich über die Eigenschaftenpalette definieren.

Mit dem Fluchtpunkt wird in der Eigenschaftenpalette per x- und y-Koordinate der Punkt festgelegt, zu dem alle 3-D-Objekte auf der Bühne in Flash fluchten. Die z-Achsen sämtlicher 3-D-Objekte laufen also auf den definierten Fluchtpunkt zu. Wenn Sie den Fluchtpunkt im Eigenschaften-Inspektor verändern, bewegen sich alle 3-D-Movieclip-Instanzen mit der z-Achse in die Richtung des neuen Fluchtpunkts. Beim Ändern der Position des Fluchtpunkts zeigt ein graues Kreuz auf der Bühne die aktuelle Position des Fluchtpunkts an.

Inverse Kinematik

Die inverse Kinematik (oft mit *IK* abgekürzt) ist eine noch relativ neue Animationstechnik in Flash. Inverse Kinematik oder Rückwärtstransformation ist ein Begriff aus der Robotik und wird gern in 3-D-Animationsprogrammen verwendet. In Flash wird sie dazu genutzt, Movieclips, aber auch Formen, über Gelenke miteinander zu verbinden. Durch die Verbindung mit Gelenken entsteht eine kinematische Kette (Abbildung 7-16). Wird ein Teil dieser Kette bewegt, müssen die übrigen Glieder der Kette entsprechend den Freiheitsgraden ihrer Gelenke die passende Lage einnehmen. Vom Prinzip her funktioniert das wie beim menschlichen Arm. Wenn Sie Ihre Hand bewegen, richten sich Unterarm und Arm, abhängig von den Gelenken, entsprechend aus.

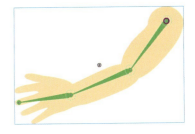

▲ **Abbildung 7-16**
Eine kinematische Kette

In Flash werden die einzelnen Teile einer kinematischen Kette *IK-Bones* genannt, und die Verbindung zwischen den einzelnen Bones sind die Gelenke. Es gibt zwei Möglichkeiten, mit Bones zu arbeiten.

Innerhalb einer Form können beliebig viele Bones erstellt werden. Wenn ein Bone neu positioniert wird, ändern sich Position und Ausrichtung aller verbundenen Bones und somit auch die Form selbst.

Es lassen sich auch Instanzen über Bones miteinander verbinden. Sie können dann getrennt oder auch in Abhängigkeit voneinander positioniert und gedreht werden. Da es sich in diesem Fall um Instanzen handelt, findet keine Verformung der einzelnen Teile statt.

Das Bone-Werkzeug

Über das Bone-Werkzeug (Taste [M]) lassen sich Bones erzeugen. Eine Form können Sie mit Bones versehen, indem Sie auf einen markanten Punkt in der Form klicken, die Maus gedrückt halten, zur gewünschten Position gehen und dort die Maus wieder loslassen. Damit haben Sie jetzt den Anfang der Bone-Kette definiert.

Um weitere Bones hinzuzufügen, wählen Sie als Anfangspunkt für den nächsten Bone den Endpunkt des letzten (Abbildung 7-17). Diesen Schritt können Sie so lange wiederholen, bis die Kette fertig ist. Die erzeugte Bone-Struktur lässt sich nun über das Verändern der Bones beliebig verformen und natürlich auch animieren.

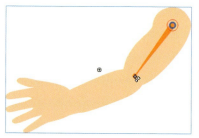  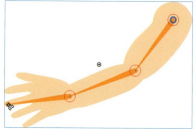

▲ **Abbildung 7-17** Eine Bone-Kette

Instanzen zu einem Skelett aus Bones verbinden

Auch mehrere Symbolinstanzen lassen sich mit dem Bone-Werkzeug miteinander verketten (Abbildung 7-18). Hierfür gehen Sie genau so vor wie bei den Formen, nur ziehen Sie hier Bones von einer Instanz zur nächsten auf.

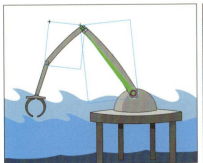  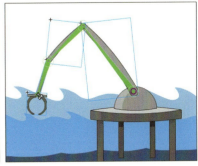

Beachten Sie, dass die zusammengehörenden Objekte einer durch Bones verbundenen Gruppe stets für sich allein auf einer eigenen Ebene platziert werden müssen. Sobald Sie das Bone-Werkzeug verwenden, wird darüber automatisch eine *Skelettebene* eingefügt, auf der die Gelenke verwaltet werden.

▲ **Abbildung 7-18**
Mehrere, durch das Bone-Werkzeug verkettete Symbolinstanzen

Bone-Eigenschaften

Jeder einzelne Bone besitzt seine eigenen Eigenschaften (Abbildung 7-19). Haben Sie einen Bone mit dem Auswahlwerkzeug selektiert, haben werden Ihnen die unterschiedlichen Einstellungsmöglichkeiten in der Eigenschaftenpalette angezeigt.

IK-Bone: Hier wird Ihnen der Instanzname angezeigt, und Sie haben die Möglichkeit, über die Pfeile innerhalb der Bone-Struktur zu navigieren. So können Sie ganz einfach über- und untergeordnete Bones selektieren.

Position: In dieser Kategorie werden Ihnen die Position auf der x- und y-Achse, die Länge und der Winkel des Bones angezeigt. Über den Wert für die Geschwindigkeit kann festgelegt werden, wie schnell ein Bone auf eine Bewegung reagiert. Über diese Einstellung kann eine gewisse Trägheit simuliert werden, und die Bewegung wirkt deutlich realistischer.

Gelenk: Drehung: Hier lässt sich über *Winkel* der Bereich einschränken, den sich das Gelenk drehen kann. Wenn Sie *Aktivieren* abwählen, ist das Gelenk starr. Über die Option *Beschränken* können Sie einen minimalen und maximalen Winkel für die Drehung festlegen. Der zulässige Bereich wird anhand eines entsprechenden Winkels dargestellt (Abbildung 7-20).

▲ **Abbildung 7-19**
Die Bone-Eigenschaften

▲ Abbildung 7-20

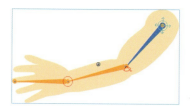

▲ Abbildung 7-21

Gelenk: x- und y-Versetzung: In diesem Bereich lässt sich festlegen, ob sich das Gelenk des ausgewählten Bones bewegen lassen soll und, wenn ja, in welchen Bereich auf der x- und y-Achse. Anhand der Pfeile in beide Richtungen lässt sich erkennen, dass die Versetzungsoption aktiv ist. Nun kann die Länge des übergeordneten Bones innerhalb der vordefinierten Werte verändert werden (Abbildung 7-21).

Feder: Weiter unten in den Eigenschaften befindet sich der Bereich *Federn*. Hier stehen Ihnen die Eigenschaften *Stärke* und *Dämpfung* zur Verfügung. Über diese zwei Eigenschaften können Sie Ihre IK-Bones mit Elastizität versehen. In die Bewegung wird eine Gravitationskraft integriert, die die Erstellung realistischer Animationen erleichtert. Sie sind in der Lage, über die Eigenschaften *Stärke* und *Dämpfung* Bone-Animationen mit lebensechten Bewegungen zu erstellen.

Stärke: Die Stärke bestimmt die Steifheit der Feder. Je höher die Werte, umso steifer fällt der Federeffekt aus.

Dämpfung: Über die *Dämpfung* wird die Abschwächungsrate des Federeffekts bestimmt. Je höher der Wert, umso schneller lässt die Federung nach. Bei einem Wert von 0 behält die Federung durch alle Bilder ihre volle Stärke.

Zum Aktivieren der Federung wählen Sie einfach einen oder mehrere Bones aus und legen die Werte für *Stärke* und *Dämpfung* fest.

Um die Eigenschaften *Stärke* und *Dämpfung* zu deaktivieren, wählen Sie die Skelettebene in der Zeitleiste aus und deaktivieren das Kontrollkästchen *Aktivieren* im Bereich *Feder* der Eigenschaftenpalette. Danach sehen Sie auf der Bühne die Posen, die Sie in der Skelettebene definiert haben, ohne den Federeffekt.

Das Bindungswerkzeug

Wenn Sie Bones innerhalb von Formen verwenden, können Sie auch das auf derselben Schaltfläche der Werkzeugzeugpalette befindliche *Bindungswerkzeug* (Taste [M]) nehmen. Das Bindungswerkzeug lässt sich lediglich an Bones in Verbindung mit Formen verwenden. Es dient dazu, die Verformung einer Zeichnung zu beeinflussen, die sich durch eine Änderung an den Bones ergibt (Abbildung 7-22).

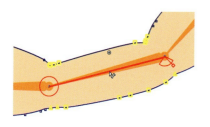

▲ Abbildung 7-22
Das Bindungswerkzeug

Wenn Sie mit dem Bindungswerkzeug auf einen Bone klicken, wird dieser rot hervorgehoben, und es werden Ihnen in Gelb sämtliche Steuerpunkte angezeigt, die mit der Form verknüpft sind und diese somit beeinflussen. Diese Steuerpunkte können sich also verändern, wenn der markierte Bone geändert wird. Sind mehrere Bones mit einem Steuerpunkt verbunden, wird dieser als Dreieck dargestellt.

Es gibt verschiedene Arten, das Zusammenspiel zwischen Bones und den Steuerpunkten einer Form zu beeinflussen.

Verbindung aufheben

Um die Verbindung zwischen Bone und Steuerelement aufzuheben, klicken Sie einfach mit gedrückter `Strg`-Taste auf den entsprechenden Verbindungspunkt. Eine Verformung findet somit bei Veränderung des Bones an diesem Steuerpunkt nicht mehr statt.

Verbindung hinzufügen

Es besteht auch die Möglichkeit, einem Bone einen Steuerpunkt hinzuzufügen. Dazu wählen Sie den Bone mit dem Bindungswerkzeug aus und klicken danach bei gedrückter `Shift`-Taste auf den Steuerpunkt, den Sie dem Bone hinzufügen wollen.

Steuerpunkte ausrichten

Um Verformungen manuell zu korrigieren, wählen Sie das Unterauswahl-Werkzeug aus und klicken auf den entsprechenden Steuerpunkt. Daraufhin werden drei rote Rechtecke angezeigt, die sich mit der Maus verschieben lassen. So kann die Form an dieser Stelle beliebig nachgebessert werden.

Bones zur Laufzeit verändern

Bones lassen sich natürlich ganz normal in Flash mit Bewegungs-Tweens animieren. Wie eine Tween-Animation abläuft, erfahren Sie in Kapitel 8. Eine weitere Möglichkeit besteht darin, Bones zur Laufzeit, d.h., im Flash Player selbst zu modifizieren. Dazu klicken Sie in der Zeitleiste auf das Schlüsselsymbol in der Skelettebene und verändern dann in der Eigenschaftenpalette unter *Optionen* den Typ von *Authoringzeit* auf *Laufzeit*.

Wenn Sie sich jetzt das Ganze im Flash Player ansehen (`Strg` + `Enter`), können Sie zur Laufzeit die Bones verändern. Fassen Sie die Bones an den Gelenken an und verändern Sie per Drag & Drop deren Position.

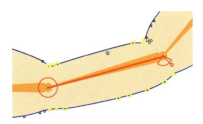

▲ **Abbildung 7-23**

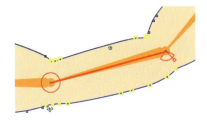

▲ **Abbildung 7-24**

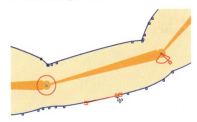

▲ **Abbildung 7-25**

Kapitel 8

Animation mit Flash

Alle Bewegungen führen zu weit.

Bertrand Russell

Wie Flash-Animationen funktionieren

Mit der Zeitleiste arbeiten

Einzelbildanimation

Bewegungs-Tweening

Form-Tweening

Masken

Workshop: Verschachtelte Animation

Die Animation ist nach wie vor die wichtigste und vor allem bekannteste Funktion von Flash. In diesem Kapitel werden deshalb die zentralen Techniken vorgestellt, mit denen Sie Inhalte bewegen können. Dabei gehen wir auch auf die umfassenden Verbesserungen ein, die Flash CS5 im Hinblick auf die Animationsfähigkeiten zu bieten hat.

Wie Flash-Animationen funktionieren

Flash-Animationen funktionieren im Prinzip wie herkömmliche Filme: Einzelne, statische Bilder werden in hinreichender Geschwindigkeit nacheinander angezeigt, um dem Auge einen fließenden Bewegungsablauf vorzugaukeln. In Flash wird dies auf der Zeitleiste realisiert: Wie bei einem Videoband werden die einzelnen Bilder hintereinander vom Abspielkopf »abgetastet« und ihre Inhalte auf der Bühne dargestellt.

Jeder neue Zustand eines Objekts wird in der Zeitleiste durch ein Schlüsselbild gekennzeichnet. Wenn Sie die Position, die Größe oder das Aussehen von Inhalten zu einem bestimmten Zeitpunkt im Filmablauf ändern möchten, müssen Sie an der entsprechenden Stelle zunächst ein Schlüsselbild einfügen. Der Inhalt eines Schlüsselbilds wird angezeigt, bis es durch ein anderes Schlüsselbild ersetzt wird. Optional kann Flash automatisch den Übergang von einem Schlüsselbild zum nächsten berechnen und auf beliebig viele Zwischenbilder verteilen. Diese Möglichkeiten sind die Grundlage der beiden Animationsarten *Einzelbildanimation* und *Tweening*. In Abbildung 8-1 sehen Sie ihre Wirkung im Überblick.

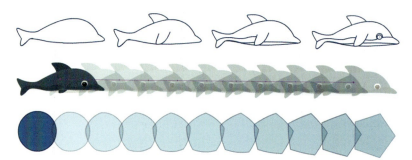

▲ **Abbildung 8-1** Die verschiedenen Grundarten der Flash-Animation. Oben: Einzelbildanimation (schrittweise aufgebaute Zeichnung). Mitte: Bewegungs-Tweening (Bewegung von links nach rechts). Unten: Form-Tweening (fließender Übergang einer Form in eine andere).

Die Einzelbildanimation entspricht der klassischen Arbeitsweise von Zeichentrickfilmern: Jedes Einzelbild der Animation wird von Hand gezeichnet. Das ist aufwendiger als die diversen Arten der automatisierten Animation, ermöglicht dabei aber größtmögliche Flexibilität. Mit dem *Zwiebelschaleneffekt* stellt Flash sogar eine digitale Entsprechung von Folien zum Abpausen zur Verfügung. Viele Webcartoons bestehen zu großen Teilen aus Einzelbildanimationen – zum Beispiel die Flash-Version einiger Sequenzen der beliebten Zeichentrickserie »South Park« unter *www.southparkstudios.com*.

Viel einfacher und schneller zu erstellen, aber mit weniger gestalterischer Freiheit ausgestattet, ist die sogenannte Tweening-Animation. Dieses Kurzwort für »In-Betweening« bezeichnet Animationssequenzen, die der Computer automatisch aus einem Anfangs- und einem Endzustand berechnet. Flash kennt zwei Arten des

Tweening

Tween ist das Kurzwort für den englischen Begriff »in between«; gemeint sind also die Bilder »dazwischen«, die Bilder zwischen den Schlüsselbildern, die eine automatische Animation generieren.

Tweenings: Das *Bewegungs-Tweening* (inkl. des klassischen Tweens) ermöglicht die automatische Berechnung von Zwischenbildern mit Änderungen der Position oder Transformation eines Objekts. Dieses Verfahren ist für die Simulation aller Arten von Bewegung geeignet.

Mit *Form-Tweening* können Sie beliebige Zeichnungen ineinander übergehen lassen; es handelt sich also um ein 2-D-Morphing-Verfahren. Das Form-Tweening erreicht zwar bei Weitem nicht die Komplexität von 3-D-Morphing (das erstmals im Film »Terminator 2« zu sehen war und bei der Figur Odo in »Star Trek: Deep Space Nine« perfektioniert wurde) oder manuell erstelltem Foto-Morphing, aber trotzdem lassen sich damit spannende Übergangseffekte erzielen, die beispielsweise oft für den dynamischen Aufbau von Hintergründen oder Menüs eingesetzt werden.

Damit Sie verschiedene Objekte unabhängig voneinander bewegen können, besteht die Zeitleiste aus übereinanderliegenden Ebenen. Jede Tweening-Animation benötigt eine separate Ebene; darüber hinaus erleichtern Sie sich die Arbeit, indem Sie auch Hintergründe, statische Objekte, Einzelbildanimationen und sogar nicht visuelle Elemente wie Ton und ActionScript-Anweisungen auf eigenständigen Ebenen unterbringen.

Mit der Zeitleiste arbeiten

Das Hauptarbeitsmittel beim Erstellen von Animationen ist die *Zeitleiste*. In Abbildung 8-2 sehen Sie die Zeitleiste mit mehreren Ebenen, Bildern und Schlüsselbildern. Da sie zu den wichtigsten Bedienelementen von Flash gehört, wurden ihre Bestandteile bereits in Kapitel 2 kurz vorgestellt. Hier erfahren Sie alles Notwendige über ihren praktischen Einsatz.

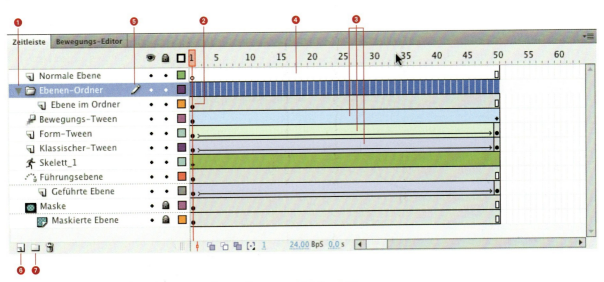

▲ **Abbildung 8-2** Die Flash-Zeitleiste mit mehreren Ebenen und Schlüsselbildern

Bilder und Schlüsselbilder

Der Ablauf der Einzelbilder auf den Ebenen ❶ bestimmt, was auf der Bühne zu sehen ist: Bei jeder Änderung wird an der entsprechenden Stelle ein *Schlüsselbild* ❷ (englisch *key frame*) benötigt. Die Schlüsselbilder regeln das Auftauchen, das Verschwinden und den Wechsel von Objekten. Die automatisch berechneten Animationen oder auch Tweenings ❸ finden ebenfalls jeweils zwischen zwei Schlüsselbildern statt. Zwischen den Schlüsselbildern befinden sich einfache *Bilder (Frames)* ❹. Sie sorgen dafür, dass der Inhalt einer Ebene über längere Zeit statisch angezeigt wird, oder bestimmen die Dauer eines Tweenings.

Zum Einfügen von Schlüsselbildern gibt es je nach konkreter Situation zwei verschiedene Möglichkeiten:

- Wählen Sie *Einfügen → Zeitleiste → Schlüsselbild* oder drücken Sie die Taste [F6], um ein Schlüsselbild hinzuzufügen, dessen Inhalt eine Kopie des vorherigen Schlüsselbilds ist. Über die Tastenkombination [⇧] + [F6] lässt sich ein Schlüsselbild wieder löschen.

- Wenn Sie dagegen *Einfügen → Zeitleiste → Leeres Schlüsselbild* wählen oder [F7] drücken, wird ein Schlüsselbild eingefügt, das noch keinen Inhalt besitzt. Diese Option ist praktischer, wenn ein völlig neuer Inhalt erstellt werden oder der Inhalt der Ebene zu diesem Zeitpunkt verschwinden soll.

Neben den Schlüsselbildern gibt es gewöhnliche *Bilder (Frames)*. Wenn auf ein Schlüsselbild normale Bilder folgen, wird der Inhalt des Schlüsselbilds bis zum letzten Bild der Ebene beziehungsweise bis zum nächsten Schlüsselbild weiter angezeigt. Auch die automatisch berechneten Tweening-Animationen finden in normalen Bildern zwischen zwei Schlüsselbildern statt.

Sie können ein Bild einfügen, indem Sie *Einfügen → Zeitleiste → Bild* wählen oder [F5] drücken. Wenn Sie in der Zeitleiste mehrere Bilder markieren, werden entsprechend viele zusätzliche Bilder eingefügt. Das funktioniert auch über mehrere Ebenen hinweg. Genauso können Sie markierte Bilder durch *Bearbeiten → Zeitleiste → Bilder entfernen* beziehungsweise [⇧] + [F5] auch wieder löschen. Etwas anders verhält sich übrigens die Option *Bearbeiten → Zeitleiste → Bilder löschen* oder [Alt] + [Rücktaste]: Die *Dauer* der markierten Sequenz wird nicht verkürzt, sondern ihr Beginn wird durch ein leeres Schlüsselbild ersetzt, um ihre Inhalte zu entfernen. Auf diese Weise lassen sich Inhalte einer Ebene entfernen, ohne den zeitlichen Ablauf auf der Zeitleiste zu beeinflussen.

Das Verschieben eines markierten Schlüsselbilds mit der Maus ermöglicht die zeitliche Umsortierung von Inhalten und das Hinzufügen oder Entfernen von Bildern. Beim klassischen Tween lässt sich jedes Schlüsselbild ganz einfach mit der Maus auswählen, beim Bewegungs-Tween jedoch muss zum Auswählen gleichzeitig die [Strg]-Taste gedrückt werden. Wenn Sie beim Ziehen eines Schlüsselbilds die [Alt]-Taste gedrückt halten, wird dieses Bild übrigens dupliziert.

Ebenen

In Flash werden Inhalte auf *Ebenen* angeordnet. Für die Anordnung von Zeichnungen sind Ebenen nützlich, weil jede Ebene ihren eigenen Bereich für Zeichnungen besitzt. Beim Einsatz von Ebenen lassen sich Zeichnungen also auch ohne Gruppierung übereinanderstapeln, ohne sich gegenseitig auszutauschen. Für die Animation sind Ebenen sogar notwendig: Beim Tweening muss jedes animierte Objekt auf einer eigenen separaten Ebene liegen; das Form-Tweening z.B. produziert unvorhersehbare Ergebnisse, wenn mehrere Zeichnungen auf der »getweenten« Ebene liegen.

Die Anordnung der Ebenen in der Zeitleiste bestimmt ihre Stapelreihenfolge auf der Bühne: Die oberste Ebene liegt im Bühnenvordergrund, die weiter unten befindlichen Ebenen werden dahinter angezeigt.

Nur eine Ebene ist jeweils aktiv; Sie erkennen sie am Bleistiftsymbol ❺ und an der blauen Einfärbung. Um eine andere Ebene zu aktivieren, brauchen Sie nur auf ihren Namen zu klicken. Neue Inhalte werden stets auf dieser Ebene erstellt – egal ob Sie sie neu zeichnen, importieren oder aus der Zwischenablage einfügen.

Um eine neue Ebene einzufügen, können Sie den Menübefehl *Einfügen → Zeitleiste → Ebene* wählen oder die Schaltfläche *Ebene einfügen* ❻ (weißes Papier) unter der Zeitleiste anklicken. Die neue Ebene wird über der aktuellen Ebene eingefügt. Wenn sie dort nicht bleiben soll, ist das kein Problem: Sie können die Anordnung von Ebenen in der Zeitleiste – und damit auch auf der Bühne – ohne Weiteres ändern, indem Sie eine Ebene an ihrem Namen per Drag & Drop nach oben oder unten ziehen.

Wenn Ihr Film sehr viele Ebenen enthält, empfiehlt sich die Verwendung von *Ebenenordnern* ❼, um den Überblick zu behalten. Ebenenordner können alle Arten von Ebenen sowie verschachtelte Unterordner enthalten. Sie können einen Ordner erstellen, indem Sie *Einfügen → Zeitleiste → Ebenenordner* wählen oder die entsprechende Schaltfläche unter der Zeitleiste anklicken.

Per Doppelklick auf den Ebenennamen können Sie die Ebene umbenennen; Sie sollten Ihren Ebenen informativere Namen geben als beispielsweise »Ebene 34«. Ein Doppelklick auf das Ebenensymbol öffnet dagegen den Dialog *Ebeneneigenschaften*, den Sie auch per Rechtsklick oder mit dem Menübefehl *Modifizieren → Zeitleiste → Ebeneneigenschaften* erreichen. Hier können Sie den Ebenentyp ändern sowie die Anzeigeoptionen für die Ebene innerhalb der Flash-Arbeitsumgebung festlegen. In Abbildung 8-3 sehen Sie diesen Dialog.

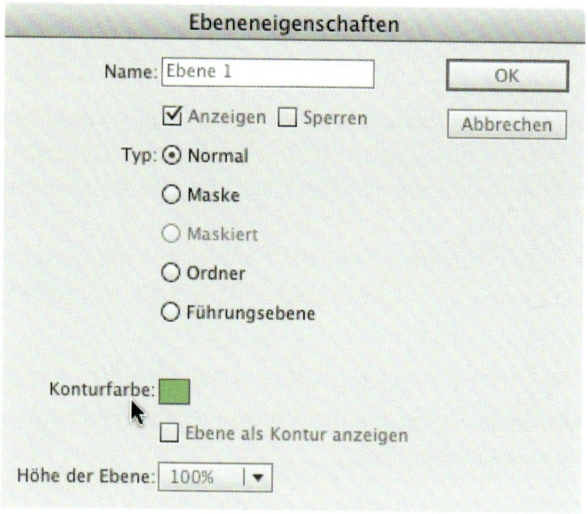

▲ **Abbildung 8-3** Der Dialog »Ebeneneigenschaften«

Im Einzelnen stehen folgende *Ebenentypen* zur Verfügung:

Normal: Das ist die übliche Art von Ebenen, auf denen Zeichnungen, Animationen oder importierte Elemente untergebracht werden.

Maske: Eine Maske ermöglicht das selektive Anzeigen und Verdecken von Ebeneninhalten: Es werden nur die Stellen der maskierten Ebenen angezeigt, an denen die Maske gefüllt ist. Der Inhalt der Maske kann animiert werden, um die Ansicht zu verschieben.

Maskiert: Das ist eine Ebene, die von einer Maske abhängt.

Ordner: Diese wurden weiter oben bereits erwähnt; sie ermöglichen einen besseren Überblick auf der Zeitleiste.

Führungsebene: Eine *Führungsebene* wird bei klassischen Tweens benötigt und bestimmt die Bewegungsrichtung animierter Objekte; wenn ein Objekt nicht geradeaus, sondern auf Kurven oder Zickzacklinien bewegt werden soll, ist ein Pfad nötig (bis einschließlich Flash CS3). Die Inhalte dieser Ebene werden im fertigen SWF-Film nicht angezeigt. Eine *Führungsebene*, von der keine ausgerichteten Ebenen abhängen, wird durch ein Hammersymbol gekennzeichnet. Sie kann beim Erstellen und Testen eines Films für das »Parken« unbenötigter Objekte nützlich sein.

Der Umgang mit Führungsebenen ist recht umständlich. Das in Flash CS4 eingeführte Bewegungs-Tweening weist einer Animation automatisch einen Pfad zu, der keine eigene Ebene benötigt. Deshalb sind Führungsebenen nicht mehr so wichtig wie früher.

Standardmäßig werden die Inhalte aller Ebenen angezeigt, und Sie können Inhalte sämtlicher Ebenen gleichzeitig auswählen. Da oft Elemente auf Ebenen bearbeitet werden müssen, die sich nicht im Vordergrund befinden, ist es praktisch, dass man

Ebenen vorübergehend ausblenden oder für die Bearbeitung sperren kann. Der Dialog *Ebeneneigenschaften* bietet dazu folgende Optionen:

Einblenden/Ausblenden: Über die Kontrollkästchen lassen sich Ebenen ein- und ausblenden.

Sperren: Durch Ankreuzen eines Kontrollkästchens wird die aktuelle Ebene vor jeglichen Änderungen geschützt.

Konturfarbe: Beeinflusst die Farbe, in der das Objekt im Konturmodus angezeigt wird. Über einen Doppelklick auf das entsprechende Icon in der Zeitleiste besteht ebenfalls die Möglichkeit, eine Farbe für den Konturmodus festzulegen.

Ebene als Kontur anzeigen: Hierüber ist es möglich, den Konturmodus zu aktivieren und somit alle Inhalte einer Ebene nur noch als Kontur anzeigen zu lassen. Das ist vor allem zum Zeichnen nützlich, z.B. beim Abpausen und um Elemente auf weiter unten liegenden Ebenen betrachten zu können. In Abbildung 8-4 sehen Sie den Standard- und den Konturmodus bei fünf Ebenen im Vergleich.

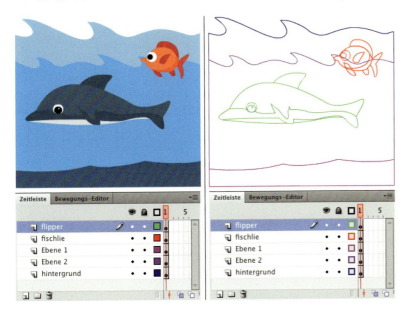

▲ **Abbildung 8-4** Der Standard- und der Konturmodus im Vergleich

Höhe der Ebene: Mit dieser Option können Sie festlegen, wie groß die Ebene in der Zeitleiste angezeigt werden soll – neben dem Standardwert (*100%*) können Sie die doppelte oder dreifache Höhe auswählen. Dies ist hilfreich, um einen besseren Überblick in der Zeitleiste zu haben.

Ebenen ausblenden, sperren und in den Konturmodus schalten können Sie auch mithilfe der Schaltflächen auf der Zeitleiste unter den Symbolen Auge, Vorhängeschloss und Quadrat – wie bereits in Kapitel 2 erläutert wurde.

Zeitleistenoptionen

Rechts oben neben der Zeitleistenskala finden Sie eine kleine Schaltfläche, die ein Pop-up-Menü für die Zeitleistenoptionen öffnet (Abbildung 8-5).

▶ **Abbildung 8-5**
Die Zeitleistenoptionen

Die obersten fünf Befehle bieten verschiedene Einstellungen für die Breite, mit der die Frames in der Zeitleiste angezeigt werden; Sie haben hier die Auswahl zwischen fünf verschiedenen Stufen.

Gleich danach folgen die beiden Befehle *Vorschau* und *Vorschau im Kontext*. Beide zeigen den verkleinerten Inhalt von Schlüsselbildern direkt in der Zeitleiste an. Das erleichtert das schnelle Auffinden von Inhalten. Der Unterschied besteht darin, dass *Vorschau im Kontext* das Größenverhältnis der Inhalte zur Bühne wiedergibt, während die einfache *Vorschau*-Option die gesamte Thumbnail-Größe für den eigentlichen Inhalt nutzt.

Wenn Sie die Option *Reduziert* aktivieren, wird die Höhe der einzelnen Ebenen in der Zeitleiste vermindert, was für die Arbeit mit besonders vielen Ebenen ideal ist.

Die Option *Getönte Bilder* ist normalerweise eingeschaltet. Sie sorgt dafür, dass Frames mit Tweening-Animationen farbig hinterlegt dargestellt werden. Wenn Sie die Option ausschalten, sehen getweente Bilder so aus wie in Flash bis zur Uraltversion 3.0; auf Notebooks ergibt das unter Umständen einen günstigeren Kontrast.

Einzelbildanimation

Bei der Einzelbildanimation wird jedes Einzelbild manuell erstellt. Sie macht wenig Gebrauch von den technischen Möglichkeiten, die Flash bietet, ist aber für besonders komplexe Animationen notwendig. Flash-basierte Cartoons und Zeichentrickfilme werden verständlicherweise oft so erstellt. Das wichtigste Hilfsmittel für die Einzelbildanimation ist der *Zwiebelschaleneffekt*, bei dem die Inhalte vorheriger und nachfolgender Schlüsselbilder durchscheinen. Das entspricht der Verwendung transparenter Folien bei handgezeichneten Trickfilmen.

Im Grunde funktioniert die Einzelbildanimation immer nach demselben Schema:

1. Erstellen Sie im ersten Schlüsselbild der Sequenz den gewünschten Anfangs-inhalt.

2. Fügen Sie im gewünschten Abstand ein weiteres Schlüsselbild ein – wenn Sie den vorherigen Inhalt nur leicht modifizieren oder ergänzen möchten, sollten Sie ein normales Schlüsselbild einfügen, das den Inhalt des vorherigen wieder-holt und so als Arbeitsgrundlage für die Änderungen dient. Soll dagegen ein völlig neuer Inhalt angezeigt werden, ist ein leeres Schlüsselbild zu empfehlen.

3. Wiederholen Sie den Vorgang, bis Ihre Sequenz fertig ist.

Das Ganze funktioniert vom Prinzip her dann wie ein Daumenkino. Als erste Übung empfiehlt es sich, eine Zeichnung zu erstellen, die sich nach und nach aufbaut (Abbildung 8-6).

▲ **Abbildung 8-6** Ein einfaches Beispiel für eine handgezeichnete Einzelbildanimation

Der Zwiebelschaleneffekt

Der Zwiebelschaleneffekt ist ein praktisches Hilfsmittel zum Erstellen komplexerer Einzelbildanimationen: Sie können die Inhalte vorheriger und nachfolgender Bil-der blass durchscheinen lassen. Die entsprechenden Einstellungen nehmen Sie mithilfe einiger kleiner Schaltflächen unterhalb der Zeitleiste vor. In Abbildung 8-7 sehen Sie die entsprechenden Bedienelemente im Überblick.

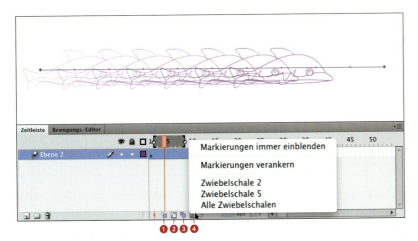

▲ **Abbildung 8-7** Die Zwiebelschalen-Bedienelemente

Die Schaltfläche *Zwiebelschale* ❶ aktiviert grundsätzlich den Zwiebelschaleneffekt. Daneben finden Sie den Button *Zwiebelschalenkontur* ❷, der die Zwiebelschalen nur als Konturen in der Ebenenkonturfarbe anzeigt. Die nachfolgende Schaltfläche *Mehrere Bilder bearbeiten* ❸ sollten Sie mit Bedacht einsetzen und unmittelbar nach Gebrauch wieder deaktivieren: Sie ermöglicht die Auswahl und Modifikation der Inhalte sämtlicher Schlüsselbilder im aktuellen Zwiebelschalenbereich gleichzeitig.

Der letzte Button in der Reihe öffnet ein Pop-up-Menü mit Zwiebelschalenoptionen ❹: Die Option *Markierungen immer einblenden* zeigt die Bildmarkierungen für das erste und letzte Zwiebelschalenbild auch dann an, wenn der Zwiebelschaleneffekt deaktiviert ist. *Markierungen verankern* setzt das erste und letzte Bild für den Zwiebelschalenbereich absolut, also unabhängig vom Abspielkopf. Im Normalfall werden die Markierungen dagegen relativ zum Abspielkopf verschoben. *Zwiebelschale 2*, *Zwiebelschale 5* und *Alle Zwiebelschalen* bestimmen, wie viele Bilder vor und hinter dem Abspielkopf als Zwiebelschalen eingestellt werden – alternativ können Sie die Markierungen aber auch individuell verschieben.

Wie Sie die Zwiebelschalen einstellen, hängt stark von der jeweiligen Situation ab. Oft ist es nützlich, beim eigentlichen Zeichnen nur das vorherige Bild als Vorlage zum »Abpausen« einzublenden und erst später bei der Feinanpassung oder Fehlersuche den Zusammenhang mehrerer Bilder zu betrachten. In anderen Fällen muss möglicherweise ein längerer Bewegungsablauf erstellt werden, der die Zusammenschau von mehr als zwei Bildern erfordert.

Animationen testen

Sie können Ihre Animationen unmittelbar abspielen, indem Sie die Option *Steuerung* → *Abspielen* wählen oder einfach ⏎ drücken. Ein weiterer Druck auf die ⏎-Taste (oder *Steuerung* → *Stopp*) hält den Film wieder an. Alternativ können Sie *Steuerung* → *Film testen* wählen oder Strg + ⏎ drücken. Diese Option exportiert den Film mit Standardeinstellungen als temporäre SWF-Datei und öffnet diese, zeigt also genau, wie sich das Dokument später im Web verhalten wird. Besonders zum Testen von interaktiven Filmen mit ActionScript sind Sie auf diese Option angewiesen.

Tipp: Ob die Animation nach gedrückter ⏎-Taste am Ende der Zeitleiste wieder von vorne beginnen soll oder nicht, lässt sich über das Menü *Steuerung* → *In Schleife abspielen* aktivieren und deaktivieren.

Bewegungs-Tweening

Die meisten Flash-Animationen werden mithilfe von *Bewegungs-Tweening* erstellt. Bei dieser Art der Animation geben Sie die Anfangsposition und -transformation eines Objekts sowie den zugehörigen Endpunkt an; Flash errechnet die Zwischenstufen automatisch über die gewünschte Anzahl von Bildern. Das Verfahren zur Erstellung einer Bewegungs-Tweening-Animation wurde erheblich vereinfacht. Neben dem klassischen Tween bietet Flash seit Version CS4 nun auch den Bewegungs-Tween an.

Bewegungs-Tween vs. klassischer Tween

Wenn Sie früher schon gern mit den klassischen Tweens gearbeitet haben, werden Sie den Bewegungs-Tween lieben. Zugegeben, es benötigt eine gewisse Einarbeitungs- und vor allem Umgewöhnungszeit, aber wenn diese überstanden ist, wollen Sie nie wieder zurück zum klassischen Tween. Die Animation ist nun nicht mehr ausschließlich zeitleistenbasiert wie bei klassischen Tweens, sondern objektbasiert wie bei den Programmen Premiere und After Effects. Einer der größten Vorteile ist, dass z.B. nun die Skalierung, Drehung und die Farbe innerhalb eines bestehenden Tweens unabhängig voneinander verändert werden können. Außerdem haben die Werkzeuge zur Bearbeitung von Tweens seit Flash CS4 viel mehr Funktionen erhalten und sind deutlich präziser geworden. Auch mühsame Animationen auf Führungsebenen gehören jetzt der Vergangenheit an. Sie werden der Vollständigkeit halber in diesem Buch erwähnt, sind aber eigentlich nicht mehr up to date. Flash-Neulingen wird der Einstieg mit dem Bewegungs-Tween mit Sicherheit viel leichter fallen, da nun das Animieren logischer aufgebaut und viel einfacher geworden ist.

Grundlagen für Bewegungs-Tweens

Bevor mit der ersten Animation begonnen wird, gibt es ein paar Dinge, die berücksichtigt werden müssen:

- Bewegungs-Tweens lassen sich nur auf Symbole bzw. deren Instanzen sowie auf Text anwenden. Symbole können wiederum auch aus mehreren verschachtelten Elementen bestehen. Sollte es sich bei dem zu animierenden Objekt noch nicht um ein Symbol handeln, konvertiert Flash CS5 es auf Wunsch automatisch in eins und legt es in der Bibliothek mit dem Namen *Symbol 1* beziehungsweise *Symbol 2* usw. ab (Abbildung 8-8).

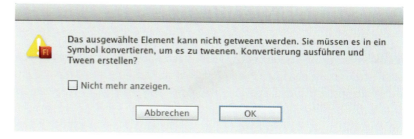

▲ **Abbildung 8-8** Ein Objekt in ein Symbol konvertieren

- Bewegungs-Tweens lassen sich nur auf ein Objekt je Ebene anwenden. Wenn mehrere Objekte animiert werden sollen, muss sich jedes in einer eigenen Ebene befinden, und jedem muss ein eigener Bewegungs-Tween zugewiesen werden.

- Bewegungs-Tweens benötigen Eigenschaften-Schlüsselbilder, um die Eigenschaften eines Tweens im Laufe der Zeit zu ändern. Eigenschaften-Schlüsselbilder finden nur Verwendung im Bewegungs-Tween und sind nicht zu verwechseln mit den Schlüsselbildern aus klassischen Tweens. Sie beeinflussen, wie der Name schon sagt, die Veränderung der Eigenschaften eines Objekts im Tween.

Bewegungs-Tween erstellen

Um ein Objekt zu animieren, müssen Sie auf der Zeitleiste das entsprechende Schlüsselbild auswählen, in dem sich das zu animierende Objekt befindet, und im Kontextmenü der rechten Maustaste auf *Bewegungs-Tween erstellen* klicken (Abbildung 8-9).

▲ **Abbildung 8-9** Einen Bewegungs-Tween über das Kontextmenü erstellen

Tweens können nur auf Instanzen von Symbolen angewendet werden, daher erscheint nun ein Dialog, der nach dem Bestätigen mit *OK* das Objekt automatisch in ein Symbol umwandelt (siehe Bibliothek). Dieser Dialog erscheint nicht, wenn das Objekt im Vorfeld bereits über F8 in ein Symbol konvertiert wurde. Die Ebene wurde nun in eine Tween-Ebene umgewandelt und das Schlüsselbild um weitere Bilder (Frames) verlängert (Abbildung 8-10).

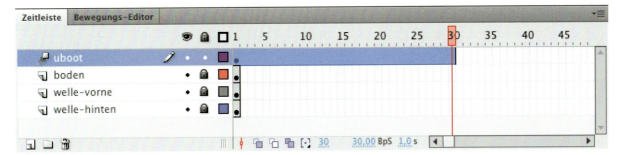

▲ **Abbildung 8-10** Eine Ebene um weitere Frames verlängern

Damit auch die anderen Ebenen angezeigt werden, müssen sie auf der Zeitleiste verlängert werden. Dazu wählen Sie einfach mit gedrückter ⌂-Taste die entsprechenden Frames in der Zeitleiste aus und drücken F5. Dadurch werden alle Ebenen bis zum ausgewählten Frame verlängert (Abbildung 8-11).

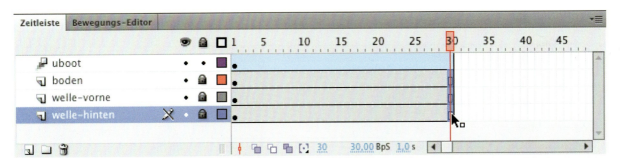

▲ **Abbildung 8-11** Ebenen auf einer Zeitleiste verlängern

Tween-Länge anpassen

Die Tween-Länge der automatisch hinzugefügten Frames ergibt eine Sekunde und bezieht sich auf die eingestellte Bildrate (bps). Die Länge und damit auch die Geschwindigkeit des Tweens lassen sich nachträglich beliebig anpassen. Dazu fassen Sie einfach das Ende des Tweens an, halten die Maustaste gedrückt und ziehen es nach links, um den Tween zu verkürzen, und nach rechts, um den Tween zu verlängern (Abbildung 8-12).

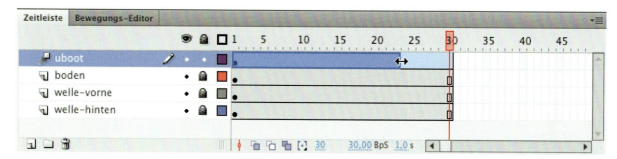

▲ **Abbildung 8-12** Den Tween nachträglich verlängern oder verkürzen

Genauso ist es aber auch möglich, ein Frame auf der Zeitleiste auszuwählen und dann die [F5]-Taste zu drücken. Der Tween wird dann bis zu diesem Frame verlängert. Mit gedrückter [Strg]-Taste lässt sich ein Frame innerhalb des Tweens auswählen. Somit wird nun mit jedem Drücken der [F5]-Taste der ausgewählte Tween um einen Frame verlängert und bei [⇧] + [F5] um einen Frame verkürzt (Abbildung 8-13).

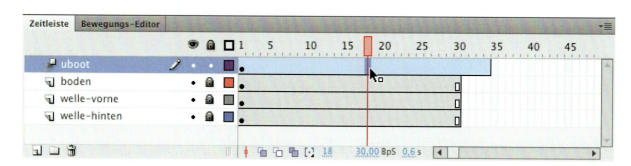

▲ **Abbildung 8-13** Ein einzelnes Frame auswählen

Wenn kein Tween ausgewählt wurde, werden durch Drücken von [F5] bzw. [⇧] + [F5] alle Ebenen und auch die darin enthaltenen Tweens verlängert oder verkürzt.

Eigenschaften animieren

Über Bewegungs-Tweens lassen sich die Eigenschaften eines Objekts animieren, indem der Abspielkopf auf einen Frame des Tweens verschoben und dort die Eigenschaft des Objekts geändert wird. Um z.B. ein Objekt zu bewegen, wählen Sie es an der gewünschten Stelle auf der Zeitleiste aus (in diesem Beispiel bei Frame 30) und verschieben es an eine andere Position (Abbildung 8-14). Daraufhin wird an der Stelle automatisch ein Eigenschaften-Schlüsselbild auf der Zeitleiste generiert, das als gefüllte Raute dargestellt wird, und die Bewegung zwischen dem ersten Schlüsselbild und dem Eigenschaften-Schlüsselbild wird berechnet.

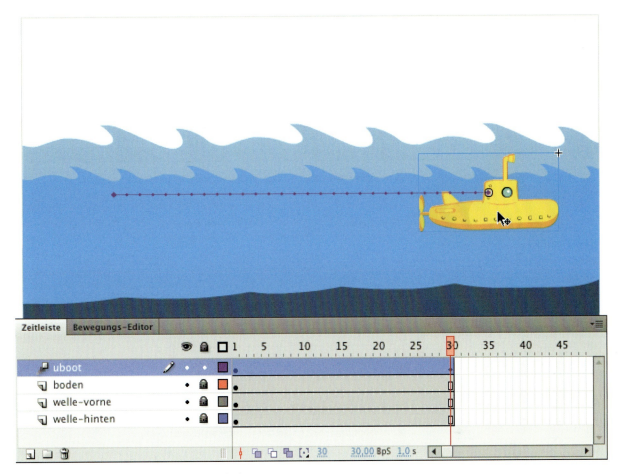

▲ **Abbildung 8-14** Die Eigenschaften eines Objekts animieren

Durch das Bewegen des Abspielkopfs zwischen den beiden lässt sich die erstellte Bewegungsanimation begutachten.

Tween- und Animationslänge anpassen

Wenn Sie jetzt die Länge des Tweens auf der Zeitleiste verändern, indem Sie das Ende des Tweens nach links oder rechts verschieben, passt sich die Position des Eigenschaften-Schlüsselbilds automatisch relativ zur Gesamtlänge des Tweens an (Abbildung 8-15). Verdoppeln Sie also z.B. die Tween-Länge, verdoppelt sich auch der Abstand zwischen den Schlüsselbildern.

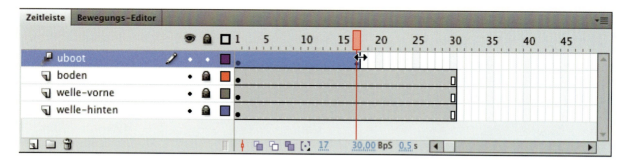

▲ **Abbildung 8-15** Die Länge des Bewegungs-Tweens ändern

Halten Sie jedoch beim Verschieben des Tween-Endes die ⎀-Taste gedrückt, verlängern oder verkürzen Sie den Tween, ohne den Abstand zwischen den Schlüsselbildern zu beeinflussen (Abbildung 8-16).

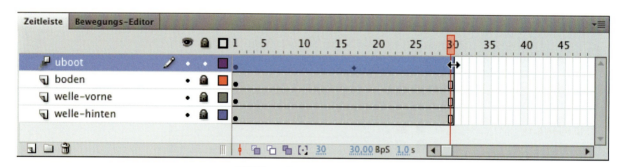

▲ **Abbildung 8-16** Die Zeit der Tween-Ebene verlängern

Um ein Eigenschaften-Schlüsselbild innerhalb eines Tweens zu verschieben, muss zum Auswählen die ⌃Strg⌄-Taste gedrückt gehalten werden, bevor auf das Eigenschaften-Schlüsselbild geklickt wird (Abbildung 8-17). Ohne gedrückte ⌃Strg⌄-Taste wird immer der gesamte Tween ausgewählt, der sich dann komplett verschieben lässt.

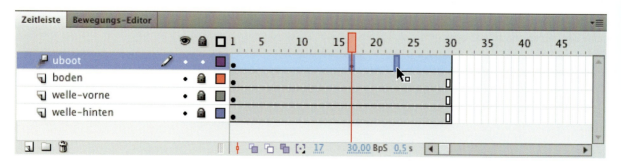

▲ **Abbildung 8-17** Das Eigenschaften-Schlüsselbild verschieben

Den Animationspfad anpassen

Sobald ein Bewegungs-Tween erstellt und ein Objekt bewegt wird (so wie in diesem Beispiel das U-Boot von links nach rechts), wird automatisch ein Pfad erstellt (Abbildung 8-18). Dieser Pfad ist erst mal vom Anfangspunkt der Bewegung bis zum Endpunkt linear. Jeder Punkt auf dem Bewegungspfad repräsentiert ein Frame in der Zeitleiste. Wird der Tween auf der Zeitleiste verlängert oder verkürzt, passt sich die Anzahl der Punkte an.

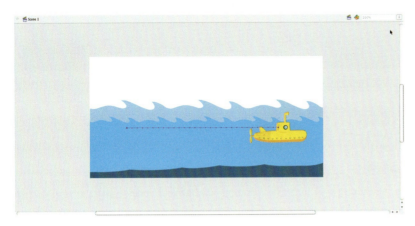

▲ **Abbildung 8-18** Der Animationspfad zeigt die Bewegung an.

Wenn Sie nun mit dem Abspielkopf zu einem Zeitpunkt innerhalb des Bewegungs-Tweens wechseln und dort das Objekt erneut verschieben, erzeugen Sie automatisch ein weiteres Eigenschaften-Schlüsselbild. Der lineare Bewegungspfad passt sich der neuen Position an (Abbildung 8-19).

Vielleicht möchten Sie eine Bewegung erstellen, die nicht gradlinig verläuft? Dafür lässt sich der Bewegungspfad noch weiter anpassen. Gehen Sie mit der Maus in die Nähe des Pfads (dabei darf er nicht ausgewählt sein), und Sie sehen, wie sich der Mauszeiger ändert. Klicken und ziehen Sie dann an dem Pfad (Abbildung 8-20). Dadurch lassen sich, ähnlich wie beim intuitiven Zeichnen, gerade Linien biegen. Sie können also auf diese Art den Pfad und damit auch die Bewegung der Animation beeinflussen.

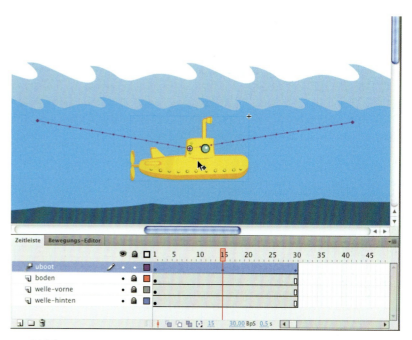

▲ **Abbildung 8-19** Indem das Objekt verschoben wird, ändert sich der Bewegungspfad.

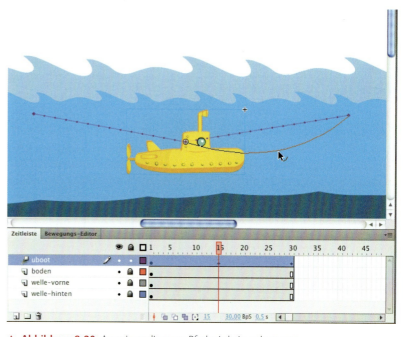

▲ **Abbildung 8-20** Aus einem linearen Pfad wird ein gebogener.

Wenn der Bewegungspfad selbst ausgewählt ist, lässt sich durch Klicken und Ziehen der gesamte Pfad und somit auch die komplette Animation an eine andere Position verschieben (Abbildung 8-21).

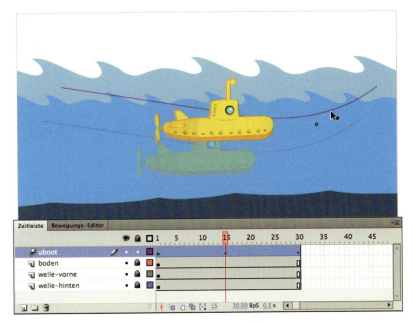

▲ **Abbildung 8-21** Die ganze Animation wird verschoben.

Der Bewegungs-Editor

Speziell für das Bewegungs-Tweening wurde in Flash auch der Bewegungs-Editor eingeführt. Es handelt sich hierbei um einen Editor, in dem sich alle per Tweening änderbaren Eigenschaften einer Symbolinstanz überprüfen und detailliert ändern lassen.

Im Standardarbeitsbereich befindet sich der Bewegungs-Editor auf einer Registerkarte in derselben Gruppe wie die Zeitleiste; falls er nicht angezeigt wird, können Sie ihn auch über *Fenster → Bewegungs-Editor* aufrufen. Er zeigt editierbaren Inhalt an, sobald Sie eine Animation mit Bewegungs-Tween in der Zeitleiste auswählen (Abbildung 8-22).

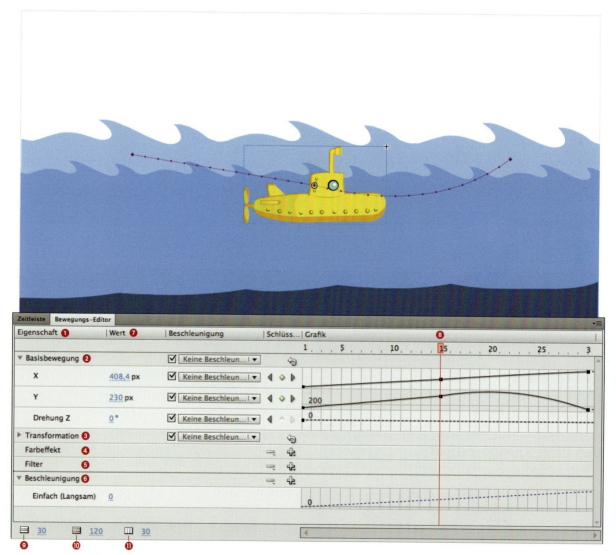

▲ Abbildung 8-22 Aufgeklappter Bewegungseditor

Ist ein Tween ausgewählt, sehen Sie auf der linken Seite des Bewegungs-Editors die einzelnen Eigenschaften ❶ aufgelistet, und zwar eingeteilt in die Kategorien *Basisbewegung* ❷, *Transformation* ❸, *Farbeffekt* ❹, *Filter* ❺ und *Beschleunigung* ❻. Über einen Mausklick auf die Pfeile lassen sich die Kategorien ein- und ausklappen. In der Spalte *Wert* ❼ wird immer der aktuelle Wert der Eigenschaft zum entsprechenden Zeitpunkt angezeigt. Der Wert lässt sich in dieser Spalte auch manuell ändern.

Auf der rechten Seite des Bewegungs-Editors sehen Sie eine Zeitleiste ❽, die ähnlich funktioniert wie die Hauptzeitleiste. Diese Zeitleiste ist jedoch nur so lang wie die ausgewählte Bewegungs-Tween-Animation. Sämtliche Schlüsselbilder und Eigenschaften-Schlüsselbilder werden auf der Zeitleiste als Rechtecke dargestellt.

Die Anzeige der Zeitleiste lässt sich anhand der drei Einstellungen unten links im Editorfenster beeinflussen.

- *Graph-Größe* ❾ beeinflusst die Höhe des Anzeigebereichs des Graphen für jede Eigenschaft.

- *Erweiterte Graph-Größe* ❿ verändert die Höhe des erweiterten Graphenbereichs. In den erweiterten Bereich wechseln Sie, indem Sie auf eine Eigenschaft klicken.

- *Sichtbare Bilder* ⓫ steuert die Anzahl der angezeigten Bilder im Graphen. Die maximale Anzahl an sichtbaren Bildern ist abhängig von der Länge der Animation.

Der Graph in der Zeitleiste des Bewegungs-Editors zeigt die Veränderungen eines Werts für jede Eigenschaft über den Zeitraum der Animation an. Eine gerade Linie bedeutet keine Veränderung. Eine gradlinig steigende Linie hingegen heißt, dass der Wert der Eigenschaft konstant größer wird. Es gibt etliche Möglichkeiten, um den Graphen zu verändern.

Zum einen verändert sich der Graph natürlich automatisch, wenn das animierte Objekt z.B. in Position und Skalierung verändert wird.

Der Anfangs- und der Endwert eines Bewegungs-Tweens lassen sich verändern, indem das erste oder das letzte Schlüsselbild des Graphen vertikal, also auf der y-Achse, nach oben oder unten verschoben wird.

Um ein Eigenschaften-Schlüsselbild hinzuzufügen, gehen Sie mit der Maus an die gewünschte Stelle auf dem Graphen und wählen nach einem Rechtsklick aus dem Kontextmenü *Schlüsselbild hinzufügen* aus. Zum Entfernen eines solchen Schlüsselbilds gehen Sie genauso vor: Rechtsklick auf ein Eigenschaften-Schlüsselbild und dann *Schlüsselbild entfernen* auswählen (Abbildung 8-23).

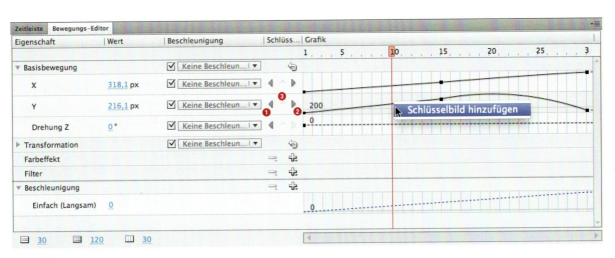

▲ **Abbildung 8-23** Ein Schlüsselbild im Bewegungseditor hinzufügen

Mit den Pfeilen *Zum vorigen Schlüsselbild* ❶ bzw. *Zum nächsten Schlüsselbild* ❷ können Sie zwischen den einzelnen Schlüsselbildern hin- und hernavigieren. Das Icon mit dem Karo ❸ zwischen den beiden Pfeilen wird verwendet, um an der aktuellen Position des Abspielkopfes ein Schlüsselbild hinzuzufügen und oder es zu entfernen. Außerdem lassen sich Schlüsselbilder, wie bereits beschrieben, über F6 einfügen und über ⇧ + F6 löschen.

Die Positionseigenschaften eines Objekts (auf den Koordinaten x, y und z) sind an den Bewegungspfad gebunden und verhalten sich etwas anders als die anderen Eigenschaften. Wenn Sie z.B. einen bogenförmigen Verlauf wünschen, können Sie diesen lediglich durch die Veränderung des Bewegungspfads erreichen. Die Bewegung wird zwar in den Graphen übernommen und dort angezeigt, sie lässt sich darin aber nicht verändern. Lediglich über den Bewegungspfad selbst haben Sie die Möglichkeit, Änderungen vorzunehmen.

Alle anderen Eigenschaften lassen sich direkt über die Graphen beliebig steuern. Bei den Eigenschaften-Schlüsselbildern im Graphen kann es sich entweder um einen Eck- oder einen Glättungspunkt handeln. Eckpunkte sorgen für eine gradlinige Verbindung zwischen den Eigenschaften-Schlüsselbildern. Um aus einer gradlinigen eine gebogene Verbindung zu machen, muss der Eckpunkt in einen Glättungspunkt umgewandelt werden. Dazu klicken Sie mit der rechten Maustaste auf das Schlüsselbild und wählen im Kontextmenü *Glättungspunkt* aus (Abbildung 8-24). Die Menüpunkte *Glatt links* bzw. *Glatt rechts* sorgen dafür, dass nur links oder nur rechts eine gebogene Verbindung entsteht. Über die Bézieranfasser lässt sich die Biegung weiter beeinflussen.

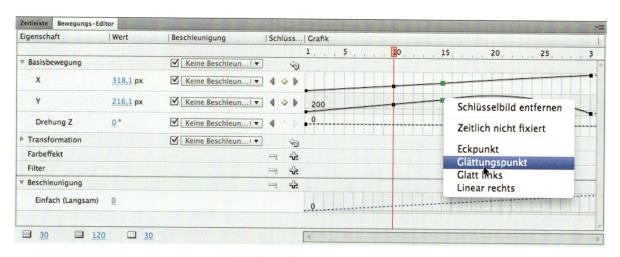

▲ **Abbildung 8-24** Einen Eckpunkt in einen Glättungspunkt umwandeln

Beschleunigung

Für jede Eigenschaft lässt sich im Bewegungs-Editor eine Beschleunigung definieren. Standardmäßig stehen im Editor in der Spalte *Beschleunigung* lediglich *Keine Beschleunigung* und *Einfach (Langsam)* zur Auswahl (Abbildung 8-25). Es gibt jedoch noch weitere Beschleunigungsarten. Um diese zu verwenden, muss die gewünschte Beschleunigungsart in der letzten Zeile des Bewegungs-Editors unter der Kategorie *Beschleunigung* über das *Plus* hinzugefügt werden. Sämtliche Beschleunigungsarten, die sich unter der Kategorie *Beschleunigung* befinden, lassen sich dann jeder einzelnen Eigenschaft zuweisen. Über das Pluszeichen lässt sich auch der Eintrag *Benutzerdefiniert* auswählen. Damit erhalten Sie die Möglichkeit, den Graphen nach Belieben selbst zu bearbeiten, um so eine eigene Beschleunigungsart zu definieren. Auch hier lassen sich Schlüsselbilder hinzufügen, um den Graphen anzupassen.

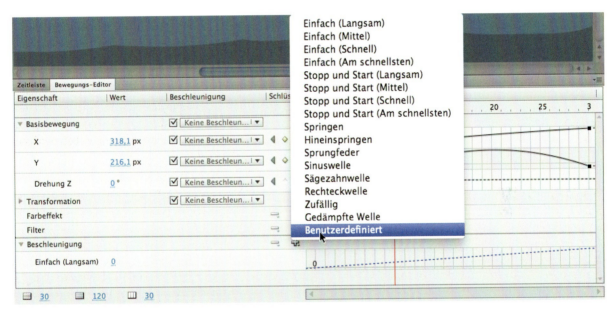

▲ **Abbildung 8-25** Eine benutzerdefinierte Beschleunigung erzeugen

Bewegungsvoreinstellungen

In der Palette *Bewegungsvoreinstellungen* lassen sich sämtliche Einstellungen einer Bewegungs-Tween-Animation abspeichern und auf andere Objekte wieder anwenden. Somit ist man in der Lage, aufwendig erstellte Animationen dauerhaft zu sichern und in anderen Projekten wiederzuverwenden. Zu der Bewegungsvoreinstellungenpalette gelangen Sie über das Menü *Fenster → Bewegungsvoreinstellungen* (Abbildung 8-26). In den Palette finden Sie den Ordner mit dem Namen *Standardvoreinstellungen*. Hier befinden sich bereits einige nützliche Standardanimationen. Wenn eine der Animationen ausgewählt ist, wird oben in der Palette eine Vorschau der Animation angezeigt. Um eine der Animationen auf ein Objekt anzuwenden, wählen Sie das entsprechende Objekt auf der Bühne aus und klicken auf die Schaltfläche *Anwenden* unten rechts. Möchten Sie eine eigene Animation samt Bewegungspfad und Beschleunigung als Vorlage abspeichern, müssen Sie lediglich den Tween auswählen und dann auf die Schaltfläche *Auswahl als Voreinstellung speichern* klicken. Über die Schaltfläche *Neuer Ordner* haben Sie die Möglichkeit, eigene Ordner zu erstellen, um die eigenen Animationen zu sortieren. Info: Klassische Tweens lassen sich nicht als Voreinstellung speichern.

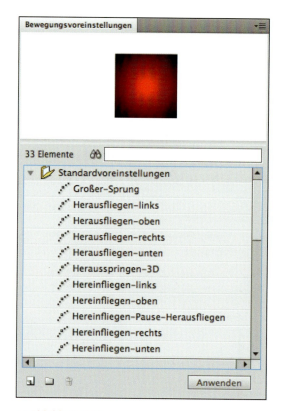

▲ **Abbildung 8-26** Die Bewegungsvoreinstellungen-Palette

Bewegungs-Tweens kopieren

Wenn Sie eine Animation nicht extra als Voreinstellung sichern, sondern lediglich kopieren wollen, bieten sich die Optionen *Bewegung kopieren* und *Bewegung einfügen* an (Abbildung 8-27). Diese erreichen Sie, indem Sie den Bewegungs-Tween bzw. alle Bilder des klassischen Tweens auswählen und dann per Rechtsklick im Kontextmenü *Bewegung kopieren* auswählen. Anschließend können Sie die Bewegung auf ein beliebiges anderes Symbol anwenden. Wählen Sie dazu das entsprechende Schlüsselbild auf der Zeitleiste aus und gehen Sie per Rechtsklick im Kontextmenü auf *Bewegung einfügen*. Alternativ lässt sich eine Bewegung auch per Rechtsklick auf das Symbol auf der Bühne einfügen. Dies funktioniert sowohl bei Bewegungs-Tweens als auch bei klassischen Tweens.

▲ **Abbildung 8-27** Einen Bewegungs-Tween kopieren und einfügen

Klassisches Bewegungs-Tweening

Die in älteren Versionen von Flash ausschließlich verwendete Methode zur Erstellung von Bewegungs-Tweenings ist in Flash CS5 ebenfalls noch vorhanden, wird hier aber als *klassisches Tween* bezeichnet.

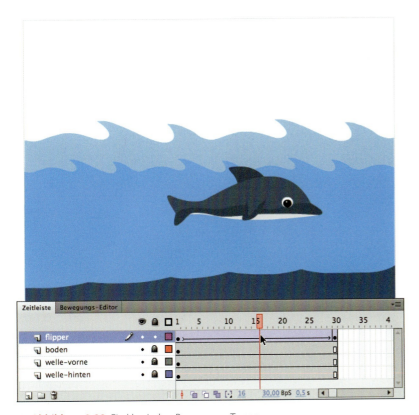

▲ **Abbildung 8-28** Ein klassischer Bewegungs-Tween

Platzieren Sie das gewünschte Symbol auf dem Start-Schlüsselbild. Erstellen Sie im passenden Abstand das Ziel-Schlüsselbild mithilfe der Taste F6. Die Dauer können Sie anhand der Abspielrate (bps) errechnen, die unter der Zeitleiste angezeigt wird. Die Voreinstellung beträgt 30 Bilder pro Sekunde. Je höher der Wert, umso ruckelfreier wird die Animation abgespielt. Ab 24 Bildern pro Sekunde sollten die Einzelbilder der Animation fließend abgespielt werden. Im neuen Schlüsselbild können Sie das Objekt beliebig verschieben und transformieren. Sie können sogar Farbeffekte und Filter verwenden und modifizieren – auch diese werden in die Tweening-Animation mit aufgenommen.

Klicken Sie nun auf einen Frame irgendwo zwischen Start- und Ziel-Schlüsselbild und wählen Sie *Einfügen → Klassisches Tween* aus dem Menü. Alternativ können Sie auch mit rechts zwischen Start- und Ziel-Schlüsselbild klicken und aus dem Kontextmenü klassisches Tween auswählen. Das Tweening wird nun durch einen blau hinterlegten Pfeil zwischen den beiden Schlüsselbildern gekennzeichnet (Abbildung 8-28).

Bewegungs-Tweening-Optionen

In Abbildung 8-29 sehen Sie die Eigenschaftenpalette mit den verfügbaren Optionen für das Bewegungs-Tweening.

▲ **Abbildung 8-29** Die Eigenschaftenpalette mit den Bewegungs-Tweening-Optionen

Sie haben folgende Möglichkeiten, das Tweening zu beeinflussen:

Ziehen Sie den Regler nach links, um das Objekt um den angegebenen Prozentsatz von Bildern am Anfang der Animation zu beschleunigen. Wenn Sie ihn ganz nach links auf –100 ziehen, wird die Animation gleichmäßig über ihren gesamten Ablauf beschleunigt. Am Pfad können Sie das daran erkennen, dass der Abstand zwischen den Punkten anwächst. Umgekehrt wird die Animation am Ende abgebremst, wenn Sie den Regler nach rechts auf positive Werte ziehen.

Diese Option ist unter anderem wichtig für die Simulation von Objekten, die sich auf Sie zu- beziehungsweise von Ihnen wegzubewegen scheinen: Da die Größe zu- beziehungsweise abnimmt, müssen auch die Objektabstände im Laufe der Einzelbilder immer größer oder kleiner werden, um eine »lineare« Geschwindigkeit zu simulieren: Verwenden Sie +100 (Abbremsen am Ende) für ein Objekt, das sich von Ihnen wegbewegt, und –100 (Abbremsen am Anfang) für eins, das auf Sie zukommt. Andernfalls würde das sich entfernende Objekt beschleunigt wirken und das näher kommende abgebremst! Auch punktuelle Impulse wie das Aufprallen eines Balls oder eines Gummihammers können Sie mithilfe dieser Funktion realistisch nachbilden.

Unter *Drehung* können Sie festlegen, ob und wie oft die Instanz während der Animation gedreht werden soll. Unterscheidet sich der Drehwinkel in Start- und Endbild, wird das durch die (auch hier änderbare) Angabe + *n*° angezeigt. Zusätzlich können Sie eine beliebige Anzahl ganzer Drehungen einstellen, die in die angegebene Richtung (*UZS* = im Uhrzeigersinn, *gegen UZS* für die entgegengesetzte Richtung). Die Option *An Pfad ausrichten* ignoriert alle anderen Dreheinstellungen und dreht die animierte Instanz stattdessen jeweils in Richtung des Pfads.

Unter *Pfad* können Sie x- und y-Position sowie Breite und Höhe des Pfads einstellen. Alternativ lässt sich der Pfad auch mit dem Auswahl- und dem Transformationswerkzeug bearbeiten.

Die Option *Grafiksymbole synchronisieren* passt die Abspieldauer eines verwendeten Grafiksymbols an die Dauer des Tweenings an.

Das klassische Tweening hat dagegen einige weitere Optionen: Wenn Sie *Skalieren* ankreuzen, wird eine Skalierung des animierten Objekts in das Tweening mit aufgenommen. Andernfalls springt das Objekt im Ziel-Schlüsselbild auf seine neue Größe. Die *Beschleunigung* entspricht der oben diskutierten Einstellung beim Bewegungs-Tweening.

Mithilfe des Stiftsymbols *Beschleunigung bearbeiten* können Sie eine benutzerdefinierte Beschleunigung einstellen; das wird gleich im Unterabschnitt *Benutzerdefinierte Beschleunigung* erläutert.

Mithilfe der Option *Drehen* können Sie einstellen, ob und wie oft das Objekt gedreht werden soll. Die Voreinstellung *Automatisch* bedeutet, dass die Drehung nur so weit geht, wie sie muss – wenn das Zielobjekt einen anderen Winkel besitzt als das Anfangsobjekt, wird es entsprechend weit gedreht. Bei *Aus* wird gar keine

Drehung ausgeführt, sondern das Objekt springt beim Erreichen des Ziels auf die Position seines neuen Winkels. Die Optionen *Nach rechts* und *Nach links* führen die eingegebene Anzahl ganzer Drehungen in die gewünschte Richtung durch.

Das Kontrollkästchen *An Pfad ausrichten* ist wichtig für die Animation am Pfad (siehe unten): Das Objekt wird nicht nur an einem Pfad entlangbewegt, sondern auch jeweils in Pfadrichtung gedreht.

Wenn Sie das Kontrollkästchen *Synchronisieren* ankreuzen, wird die innere Animation eines Grafiksymbols an die Bilderanzahl des aktuellen Tweening angepasst. Enthält das Grafiksymbol beispielsweise einen sich drehenden Ball, den Sie per Tweening von einem Ort zum anderen bewegen möchten, könnte diese Option dafür sorgen, dass die Dauer der ganzen Drehung an die Zeitleiste angeglichen wird.

Auch das Kontrollkästchen *Ausrichten* bezieht sich auf Animationen am Pfad: Wenn Sie das Feld aktivieren, springt das animierte Element automatisch zum nächstgelegenen Punkt des Pfads; das wird im Abschnitt *Animation am Pfad* weiter unten in diesem Kapitel näher erläutert.

Tweening verschiedener Transformationen

Dass Sie Drehungen und Skalierungen eines Objekts in das Bewegungs-Tweening mit aufnehmen können, wurde bereits erwähnt, denn es gehört zu den »offiziell« einstellbaren Optionen. Sie können aber noch weitere Transformationen an einem Objekt durchführen, die dann ebenfalls getweent werden: Auch die mithilfe des Frei-transformieren-Werkzeugs durchführbare Neigung sowie horizontale und vertikale Spiegelungen (verfügbar unter *Modifizieren → Transformieren*) gehören dazu. Allerdings ist das Ergebnis oft überraschend und entspricht vielleicht nicht Ihren Wünschen; experimentieren Sie einfach so lange, bis sich der gewünschte Effekt zeigt.

Benutzerdefinierte Beschleunigung

Wenn Sie auf das Stiftsymbol (*Beschleunigung bearbeiten*) neben der Einstellung *Beschleunigen* für das klassische Tweening klicken, öffnet sich der in Abbildung 8-31 gezeigte Dialog. Er ermöglicht Ihnen, die Bewegung und Änderung des Objekts zwischen Anfangs- und Endzustand beliebig zu verteilen, einschließlich rückläufiger Bewegungsabschnitte.

Standardmäßig werden alle Eigenschaften des Objekts gemeinsam mit derselben Verteilung getweent. Sobald Sie die Option *Eine Einstellung für alle Eigenschaften verwenden* deaktivieren, können Sie dagegen folgende Aspekte des Animationsablaufs getrennt voneinander steuern:

- Position
- Drehung
- Skalieren
- Farbe
- Filter

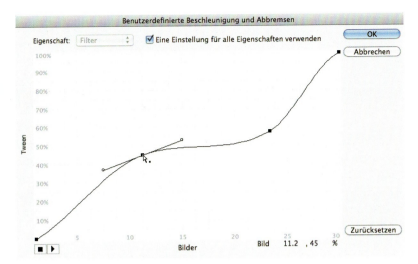

▲ **Abbildung 8-30** Benutzerdefinierte Beschleunigung bei einem klassischen Tween

Der Ablauf der jeweiligen Veränderung wird durch den Verlauf der Kurve über die beiden Achsen *Bilder* und *Tween* festgelegt. Die Voreinstellung ist eine Gerade, die den Weg von 0 bis 100% über die beteiligten Bilder linear zurücklegt. Durch Klicken auf die Linie können Sie Vektorpunkte mit Bézieranfassern einfügen, deren Richtung sich – genau wie bei den im vorigen Kapitel besprochenen Pfaden – durch eine Hilfslinie mit Bézierpunkten verschieben lässt. Um einen Wendepunkt wieder zu löschen, müssen Sie ihn anklicken und die ⏎Entf⏎-Taste (Macintosh: ⏎Backspace⏎) drücken.

Die entstehende Kurve regelt, wie der jeweilige Aspekt des Tweening verlaufen soll. Solange sie eine positive Steigung beibehält (jedem Punkt auf der Bilderachse ist ein höherer Tween-Wert zugeordnet als allen vorherigen Bildern), ändert sich zwar die Geschwindigkeit, aber die Bewegung verläuft weiterhin vorwärts. Rückläufig wird sie erst bei einer fallenden Teilstrecke der Kurve. Komfortabler lässt sich die Beschleunigung über den Bewegungs-Editor einstellen. Lesen Sie dazu weiter oben den Abschnitt *Beschleunigung*.

Animation am Pfad

Auch beim klassischen Tweening ist eine Animation am Pfad möglich, allerdings ist sie erheblich umständlicher als beim neuen Bewegungs-Tweening. Um ein Objekt erfolgreich an einem Pfad entlang zu animieren, sollten Sie sich an folgende Reihenfolge halten:

1. Fügen Sie das gewünschte Objekt (wieder vorzugsweise eine Symbolinstanz) in das Start-Schlüsselbild ein. Verschieben Sie den Mittelpunkt des Objekts gegebenenfalls mithilfe des Frei-transformieren-Werkzeugs an die Stelle, an der eine eventuelle Drehung ihre Achse haben soll.

2. Fügen Sie nun im gewünschten Abstand das Ziel-Schlüsselbild ([F6]) ein. Sie brauchen das Objekt dort noch nicht zu verschieben; da der Pfad bis jetzt nicht besteht, kennen Sie die genaue Endposition wahrscheinlich sowieso noch nicht.

3. Achten Sie darauf, dass die Ebene mit Ihrem animierten Objekt aktiv ist, und fügen Sie oberhalb dieser Ebene eine neue ein. Öffnen Sie per Doppelklick auf das Ebenensymbol deren Eigenschaften und wählen Sie den Typ *Führungsebene* aus (Abbildung 8-31). Ziehen Sie die Animationsebene anschließend auf die Führungsebene, um sie zu einer von diesem Pfad abhängigen Ebene zu machen.

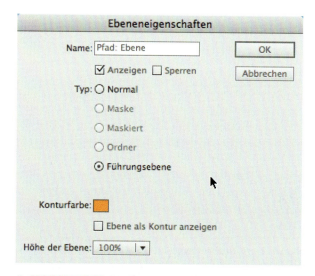

▲ **Abbildung 8-31** Die Ebeneneigenschaften

4. Zeichnen Sie auf der neuen Ebene den Pfad, an dem das Objekt entlangbewegt werden soll. Es sollte sich um einen abgeschlossenen Linienzug mit eindeutigem Anfangs- und Endpunkt handeln; andernfalls wird das Ergebnis unvorhersehbar. Wenn Ihr Pfad also beispielsweise ein Kreis oder Polygon sein soll, sollten Sie ein kleines Stück »heraussägen«, um zwei Ankerpunkte zu erhalten. Die Farbe und der Linienstil des Pfads spielen überhaupt keine Rolle; der Pfad wird in der fertigen SWF-Datei nicht angezeigt.

5. Aktivieren Sie beim Auswahlwerkzeug die Option *An Objekten ausrichten* (den *Magneten*), falls noch nicht geschehen. Wechseln Sie auf die Animationsebene, wählen Sie dort das Start-Schlüsselbild aus und ziehen Sie das Objekt an seinem Mittelpunkt auf den Anfangspunkt Ihres Pfads. Es muss dort merklich einrasten, damit es sich tatsächlich am Pfad entlangbewegt. Alternativ können Sie in den Tweening-Einstellungen die Option *Ausrichten* aktivieren; das Objekt springt dann selbst zum nächstgelegenen Punkt des Pfads.

6. Wechseln Sie auf das Ziel-Schlüsselbild der Animationsebene. Ziehen Sie das Objekt wieder an seinem Mittelpunkt, bis es im Endpunkt des Pfads einrastet.

7. Stellen Sie nun im Start-Schlüsselbild das klassische Tween ein. Wenn Ihr Objekt sich nicht nur am Pfad entlangbewegen, sondern auch in dessen Richtung neigen soll, müssen Sie die Option *An Pfad ausrichten* aktivieren. Abbildung 8-32 zeigt den Unterschied zwischen den beiden Optionen mithilfe des Zwiebelschaleneffekts.

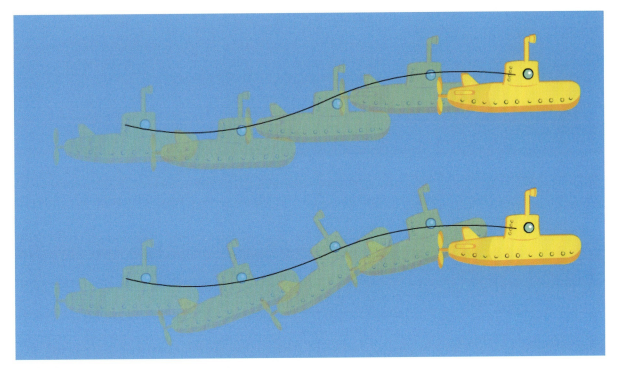

▲ **Abbildung 8-32** Die Option »An Pfad ausrichten« (unten) sorgt für eine realistischere Neigung des Objekts.

Form-Tweening

Eine andere Methode der automatischen Animation ist das *Form-Tweening*. Bei dieser Art der Animation wird das Aussehen einer Zeichnung unmittelbar in eine andere Zeichnung überführt; es handelt sich also gewissermaßen um 2-D-Morphing. Das Form-Tweening kann schneller und einfacher eingesetzt werden als das Bewegungs-Tweening, weil es ausschließlich mit einfachen Zeichnungen arbeitet. Dafür ist es schwerer, zufriedenstellende Ergebnisse zu erzielen, weil das mathematische Verhalten des Form-Tweening mitunter nur schwer nachvollziehbar ist. Sie müssen viel experimentieren, bis Sie produktiv damit arbeiten können.

Grundsätzlich können Sie das Form-Tweening anwenden, indem Sie folgende Arbeitsschritte ausführen:

1. Erstellen Sie im gewünschten Start-Schlüsselbild eine (möglichst simple) Zeichnung, die ihre Form ändern soll. Wenn Ihre Vorlage ein geschlossenes Objekt (Text, Symbolinstanz oder Gruppe) ist, können Sie so lange *Modifizieren → Teilen* wählen oder `Strg` + `B` drücken, bis Sie die für Zeichnungen typische Auswahlschraffur erblicken. Diese Option zerlegt nämlich alle Arten von Objekten; beispielsweise wird Text zunächst in einzelne Buchstaben (praktisch für das Bewegungs-Tweening) und im zweiten Schritt in Pfade zerlegt.

2. Fügen Sie im gewünschten zeitlichen Abstand das Ziel-Schlüsselbild ein. Wählen Sie ein normales Schlüsselbild (`F6`), wenn Sie das Objekt nur ein wenig ändern möchten, oder ein leeres Schlüsselbild (F7), wenn sich Ihre Zeichnung in etwas völlig anderes verwandeln soll. Erstellen Sie in diesem Schlüsselbild den gewünschten Abschlusszustand.

3. Wählen Sie ein beliebiges Bild zwischen Start- und Ziel-Schlüsselbild aus und gehen Sie über das Menü *Einfügen → Form-Tween* oder, noch schneller, per Rechtsklick auf *Form-Tween erstellen*. Im Unterschied zum Bewegungs- und zum klassischen Tweening hat das Form-Tweening nur zwei Optionen: die bereits bekannte Beschleunigung sowie die Effekte. Letztere können den Verlauf der Formveränderung ein wenig unterschiedlich gestalten: *Verteilt* macht den Übergang abgerundeter und harmonischer, während sich *Winkelförmig* auf Ecken und Kanten konzentriert. In vielen Fällen ist der Unterschied allerdings nicht sehr groß.

In Abbildung 8-33 sehen Sie, wie sich nach dieser Anleitung ein Kreis in ein Quadrat umwandeln lässt. Die Abbildung wurde wieder mithilfe des Zwiebelschaleneffekts erstellt.

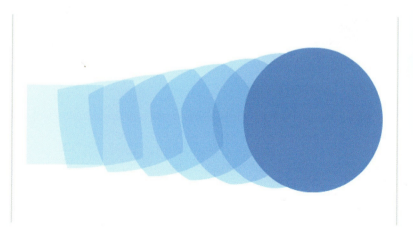

▲ **Abbildung 8-33** Mithilfe des Zwiebelschaleneffekts lassen sich verschiedene Formen leicht ineinander umwandeln.

Formmarken verwenden

Sollte sich Ihr Form-Tweening nicht wunschgemäß verhalten, können Sie unter Umständen sogenannte *Formmarken* (englisch *shape hints*) verwenden, um das Ergebnis zu verbessern. Eine Formmarke erzwingt, dass ein bestimmter Punkt der ursprünglichen Zeichnung in einen speziellen Punkt der Zielzeichnung überführt wird.

Gehen Sie folgendermaßen vor, um Formmarken hinzuzufügen:

1. Das Form-Tweening muss bereits erstellt sein, andernfalls können Sie keine Formmarken erzeugen. Wählen Sie im Start-Schlüsselbild die Option *Modifizieren → Form → Formmarke hinzufügen* oder drücken Sie [Strg] + [⇧] + [H]. Es erscheint ein kleiner roter Kreis, der mit dem Buchstaben *a* beschriftet ist. Pro Ebene sind 26 Formmarken möglich (*a* bis *z*).

2. Ziehen Sie die Formmarke mit aktiviertem Magneten auf einen Eckpunkt oder eine Kontur der Zeichnung.

3. Wechseln Sie zum Ziel-Schlüsselbild. Platzieren Sie die Formmarke hier am korrespondierenden Endpunkt. Sobald eine Formmarke in beiden Schlüsselbildern an einer Zeichnung verankert ist, sieht sie nicht mehr rot aus, sondern im Start-Schlüsselbild gelb und im Ziel-Schlüsselbild grün.

4. Wiederholen Sie den Vorgang so lange, bis Ihnen die Animation zusagt. Wenn Sie eine gesetzte Formmarke wieder entfernen möchten, können Sie sie im Start-Schlüsselbild mit der rechten Maustaste anklicken (Windows) und die Option *Marke löschen* aus dem Kontextmenü wählen. Auf dem Mac müssen Sie sie dazu mit gedrückter [⌘]-Taste anklicken.

Tipp

Auch wenn Sie mit Objektzeichnungen statt mit offenen Zeichnungen arbeiten (siehe Kapitel 3), können Sie Formmarken ohne Weiteres einsetzen. Sie bleiben dann allerdings auch nach dem Einrasten in beiden Schlüsselbildern rot.

Wenn Sie an einem anderen Teil der Animation arbeiten, geht die Ansicht auf die Formmarken verloren. Um die Formmarken wieder einzublenden, gehen Sie über das Menü *Ansicht → Form → Formmarken anzeigen*.

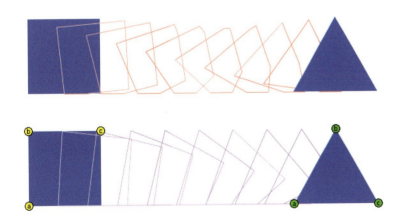

▲ **Abbildung 8-34** Veränderung eines Form-Tweening durch Formmarken

Ein weiterer interessanter Aspekt von Formmarken besteht darin, dass Sie in beiden Schlüsselbildern dieselbe Zeichnung benutzen und sie durch Formmarken zu einer Bewegung zwingen können. Abbildung 8-35 zeigt ein Beispiel: Das Quadrat scheint sich wie ein 3-D-Würfel zu drehen, wenn Sie mit zwei Formmarken links beginnen und diese im Ziel-Schlüsselbild auf die rechte Seite verschieben. In der unteren Reihe wird dieser Eindruck vervollständigt: Hier wird auf einer darüberliegenden Ebene zusätzlich eine Linie von links nach rechts bewegt.

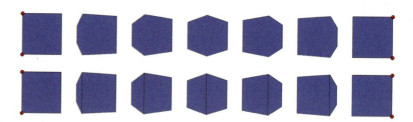

▲ **Abbildung 8-35** Simulation eines »3-D-Würfels« durch Form-Tweening mit Formmarken

---

Verschachtelte Animation

Zu Beginn dieses Kapitels wurde bereits erwähnt, dass Grafik- und Movieclip-Symbole beliebige Animationen enthalten können. Sie können solche Objekte mit eingebetteter Animation ebenfalls wiederum durch Bewegungs-Tweening animieren. Dieses Verfahren lässt sich auch mehrfach ineinander verschachteln: Ein Symbol kann eine Instanz eines anderen Symbols enthalten, und diese Instanz kann durch Bewegungs-Tweening animiert werden. Eine Instanz des neuen Symbols können Sie im Hauptfilm oder in einem weiteren Symbol verwenden und wieder durch Bewegungs-Tweening animieren.

Wichtig ist in diesem Zusammenhang nur, dass Sie den Unterschied zwischen Grafik- und Movieclip-Symbolen verstehen: Die eingebettete Animation in einem Grafiksymbol wird lediglich über die Dauer der Zeitleiste abgespielt, in die Sie eine Instanz davon einfügen. Movieclips sind dagegen unabhängig und können auch in einer statischen Umgebung abgespielt werden. Näheres über diesen Unterschied erfahren Sie in Kapitel 16.

Wenn Sie Ihren Film nur per ↵-Taste auf der Zeitleiste abspielen, können Sie die eingebetteten Animationen in Movieclips nicht sehen; wählen Sie dazu *Steuerung → Film testen*.

Masken

Sie haben in diesem Kapitel bereits verschiedene Ebenentypen kennengelernt, die für die Animation genutzt werden können. Die bisher nur kurz erwähnten *Masken* ermöglichen Ihnen, genau festzulegen, welche Teile einer Ebene angezeigt werden: Nur an Stellen, an denen die Maskenebene sichtbaren Inhalt besitzt, werden die Inhalte der maskierten Ebenen angezeigt.

Eine Maskenebene wird, wie Führungsebenen auch, über die Eigenschaften aus einer gewöhnlichen Ebene erzeugt, indem Sie den Typ *Maske* auswählen. Wie Sie bereits wissen, werden die Ebeneneigenschaften durch einen Doppelklick auf das Ebenensymbol oder über den Menübefehl *Modifizieren → Zeitleiste → Ebeneneigenschaften* aufgerufen. Die Maske beeinflusst die Inhalte von Ebenen, die sich in der Zeitleiste darunter befinden. Dazu müssen Sie den Ebenentyp der betreffenden Ebenen auf *Maskiert* stellen. Wenn Sie eine andere Ebene auf die Maskenebene ziehen, wird sie ebenfalls zur maskierten Ebene unter der Maske.

In Abbildung 8-36 sehen Sie die Zeitleiste mit einer Maskenebene, zwei durch diese maskierten Ebenen und einer nicht maskierten Ebene. Das bedeutet, dass sämtliche Inhalte der Ebene *unmaskiert* sichtbar sind, während auf *maskiert 1* und *maskiert 2* nur die Bereiche an den Stellen zu sehen sind, an denen die Ebene *maske* gefüllt ist.

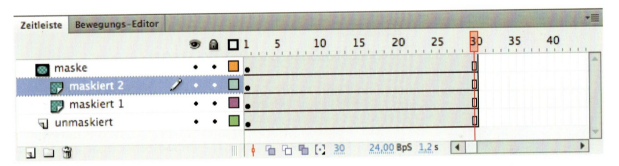

▲ **Abbildung 8-36**

Die Maskenebene kann beliebige Elemente enthalten: Jede mögliche Form – selbst gruppiert oder in einer Symbolinstanz und Text – wirkt als relevanter Inhalt auf die maskierten Ebenen. Das Interessanteste ist, dass Sie auf der Maskenebene auch Animationen einrichten können, sodass die Maske selbst animiert wird. So können Sie beispielsweise Spotlights oder wandernde Farbakzente erstellen.

> **Tipp**
>
> Es spielt keine Rolle, welche Füllungen eine Maske enthält, sondern nur, dass sie überhaupt welche enthält. Es empfiehlt sich aber, bei Filmen mit hellem Hintergrund völlig schwarze und bei Filmen mit dunklem Hintergrund absolut weiße Maskeninhalte zu benutzen, um sie besonders zu kennzeichnen.

In der Flash-Arbeitsumgebung wird der Maskierungseffekt standardmäßig nicht angezeigt, damit Sie sowohl die Inhalte der Maske als auch die der maskierten Ebenen bearbeiten können. Wenn Sie eine Vorschau sehen möchten, genügt es aber, die beteiligten Ebenen mit dem Vorhängeschlosssymbol in der Zeitleiste zu sperren. Natürlich können Sie alternativ auch die bekannte Funktion *Film testen* verwenden.

Auch Text lässt sich zum Maskieren verwenden. In Abbildung 8-38 sehen Sie links ein Objekt auf einer maskierten Ebene sowie eine Maske (den Text) im offenen Bearbeitungsmodus; rechts sehen Sie die Inhalte derselben Ebenen im gesperrten Zustand, sodass die Maskierung wirksam wird.

▲ Abbildung 8-37

Verschachtelte Animation

In diesem Workshop lernen Sie eine komplexere Art der Animation kennen, nämlich die Animation mit verschachtelten Movieclips. Dabei werden Movieclips so ineinander verschachtelt, dass eine Animation weitere Animationen beinhaltet.

In diesem Beispiel soll ein Helikopter animiert werden: Während er startet, sollen gleichzeitig Hauptrotor und Heckrotor des Helis in Gang gesetzt werden. Um das zu bewerkstelligen, muss nicht jedes Element einzeln auf der Hauptbühne bzw. Hauptzeitleiste animiert werden, sondern lediglich das Heli-Chassis wird auf der Hauptzeitleiste animiert. Innerhalb des Movieclips vom Chassis werden der Haupt- und der Heckrotor als eigene Movieclips abgelegt, die wiederum ihre eigene Animation beinhalten. Somit muss lediglich nachher der Hauptmovieclip animiert werden, und alle darin befindlichen Movieclips werden automatisch mit animiert. Starten wir also mit dem Heli.

1   **Den Heli auf eine neue Ebene bringen und skalieren**

Öffnen Sie die Datei *Verschachtelte_Animation.fla* im Ordner *08_Animation_mit_Flash*, um den Workshop nachzuvollziehen. In der Bibliothek befinden sich drei Movieclip-Symbole: der Heli, der Heckrotor und der Hauptrotor.

Den Heli ziehen Sie einfach per Drag & Drop in eine neue Ebene auf die Bühne. Sie haben jetzt eine Ebene mit dem Himmel im Hintergrund und eine Ebene darüber mit dem Heli ohne Rotoren. Positionieren Sie den Heli unten rechts und skalieren Sie ihn gegebenenfalls, damit er Platz zum Starten hat. Beim Skalieren sollten Sie darauf achten, die ⇧-Taste gedrückt zu halten, damit die Proportionen erhalten bleiben.

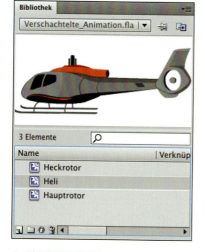

▲ Abbildung 8-38

Die Rotoren animieren

Als Nächstes werden wir die einzelnen Rotoren animieren, bevor wie den Heli losfliegen lassen. Die Rotoren werden wir in dem Symbol des Helis verschachteln. Dazu klicken Sie doppelt auf den Heli auf der Bühne. Sie befinden sich nun im Symbolbearbeitungsmodus. Der Rest der Bühne wird ausgegraut, und oben links neben *Szene 1* wird nun das Heli-Symbol angezeigt.

▲ **Abbildung 8-39**

Die Ebenen für die Rotoren anlegen

Über *Ebene 1*, in der sich der Helikopter befindet, erstellen Sie nun zwei weitere Ebenen für die jeweiligen Rotoren. Die Ebenen können Sie gleich entsprechend benennen, z.B. *Hauptrotor* und *Heckrotor*.

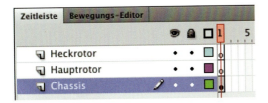

▲ **Abbildung 8-40**

4 **Den Haupt- und den Heckrotor dazuholen**

Nun ziehen Sie per Drag & Drop den Hauptrotor und den Heckrotor aus der Bibliothek in die jeweiligen Ebenen. Die Ebene mit dem Heckrotor können Sie jetzt noch unter die Chassis-Ebene verschieben, damit die überstehenden Rotorteile vom Heli verdeckt werden. Außerdem kann die Heli-Ebene per Klick auf das Schlosssymbol gesperrt werden.

▲ Abbildung 8-41

5 **Die Animation des Heckrotors vorbereiten**

Jetzt geht es an die Animation des Heckrotors. Dazu doppelklicken Sie auf den Rotor, damit Sie in den Symbolbearbeitungsmodus gelangen.

▲ Abbildung 8-42

6   **Den Heckrotor in einen Movieclip konvertieren**

Um nun den Heckrotor drehen zu lassen, konvertieren Sie ihn zuerst per Tasten-druck auf ⌘F8 in einen Movieclip und nennen ihn *Heckrotor-Ani*.

▲ Abbildung 8-43

7   **Ein Bewegungs-Tween erstellen**

Klicken Sie anschließend mit rechts auf das Schlüsselbild und wählen Sie aus dem Kontextmenü die Option *Bewegungs-Tween erstellen* aus. Die Zeitleiste wird dadurch automatisch um 30 Frames verlängert.

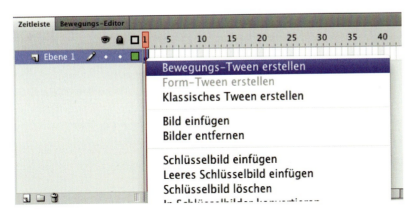

▲ Abbildung 8-44

8   **Die Anzahl der Umdrehungen festlegen**

Damit sich der Rotor um die eigene Achse dreht, stellen Sie den *Drehen*-Wert in der Eigenschaftenpalette auf »5 mal«. Wichtig ist, dass hierfür das Schlüsselbild auf der Zeitleiste aktiviert ist. Wenn die Instanz des Rotors auf der Bühne ausgewählt ist, ist diese Eigenschaft nicht verfügbar. Da diese Eigenschaft abhängig von der jeweiligen Animation ist, kann sie auch nur über die Zeitleiste verändert werden. Soll sich der Heckrotor schneller oder langsamer drehen, kann der *Drehen*-Wert von »5 mal« auch beliebig erhöht oder verringert werden.

9 **Die Animation des Hauptrotors vorbereiten**

Als Nächstes soll der Hauptrotor animiert werden. Dazu klicken Sie doppelt auf einen leeren Bereich der Bühne. Alternativ können Sie auch oben links neben *Szene 1* auf das Symbol des Helis klicken. Sie haben hiermit den Symbolbearbeitungsmodus des Heckrotors verlassen und befinden sich nun im Symbolbearbeitungsmodus vom Heli. Hier doppelklicken Sie auf die Instanz des Hauptrotors und gelangen somit in den Symbolbearbeitungsmodus für den Hauptrotor.

▲ Abbildung 8-45

10 **Die Elemente des Hauptrotors in ein Symbol konvertieren**

Mit Ausnahme des Hauptrotors ist nun alles ausgegraut. Wählen Sie über Strg + A oder durch Klicken auf das Schlüsselbild sämtliche Elemente aus, die zum Rotor gehören, und drücken Sie F8, um diese in ein Symbol zu konvertieren. Dieses Symbol können Sie beispielsweise *Hauptrotor-Ani* nennen.

▲ Abbildung 8-46

11   Den Hauptrotor animieren

Jetzt geht es daran, den Hauptrotor zu animieren. Dazu gehen Sie erneut in das Kontextmenü des Schlüsselbilds in der Zeitleiste und wählen die Option *Bewegungs-Tween erstellen* aus. In den erstellten 30 Frames soll sich nun der Hauptrotor einmal drehen. Aber Vorsicht, diese Animation wird nicht wie beim Heckrotor über die *Drehen*-Eigenschaft gelöst, denn das würde nicht zum gewünschten Ergebnis führen. Vielmehr können Sie hier einen optischen Trick anwenden. Dazu erstellen Sie erst mal am Ende der Animation, also bei Frame 30, über die Taste F6 ein Eigenschaften-Schlüsselbild. Da die Animation im Loop abgespielt werden soll, sind somit schon mal das erste und letzte Schlüsselbild identisch.

12   Die Rotorblätter zum Rotieren bringen

Als Nächstes platzieren Sie den Abspielkopf in die Mitte des Tweens, also auf Frame 15. Nun kommt der optische Trick. Sie nehmen das Frei-transformieren-Werkzeug (Q), fassen die Rotorblätter ganz links oder rechts an und verkleinern das Objekt zur Mitte hin. Dadurch wird automatisch an Frame 16 ein Eigenschaften-Schlüsselbild generiert. Dabei entsteht eine optische Täuschung, die bewirkt, dass die Rotorblätter aussehen, als würden sie rotieren. Über Strg + Enter können Sie die Animation auch schon testen.

Wenn sich die Rotorblätter nicht schnell genug drehen, können Sie ganz einfach durch Verschieben des letzten Frames nach links die Zeit des Tweens verkürzen und somit die Animation beschleunigen.

▲ **Abbildung 8-47**

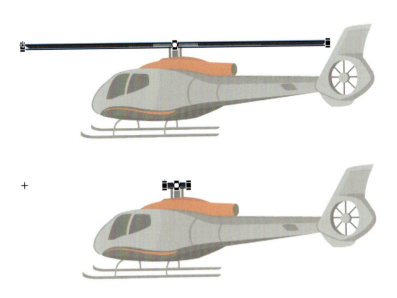

▲ **Abbildung 8-48**

13 **Den Helikopter starten lassen**

Über das *Symbol 1*-Icon oben links gelangen Sie wieder auf die Hauptzeitleiste. Nachdem sich die Rotoren nun alle drehen und in ihrer Geschwindigkeit angepasst wurden, können Sie den Helikopter jetzt starten lassen. Dafür verlängern Sie die Zeitleiste für die Ebene *heli* und die dahinterliegende Ebene *himmel* z.B. bis Frame 60, indem Sie die beiden Bilder in Frame 60 mit gedrückter ⇧-Taste zusammen auswählen und dann F5 drücken. Dadurch haben Sie zwei Sekunden für die Startanimation des Helis hinzugewonnen. Nun erstellen Sie per Rechtsklick im Kontextmenü ein Bewegungs-Tween für die Ebene *heli*.

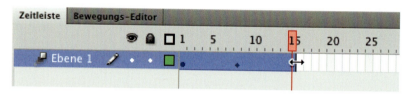

▲ **Abbildung 8-49**

14 **Die Flugbahn des Helis anzeigen lassen**

Dann gehen Sie mit dem Abspielkopf zu Frame 60 und verschieben den Heli nach links oben. Die blaue, gepunktete Linie zeigt die Flugbahn des Helis an. Jeder Punkt auf der Linie steht für einen Frame. Somit werden auf der Linie 60 Punkte angezeigt.

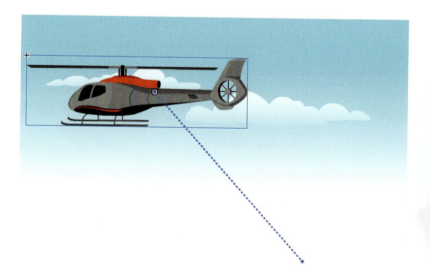

▲ **Abbildung 8-50**

15 **Die Flugbahn des Helis anpassen**

Damit die Animation nicht linear abläuft, können Sie die Linie, die den Bewegungspfad wiedergibt, etwas biegen. Der Heli selbst lässt sich über das Freitransformieren-Werkzeug (Q) noch ein klein wenig drehen. Das sorgt dafür, dass der Flug realistischer aussieht.

▲ Abbildung 8-51

16 **Die Beschleunigung feintunen**

Um dem Ganzen den letzten Schliff zu geben, können Sie die Beschleunigung der Animation anpassen. Der Start sieht noch deutlich realistischer aus, wenn die Beschleunigung am Anfang gering ist und sich zum Ende hin steigert. Dazu klicken Sie in der Zeitleiste auf den Tween, um die Eigenschaften für die Animation anzuzeigen. Stellen Sie den Wert für die Beschleunigung auf –100.

Somit ist die verschachtelte Animation fertig, Sie können sie jedoch natürlich noch weiter anpassen, indem Sie den Helikopter aus dem Bild fliegen lassen, die Flugbahn ändern, ihn skalieren oder die einzelnen Werte über den Bewegungs-Editor detaillierter anpassen. Schauen Sie zwischendurch immer wieder Ihre Animation an, indem Sie über Strg + Enter eine Vorschau erstellen.

▲ Abbildung 8-52

Kapitel 9

Mit Grafiken arbeiten

Die Kunst ist zwar nicht das Brot, wohl aber der Wein des Lebens.

Jean Paul

Bitmaps importieren
Photoshop-Dateien importieren
Bitmap-Eigenschaften
Bitmaps als Füllmuster
Bitmap-Füllungen transformieren
Bitmaps teilen
Bitmaps vektorisieren
Workshop: Slideshow mit Symbolen

In den bisherigen Kapiteln haben Sie fast ausschließlich in Flash selbst erstellte Inhalte kennengelernt, vor allem Vektorgrafik und Text. Nicht für alle Anwendungen genügen diese Arten von Elementen. Erst die Fähigkeit zur Einbettung externer Dateien macht Flash zu einer echten Multimedia-Plattform. In diesem Kapitel erfahren Sie alles über den Import und die Bearbeitung von Bitmaps.

Bitmaps importieren

Trotz der unbestreitbaren Vorteile von Vektorgrafiken für Animationen mit Zeichnungscharakter gibt es auch viele Anwendungsbereiche, in denen Bitmaps benötigt werden: Fotos und andere Halbtonvorlagen lassen sich so gut wie gar nicht als Vektorgrafiken darstellen. Aus diesem Grund ermöglicht Flash den einfachen Import von Pixelbildern.

Genau wie bei allen anderen externen Dateiformaten, die Flash unterstützt, erfolgt dieser Import durch eine der Funktionen *Datei* → *Importieren* → *In Bühne importieren* (Tastenkürzel $\boxed{\text{Strg}}$ + $\boxed{\text{R}}$) oder *Datei* → *Importieren* → *In Bibliothek importieren*. Der Unterschied liegt auf der Hand: Die Standardfunktion *In Bühne importieren* platziert das importierte Element im aktuellen Keyframe auf der Bühne (und zusätzlich in der Bibliothek), während *In Bibliothek importieren* es nur als Ressource in der Bibliothek bereitstellt.

Eine etwas andere Aufgabe erfüllt übrigens der Menübefehl *Datei* → *Importieren* → *Externe Bibliothek öffnen*: Er öffnet die Bibliothek einer anderen Flash-Arbeitsdatei (FLA), damit Sie sich aus deren Ressourcen bedienen können. Wenn die zu importierende Ressource nicht den gleichen Dateinamen trägt wie eine bereits in der Bibliothek vorhandene Ressource, wird sie dabei auch in die Bibliothek des aktuellen Films übernommen. Ansonsten muss der Dateiname in der Bibliothek geändert werden, da das Ersetzen der vorhandenen Ressource zu Problemen führen kann.

Sie können unter *Dateityp* je nach Bedarf ein bestimmtes Bildformat auswählen; wenn Sie sich nicht sicher sind, welches Dateiformat das gewünschte Bild hat, können Sie *Alle Bildformate* einstellen. Diese Angabe steht für sämtliche unterstützten Bitmap- und Vektorgrafikformate.

In Tabelle 9-1 sehen Sie eine Übersicht über sämtliche Bitmap-Formate, die Flash importieren kann. Die *Farbtiefe* bestimmt die Anzahl der unterschiedlichen Farben, die ein Bild insgesamt enthalten kann. Beispielsweise kann ein 8-Bit-Bild nur 256 Farben besitzen, während eine 24-Bit-Datei aus über 16,7 Millionen verschiedenen Farben bestehen kann. 8-Bit-Bilddateien sind deshalb nicht für die Speicherung von Fotos und anderen Halbtonvorlagen geeignet. Die meisten reinen 8-Bit-Formate stammen aus einer Zeit, da die Computer selbst noch keine höheren Farbtiefen anzeigen konnten. Modernere Bitmap-Formate können dagegen in der Regel Bilder mit variablen Eigenschaften enthalten.

Tabelle 9-1: *Von Flash unterstützte Bitmap-Dateiformate*

Dateiformat	Dateiendung	Farbtiefe	Kompression	Transparenz
PNG (Portable Network Graphics)	.png	8–24 Bit	verlustfrei, optional	binär bei 8 Bit, Alpha bei 24 Bit
Windows Bitmap (BMP)	.bmp, .dib	8–24 Bit	verlustfrei (RLE), optional	keine
GIF (Graphics Interchange Format)	.gif	8 Bit	verlustfrei (LZW)	binär
JPEG (Joint Photographic Expert Group)	.jpg	24 Bit	verlustbehaftet, ideal für Fotos	keine
PICT	.pct	8–24 Bit	JPEG, optional	keine
MacPaint	.pntg	8 Bit	verlustfrei (RLE)	keine
Photoshop	.psd	8–24 Bit	keine	Alphakanal
QuickTime Image	.qtif	Hülldatei für diverse andere Bilddateiformate		
Silicon Graphics Image	.sgi	24 Bit + Alpha	verlustfrei (RLE), optional	Alphakanal
Targa	.tga	24 Bit + Alpha	verlustfrei (RLE), optional	Alphakanal
TIFF (Tagged Image File Format)	.tif, .tiff	beliebig viele 8-Bit-Kanäle	verlustfrei (LZW), optional	Alphakanäle

Eine weitere wichtige Eigenschaft von Bilddateien ist die *Transparenz*: Wenn ein Format keine transparenten Pixel unterstützt, bleiben die Bilder stets rechteckig. Die Darstellung von Objekten vor beliebigen Hintergründen wird dadurch nicht unterstützt. Es gibt zwei verschiedene Lösungen für die Transparenz von Bitmaps:

• Die *Binärtransparenz*, die von den Formaten GIF und 8-Bit-PNG unterstützt wird, enthält ausschließlich voll deckende oder absolut unsichtbare Pixel, aber keine Übergänge. Solche Bilder haben also entweder einen etwas pixeligen, aber scharfkantigen Rand (für diffuse Hintergründe), oder aber sie werden für eine einzelne Hintergrundfarbe optimiert, indem die halbtransparenten Randpixel mit dieser Farbe gemischt werden. Aktuelle Versionen von Bildbearbeitungsprogrammen wie Photoshop bieten noch eine dritte Option: Der *Transparenz-Dither* verwendet eine diffuse Streuung voll deckender Pixel mit einem Prozentsatz, der dem gewünschten Transparenzgrad entspricht.

- Die *Alphatransparenz* liefert nahtlose Übergänge zwischen deckenden und durchsichtigen Bereichen mit 256 Stufen, indem sie neben den Farbkanälen für Rot, Grün und Blau einen zusätzlichen Kanal verwendet, der den Alphawert jedes einzelnen Pixels beschreibt. Das ermöglicht Anti-Aliasing (Kantenglättung) bei schrägen oder kurvenförmigen Rändern sowie halbtransparente Stellen in Bitmaps.

Eine Besonderheit ereignet sich, sollten sich beim Import eines Bitmaps auf die Bühne mehrere nummerierte Bilddateien mit demselben Hauptnamensbestandteil im aktuellen Ordner befinden. Angenommen also, Sie importieren die Datei *fisch01.gif*, während es im Verzeichnis auch noch die Dateien *fisch02.gif* bis *fisch08.gif* gibt. Flash stellt Ihnen in einem solchen Fall die folgende Frage: Diese Datei scheint Teil einer Bildsequenz zu sein. Möchten Sie sämtliche Bilder dieser Sequenz importieren (Abbildung 9-1)? Beantworten Sie die Frage mit *Nein*, wird nur das einzelne gewählte Bild importiert, ansonsten die gesamte Bildfolge.

Wenn Sie eine Bitmap-Datei auf der Bühne importiert haben oder eine in die Bibliothek importierte auf die Bühne ziehen, verhält sie sich wie ein gruppiertes Objekt oder eine Symbolinstanz. Sie können sie beispielsweise beliebig transformieren oder für Bewegungs-Tweenings verwenden. Allerdings können Sie sie nicht mit Farbeffekten versehen, weil es sich nicht um Symbolinstanzen handelt. Wenn Sie dennoch einen Farbeffekt auf ein Bild anwenden möchten, müssen Sie es in ein Symbol packen.

Photoshop-Dateien importieren

Einer der großen Vorteile der Übernahme von Macromedia durch Adobe besteht darin, dass sich Dateiformate anderer Adobe-Programme mit erweiterten Optionen nun problemlos importieren lassen. Das betrifft vor allem Photoshop-Bilder sowie den Import von Illustrator-Dateien.

Photoshop-Dokumente sind mehr als einfache Bitmaps. PSD-Dateien können in ihren Ebenen Pixelbilder, Vektorgrafik, bearbeitbaren Text und andere Inhaltsarten enthalten. Da auch Flash mit den meisten dieser Elemente umgehen kann, können Sie im Photoshop-Importdialog für jede Ebene wählen, ob sie als Pixelgrafik oder als die ursprünglich enthaltene Informationsart importiert werden soll (Abbildung 9-2).

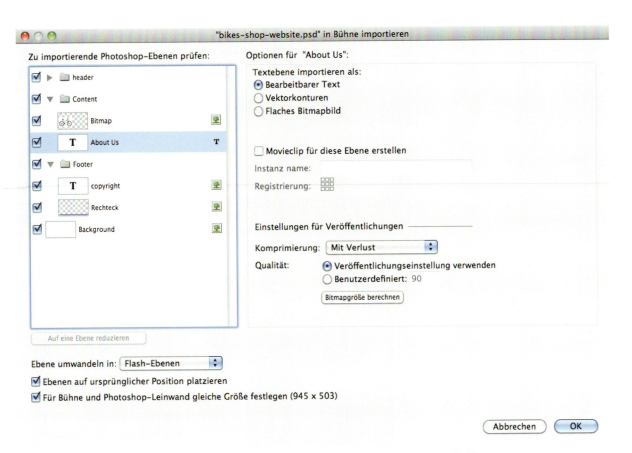

Der erweiterte Importdialog für Adobe Photoshop-Dateien zeigt ein Beispiel für den Dialog, der automatisch erscheint, sobald Sie im normalen Importdialog ein Photoshop-Dokument ausgewählt haben.

Die kleinen Kontrollkästchen ganz links neben jeder Ebene bestimmen grundsätzlich, ob die betreffende Photoshop-Ebene importiert werden soll oder nicht. Wenn Sie eine Ebene anklicken, können Sie ihre Importoptionen einstellen. Standardmäßig ist jeweils *Flaches Bitmapbild* ausgewählt. Bei Textebenen wie in der Abbildung können Sie sich alternativ für die Optionen *Bearbeitbarer Text* oder *Vektorkonturen* entscheiden. Bei *Vektorebenen* steht die Auswahlmöglichkeit *Bearbeitbare Pfade und Ebenenstile* bereit. Bei Pixelebenen können Sie bestimmen, ob die Ebenenstile bearbeitbar bleiben sollen.

Optional können Sie für jede Ebene ein eigenständiges *Movieclip*-Symbol erstellen und seinen Instanznamen wählen. Darunter finden Sie die Einstellungen für Veröffentlichungen, die bestimmen, auf welche Weise und wie stark eine eventuelle Bitmap-Variante komprimiert werden soll (Näheres darüber erfahren Sie in Kapitel 12).

▲ **Abbildung 9-2**
Der Photoshop-Importdialog

Unten links wird zuletzt eingestellt, ob die Ebenen in *Flash-Ebenen* oder in *Schlüs-selbilder* umgewandelt werden sollen. Letzteres spielt die einzelnen Photoshop-Ebenen nacheinander ab und eignet sich so vor allem für Layout- oder Animations-vorlagen. Die Option *Ebenen auf ursprünglicher Position platzieren* sorgt dafür, dass die Positionierungen bestehen bleiben. *Bühne gleich groß machen wie Photoshop-Leinwand* wählt die Größe des importierten Bilds auch für den Flash-Film, was besonders nützlich ist, wenn das Design Ihrer künftigen Flash-Anwendung in Photoshop geplant wurde.

Bitmap-Eigenschaften

Mit einem Doppelklick auf eine Bitmap-Ressource in der Bibliothek oder mithilfe der Schaltfläche *Eigenschaften* (*i*-Symbol) können Sie den Dialog *Bitmap-Eigen-schaften* öffnen (Abbildung 9-3).

▶ **Abbildung 9-3**
Der Dialog »Bitmap-Eigenschaften«

Hier stehen einige wichtige Einstellungen zur Verfügung, mit denen Sie das Ver-halten des Bilds beeinflussen:

- Links oben sehen Sie eine Vorschau des Bilds; der angezeigte Ausschnitt kann dort verschoben werden.

- In der Mitte oben wird der Name des Bilds angezeigt; Sie können es hier umbenennen.

- Unter dem Namen finden Sie einige nicht veränderbare Informationen: den ursprünglichen Importdateipfad, Datum und Uhrzeit der letzten Änderung, die Bildgröße in Pixeln sowie die Farbtiefe.

- Wenn Sie das Kontrollkästchen *Glätten zulassen* aktivieren, wird das Bild beim Skalieren geglättet, andernfalls werden einfach gleichfarbige Pixel hinzu-gefügt beziehungsweise weggelassen. Beachten Sie, dass die Qualität stark skalierter Bitmaps in beiden Fällen zu wünschen übrig lässt – Sie sollten Ihre Bitmaps bereits vor dem Import in einem Bildbearbeitungsprogramm auf die gewünschte Größe bringen.

- Im Pop-up-Menü *Komprimierung* können Sie auswählen, auf welche Weise das Bild komprimiert werden soll: Wählen Sie für größere Fotos und andere halbtonreiche Bilder *Foto (JPEG)*, für grafikartige Bitmaps mit größeren gleichfarbigen Flächen dagegen *Verlustfrei (PNG/GIF)*.

- Bei der JPEG-Komprimierung können Sie zusätzlich den Qualitätsfaktor wählen: Kreuzen Sie *Standardqualität des Dokuments verwenden* an, um den Komprimierungsfaktor für das aktuelle Bild und andere Bilder beim SWF-Export einzustellen. Andernfalls können Sie hier einen Wert zwischen *0* (stark komprimiert, schlechte Qualität) und *100* (wenig komprimiert, hervorragende Qualität) eingeben.

- Die Schaltfläche *Aktualisieren* importiert dieselbe Datei erneut. Das ist nützlich, wenn Sie das Bild in einem externen Programm nachträglich geändert haben.

- Mit dem Button *Importieren* können Sie ein anderes Bild importieren; das bisherige wird dadurch ersetzt.

- Ein Klick auf die Schaltfläche *Testen* zeigt die Dateigröße des Bilds mit den aktuellen Komprimierungseinstellungen an.

- *Erweitert* dient der bereits bei Symbolen erwähnten Verknüpfung per Action-Script.

Bitmaps als Füllmuster

Bitmaps können nicht nur als in sich geschlossene Elemente verwendet werden, sondern auch als Füllmuster für Zeichnungen bzw. Formen. In diesem Fall werden sie automatisch gekachelt, d.h. so oft wiederholt, wie es zum Auffüllen der Form erforderlich ist.

Möchten Sie eine Bitmap als Füllmuster benutzen, müssen Sie im Bedienfeld *Farbe* zunächst die Füllungsart *Bitmap* einstellen (die Palette selbst wurde bereits in Kapitel 4 vorgestellt). Wenn Ihr Film noch keine Bitmaps enthält, erscheint durch diese Auswahl automatisch der Importdialog, andernfalls sehen Sie eine Übersicht über die vorhandenen Bitmaps als kleine Thumbnails. Importieren Sie die gewünschte Datei oder wählen Sie ein Bild aus der Übersicht aus. Anschließend benutzen alle Werkzeuge, die Füllungen erzeugen, das gewählte Bild als Füllmuster.

Bitmap-Füllungen transformieren

Das Farbverlaufswerkzeug wurde bereits in Kapitel 4 ausführlich vorgestellt. Für Bitmap-Füllungen bietet es zusätzliche Einstellungen.

Sie können eine einzelne Kachel einer Füllung anklicken und diese dann skalieren, drehen und neigen. Alle anderen Kacheln derselben Füllung folgen natürlich dieser Vorgabe. Die Anfasser in Abbildung 9-4 erfüllen im Einzelnen folgende Aufgaben:

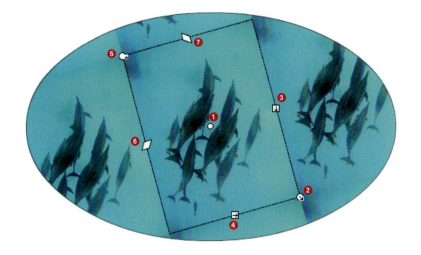

◀ **Abbildung 9-4**
Das Farbverlaufswerkzeug und seine
Optionen für Bitmap-Füllungen

- Mittelpunkt (und Füllung) verschieben ❶
- Proportional skalieren ❷
- Horizontal skalieren ❸
- Vertikal skalieren ❹
- Drehen ❺
- Horizontal neigen ❻
- Vertikal neigen ❼

Bitmaps teilen

Wenn Sie eine Bitmap auf der Bühne mit der Menüfunktion *Modifizieren → Teilen* `Strg` + `B` behandeln, wird sie in eine Rechteckform umgewandelt, die mit dem entsprechenden Bild als Füllmuster gefüllt ist.

Für zerlegte Bitmaps sowie für Vektorformen, die Sie selbst mit einer Bitmap-Füllung versehen haben, gibt es ein spezielles Werkzeug in der Werkzeugleiste: den *Zauberstab*. Er besitzt keine eigene Schaltfläche, sondern ist ein Unterwerkzeug in den Optionen des Lassowerkzeugs.

Genau wie das entsprechende Werkzeug in Bildbearbeitungsprogrammen dient der Zauberstab dazu, benachbarte farbähnliche Pixel in zerlegten Bitmaps auszuwählen, um sie beispielsweise zu löschen (Abbildung 9-5).

▶ Abbildung 9-5
Der Zauberstab wählt farbähnliche
Pixel aus.

Im Abschnitt *Optionen* der Werkzeugleiste finden Sie rechts neben dem eigentlichen Zauberstab die Schaltfläche *Zauberstab-Einstellungen*. Hier können Sie die
beiden folgenden Werte bestimmen:

Schwellenwert: Dieser Wert gibt an, wie ähnlich die Farbe benachbarter Pixel sein
muss, damit der Zauberstab sie aufnimmt. Je größer der Wert, desto unterschiedlicher dürfen die Farben sein; *0* verlangt exakt die identische Farbe, der
Maximalwert *200* ist deutlich toleranter und wählt einen größeren Farbraum
aus.

Glätten: Flash kann die Kanten der Auswahl automatisch glätten, indem der Kontrast von Randpixeln unterschiedlich stark berücksichtigt wird. Der Wert *Pixel*
richtet sich exakt nach dem Bild selbst (und erzeugt oft einen recht pixeligen
Rand), die Einstellung *Glatt* glättet die Kanten dagegen am stärksten. Ansonsten können Sie auch mit den Zwischenstufen *Rau* und *Normal* (Voreinstellung) experimentieren.

Bitmaps vektorisieren

Flash enthält eine Funktion, die Bitmaps in ähnlich aussehende Vektorgrafiken
umrechnet. Das ist gewiss kein Ersatz für ordentlich angelegte Vektorzeichnungen, kann aber in manchen Fällen nützlich sein. In aller Regel sollten Sie allerdings
davon absehen, Halbtonvorlagen wie beispielsweise Fotos mit dieser Funktion
zu bearbeiten: Bei besonders bildgetreuen Einstellungen wird das Ergebnis äußerst komplex und benötigt – entgegen der allgemeinen Regel – sogar mehr
Speicher als das ursprüngliche Pixelbild. Wenn Sie dagegen stark vereinfachende

Werte wählen, sieht die erhaltene Vektorgrafik so ähnlich aus wie ein »Malen-nach-Zahlen«-Gemälde. Der Nutzen der Vektorisierungsfunktion besteht im Wesentlichen darin, saubere Zeichnungen (zum Beispiel Tuschezeichnungen) als Grafiken in Ihre Flash-Dokumente zu integrieren.

Markieren Sie die gewünschte Bitmap (die nicht zerlegt sein darf) auf der Bühne und wählen Sie den Befehl *Modifizieren → Bitmap → Bitmap nachzeichnen*. Sie können darin folgende Einstellungen vornehmen (Abbildung 9-6):

Farbschwellenwert: Legt fest, wie ähnlich benachbarte Farben einander sein müssen, um noch als gemeinsame Fläche betrachtet zu werden. Der Mindestwert *0* benötigt exakte Übereinstimmung, der Maximalwert ist *500*.

Kleinste Fläche: Gibt die kleinste Anzahl von Pixeln an, aus denen eine separate Fläche erstellt wird. Je kleiner der Wert, desto genauer wird das Ergebnis; größere Werte benötigen dafür weniger Speicher. Die möglichen Werte sind *1* bis *1000*.

Kurvenanpassung: Diese Einstellung bestimmt die Stärke der Glättung von Kurven: *Pixel* folgt exakt dem Original; danach geht es in mehreren Schritten bis zur Option *Sehr glatt*, die die Kurven stark vereinfacht.

Kantenschwellenwert: Mit dieser Option legen Sie fest, wie stark Eckpunkte und Kanten aus den Rändern des Originalbilds übernommen werden sollen; die drei möglichen Werte reichen von *Viele Ecken* (dem Original folgen) bis *Wenige Ecken* (glätten und vereinfachen).

Vorschau: Diese Schaltfläche erzeugt die Vektorgrafik mit den aktuellen Einstellungen, nimmt die Änderungen aber zurück, wenn Sie *Abbrechen* anklicken.

◀ **Abbildung 9-6**
Der Dialog »Bitmap nachzeichnen«

Workshop: Slideshow mit Symbolen

Tipp

Die Grundlagen von Bewegungs-Tweens werden hier bereits vorausgesetzt. Sie sollten sich also schon mit Kapitel 8 befasst haben.

Ein Vorteil von Symbolen ist, dass sie jederzeit problemlos ausgetauscht werden können, ohne die Animation selbst zu verändern. Wenn Ihnen also z.B. noch nicht die finalen Grafiken zur Verfügung stehen, können Sie an einer Animation vorerst mit Platzhaltergrafiken arbeiten und diese dann später problemlos durch die gewünschten Grafiken ersetzen. Tauschen Sie dazu einfach die Symbole der Grafiken aus. Wie das funktioniert, erfahren Sie in diesem Slideshow-Workshop.

1   **Slideshow-Ebenen anlegen**

Tipp

Sollten Sie keine geeigneten Fotos haben, finden Sie Bildmaterial im Ordner *09_Mit_Grafiken_arbeiten*.

Für die Slideshow werden als Erstes zwei Ebenen benötigt. Für jedes weitere Foto in der Slideshow kommt eine weitere Ebene zum Einsatz. In der untersten Ebene befindet sich das erste Foto der Slideshow. Importieren Sie einfach das gewünschte Bild über *Datei → Importieren* oder ziehen Sie es per Drag & Drop aus Ihrem Bilderordner auf die Bühne. Nach Möglichkeit sollte das Foto bereits im Vorfeld mit einem Bildbearbeitungsprogramm wie Photoshop oder Fireworks auf die gewünschte Größe verkleinert und dann über den Dialog *Für Web* als JPG-Datei gespeichert worden sein. Dieses erste Bild wird über F8 in ein Movieclip-Symbol konvertiert.

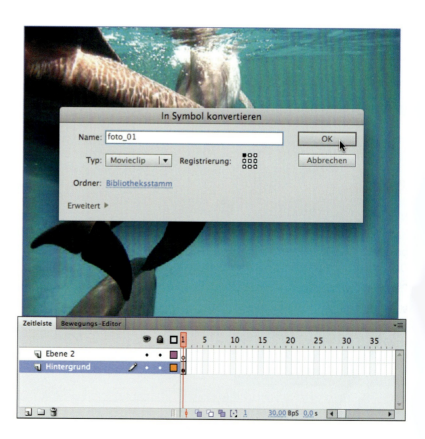

▶ **Abbildung 9-7**

Die Bühnengröße anpassen

Die Bühnengröße passen Sie über das Menü *Modifizieren → Dokument* oder `Strg` + `J` mithilfe der Option *Anpassen an Inhalt* an die Größe des Bilds an.

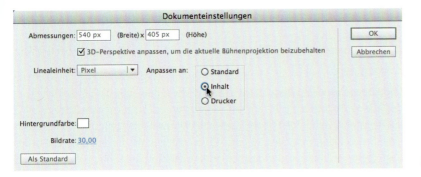

▶ **Abbildung 9-8**

Die Dauer der Slideshow grob festlegen

Als Nächstes wird die Zeit der Hintergrundebene auf der Zeitleiste bis auf 450 Frames verlängert. Gehen Sie dazu auf Frame 450 und drücken Sie `F5`. Die exakte Zeit und das genaue Timing werden später angepasst und sind von der Anzahl der Fotos und der dargestellten Länge abhängig.

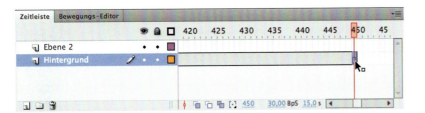

◀ **Abbildung 9-9**

Bilder in die Slideshow importieren

Nun wird auf der darüberliegenden Ebene ein weiteres Bild importiert. Es sollte nach Möglichkeit die gleiche Größe haben wie das erste und genau darüber positioniert werden. Dieses soll nun über das Hintergrundbild geblendet werden. Dazu wählen Sie es aus und wandeln es in ein Symbol um. Erstellen Sie nun per Rechtsklick auf die Ebene einen Bewegungs-Tween.

Wenn jetzt das Bild 1 Sekunde lang eingeblendet wird, 3 Sekunden stehen bleibt und dann das nächste Foto eingeblendet werden soll, werden insgesamt 5 Sekunden bei 30 bps, also 150 Frames pro Foto benötigt. Verlängern Sie daher die Ebene auf der Zeitleiste auf 150 Frames.

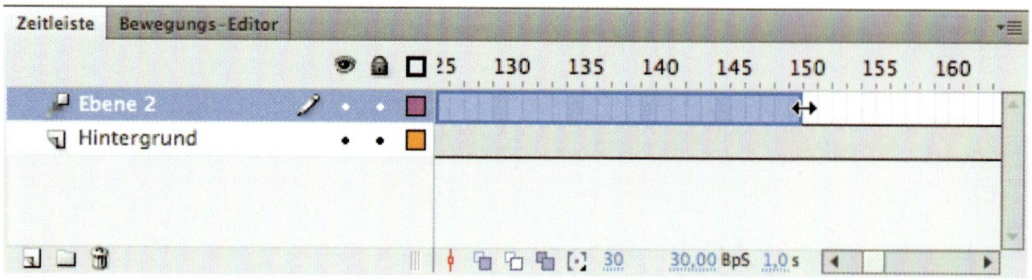

► Abbildung 9-10

▲ Abbildung 9-11

5　　**Das erste Foto einblenden**

Zum Einblenden gehen Sie auf der Zeitleiste zum Schlüsselbild der zweiten Ebene und klicken auf das dazugehörige Foto auf der Bühne, um die Eigenschaften in der Palette einzusehen. Hier ändern Sie jetzt unter *Farbeffekt* den Stil von *Ohne* auf *Alpha* und ziehen den Regler ganz nach links auf *0 %*. Um das Foto nun nach einer Sekunde einzublenden, gehen Sie von hier aus auf der Zeitleiste 15 Frames nach rechts, wählen wieder das Foto, das jetzt transparent dargestellt wird, aus und ziehen den Alphawert wieder auf *100 %*. Nun können Sie sehen, wie das Bild eingeblendet wird.

6　　**Das zweite Foto einblenden**

Um das nächste Foto darüberzublenden, erzeugen Sie eine weitere Ebene. Damit Sie nicht alle Schritte noch mal wiederholen müssen, kopieren Sie einfach die darunterliegende Ebene. Dazu klicken Sie auf das Schlüsselbild – es werden dadurch alle Frames ausgewählt –, halten die ⌈Alt⌋-Taste gedrückt und verschieben jetzt mit der Maus den gesamten Bereich eine Ebene nach oben und 135 Frames nach rechts. Nun haben Sie ein Duplikat erzeugt, das sich ab Frame 135 über das darunterliegende Bild blendet.

► Abbildung 9-12

7　　**Ein Foto ersetzen**

Von der Blende sehen Sie allerdings noch nichts, da ja beide Fotos identisch sind. Dies wird nun geändert. Importieren Sie dazu ein weiteres Bild und wandeln Sie es in ein Symbol um. Wählen Sie die duplizierte Ebene aus und ziehen Sie es einfach aus der Bibliothek auf die Bühne auf das Foto. Nun werden Sie von Flash gefragt, ob Sie das vorhandene Zielobjekt ersetzen möchten. Bestätigen Sie mit *OK*, wird das Symbol ausgetauscht, und sämtliche Animationen bleiben erhalten. Es muss lediglich gegebenenfalls neu positioniert werden. Nehmen Sie diese Positionierung im ersten Schlüsselbild vor.

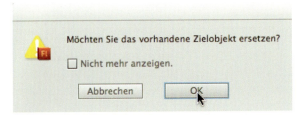

◀ Abbildung 9-13

8 **Weitere Fotos einblenden**

Um nun weitere Fotos der Diashow hinzuzufügen, wiederholen Sie einfach die letzten Schritte.

Das letzte Foto der Slideshow muss am Ende ausgeblendet werden, damit wieder die unterste Hintergrundebene angezeigt wird und so ein Loop entsteht. Dazu gehen Sie zum letzten Frame des Tween, ziehen den Regler für *Alpha* auf *0%* und danach 15 Frames zurück, um dort den Regler wieder auf *100%* zu setzen. Das Hintergrundbild bleibt nach dem Ausblenden noch bis Frame 405 stehen. Nun sollte nach Veröffentlichen die Diashow in einer Schleife abspielen.

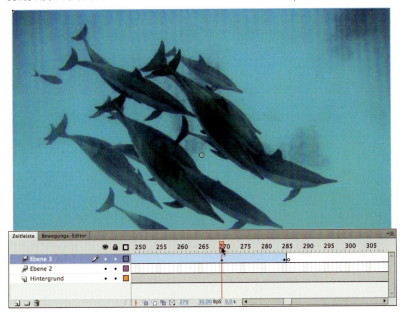

◀ Abbildung 9-14

9 Fotos gezielt austauschen

Wenn Sie später die Diashow um weitere Fotos ergänzen wollen, können Sie einfach Ihr Projekt um zusätzliche Ebenen erweitern. Möchten Sie Fotos einmal austauschen, ist das auch kein Problem. Hier gibt es mehrere Wege. Zum einen können Sie einfach wie gehabt eine Instanz des neuen Fotos aus der Bibliothek auf ein altes auf der Bühne ziehen. Zum anderen besteht die Möglichkeit, doppelt in das Symbol zu klicken, um in den Symbolbearbeitungsmodus zu gelangen, und dort das Foto auszutauschen. Als dritte Möglichkeit können Sie das Symbol auf der Bühne auswählen und dann in den Eigenschaften ganz oben, gleich neben dem Instanznamen, auf die Schaltfläche *Austauschen* klicken. Im nun folgenden Dialogfenster können Sie dann aus allen in der Bibliothek verfügbaren Symbolen das passende auswählen. Somit ist es im Nachhinein problemlos möglich, die Slideshow zu erweitern und zu aktualisieren.

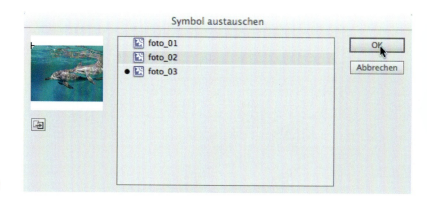

▶ **Abbildung 9-15**

Kapitel 10

Sound verwenden

Die Musik drückt das aus, was nicht gesagt werden kann und worüber zu schweigen unmöglich ist.

Victor Hugo

Warum Sound?

Sound importieren

Eigenschaften für Soundressourcen

Elementen Sound zuweisen

Soundeffekte

Eine gute Multimedia-Produktion zeichnet sich durch ein gelungenes Zusammenspiel von Bild- und Tonelementen aus. Sound kann dabei viele Funktionen übernehmen und beispielsweise für eine bestimmte Atmosphäre sorgen, Benutzer durch eine Anwendung führen oder mithilfe von Ton aus dem Off die Vermittlung von Inhalten unterstützen. In diesem Kapitel erfahren Sie mehr über die Importmöglichkeiten und die Verwendung von Audiodateien in Flash CS5.

Warum Sound?

Eine echte Multimedia-Produktion ist ohne den Einsatz von Sound nicht viel wert. Insbesondere folgende Aspekte der Audiobenutzung sind erwähnenswert:

- Hintergrundmusik erlaubt die gezielte Erzeugung einer bestimmten Atmosphäre.

- Elemente einer Benutzeroberfläche sollten nicht nur sichtbares, sondern auch hörbares Feedback geben.

- Durch Soundeffekte lassen sich Simulationen erheblich realistischer gestalten.

- Gesprochene Sprache ist für die Vermittlung von Inhalten oft besser geeignet als lange Textblöcke; am besten wirkt meist die Kombination aus kurzen Textstichpunkten und gleichzeitiger Sprachausgabe. Zudem ermöglichen gesprochene Texte blinden oder sehbehinderten Benutzern den Zugang zu Ihrem Webangebot.

Sound importieren

In Flash können Sie Sounddateien auf einfache Weise importieren und abspielen. Genau wie Bitmaps werden sie über die Dialoge geladen, die Sie unter *Datei* → *Importieren* finden. Allerdings importiert auch die Option *In Bühne importieren* einen Sound lediglich in die Bibliothek. In Tabelle 10-1 sehen Sie eine Übersicht über die Sounddateiformate, die Flash unterstützt.

Tabelle 10-1: Sounddateiformate, die Flash importieren kann

Dateiformat	Dateiendung (v.a. Windows)	Eigenschaften
WAV (Wave Sound)	.wav	Standard-Sounddateiformat unter Windows
AIFF (Audio Inter-change File Format)	.aif, .aiff	Standard-Sounddateiformat unter Mac OS
Sun AU	.au	Sounddateiformat von Sun, wird z.B. in Java-Anwendungen benutzt
MP3 (MPEG-1 Audio Layer 3)	.mp3	modernes Format mit starker Komprimierung bei recht guter Qualität

Eigenschaften für Soundressourcen

Wenn Sie in der Bibliothek auf eine Soundressource doppelklicken oder die *Info*-Schaltfläche betätigen, wird der Dialog *Soundeigenschaften* angezeigt, den Sie in Abbildung 10-1 sehen.

▲ **Abbildung 10-1** Der Dialog »Soundeigenschaften«

Der Dialog verfügt über folgende Elemente:

- Links oben sehen Sie die Wellendarstellung des Sounds.

- In der Mitte oben wird der Name angezeigt; Sie können den Sound hier umbenennen.

- Darunter werden die Eigenschaften der Sounddatei angezeigt: Importdateipfad, Datum und Uhrzeit der letzten Änderung, Sampling-Rate, Mono/Stereo, Sampling-Tiefe, Dauer und Dateigröße.

- Unter *Geräte-Sound* können Sie eine alternative Datei angeben, die für Mobilgeräte wie Handys oder PDAs exportiert werden soll.

- Wenn Sie bei einer MP3-Datei *Qualitätseinstellung der importierten MP3-Datei verwenden* wählen, können Sie keine individuellen Komprimierungseinstellungen vornehmen.

- Bei *Komprimierung* sollten Sie in aller Regel *MP3* einstellen; der einzige Grund, die veralteten Kompressionsarten *ADPCM* oder *Raw* zu verwenden, wäre die Kompatibilität Ihrer SWF-Dateien zu Flash 3 oder noch älteren Versionen. Neu seit Version 8.0 ist die Einstellung *Sprache*, die eine speziell für gesprochene Sprache optimierte Komprimierung bietet.

- Wenn Sie *MP3* gewählt haben, können Sie unter *Bit-Rate* die Stärke der MP3-Komprimierung einstellen. Der Vorgabewert *16 kb/s* ist normalerweise zu niedrig, um gut zu klingen. Sie sollten mindestens 32 kb/s verwenden. Annähernde CD-Qualität ist erst ab 128 kb/s zu erwarten.

- *Qualität* legt fest, wie viel Mühe sich Flash beim Berechnen der MP3-Komprimierung geben soll. *Schnell* erzeugt die geringste Qualität, arbeitet aber am schnellsten, *Hoch* benötigt die meiste Zeit und sorgt für bessere Ergebnisse.

- Die Schaltfläche *Aktualisieren* importiert die unter demselben Dateipfad verfügbare Sounddatei neu; das ist praktisch, wenn Sie sie in einem Audioeditor außerhalb von Flash modifiziert haben.

- Mit *Importieren* können Sie statt der aktuellen Sounddatei eine andere importieren.

- Der Button *Testen* berechnet die eingestellte Komprimierung und spielt den Sound anschließend ab, bis Sie die Schaltfläche *Stopp* anklicken.

- Wenn Sie auf die Schaltfläche *Erweitert* klicken, können Sie den Sound für die Verwendung mit ActionScript exportieren. Der ActionScript-Export von Bibliotheksobjekten wird in Kapitel 16 beschrieben.

Elementen Sound zuweisen

Soll in Ihrem Flash-Film ein Sound abgespielt werden, müssen Sie ihn einem Schlüsselbild zuweisen. Es empfiehlt sich, eine separate Ebene dafür zu verwenden. Grundsätzlich gibt es zwei verschiedene Möglichkeiten, dem aktuellen Schlüsselbild einen Sound zuzuweisen:

- Sie können eine Soundressource aus der Bibliothek auf die Bühne ziehen.

- Alternativ können Sie das Schlüsselbild in der Zeitleiste anklicken und dann in der Eigenschaftenleiste den gewünschten Sound einstellen.

In beiden Fällen wird in der Zeitleiste die Wellenform des Sounds angezeigt; in der Eigenschaftenleiste können Sie weitere Einstellungen vornehmen. Abbildung 10-2 zeigt Ihnen die zwei Darstellungsmöglichkeiten.

In der Eigenschaftenpalette wird unter *Sound* zunächst einmal festgelegt, welche Sounddatei abgespielt werden soll. Darunter finden Sie die Einstellung *Effekt*, die im nächsten Abschnitt besprochen wird. Am wichtigsten ist die Option *Synchronisation*; sie bestimmt, auf welche Weise der Sound in der Zeitleiste abgespielt werden soll. Hier gibt es vier verschiedene Möglichkeiten:

- *Ereignis* stellt einen Sound ein, der erst vollständig geladen und dann abgespielt wird. Deshalb eignet sich Ereignissound besonders für kurze, punktgenaue Soundeffekte, beispielsweise für Klicksounds in Schaltflächensymbolen (siehe Kapitel 14).

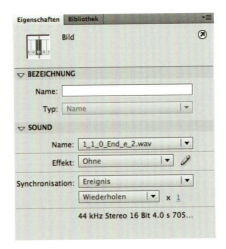

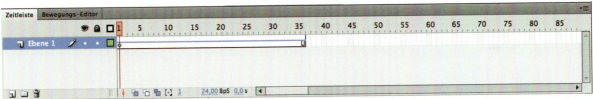

▲ **Abbildung 10-2** Darstellung eines Sounds in der Zeit- und in der Eigenschaftenleiste

- *Anfang* ist eine Variante von Ereignissound. Der einzige Unterschied besteht darin, dass dieser Sound in einer Zeitleiste nur dann erneut abgespielt wird, wenn sein vorheriger Abspielvorgang bereits beendet wurde. Die Einstellung *Ereignis* spielt ihn dagegen in jedem Fall ab, wenn das Schlüsselbild passiert wird, sodass sich möglicherweise mehrere Instanzen desselben Sounds überlagern.

- *Stoppen* dient dem punktgenauen Anhalten eines Sounds, der im vorherigen Schlüsselbild mit *Ereignis* oder *Anfang* gestartet wurde.

- *Stream* sorgt dafür, dass der Sound bereits während des Ladens abgespielt wird. Das ist die passende Einstellung für längere Sounds wie Hintergrundmusik oder gesprochene Passagen. Eine interessante Nebenwirkung von Stream-Sound besteht übrigens darin, dass die Abspielrate des Films absolut gesetzt wird; wenn der Film zu langsam geladen wird, werden in diesem Fall Frames weggelassen. Ohne Stream-Sound werden Flash-Filme dagegen langsamer abgespielt, sobald eine Animation zu komplex wird oder ein Element nicht schnell genug geladen werden kann. Mit Stream-Sound können Sie Passagen also bildgenau vertonen; das ermöglicht beispielsweise Cartoons mit lippensynchroner Sprache.

Im Pop-up-Menü unter *Synchronisation* können Sie noch einstellen, wie oft der Sound abgespielt werden soll: *Wiederholen* ermöglicht die Angabe einer bestimmten Anzahl von Durchgängen, während *Endlosschleife* den Sound beliebig oft abspielt.

Sie können auf beliebig vielen Ebenen Ihres Films Sounds abspielen, sodass sie parallel zu hören sind. Auf diese Weise lässt sich Flash als eine Art Mischpult verwenden, vor allem wenn die im folgenden Abschnitt beschriebenen Soundeffekte verwendet werden.

Soundeffekte

Der *Effekt*, den Sie unter den Soundoptionen in der Eigenschaftenleiste einstellen können, regelt den Volumenverlauf eines Sounds, und zwar für die beiden Stereokanäle separat. Das gilt übrigens auch für Monosounds, weil diese standardmäßig auf beiden Kanälen mit derselben Lautstärke abgespielt werden.

Sie können entweder einen vorgefertigten Effekt aus dem Pop-up-Menü *Effekt* auswählen oder aber auf die Schaltfläche *Bearbeiten* klicken, um den Effekt manuell anzupassen und weitere Einstellungen vorzunehmen. Es stehen folgende Standardeffekte zur Verfügung:

Linker Kanal: Nur der linke Kanal des Sounds wird abgespielt, der rechte bleibt stumm.

Rechter Kanal: Der rechte Kanal ist mit voller, gleichbleibender Lautstärke zu hören, der linke wird nicht abgespielt.

Von links nach rechts: Zu Beginn wird der linke Kanal mit voller Intensität abgespielt, bis zum Ende des Sounds geht die Lautstärke auf den rechten Kanal über.

Von rechts nach links: Der Sound wandert vom rechten zum linken Kanal hinüber.

Einblenden: Beginnend bei Lautstärke 0, wird der Sound in beiden Kanälen allmählich lauter.

Ausblenden: Zum Ende hin wird der Sound in beiden Kanälen immer leiser abgespielt.

Benutzerdefiniert: Öffnet den Dialog *Hüllkurve bearbeiten*, genau wie der neben dem Pop-up-Menü befindliche Button *Bearbeiten*.

Im Fenster *Hüllkurve bearbeiten* können Sie neben dem Effekt auch die Dauer (genauer gesagt, Beginn und Ende) des Sounds verändern (Abbildung 10-3).

Links oben können Sie zunächst die bereits beschriebenen vorgefertigten Effekte einstellen. Die Auswirkung des gewählten Objekts sehen Sie hier unmittelbar am Verlauf der Volumenänderungslinien, die die Darstellung der eigentlichen Wellenform überlagern.

Die obere der beiden Wellenformen ist der Sound des linken Stereokanals, unten wird der rechte Kanal angezeigt. Zwischen den beiden Kanälen finden Sie zwei schmale graue Balken, mit denen Sie durch Verschieben den Anfang und das Ende des Ausschnitts bestimmen können, den Sie vom aktuellen Sound verwenden

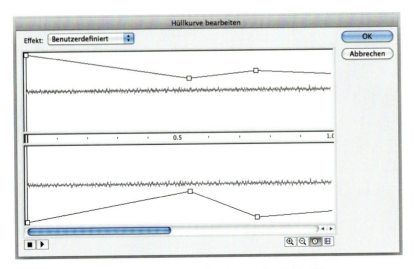

▲ **Abbildung 10-3** Der Dialog »Hüllkurve bearbeiten« für die Modifikation von Zeitleistensounds

möchten. Auf diese Weise können Sie zum Beispiel eine Verzögerung am Anfang des Sounds ausschließen. Um eine echte Schleife aus einem Musikstück auszuschneiden, sollten Sie dagegen vor dem Import in Flash ein professionelles Soundbearbeitungsprogramm wie *Soundbooth* oder *Audition* verwenden.

Um die Effekte selbst zu bestimmen, können Sie im gewünschten Kanal auf die Hüllkurve klicken; dadurch entstehen in beiden Kanälen Anfasser. Je weiter Sie einen solchen Anfasser nach unten verschieben, desto leiser wird der Sound an der entsprechenden Stelle abgespielt. Der Sound in Abbildung 10-3 wird in beiden Kanälen relativ schnell ein- und etwas langsamer ausgeblendet. Insgesamt können Sie bis zu acht Unterteilungen einfügen; um sie wieder zu entfernen, ziehen Sie sie einfach nach oben oder unten aus dem Wellenbereich heraus.

Unter den Wellenbereichen sehen Sie einige Symbole; von links nach rechts bewirken sie Folgendes:

- *Sound stoppen*

- *Sound abspielen*

- *Vergrößern:* Der Sound wird breiter dargestellt, was feinere Einstellungen ermöglicht.

- *Verkleinern:* Die Welle wird schrittweise schmaler; auf diese Weise erhalten Sie einen Überblick über die Gesamtlänge ausgedehnterer Sounds.

- *Sekunden:* Die Zeiteinteilung der Skala wird in Sekunden angezeigt.

- *Bilder:* Die Zeiteinteilung wird in Frames gemäß der aktuellen Wiederholrate des Films angezeigt. Auf diese Weise können Sie abschätzen, wie lang der Bereich des Sounds in der Zeitleiste sein wird.

Kapitel 11

Flash-Video

**Es ist sehr schwer, aus einem schlechten Drehbuch einen guten Film zu machen.
Umgekehrt ist das schon einfacher.**

Billy Wilder

Videomaterial importieren und verarbeiten

Der Adobe Media Encoder

Videoimport

Video im Einsatz

Workshop: Videosteuerung

Mit Flash können Sie nicht nur Animationsfilme erzeugen, sondern auch Videomaterial importieren – schließlich ist Flash nach wie vor die meist verbreitete Technologie zur Präsentation von Videos im Web. Um mit Video umzugehen, nutzt Flash ein eigenes Videoformat. Die Konvertierung in Flash-Video übernimmt der mit Flash mitgelieferte Adobe Media Encoder, den Sie in diesem Kapitel kennenlernen. Danach erfahren Sie Wissenswertes über Einbettung und Steuerung der Videos und können Ihre neu erworbenen Kenntnisse in einem Workshop erproben.

Videomaterial importieren und verarbeiten

Seit der Version MX ist Flash in der Lage, auch Videodateien zu importieren. Für die Videokomprimierung verwendet Flash seit der Player-Version 9 den modernen Video-Codec *H.264 (F4V)*, der sehr gute Qualität bei recht starker Komprimierung bietet. Der Flash Player ist das am weitesten verbreitete Web-Plug-in überhaupt, sodass Flash auch über die Einbindung von Video in Ihre Produktionen hinaus die ideale Plattform für Videoinhalte im Web ist. Optional werden noch die früheren Flash-Standard-Codecs *Sorensen Spark* und *On2 VP6* (FLV) unterstützt; Flash Player ab Version 7 beziehungsweise 8 können nur diese Formate abspielen.

Bevor Sie ein Video in Flash importieren, sollten Sie es im Vorfeld über den Adobe Media Encoder in das FLV- bzw. F4V-Format konvertieren.

Der Adobe Media Encoder

Der Media Encoder ist ein Programm, in dem Adobe die wichtigsten Videowerkzeuge zur Verwendung mit allen entsprechenden CS5-Anwendungen zusammengefasst hat. Über den Media Encoder können Sie bereits im Vorfeld einen Ausschnitt des Videomaterials wählen, die Auflösung sowie die Komprimierungseinstellungen festlegen und diverse Videoformate ins Flash-Videoformat konvertieren. Der Media Encoder wird zusammen mit Flash ausgeliefert.

Tabelle 11-1: Videoformate, die der Media Encoder importieren kann

Dateiformat	Dateiendung	Eigenschaften
Audio Video Interleaved	.avi	Klassisches Windows-Video-Containerformat von Microsoft.
Digital Video	.dv, .dvi	Standard-Speicherverfahren für moderne Digitalvideokameras.
Flash-Video	.flv, .f4v	Spezielles Videoformat von Flash, das Sie auch selbst exportieren können.
MPEG (Motion Picture Expert Group)	.mpg, .mpeg, .m2v, .m2p, …	Modernes Digitalvideoformat, das u.a. auch für DVD und Video-CD verwendet wird.
MPEG-4 (Motion Picture Expert Group)	.mp4, .m4v, .avc	Modernes Digitalvideoformat für HD Video.
QuickTime Video	.mov, .qt	Standard-Videodateiformat von Apple.
Windows Media	.asf, .wmv	Microsoft-Videoformate für den Windows Media Player.

Das zu konvertierende Video wird per Drag & Drop oder über den *Hinzufügen*-Button einer Warteschlange des Adobe Media Encoder hinzugefügt; mit *Warteschlange starten* können Sie alle hinzugefügten Videos konvertieren (Abbildung 11-1).

◀ **Abbildung 11-1**
Der Adobe Media Encoder

Bevor Sie die Warteschlange starten, sollten Sie einen Blick auf die Einstellungen werfen (Abbildung 11-2). Unter *Format* können Sie eines der vielen Ausgabeformate wählen. Da das Videomaterial für Flash konvertiert werden soll, kommt hier natürlich nur das FLV- beziehungsweise F4V-Format infrage.

Als Nächstes können Sie unter *Vorgabe* aus einer der vielen Vorlagen wählen. Unter *Ausgabedatei* wählen Sie den Pfad, unter dem die umgerechnete Datei gespeichert werden soll. Standardmäßig ist das der gleiche Pfad wie der der Originaldatei.

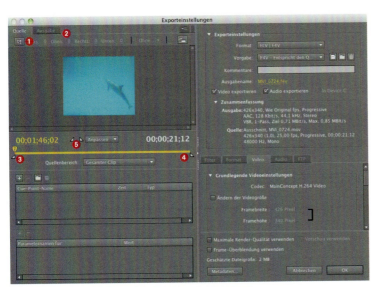

◀ **Abbildung 11-2**
Die Exporteinstellungen

Wenn Sie auf die Schaltfläche *Einstellungen…* klicken, haben Sie noch etliche weitere Einstellungsmöglichkeiten und können die Vorgaben nach Ihren Vorstellungen anpassen.

Ausgabe und Video schneiden

Im Bereich links oben ❶ lässt sich das Video auf eine gewünschte Größe zuschneiden. Dies ermöglicht das Abschneiden der vier Filmränder mit einer wählbaren Pixelanzahl. Sie können die Werte numerisch eingeben, per Ziehen an den vier Outlines, oder Sie können eines der Standardseitenverhältnisse wählen.

Im Register *Ausgabe* ❷ lässt sich auswählen, ob die Größe durch Skalieren angepasst werden soll, ob schwarze Ränder hinzugefügt werden sollen oder ob die Ausgabegröße geändert werden soll. Durch das Auswählen einer der drei Optionen erhalten Sie direkt eine Vorschau.

Gleich unterhalb des Vorschaufensters sehen Sie die Zeitleiste des Videomaterials. Hier besteht die Möglichkeit, das Video am Anfang und am Ende zu beschneiden. Durch das Verschieben der Anfasser links ❸ und rechts ❹ lässt sich das Video am Anfang sowie am Ende beschneiden. Über die Buttons *In-Point und Out-Point setzen* ❺ lässt sich das Video an der Stelle, an der sich der Abspielkopf aktuell befindet, beschneiden. Der Abspielkopf lässt sich auch über die Pfeiltasten auf der Tastatur ganz präzise positionieren, um exakter schneiden zu können.

Unterhalb der Zeitleiste befindet sich der Bereich zur Erstellung von *Cue-Points*. Hier können Sie beliebige Zeitpunkte im Videoablauf mit Markierungen versehen, die sich beispielsweise per ActionScript steuern lassen.

Exporteinstellungen

Im Bereich rechts oben werden die wichtigsten Einstellungen zusammengefasst dargestellt. Die vorgenommenen Einstellungen lassen sich über den Button *Speichern* als eigene Vorlage für spätere Videos abspeichern. Über die Schaltfläche mit dem Ordner können Sie Vorlagen laden, und über das Papierkorbsymbol entfernen Sie sie wieder.

Über die Kontrollkästchen *Video* und *Audio exportieren* kann Video ohne Sound oder auch nur der Audiokanal allein exportiert werden.

Im Register *Filter* befindet sich der Gaußsche Weichzeichner. Hierüber lässt sich Videomaterial mit Bildstörungen etwas weichzeichnen. Das Material wird dadurch zwar etwas unschärfer, dafür lassen sich aber Bildstörungen ein wenig vermindern. Um einen Eindruck vom Ergebnis zu erhalten, gehen Sie oben zum Register *Ausgabe*.

Das Register *Format* beinhaltet die Grundeinstellungen für das Multiplexing; das bedeutet im Fall von Flash die Wahl zwischen FLV und F4V. Diese Auswahl ist natürlich von den Voreinstellungen abhängig, je nachdem ob das Video mit dem MPEG4-Codec H.264 komprimiert werden soll oder nicht.

Zu den Videoeinstellungen gelangen Sie über das Register *Video* (Abbildung 11-3). Je nachdem, für welches Format Sie sich entschieden haben (FLV oder F4V), stehen Ihnen hier unterschiedliche Einstellungsmöglichkeiten zur Verfügung. Im Gegensatz zu F4V unterstützt das FLV-Format z.B. den Alphakanal für Transparenzen. Über die Einstellung *VBR, 2-Pass* wird eine variable Bitrate zwei Mal durchgerechnet. Dadurch wird die Videoqualität etwas gesteigert, der Umrechnungsvorgang dauert jedoch auch dementsprechend länger. Ein Großteil der Einstellungen sind nur für erfahrene Videoprofis von Interesse. Normalerweise können Sie die Standardeinstellungen so belassen, wie sie sind.

Im Register *Audio* werden die Einstellungen für eine eventuelle Audiospur vorgenommen. Neben Stereo und Mono können Sie die gewünschte Kodierung, Qualität und Bitrate festlegen.

Zusätzlich haben Sie noch die Möglichkeit, im Register *FTP* eine Verbindung zu Ihrem Server einzurichten, sodass die umgerechneten Videodaten automatisch nach der Fertigstellung auf Ihren Server geladen werden.

Mit einem Klick auf *OK* schließen Sie den Dialog mit den Exporteinstellungen und können über die Schaltfläche *Warteschlange starten* mit der Umrechnung aller Videodateien, die sich in der Warteschlage befinden, beginnen. Nach dem Komprimierungsvorgang wird unter *Status* ein grüner Haken angezeigt. Nun kann die FLV- bzw. F4V-Datei in Flash importiert werden.

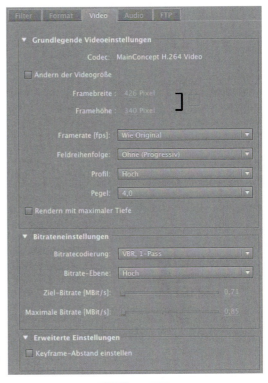

▲ **Abbildung 11-3**
Das Register »Video«

Videoimport

Nachdem das Videomaterial über den Adobe Media Encoder in das Flash-Videoformat gebracht wurde, lässt es sich nun problemlos in Flash importieren.

Da Videodaten um einiges komplexer sind als Bitmaps oder Audiodateien, ist es nicht weiter verwunderlich, dass Sie beim Import von Videodateien mehr Einstellungen vornehmen können als für andere Importformate.

Wenn Sie einen der Standardimportbefehle oder *Datei importieren → Video importieren* wählen, erscheint ein spezieller Dialog, den Abbildung 11-4 zeigt.

Unter *Video auswählen* können Sie entweder eine Videodatei von Ihrer Festplatte oder aus dem lokalen Netzwerk auswählen, oder aber Sie geben die URL eines bereits im Web veröffentlichten Films ein. Über die URL können Sie neben einem normalen Webserver auch auf spezielle Flash-Mediaserver zugegriffen werden, die unter anderem Live-Streaming unterstützen. Dieser Service ist natürlich mit entsprechenden Serverkosten verbunden.

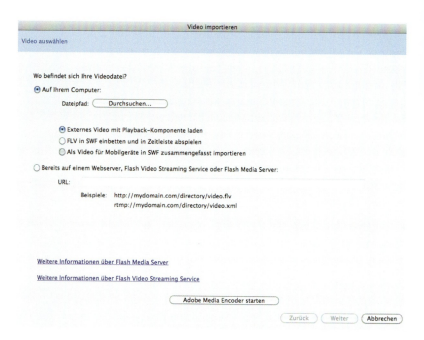

▶ **Abbildung 11-4**
Der Dialog »Video importieren«

Gleich unter dem Dateipfad lässt sich auswählen, auf welche Art das Video eingebunden werden soll. Hier stehen Ihnen die folgenden drei Optionen zur Verfügung:

Externes Video mit Playback-Komponente laden: Diese Option verknüpft das Video mit der Playback-Komponente und muss somit als separate Flash-Videodatei (*.flv* bzw. *.f4v*) im selben Website-Verzeichnis veröffentlicht werden wie die SWF-Datei selbst. Sie wird dadurch per HTTP-Streaming abgespielt, das heißt, der Abspielvorgang beginnt noch während des Ladens. Innerhalb der Flash-Datei wird eine Player-Komponente angezeigt, durch die sich das Video steuern lässt.

FLV in SWF einbetten und in Zeitleiste abspielen: Das ist die klassische Methode für den Flash-Videoimport. Flash erzeugt keine separate Videodatei, sondern übernimmt die Videodaten in den SWF-Film. Der Umgang mit einer solchen importierten Ressource ist sehr einfach, aber die Performance und besonders die Audiosynchronisation leiden bei dieser Variante erheblich.

Als Video für Mobilfunkgeräte in SWF zusammengefasst importieren: Spezielles, besonders stark komprimiertes Videoformat für Mobiltelefone und andere tragbare Geräte. Funktioniert nur, wenn Sie in den Exporteinstellungen *Flash-Lite 2.0* oder *2.1* wählen.

Im Normalfall ist die Option *Externes Video mit Playback-Komponente laden* hier die beste Wahl.

Nach einem Klick auf *Weiter* gelangen Sie zur Skin-Auswahl (Abbildung 11-5). Hier können Sie das Erscheinungsbild (Skin), also Funktionen und Farbe des Video-Players, festlegen. Anhand der Namen der Skins können Sie bereits den Funktionsumfang des Players erkennen. *Over* bedeutet, dass der Player über, und *Under*, dass er unterhalb des Videos angezeigt wird. *Seek* steht für die Seekbar, das ist die Leiste, die anzeigt, wie weit der Film schon angesehen wurde. Neben den zahlreichen Vorgaben existieren die speziellen Werte *Ohne* und *Benutzerdefinierte Skin-URL*. Die Auswahl *Ohne* erfordert, dass Sie den Film selbst per ActionScript steuern, während Sie bei der benutzerdefinierten URL eine selbst erstellte oder aus dem Web heruntergeladene SWF-Datei mit Steuerelementen benötigen.

◀ **Abbildung 11-5**
Die Skin-Auswahl

Nach einem Klick auf *Weiter* gelangen Sie zu einer Informationsseite, die noch einmal ausdrücklich darauf hinweist, dass der Film als separate Datei exportiert wird und zusammen mit dem SWF-Film veröffentlicht werden muss. Klicken Sie auf *Beenden*, um die gewählten Optionen durchzuführen, oder auf *Zurück*, falls Sie doch noch etwas ändern möchten.

Video im Einsatz

Nachdem Sie die wichtigsten Importeinstellungen für Videos in Flash kennen gelernt haben, wollen wir uns nun die Möglichkeiten innerhalb von Flash etwas genauer ansehen. Seit Flash CS5 wurde das Arbeiten mit Videos innerhalb von Flash noch deutlich erleichtert.

Das Video wird nach dem Importvorgang auf der Bühne von Flash angezeigt. Sie sehen ein Vorschaubild und den ausgewählten Video-Player (Skin). Dieser Video-Player lässt sich auf der Bühne von Flash bedienen. Sie können das Video abspielen, pausieren lassen, es lauter und leiser stellen, den Ton ausschalten usw. (Abbildung 11-6). Somit hat man bereits in der Entwicklungsumgebung von Flash einen guten Eindruck vom Videomaterial.

▶ **Abbildung 11-6**
Das Vorschaubild im Video-Player

In den Eigenschaften finden Sie unter der Kategorie *Komponentenparameter* diverse Eigenschaften und Werte, die Sie anpassen können. Hier lässt sich auswählen, wie das Video ausgerichtet sein soll, ob es automatisch abspielen soll, die Lautstärke lässt sich mit Kommastellen von 0 bis 1 einstellen, und der Skin, die Farbe und die Transparenz können nachträglich noch angepasst werden.

Gleich unter den Komponentenparametern befindet sich die Möglichkeit Cue-Points hinzuzufügen, die sich per ActionScript ansteuern lassen.

Tipp

Die Workshop-Dateien finden Sie im Ordner *11_Flash-Video* auf der DVD.

Workshop

Workshop: Videosteuerung

In diesem Workshop geht es darum, über Codefragmente in Verbindung mit Cue-Points ein Video zu steuern. Als Erstes benötigen Sie ein Video im FLV- oder F4V-Format. Dieses können Sie, wie bereits weiter oben in diesem Kapitel beschrieben, über den Adobe Media Encoder erzeugen. Danach importieren Sie die Videodatei in Flash über *Datei → Importieren → Video* importieren.

1   **Dem Video einen Instanznamen geben**

Das Flash-Video befindet sich nun nach dem Importvorgang auf der Bühne. Wählen Sie es aus und geben Sie ihm in der Eigenschaftenpalette einen Instanznamen, in unserem Beispiel ist das *delfine*. Instanznamen werden benötigt, damit Elemente per ActionScript angesprochen werden können.

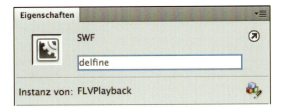

◀ **Abbildung 11-7**

In den Komponenteneigenschaften können Sie jetzt noch diverse Anpassungen vornehmen, was das Abspielverhalten, die Lautstärke und den Skin, also den Player selbst, anbelangt.

Für diesen Workshop sind die Cue-Points ganz unten in der Eigenschaftenpalette interessant. Cue-Points sind eine Art Schlüsselbilder, die auf das Video gesetzt werden können und zu einem bestimmten Zeitpunkt ein Ereignis auslösen. Cue-Points lassen sich zum einen im Adobe Media Encoder definieren und zum anderen in der Eigenschaftenpalette in Flash selbst.

2   **Einen ersten Cue-Point setzen**

Um nun Cue-Points zu setzen, gehen Sie im Skin über die Zeitleiste (Seekbar) an eine beliebige Stelle, zum Beispiel ins erste Drittel, und klicken dann unter *Cue-Points* auf die kleine Schaltfläche mit dem Pluszeichen. Daraufhin wird ein Cue-Point zu dem ausgewählten Zeitpunkt auf das Video gesetzt.

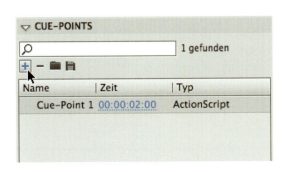

◀ **Abbildung 11-8**

3   **Einen zweiten Cue-Point setzen**

Als Nächstes erzeugen Sie einen weiteren Cue-Point im letzten Drittel des Videos. Wie Sie sehen, vergibt Flash automatisch Namen für die Cue-Points und nummeriert die durch (*Cue-Point 1*, *Cue-Point 2*, …). Die Zeitpunkte der einzelnen Cue-Points lassen sich hier ebenfalls ablesen und gegebenenfalls im Nachhinein verändern. In diesem Beispiel sehen Sie den Timecode *00:00:02:00*, der die Zeit nach dem Muster *Stunde:Minute:Sekunde:Bild* angibt. Also gibt es bei Sekunde 2 einen Cue-Point. Über das Minuszeichen lassen sich Cue-Points wieder entfernen, über den Ordner können Cue-Points importiert und über die Diskette exportiert werden.

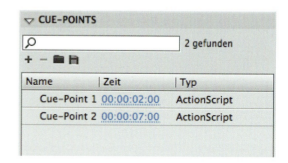

▶ **Abbildung 11-9**

4 **Zwei Schaltflächen erzeugen**

Zwei Cue-Points sollten für diese Übung ausreichen. Diese Cue-Points sollen nun über zwei Schaltflächen anzusteuern sein. Dazu werden im nächsten Schritt zwei Schaltflächen benötigt. Erzeugen Sie dazu eine neue Ebene und gestalten Sie zwei Buttons. Beschriften Sie sie und verwandeln Sie sie mithilfe der Taste ⌐F8⌐ in ein Symbol vom Typ *Schaltfläche*.

Die beiden Symbolinstanzen benötigen ebenfalls einen Instanznamen. Wählen Sie sie dazu nacheinander aus und vergeben Sie in der Eigenschaftenpalette jeweils einen Instanznamen. In diesem Beispiel wurden als Instanznamen *anfang* und *ende* genommen.

▶ **Abbildung 11-10**

5   Codefragmente nutzen

Nun fehlt noch der ActionScript-Code, um mit den Schaltflächen das Video steuern zu können. Jetzt kommen zum ersten Mal sogenannte *Codefragmente* zum Einsatz. Darunter versteht man eine Reihe nützlicher Codeschnipsel, die sich vom Anfänger in der Programmierung mit ActionScript wunderbar für viele Zwecke verwenden lassen. Die Codefragmentepalette finden Sie bei den anderen Paletten oder im Menü unter *Fenster → Codefragmente*.

▲ Abbildung 11-11

6   Den ActionScript-Code erzeugen

Um nun ein Codefragment zu verwenden, wählen Sie Ihren ersten Button aus, öffnen dann die Kategorie *Audio und Video* in der Codefragmentepalette und doppelklicken auf *Klicken, um Cue-Point zu suchen*. Daraufhin wird der entsprechende ActionScript-Code generiert, und es öffnet sich die Aktionenpalette.

> **Tipp**
>
> In Kapitel 14 erfahren Sie mehr über ActionScript und Codefragmente.

```
1
2   /* Klicken, um Cue-Point zu suchen (FLVPlayback-Komponente erforderlich)
3   Durch Klicken auf die angegebene Symbolinstanz wird ein Cue-Point des Videos in der angeg
4
5   Anweisungen:
6   1. Ersetzen Sie unten video_instance_name durch den Instanznamen der FLVPlayback-Komponen
7   2. Ersetzen Sie unten "Cue Point 1" durch den Namen des Cue-Points, der gesucht werden so
8   */
9
10  delfine.addEventListener(MouseEvent.CLICK, fl_ClickToSeekToCuePoint);
11
12  function fl_ClickToSeekToCuePoint(event:MouseEvent):void
13  {
14      // Ersetzen Sie video_instance_name durch den Instanznamen der Videokomponente.
15      // Ersetzen Sie "Cue Point" durch den Namen des Cue-Points, der gesucht werden soll.
16      var cuePointInstance:Object = video_instance_name.findCuePoint("Cue-Point 1");
17      video_instance_name.seek(cuePointInstance.time);
18  }
19  |
```

◄ Abbildung 11-12

Um den Code besser zu verstehen, wurde er auskommentiert, und Sie erhalten folgende zwei Anweisungen:

1. Ersetzen Sie unten `video_instance_name` durch den Instanznamen der FLVPlayback-Komponente, in der gesucht werden soll.

2. Ersetzen Sie `Cue-Point 1` durch den Namen des Cue-Points, der gesucht werden soll. Lassen Sie die Anführungszeichen (»«) stehen.

Wenn Sie also der Anweisung folgen und den `video_instance_name` durch define ersetzt haben, sieht der korrekte Code wie folgt aus:

```
var cuePointInstance:Object = delfine.findCuePoint("Cue-Point 1");
delfine.seek(cuePointInstance.time);
```

Der Cue-Point wurde von Flash bereits richtig mit `Cue-Point 1` benannt.

Tipp

Schauen Sie sich auch die anderen Codefragmente im Bereich *Audio und Video* an. Hier haben Sie weitere Möglichkeiten, über Codefragmente beispielsweise das Video abzuspielen, anzuhalten oder zurückzuspulen.

Wiederholen Sie nun die letzten Schritte und weisen Sie Ihrem zweiten Button das gleiche Codefragment zu. Dieses Mal müssen Sie allerdings darauf achten, im ActionScript Cue-Point 1 in Cue-Point 2 umzubenennen, da Flash hier automatisch Cue-Point 1 ausgibt.

Nun können Sie über Strg + Enter den Film testen und über die zwei Buttons das Video steuern.

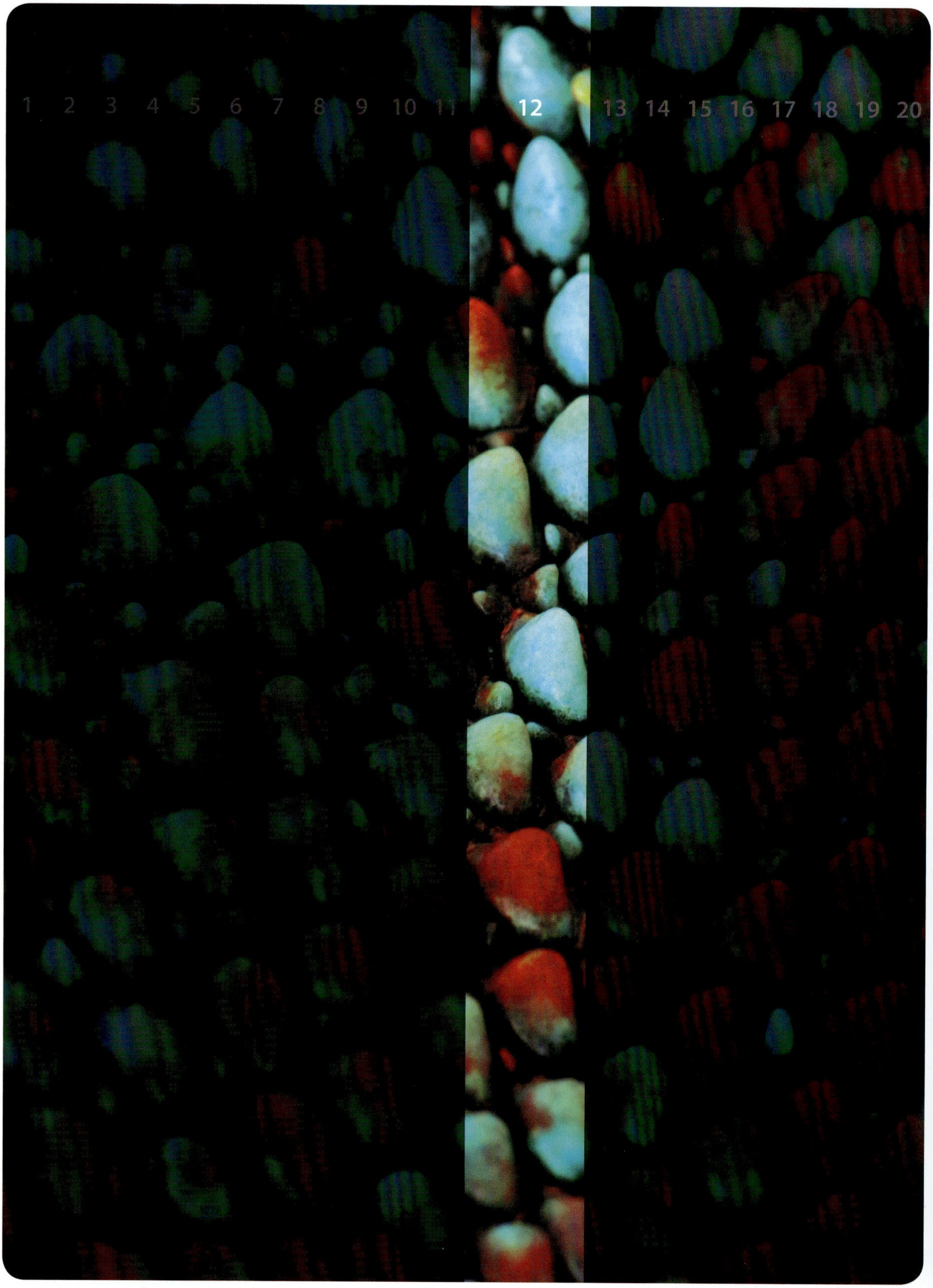
1 2 3 4 5 6 7 8 9 10 11 12 13 14 15 16 17 18 19 20

Kapitel 12

Flash-Filme veröffentlichen

Filmemacher sollten bedenken, dass man ihnen am Tag des Jüngsten Gerichts alle ihre Filme wieder vorspielen wird.

Charlie Chaplin

Exportmöglichkeiten

Veröffentlichungseinstellungen

Das Ladeverhalten optimieren

In diesem Kapitel erfahren Sie das Wichtigste darüber, was Sie zum Export von Flash-Dateien und ihrer Einbettung in Webseiten wissen müssen. Die meisten Flash-Dokumente, die tatsächlich ins Web gestellt werden, enthalten übrigens erheblich mehr Interaktivität, als Sie bisher kennengelernt haben. Damit Sie alle Möglichkeiten von ActionScript nutzen können, die ab Kapitel 13 besprochen werden, müssen Sie zunächst einmal wissen, wie Dateien exportiert und veröffentlicht werden.

Exportmöglichkeiten

Grundsätzlich haben Sie bereits eine einfache Möglichkeit zum Erstellen von SWF-Dateien kennengelernt: Der Menübefehl *Steuerung* → *Film testen* beziehungsweise das Tastenkürzel ⌨Strg + ⌨Enter exportiert die aktuelle Arbeitsdatei mit Standardeinstellungen als SWF. Für den praktischen Einsatz im Web sollten Sie sich allerdings mit den Funktionen des Menübefehls *Datei* → *Exportieren* → *Film exportieren* vertraut machen. Noch komfortabler geht es unter Umständen mit dem Befehl *Datei* → *Veröffentlichen*, der weiter unten vorgestellt wird.

Wenn Sie *Datei* → *Exportieren* → *Film exportieren* wählen (oder die etwas unhandliche Tastenkombination ⌨Strg + ⌨Alt + ⌨Umschalt + ⌨S drücken), stehen Ihnen neben dem *Flash-Film*-Format *(SWF)* noch *QuickTime*, *Animiertes GIF*, *JPEG-*, *GIF-* und *PNG-Sequenz* zur Auswahl.

Der Menübefehl *Datei* → *Exportieren* → *Bild exportieren* exportiert übrigens nur den Inhalt des aktuellen Frames (aller Ebenen) als einzelnes Bild. Die verfügbaren Dateiformate sind hier *JPEG-*, *GIF-* und *PNG-Bild* sowie *FXG*. Statt der beim Filmexport verfügbaren durchnummerierten Einzelbildsequenzen in verschiedenen Vektor- und Bitmap-Formaten werden natürlich einzelne Grafiken beziehungsweise Bilder exportiert.

FXG steht für Flash XML Graphic und ist ein spezielles Grafik-Austauschformat für Flash. Es wird von Flash, Flash Catalyst, Fireworks, Photoshop und Illustrator CS5 unterstützt.

Tabelle 12-1: Von Flash unterstützte Exportdateiformate

Dateiformat	Dateiendung (v.a. Windows)	Erläuterungen
Flash-Film (SWF)	.swf	Standardformat für den Flash Player und das Web.
Windows AVI	.avi	Die Animationen der aktuellen Zeitleiste werden als Video für Windows exportiert.
QuickTime	.mov	Der Flash-Film wird als QuickTime-Datei exportiert; je nach Einstellung wird die Zeitleiste in Video konvertiert oder als Flash-Track gespeichert.
Animiertes GIF	.gif	GIF-Datei mit mehreren Frames (Standardformat für Web-Werbebanner).
WAV Audio	.wav	Die Soundmischung der aktuellen Zeitleiste wird als WAV-Datei exportiert.
EMF-Sequenz	.emf	Die einzelnen Frames werden als durchnummerierte Abfolge einzelner EMF-Vektorgrafiken gespeichert.
WMF-Sequenz	.wmf	Durchnummerierte Sequenz von WMF-Vektorgrafiken.

Dateiformat	Dateiendung (v.a. Windows)	Erläuterungen
EPS 3.0-Sequenz	.eps	Durchnummerierte Folge von EPS-Vektorgrafiken.
Adobe Illustrator-Sequenz	.ai	Durchnummerierte Abfolge von Vektorgrafiken im Illustrator-Hausformat (erweitertes EPS).
DXF-Sequenz	.dxf	Durchnummerierte Sequenz mit dem Urahn aller Vektorformate (AutoCAD DXF).
Bitmap-Sequenz	.bmp	Durchnummerierte Abfolge von Windows-BMP-Pixelbildern.
JPEG-Sequenz	.jpg	Durchnummerierte Folge von JPEG-Bitmaps.
GIF-Sequenz	.png	Durchnummerierte Sequenz von GIF-Bildern.
PNG-Sequenz	.png	Durchnummerierte Folge von PNG-Pixelbildern.
Adobe-FXG	.fxg	Flash XML Graphic ist ein Flash-Grafik-Austauschformat.

Veröffentlichungseinstellungen

Wie bereits erwähnt, wird über *Datei → Veröffentlichen* der Flash-Film mit sämtlichen dazugehörigen Dateien veröffentlicht. Welche Formate dabei veröffentlicht werden sollen sowie sämtliche abhängigen Einstellungen finden Sie im Dialog unter *Datei → Einstellungen für Veröffentlichen*.

Im ersten Register unter *Formate* können Sie alle Formate auswählen, die veröffentlicht werden sollen. Wenn Sie ein Format aktiviert haben, erscheint zu diesem eine weitere Registerkarte mit detaillierteren Einstellungsmöglichkeiten. Folgende Formate stehen hier zur Verfügung:

Tabelle 12-2: Die von der Funktion »Veröffentlichen« unterstützten Formate

Typ	Format	Art
Flash-Film	.swf	Standardformat für den Flash-Film.
HTML	.html	HTML-Dokument mit eingebetteter SWF-Datei.
GIF-Bild	.gif	Wahlweise statisches oder animiertes GIF.
JPEG-Bild	.jpg	JPG-Grafik.

Typ	Format	Art
PNG-Grafik	.png	PNG-Grafik.
Windows-Projektor	.exe	Ausführbare EXE-Datei für Windows.
Macintosh-Projektor	.app	Ausführbare APP-Datei für Macintosh.

Selbstverständlich ist SWF das wichtigste Format, in das Sie Ihre Flash-Filme exportieren können. Die Einstellungen für den SWF-Export werden auf der Registerkarte *Flash* vorgenommen (Abbildung 12-1). Hier können Sie umfassend das Abspielverhalten Ihrer SWF-Datei beeinflussen.

Im Einzelnen stehen folgende Optionen zur Verfügung:

Player: Sie können Flash-Filme für jede Version des Flash Player von der aktuellen Version 10 bis hinunter zur historischen Version 5 exportieren. Weitere Auswahlmöglichkeiten sind:

Flash Lite 1.0 bis 4.0: Spezielle Flash-Formate für Smartphones und PDAs, die je nach Version über die Fähigkeiten von Flash Player 4 bis 10 verfügen.

Adobe AIR 2: Adobe Integrated Runtime, eine plattformunabhängige Laufzeitumgebung zur Erstellung sogenannten Rich Internet Applications (kurz: RIA) für den Desktop.

iOS (ehem. iPhone OS): Exportmöglichkeit von Flash-Applikationen für das iPhone/iPod. Wie bereits im Vorwort angesprochen, hatte Apple kurz vor der Veröffentlichung von Flash CS5 die Entwicklung von Apps mit Nicht-Apple-Werkzeugen untersagt, sodass Adobe zunächst ankündigte, den Support für iOS auslaufen zu lassen und sich demnächst stattdessen im Android-Bereich zu engagieren. Ende September 2010 hat Apple diese Einschränkung wieder zurückgenommen, sodass Sie nun grundsätzlich Apps mit Flash entwickeln können. Inzwischen sind im AppStore sogar die ersten Flash-basierten Apps erhältlich.

Skript: Flash unterstützt seit der Version CS3 die neu eingeführte, stark erweiterte und zu den älteren Varianten inkompatible Version ActionScript 3.0. Wenn Sie diese Features nutzen, müssen Sie hier die Version 3.0 auswählen; dazu gehört mindestens das Format *Flash Player 9*. Für *ActionScript 2.0* ist mindestens Flash Player 7 nötig. Haben Sie ActionScript 2.0 oder 3.0 gewählt, können Sie über die Schaltfläche *Einstellungen* die Importverzeichnisse für Klassen (den *Klassenpfad*) wählen. Bei ActionScript 3.0 lässt sich zusätzlich die *Dokumentklasse* wählen, auf der das aktuelle Dokument basieren soll. Näheres über die verschiedenen ActionScript-Versionen und -Einstellungen erfahren Sie ab Kapitel 13.

Warnung

Wenn Sie Ihren Film für ältere Flash Player-Versionen exportieren, verliert er stillschweigend einige seiner Inhalte und Fähigkeiten. Beispielsweise wird klassenbasiertes ActionScript 2.0 erst seit Version 7 unterstützt. Sie sollten das Ergebnis also auf jeden Fall testen, bevor Sie es im Web oder anderweitig veröffentlichen.

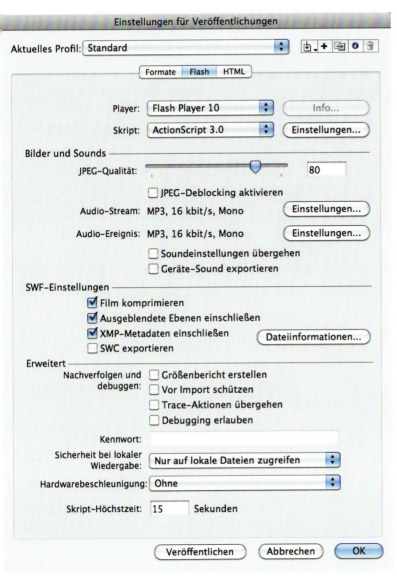

Einstellungen für Veröffentlichungen

Aktuelles Profil: Standard

Formate | Flash | HTML

Player: Flash Player 10 — Info...

Skript: ActionScript 3.0 — Einstellungen...

Bilder und Sounds

JPEG-Qualität: [————————●————] 80

☐ JPEG-Deblocking aktivieren

Audio-Stream: MP3, 16 kbit/s, Mono — Einstellungen...

Audio-Ereignis: MP3, 16 kbit/s, Mono — Einstellungen...

☐ Soundeinstellungen übergehen
☐ Geräte-Sound exportieren

SWF-Einstellungen

☑ Film komprimieren
☑ Ausgeblendete Ebenen einschließen
☑ XMP-Metadaten einschließen — Dateiinformationen...
☐ SWC exportieren

Erweitert

Nachverfolgen und debuggen:
☐ Größenbericht erstellen
☐ Vor Import schützen
☐ Trace-Aktionen übergehen
☐ Debugging erlauben

Kennwort: [   ]

Sicherheit bei lokaler Wiedergabe: Nur auf lokale Dateien zugreifen ⌄

Hardwarebeschleunigung: Ohne ⌄

Skript-Höchstzeit: 15 Sekunden

Veröffentlichen | Abbrechen | OK

▲ **Abbildung 12-1** SWF-Exporteinstellungen im Dialog »Einstellungen für Veröffentlichungen«

JPEG-Qualität: Wie Sie in Kapitel 9 erfahren haben, können Sie bei importierten Bitmaps entweder eine individuelle Komprimierungseinstellung vornehmen oder aber bestimmen, dass diese die Standardkomprimierung des Dokuments aufweisen sollen. Für Letztere können Sie hier die JPEG-Komprimierungsstärke einstellen. Der Faktor 0 erzeugt die kleinsten Dateien, allerdings mit indiskutabler Qualität; bei 100 ist die Qualität hervorragend, aber ein Film mit vielen Bitmaps wird schnell groß. Sie sollten in der Regel von Faktor 50 ausgehen und sich langsam in beide Richtungen vortasten. Besser ist es ohnehin, wenn Sie jedem Bild seine eigenen Komprimierungseinstellungen zuweisen.

JPEG-Deblocking aktivieren: Wenn Sie einen besonders starken JPEG-Komprimierungsfaktor verwenden, sollten Sie dieses Kontrollkästchen aktivieren. Es verringert das Auftreten der sogenannten JPEG-Artefakte (Fehler auf den Übergängen der komprimierten Quadrate).

Audio-Stream: An dieser Stelle können Sie die globalen Einstellungen für die Komprimierung von Stream-Sounds vornehmen. Die Komprimierungseinstellungen selbst wurden bereits in Kapitel 11, erläutert.

Audio-Ereignis: Für Ereignissounds können Sie hier auf Wunsch separate Einstellungen vornehmen.

Soundeinstellungen übergehen: Wenn Sie dieses Feld aktivieren, werden sämtliche individuellen Komprimierungseinstellungen ignoriert, die Sie möglicherweise bei einzelnen Sounds vorgenommen haben. Alle Sounds erhalten dann die Standardeinstellungen, die Sie unter *Audio-Stream* beziehungsweise *Audio-Ereignis* vornehmen.

Geräte-Sound exportieren: Falls Sie bei einzelnen Soundressourcen *Geräte-Sounds* als Ersatz für mobile Geräte definiert haben (siehe Kapitel 10), müssen Sie dieses Kontrollkästchen aktivieren, damit sie exportiert werden.

Film komprimieren: Diese für Flash Player ab Version 6 verfügbare Option sollten Sie auf jeden Fall aktivieren, da sie neben Bitmaps, Sounds und Videos auch Zeichnungen und Texte komprimiert.

Ausgeblendete Ebenen einschließen: Wenn Sie dieses Kontrollkästchen deaktivieren, werden ausgeblendete Ebenen nicht mit exportiert. In den Versionen vor Flash CS3 gab es diese Möglichkeit nicht.

XMP-Metadaten einschließen: Ist diese Option aktiv, werden XMP-Metadaten in die SWF-Datei mit integriert. In die XMP-Metadaten lassen sich Beschreibungen und Tags hinzufügen. Über die Schaltfläche *Dateiinformationen* haben Sie Zugriff auf diese Metadaten und können sie im dazugehörigen Dialogfenster editieren. Diese Metadaten können z.B. über die Medienverwaltung Adobe Bridge angezeigt werden und geben Ihnen somit Zusatzinformationen, ohne die SWF-Datei in Flash öffnen zu müssen.

SWC exportieren: Das SWC-Format wird verwendet, um selbst erstellte Komponenten zu verteilen. Ist dieses Kontrollkästchen aktiviert, wird eine entsprechende Datei erzeugt. Diese Option wurde mit Flash CS3 eingeführt, in Vorgängerversionen wurden SWC-Dateien ausschließlich über das Kontextmenü der Bibliothek generiert.

Größenbericht erstellen: Wenn Sie dies ankreuzen, zeigt Flash in seinem Ausgabefenster nach dem Export einen Überblick über das zu erwartende Ladeverhalten des Films an; diese Information wird als Textdatei gespeichert. Ein Beispiel wird weiter unten im Abschnitt *Das Ladeverhalten optimieren* gezeigt.

Vor Import schützen: Wenn Sie dieses Kontrollkästchen aktivieren, kann Ihr SWF-Film nicht mehr ohne Weiteres in Flash importiert werden. Beachten Sie allerdings, dass das keine hundertprozentige Sicherheit bietet: Im Web stehen zahlreiche *Flash Decompiler* zum Download bereit, die den Schutz aufheben (sollten Sie sich auf diese Weise aus Ihrem eigenen Film »ausgesperrt« haben, genügt eine Google-Suche nach diesem Stichwort).

Trace-Aktionen übergehen: Die ActionScript-Funktion `trace()`, die in Kapitel 14 vorgestellt wird, ermöglicht Ihnen während der Entwicklung die Ausgabe beliebiger Texte zur Kontrolle und Fehlersuche in Ihren Skripten. Damit Sie diese Befehle vor der Veröffentlichung nicht einzeln suchen und löschen müssen, genügt es, stattdessen diesen Eintrag anzukreuzen.

Debugging erlauben: Der SWF-Film wird mit erweiterten Informationen zur ActionScript-Fehlersuche exportiert. Diese können Sie mithilfe des Flash-Debuggers (Menü *Debuggen*) auswerten.

Kennwort: Falls Sie *Vor Import schützen* ausgewählt haben, können Sie hier ein Kennwort festlegen, das den Import dennoch ermöglicht.

Sicherheit bei lokaler Wiedergabe: Hier können Sie wählen, aus welcher Quelle dynamische Daten geladen werden dürfen, wenn die SWF-Datei lokal auf einem Rechner ausgeführt (und nicht auf einer Website angezeigt) wird. Sie haben die Wahl zwischen *Nur auf lokale Dateien zugreifen* (die Dateien müssen sich zusammen mit der SWF-Datei im selben lokalen Ordner befinden) und *Nur auf Netzwerk zugreifen* (die Dateien müssen im Internet liegen und per HTTP geladen werden). Beide Optionen gleichzeitig sind aus Sicherheitsgründen nicht verfügbar.

Hardwarebeschleunigung: Diese Einstellung kann in einigen Fällen die Wiedergabe von Animationen und Videos beschleunigen. Hier werden zwei Stufen angeboten:

- **Stufe 1 - Direkt:** In diesem Modus wird der schnellste Weg zum Monitor gesucht. Bei Windows-PCs wird DirectDraw und Direct3D verwendet, bei Mac- und Linux-Rechnern kommt OpenGL zum Einsatz.

- **Stufe 2 - GPU:** Bei diesem Modus wird die Unterstützung des Grafikprozessors aktiviert, um so die CPU, also den Hauptprozessor, zu entlasten.

Skript-Höchstzeit: An dieser Stelle können Sie bestimmen, wie lange ein in Ihrem SWF-Film enthaltenes Skript maximal ausgeführt werden darf. Das verhindert versehentliche Endlosschleifen und gewisse Sicherheitsprobleme. Die Voreinstellung von 15 Sekunden dürfte meist in Ordnung sein.

Nachdem Sie nun alle Einstellungen vorgenommen haben, können Sie auf *OK* klicken. Anschließend wählen Sie *Datei* → *Exportieren* → *Film exportieren* und stellen das Format *SWF-Film* ein. Damit wird Ihr Film als SWF-Datei exportiert.

Die vollautomatische Veröffentlichung von SWF und HTML wird weiter unten in diesem Kapitel behandelt.

SWF-Dateien in HTML-Dokumente einbetten

Nachdem Sie soeben erfahren haben, wie SWF-Dateien manuell exportiert werden, besteht der nächste Schritt in der Regel darin, diese in HTML-Dokumente einzubetten. In diesem Unterabschnitt lernen Sie verschiedene Methoden kennen, mit denen Sie das erledigen können.

Es gibt einige unterschiedliche Möglichkeiten zur SWF-Einbettung. Das liegt vor allem daran, dass der Flash Player nicht in jedem Browser gleich funktioniert. Im Wesentlichen gibt es die beiden Varianten *Mozilla-kompatibles Plug-in* und *Microsoft ActiveX-Control*.

Die Plug-in-Schnittstelle wurde bereits in Version 2.0 des Netscape Navigator (1995) eingeführt. Plug-ins erweitern den Browser, sodass er zusätzliche Dateiformate anzeigen kann. In Firefox und anderen neueren Browsern der Mozilla-Familie können Plug-ins oft automatisch heruntergeladen und installiert werden, bei manchen älteren müssen Sie sie manuell herunterladen, den Browser beenden, das Plug-in in dessen Unterverzeichnis *plugins* kopieren und ihn anschließend neu starten.

Die *ActiveX*-Technologie wurde von Microsoft 1996 als Bestandteil des Internet Explorer 3.0 für Windows eingeführt; auch der Flash Player wurde schon bald darauf als ActiveX-Control angeboten. Ein ActiveX-Control ist eine Softwarekomponente, die der Browser automatisch herunterladen und ohne Neustart aktivieren kann. Für Anwender ist diese Technik sehr bequem, aber leider auch gefährlich: ActiveX-Controls besitzen die gleichen Rechte und Fähigkeiten wie lokale Programme, sodass es kein Problem ist, ein ActiveX-Control zu programmieren, das spioniert oder gar die Festplatte formatiert! Deshalb ist es wichtig, dass in den Sicherheitsoptionen des Internet Explorer folgende Voreinstellungen vorgenommen werden:

- *Signierte ActiveX-Steuerelemente herunterladen:* Seriöse Anbieter versehen ihre ActiveX-Controls mit einer digitalen Signatur – eine vertrauenswürdige Certification Authority (CA) bestätigt, dass die Identität des Anbieters korrekt ist. Stellen Sie diesen Punkt auf *Bestätigen*, damit dieses Zertifikat vor dem Download angezeigt wird und bestätigt werden muss. Das ist wichtig, weil natürlich auch Anbieter mit zerstörerischen Absichten eine Signatur erwerben können – wenn Ihnen der im Zertifikat beglaubigte Name des Anbieters nicht geheuer ist, sollten Sie den Download abbrechen.

- *Ausführung von bisher nicht verwendeten ActiveX-Steuerelementen ohne Eingabeaufforderung* sollte deaktiviert bleiben.

- *Unsignierte ActiveX-Steuerelemente herunterladen:* Diesen Punkt sollten Sie unter allen Umständen auf *Deaktivieren* stellen – bei unsignierten ActiveX-Controls ist die Identität des Anbieters nicht gesichert, sodass sie Crackern eine ideale Angriffsplattform bieten.

Erfreulicherweise sind diese Einstellungen in aktuellen Versionen des Internet Explorer Standard. Sie sollten sie aber dennoch überprüfen, bevor Sie mit diesem Browser im Web surfen.

Zum Einbetten von Flash-Filmen wird das HTML-Tag `<object>` eingesetzt. Allerdings sind die konkreten Attribute für ActiveX (Internet Explorer) und Plug-in (Mozilla und andere) leicht unterschiedlich.

Damit beide Browservarianten angesprochen werden können, werden die beiden `<object>`-Tags ineinander verschachtelt. Die Mozilla-Browser ignorieren den Code für den Internet Explorer automatisch, da hier das Attribut `classid` auf ActiveX hinweist.

Damit der Internet Explorer seinerseits die Plug-in-Variante ignoriert, wird dieser Code in spezielle Kommentarblöcke gesetzt: `<!-- [if !IE] -->` und `<!-- [endif] -->` wird nur von den Microsoft-Browsern ausgewertet und besagt, dass diese den enthaltenen Code überlesen sollen.

Der folgende Codeblock bindet eine zuvor exportierte SWF-Datei namens *test.swf* in ein HTML-Dokument ein:

```
<object classid="clsid:d27cdb6e-ae6d-11cf-96b8-444553540000"
width="550" height="400" id="test" align="middle">
<param name="movie" value="test.swf" />
<param name="quality" value="high" />
<param name="bgcolor" value="#ffffff" />
<param name="play" value="true" />
<param name="loop" value="true" />
<param name="wmode" value="window" />
<param name="scale" value="showall" />
<param name="menu" value="true" />
<param name="devicefont" value="false" />
<param name="salign" value="" />
<param name="allowScriptAccess" value="sameDomain" />
<!--[if !IE]>-->
<object type="application/x-shockwave-flash" data="test.swf"
width="550" height="400">
<param name="movie" value="test.swf" />
<param name="quality" value="high" />
<param name="bgcolor" value="#ffffff" />
<param name="play" value="true" />
<param name="loop" value="true" />
<param name="wmode" value="window" />
<param name="scale" value="showall" />
<param name="menu" value="true" />
<param name="devicefont" value="false" />
<param name="salign" value="" />
<param name="allowScriptAccess" value="sameDomain" />
<!--<![endif]-->
<a href="http://www.adobe.com/go/getflash">
<img src="http://www.adobe.com/images/shared/download_buttons/get_
flash_player.gif" alt="Get Adobe Flash Player" />
</a>
```

Hinweis

Früher kam für die Plug-in-Variante das Tag `<embed>` zum Einsatz, das allerdings veraltet ist und nicht mehr benutzt werden sollte.

Alternative SWFObject

Eine interessante Alternative für das Einbetten von SWF-Filmen in HTML-Dokumente bietet das Projekt SWFObject. Mithilfe von JavaScript wird zunächst geprüft, ob die passende Flash-Version installiert ist, gegebenenfalls wird sie nachinstalliert. Auf Wunsch kann SWFObject auch den Code zur Einbettung selbst mithilfe von JavaScript generieren. Download und weitere Infos gibt es unter *code.google.com/p/swfobject*.

```
<!--[if !IE]>-->
</object>
<!--<![endif]-->
</object>
```

Wie Sie sehen, kommen innerhalb der `<object>`-Tags jeweils zahlreiche `<param>`-Tags zum Einsatz, die das genaue Verhalten des Flash Player bestimmen. In Tabelle 12-3 sehen Sie die wichtigsten dieser möglichen Parameter im Überblick. Am wichtigsten ist selbstverständlich `movie`, da er die URL beziehungsweise den Pfad des abzuspielenden Flash-Films angibt.

Tabelle 12-3: Die wichtigsten Parameter zum Einbetten von Flash-Filmen

Parameter	Erläuterung
`movie`	URL des Flash-Films (bei `<object>` heißt es `movie` statt `src`).
`width`	Breite des Flash-Anzeigebereichs in Pixeln (`"550"`) oder Prozent des Browserfensters (`"80%"`).
`height`	Höhe des Flash-Bereichs.
`play`	Soll der Flash-Film automatisch gestartet werden? `"true"` oder `"false"`.
`loop`	Soll der Film in einer Schleife abgespielt werden? `"true"` oder `"false"`.
`quality`	Abspielqualität: verschiedene Stufen von `"high"` (hoch, aber lange Ladezeit) bis `"low"` – nähere Betrachtung im Abschnitt *Das Ladeverhalten optimieren*.
`devicefont`	`"true"`: keine Schriften einbetten, sondern Standardschriften benutzen (speichersparend, aber meist unbrauchbar).
`wmode`	Normalerweise wird ein Flash-Film in einem abgegrenzten Bereich angezeigt. `wmode="opaque"` erlaubt Überlappungen und zeichnet den Film deckend; `wmode="transparent"` macht sogar seinen Hintergrund transparent.
`align`	Ausrichtung des Films im Fenster: `left`/`right`: von Text umflossen; `top`/`bottom`: in Textzeile eingereiht.
`menu`	Soll bei Rechtsklick auf den Flash-Film ein Steuermenü eingeblendet werden? `"true"` oder `"false"`.
`scale`	Skalierung des Films in seinem Bereich: `"noborder"` (bis zum Rand zoomen), `"exactfit"` (passgenau) oder `"noscale"` (zuschneiden).
`salign`	Ausrichtung des Films in seinem Bereich; 1 bis 2 Buchstaben: `l` (links), `r` (rechts) oder keiner (Mitte); `t` (oben), `b` (unten) oder keiner (Mitte). Beispiele: `"l"` (links Mitte), `"rb"` (rechts unten), `"t"` (Mitte oben).

Projektoren

Ein besonders interessantes Exportformat sind übrigens die *Projektoren*: Sie verknüpfen den eigentlichen Film mit einem Flash Player für die angegebene Plattform (Windows oder Mac OS). Auf diese Weise kann ein Flash-Film auch auf einem Rechner wiedergegeben werden, der keinen Flash Player enthält. Das ist vor allem für die Erstellung von Multimedia-CD-ROMs beziehungsweise -DVDs nützlich – kein Wunder, wurde doch diese Technik von Macromedia Director, dem Klassiker im Bereich Offline-Multimedia, inspiriert. Dort ist der Projektor das bevorzugte Exportformat.

Automatisierung mit der Funktion Veröffentlichen

Den HTML-Code zum Einbetten können Sie übrigens auch von Flash automatisch erzeugen lassen. Dazu dient die Funktion *Veröffentlichen*. In aller Regel sollten Sie davon Gebrauch machen, statt den Code selbst zu schreiben

Öffnen Sie zunächst den Dialog *Datei → Einstellungen für Veröffentlichungen*, um festzulegen, in welchen Dateiformaten Ihr Film exportiert werden soll. Normalerweise sind *Flash (.swf)* und *HTML (.html)* aktiviert. Standardmäßig erstellt *Veröffentlichen* nämlich automatisch ein HTML-Dokument mit eingebetteter SWF-Datei. Genau um diesen Fall geht es hier natürlich.

In Abbildung 12-2 sehen Sie den Dialog *Einstellungen für Veröffentlichungen* im Grundzustand. Auf der Registerkarte *Formate* wird zunächst einmal eingestellt, welche Dateien beim Veröffentlichen erstellt werden sollen. Wenn Sie unter *Typ* weitere Dateiformate ankreuzen, kommen zusätzliche Registerkarten mit Einstellungen für diese Formate hinzu.

Hinter jedem ausgewählten Format können Sie eingeben, wie die jeweilige Datei heißen soll. Normalerweise wird der Name Ihrer aktuellen Arbeitsdatei mit der jeweiligen Formatendung benutzt; die Schaltfläche *Standardnamen verwenden* stellt diesen Zustand auch nach Änderungen wieder her. Wenn Sie auf das Ordnersymbol hinter einem Dateinamen klicken, können Sie das Verzeichnis wählen, in dem die entsprechende Datei gespeichert werden soll.

Ganz oben im Dialogfenster können Sie sogenannte *Profile* verwalten, um Ihre Einstellungen für den späteren Einsatz zu speichern. Das Pop-up-Menü links dient der Auswahl des gewünschten Profils; anfangs ist nur *Standard* vorhanden. Die Schaltflächen haben von links nach rechts folgende Aufgaben:

- **Profil importieren/exportieren:** Sie können ein Profil als XML-Datei abspeichern oder eine solche Datei auch wieder laden. Da XML-Dateien aus Klartext bestehen, lassen sie sich auf Wunsch mit einem beliebigen Texteditor ändern.

- **Neues Profil erstellen:** Mit diesem Button legen Sie ein neues Profil an, wobei Sie zunächst nach einem Namen dafür gefragt werden.

- **Profil duplizieren:** Erstellt eine Kopie des aktuellen Profils. Auf diese Weise lässt sich schneller ein Profil mit wenigen Abweichungen erstellen.

- **Profil umbenennen:** Hier können Sie dem aktuellen Profil einen neuen Namen zuweisen.

- **Profil löschen:** Löscht das aktuelle Profil. Beachten Sie, dass Sie kein Profil löschen können, solange nur eins existiert.

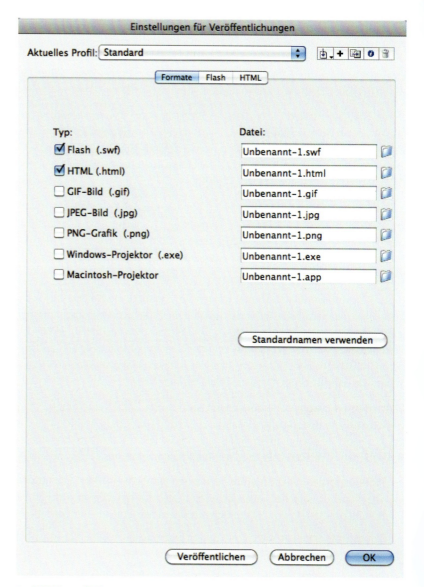

▲ **Abbildung 12-2** Der Dialog »Einstellungen für Veröffentlichungen«

Die Einstellungen auf der Registerkarte *Flash* wurden bereits weiter oben erläutert, deshalb sehen wir uns hier nur noch die Registerkarte *HTML* an. Sie wird in Abbildung 12-3 gezeigt und ermöglicht zahlreiche Einstellungen für den HTML-Code zur Flash-Einbettung.

Unter *Vorlage* können Sie zwischen verschiedenen HTML-Einbettungsvarianten wählen. Klicken Sie die Schaltfläche *Über* an, um Näheres über eine bestimmte Vorlage zu erfahren. Für gewöhnlich sollte die Voreinstellung *Nur Flash* genügen, die die weiter oben vorgestellte Kombination aus den Tags <object> und <embed>

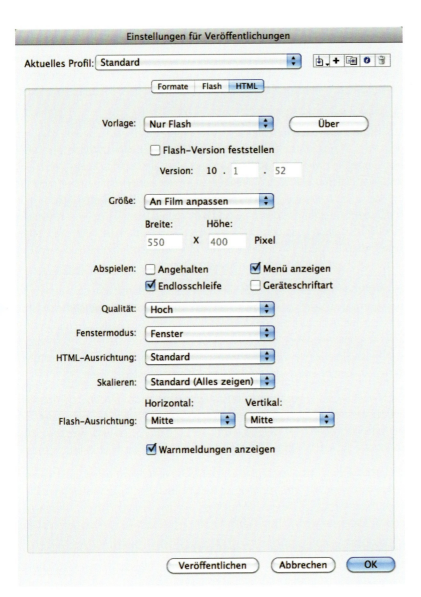

▲ Abbildung 12-3 Veröffentlichungseinstellungen für die automatisch erzeugte
HTML-Datei

erstellt. Es handelt sich bei diesen Vorlagen um HTML-Code mit einigen Platzhaltern für die im Menü einstellbaren Optionen.

Wenn Sie von spezifischen Möglichkeiten der aktuellen Flash-Version Gebrauch
machen, ist es wünschenswert, dass kein älterer Flash Player versucht, Ihren Film
abzuspielen. Dafür ist die Option *Flash-Version feststellen* zuständig: Die exportierte
HTML-Datei enthält zusätzlich JavaScript-Code zur Versionskontrolle. Wenn der gewünschte Player vorhanden ist, wird dadurch der Flash-Film angezeigt, andernfalls
erscheint nur ein Warnhinweis.

Unter *Größe* stehen drei Optionen zur Verfügung: *An Film anpassen* trägt automatisch die tatsächliche Pixelgröße des aktuellen Films ein, was meist wünschenswert ist. Wenn Sie *Pixel* wählen, können Sie eine beliebige andere Pixelgröße angeben, während *Prozent* Ihnen Größenangaben des Browserfensters in Prozent ermöglicht.

Unter *Abspielen* können Sie vier Optionen für das Abspielverhalten des Films auswählen: Wenn Sie *Angehalten* ankreuzen, wird explizit der Parameter play mit dem Wert "false" hinzugefügt, sodass der Film nach dem Laden in der Regel nicht abgespielt wird – das ist ideal, wenn er erst auf Knopfdruck oder bei einem speziellen Ereignis starten soll. *Menü anzeigen* kontrolliert das Attribut menu für das Menü, das beim Anklicken des Films mit der rechten Maustaste erscheint. Mit *Endlosschleife* steuern Sie den bereits erwähnten Parameter loop. Das Aktivieren von *Geräteschriftart* setzt den Parameter devicefont auf "true". Das macht Ihre Filme möglicherweise hässlicher, weil die Schriften nicht mehr so aussehen wie ursprünglich geplant, aber es spart Speicherplatz.

Die restlichen Werte werden über Pop-up-Menüs eingestellt. Die *Qualität* wurde bereits erwähnt; Unterschiede zwischen den einzelnen Werten werden im nächsten Abschnitt erläutert. Der *Fenstermodus* entspricht dem weiter oben in der Tabelle beschriebenen Parameter wmode: Er bestimmt, ob der Flash-Film einen allein stehenden Block auf der Webseite bildet (Einstellung *Fenster*) oder ob er – mit oder ohne Transparenz – von anderen Objekten überlagert werden kann.

Die *HTML-Ausrichtung* legt fest, wie der Flash-Film relativ zu den umgebenden Inhalten auf der Webseite positioniert werden soll: *Links* und *Rechts* sorgen dafür, dass er auf der entsprechenden Seite des Bildschirms von Text umflossen wird, während *Oben* oder *Unten* ihn auf der entsprechenden Höhe in den Textfluss einer Zeile integrieren.

Die beiden letzten Einstellungen, *Skalieren* und *Flash-Ausrichtung*, haben nur dann eine Bedeutung, wenn die Größenangabe für die Einbettung nicht der tatsächlichen Bühnengröße entspricht. In diesem Fall bestimmt *Skalieren*, wie der Film in den Anzeigebereich eingepasst wird, während *Flash-Ausrichtung* seine Positionierung darin festlegt.

Nachdem Sie einen Flash-Film mit den Optionen *HTML* und *SWF* veröffentlicht haben, befinden sich insgesamt drei neue Dateien im entsprechenden Verzeichnis:

- *<Standardname>.html* – die HTML-Datei, die Sie beliebig an das Layout Ihrer Website anpassen oder um zusätzliche Elemente ergänzen können.

- *<Standardname>.swf* – die eigentliche SWF-Datei.

- *AC_RunActiveContent.js* – eine JavaScript-Datei, die durch die HTML-Datei importiert wird. Sie enthält den nötigen Code für Active Content, das heißt für das sofortige Ausführen von Flash-Filmen im Internet Explorer ohne vorherigen Klick. Wenn Ihre Website ein Verzeichnis mit mehreren HTML-Seiten und in diese eingebetteten SWF-Filmen enthält, brauchen Sie diese Datei darin trotzdem nur einmal.

Den FlashLite-Export testen

Der bereits angesprochene Dialog *Film testen* bietet eine besondere Zusatzfunktion, wenn Sie FlashLite für Smartphones exportieren: Er stellt simulierte Oberflächen zahlreicher Mobiltelefone mit entsprechenden SymbianOS-Versionen zur Verfügung. So können Sie die FlashLite-Funktionalität testen, ohne die verschiedenen Mobiltelefone besitzen zu müssen.

Stellen Sie auf der Registerkarte *Flash* in den *Einstellungen für Veröffentlichungen* unter *Version* zunächst eine der FlashLite-Varianten (von 1.0 bis 4.0) ein. Klicken Sie dann auf *OK*, um diese Einstellung als (vorübergehenden) Standard beizubehalten. Noch besser ist es, ein entsprechendes Profil zu erstellen und dieses jeweils auszuwählen.

Wählen Sie nun *Steuerung → Film testen* oder drücken Sie `Strg` + `Enter`. Flash startet das externe Hilfsprogramm Adobe Device Central, das in Abbildung 12-4 zu sehen ist.

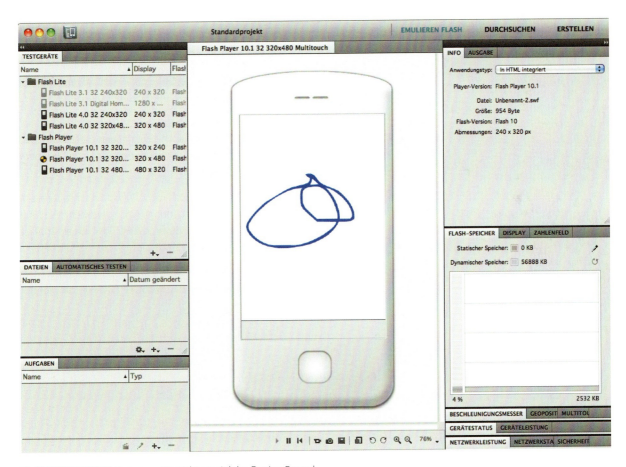

▲ **Abbildung 12-4** Test eines SWF-Films in Adobe Device Central

Das Ladeverhalten optimieren

Wahrscheinlich haben Sie bereits an den zahlreichen Parametern zum Einbetten von Flash-Filmen gemerkt, dass sich deren Ladeverhalten sehr stark modifizieren lässt. In diesem kurzen Abschnitt geht es speziell um die Verminderung der Dateigröße, die für schnellere Downloads sorgt.

Wie bereits im ersten Kapitel erwähnt, ist SWF grundsätzlich ein Streaming-Format: Sobald der Flash Player genügend Daten empfangen hat, um ein Frame abzuspielen, zeigt er es auch schon an. In den meisten Fällen ist das wünschenswert. Falls Sie allerdings besonders datenintensive Anwendungen erstellen, kann es vorkommen, dass diese zu langsam geladen werden und ins Stocken geraten. In solchen Fällen müssen Sie bestimmte Inhalte vorausladen – die entsprechenden ActionScript-Anweisungen werden in Kapitel 17 erläutert.

Einer der wichtigsten Faktoren für das Ladeverhalten ist die Einstellung der Qualität, mit der ein SWF-Film abgespielt werden soll. Das geschieht mithilfe des HTML-Einbettungsparameters quality oder über die zugehörige Option *Qualität* auf der Registerkarte *HTML* der *Einstellungen für Veröffentlichungen*. Hier sehen Sie die möglichen Werte für quality (in Klammern finden Sie jeweils die zugehörige Dialogeinstellung):

best (Maximal): Höchste Qualitätsstufe. Sieht brillant aus, aber das Laden dauert am längsten.

high (Hoch): Sehr gute Qualität. Die richtige Wahl für die meisten Flash-Filme, vor allem für solche, die überwiegend aus Standbildern bestehen, da niedrigere Qualität hier am meisten stört.

medium (Mittel): Mittlere Qualität. Passend für Filme, die fast ausschließlich aus schneller Animation bestehen – allerdings nur dann, wenn eine Messung ergeben hat, dass hohe Qualität mit der gewünschten Downloadrate nicht funktionieren würde.

low (Niedrig): Geringste Qualitätsstufe. Im Grunde völlig unbrauchbar, weil der Film damit sehr grob und hässlich aussieht. In absoluten Ausnahmefällen für schnelle Animationen geeignet, wenn selbst medium noch nicht ausreicht. Allerdings sollten Sie sich dann eher Gedanken über eine Vereinfachung der Animation machen oder Teile des Films vorausladen lassen (siehe Kapitel 16).

autohigh (Automatisch hoch): Der Flash Player entscheidet selbst über die Qualität. Wenn die Netzwerkbandbreite einen Ermessensspielraum lässt, entscheidet er sich bevorzugt für hohe Qualität.

autolow (Automatisch niedrig): Auch bei dieser Qualitätsstufe überlassen Sie die Entscheidung dem Flash Player, wobei er im Zweifelsfall eher eine niedrige Qualität als eine längere Ladezeit wählt.

In etwa 90% aller Fälle sollten Sie sich also für high entscheiden. Auch in den restlichen Fällen ist die pauschale Verwendung von medium oder gar low nicht unbedingt angebracht. Eher sollten Sie (in dieser Reihenfolge) Inhalte und Animationen so weit wie möglich vereinfachen, dann zeitkritische Teile vorausladen und schließlich, falls es wirklich nötig ist, die Qualität an ausgewählten Stellen per ActionScript verringern. Für Letzteres ist die Eigenschaft _quality zuständig, die im nächsten Kapitel erläutert wird.

Die zweite Veröffentlichungseinstellung, die mit dem Ladeverhalten zu tun hat, betrifft den Einsatz von Schriftarten: Sie können die Eigenschaft devicefont (als <param> für <object> beziehungsweise als Attribut für <embed>) auf "true" setzen, um zu bestimmen, dass die Schriftkonturen Ihres Films nicht mitexportiert werden. Dem entspricht übrigens das Ankreuzen von *Geräteschriftart* unter *HTML* im Dialog *Einstellungen für Veröffentlichungen*. Auch diese Option sollten Sie nur in Ausnahmefällen wählen, denn schließlich ist es eine der größten Stärken von Flash, dass Sie die Schriftarten, anders als bei HTML-Dokumenten, frei wählen können. Wenn ausgerechnet das Probleme beim Laden verursacht, gilt der allgemeine typografische Rat, dass *weniger mehr* ist: Es gibt kaum je einen Fall, in dem Sie im selben Dokument mehr als zwei unterschiedliche Schriften verwenden sollten.

Der Bandbreiten-Profiler

Flash enthält ein praktisches Hilfsmittel, um das Ladeverhalten von Filmen zu messen: Aktivieren Sie im Fenster der Option *Film testen* den Menüpunkt *Ansicht → Bandbreiten-Profiler*. Über dem SWF-Film wird dadurch eine Skala eingeblendet, die die Verteilung der Bytes beim Laden des Films aus dem Internet anzeigt. Abbildung 12-5 zeigt den Bandbreiten-Profiler im Einsatz.

Im Menü *Ansicht* können Sie einige Einstellungen vornehmen, die das Verhalten dieses Werkzeugs beeinflussen. Zunächst einmal können Sie sich zwischen einer *Streaming-Grafik* und einer *Bild-für-Bild-Grafik* entscheiden. Die Streaming-Grafik zeigt das tatsächliche Ladeverhalten an: Die Daten der einzelnen Frames werden gemäß der eingestellten Downloadrate gleichmäßig verteilt. Wo Säulen über die rote Linie hinausragen, kommt der Flash Player mit einem Frame nicht rechtzeitig nach. Hier müssen Sie mit Wartezeit und infolgedessen mit einem ruckelnden Film rechnen. An solchen Stellen sollten Sie über Vereinfachungen oder über Vorausladetechniken nachdenken.

Im Gegensatz dazu zeigt die Bild-für-Bild-Grafik die Daten jedes einzelnen Frames nur an dessen eigener Position an. Im Grunde gibt sie also Aufschluss über den Extremfall: So sieht das Ladeverhalten aus, wenn Daten nicht rechtzeitig vorausgeladen werden können.

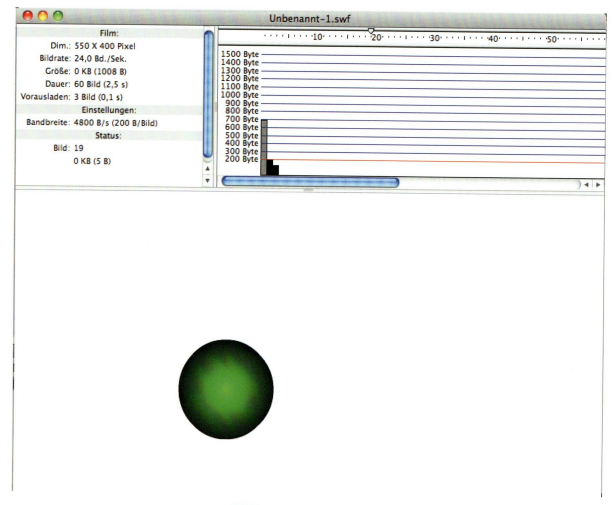

▲ **Abbildung 12-5** Der Bandbreiten-Profiler

Unter *Ansicht → Download-Einstellungen* können Sie festlegen, für welche Netzwerkbandbreite die Grafik erstellt werden soll. Beachten Sie, dass Netzwerkverbindungen nicht durchgehend mit der maximalen theoretischen Downloadrate betrieben werden. DSL oder ein 56,6-kb/s-Modem sind also nicht unbedingt dauerhaft so schnell, wie es hier angegeben ist. Deshalb lohnt es sich durchaus, auch die Verhältnisse bei der nächstniedrigeren Geschwindigkeit als der gewünschten zu betrachten. Wählen Sie den Unterpunkt *Anpassen*, wenn Sie andere Geschwindigkeiten hinzufügen möchten; das muss allerdings in der eher unüblichen Einheit Byte/s geschehen. Für Europa sollten Sie beispielsweise *ISDN* hinzufügen, das in den USA nicht so weit verbreitet ist. Als einigermaßen realistischen Wert können Sie dort 7.000 Byte/s eintragen.

Schließlich können Sie sich mithilfe von *Ansicht → Qualität* auch noch einen Vergleich der drei grundlegenden Qualitätsstufen *Hoch*, *Mittel* und *Niedrig* anschauen.

Wenn Sie *Ansicht → Download simulieren* wählen, zeigt Ihnen Flash in der Praxis, wie der Film bei der eingestellten Datenrate (und optimalen Netzwerkverhältnissen) reagiert. Womöglich erschreckt es Sie, wie lange Sie bei vermeintlich harmlosen Animationen plötzlich auf manche Inhalte warten müssen – vor allem natürlich, wenn Sound oder gar Video im Spiel ist. Aber genau das ist der Nutzen des Bandbreiten-Profilers: Es ist besser, wenn Sie selbst erst mal das Ladeverhalten ausgiebig testen, als wenn Ihre Besucher das später tun müssen – bedenken Sie, dass der *Zurück*-Button eines Browsers eine sehr deutliche Form der Meinungsäußerung ermöglicht!

Größenberichte

Ein weiteres Hilfsmittel zum Überprüfen der Datenrate sind die sogenannten *Größenberichte*. Sie können diese Option ankreuzen, wenn Sie Ihren Film mit *Bearbeiten → Film exportieren* als SWF-Datei speichern. Auch auf der Registerkarte *Flash* der *Einstellungen für Veröffentlichungen* steht sie zur Verfügung. Der Größenbericht wird im Ausgabefenster von Flash angezeigt und zusätzlich als Textdatei gespeichert. Ihr Dateiname entspricht dem der SWF-Datei mit dem Zusatz *Report*. Wenn Sie sie in einem Texteditor öffnen, sieht sie etwa folgendermaßen aus:

```
test.swf Filmbericht
--------------------
Bild #      Bild Byte     Gesamt Byte     Szene
------      ---------     -----------     ----------------
   1           27              27         Szene 1
   2           73             100
   3         20141           20241
   4           11            20252
   5           11            20263
[...]
Szene           Form Byte     Text Byte     ActionScript Byte
------------    ---------     ---------     -----------------
Szene 1           106           766               584
Symbol          Form Byte     Text Byte     ActionScript Byte
------------    ---------     ---------     -----------------
pause             189            0                 0
forward           189            0                 0
back              189            0                 0
play              156            0                 0
logo              106           652                0
Schriftart        Byte        Zeichen
------------ -   -------      ----------
Arial             3501
,-:ACEFGHPRSUVWZabcdefghiklmnopqrstuwxyz
Comic Sans MS     1116        MSchiopsu
ActionScript Byte     Position
-----------------     --------
            65        Szene 1:actions:2
            23        Szene 1:buttons:3:pause(pause)
            23        Szene 1:buttons:3:play(play)
            67        Szene 1:buttons:3:back(back)
```

```
   67       Szene 1:buttons:3:back(forward)
   47       Szene 1:actions:12
   47       Szene 1:actions:42
   47       Szene 1:actions:72
   47       Szene 1:actions:102
   47       Szene 1:actions:132
   47       Szene 1:actions:162
   47       Szene 1:actions:192
   10       Szene 1:actions:212
Bitmap                        Komprimiert   Komprimierung
----------------------        -----------   --------  -------------
prod01.gif                       13079      80000     Verlustfrei
prod02.gif                       15268      80000     Verlustfrei
prod03.gif                       19728      80000     Verlustfrei
prod04.gif                       11249      80000     Verlustfrei
prod05.gif                       18701      80000     Verlustfrei
prod06.gif                       15608      80000     Verlustfrei
prod07.gif                       24823      67500     Verlustfrei
```

Sie erhalten also nacheinander Informationen über den Byte-Bedarf folgender Bestandteile Ihres Films:

- jedes einzelnen Frames des Films (hier stark gekürzt),

- jeder kompletten Szene,

- jedes Symbols,

- der verwendeten Schriftarten (samt einer Liste der exportierten Zeichen) sowie von

- ActionScript,

- Bitmaps,

- Sounds und

- Videos.

Auch diese Liste kann Ihnen helfen, Problemstellen in Ihrem Film zu erkennen und Gegenmaßnahmen zu treffen – sie hilft insbesondere bei einer genaueren Untersuchung, nachdem der Bandbreiten-Profiler Probleme angezeigt hat.

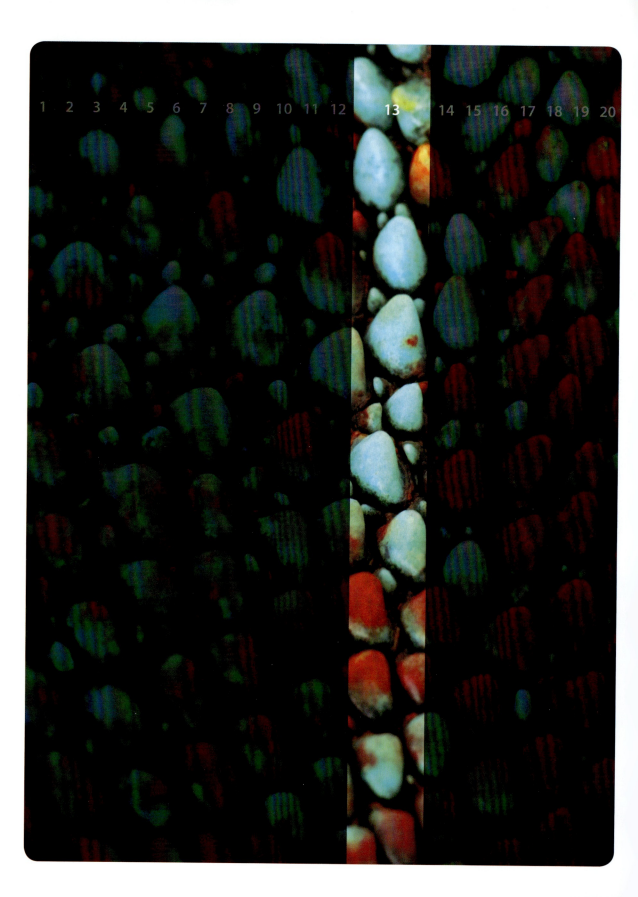

Kapitel 13

ActionScript-Werkzeuge

Wer gute Arbeit leisten will, schärfe zuerst das Werkzeug.

Chinesisches Sprichwort

Die Aktionenpalette

Codefragmente verwenden

Drag & Drop-Verhalten mit Codefragmenten hinzufügen

Seine volle Leistungsfähigkeit erreicht Flash erst dadurch, dass Sie über die eingebaute Programmiersprache ActionScript beliebige Formen von Interaktivität hinzufügen können. Die restlichen Kapitel dieses Buchs beschäftigen sich mit den verschiedenen Aspekten dieser mächtigen Programmiersprache. Bevor es im nächsten Kapitel mit den Grundlagen der Programmierung losgeht, erfahren Sie hier das Wichtigste über die Hilfsmittel, mit denen Sie in Flash ActionScript-Code erstellen und bearbeiten können. Außerdem werden die sogenannten Codefragmente behandelt – kurze, nützliche ActionScript-Schnipsel, die Sie Ihren Filmen hinzufügen können, ohne selbst zu programmieren.

Die Aktionenpalette

Zur Eingabe von ActionScript innerhalb eines Flash-Films wird das Fenster *Aktionen* verwendet. Wenn Sie in der Zeitleiste ein Schlüsselbild ausgewählt haben, zu dem Sie ActionScript-Anweisungen hinzufügen möchten, können Sie diese Palette mit *Fenster → Aktionen* oder der Taste F9 (Mac: Alt + F9) öffnen. Abbildung 13-1 zeigt das Bedienfeld zunächst einmal im Überblick.

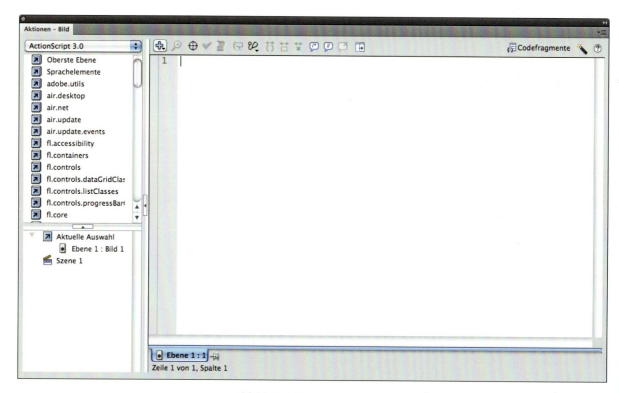

▲ **Abbildung 13-1** Die Aktionen-Palette im Überblick.

Elemente der Aktionenpalette

Das Fenster ist in drei Hauptbereiche unterteilt: Links oben können Sie aus einer Baumstruktur sämtliche Funktionen, Objekte und Operationen auswählen, die ActionScript zu bieten hat. Sie können sie durch Ziehen oder per Doppelklick, also ohne Tipparbeit, in Ihre Skripten einfügen.

Übrigens gibt es eine noch schnellere Möglichkeit, häufig verwendete Anweisungen in ein Skript einzufügen: Das Bedienfeld akzeptiert zahlreiche *Esc-Tastenkombinationen*. Dafür müssen Sie zuerst die Esc-Taste drücken und anschließend zwei Buchstaben eintippen. Zum Beispiel fügt Esc, W, H die Schleifenanweisung while() {...} ein. Wenn Sie diese Kürzel erlernen möchten, sollten

---

Tipp

Wenn Sie eine reine ActionScript-Datei oder -klasse bearbeiten, besitzt das Flash-Hauptfenster denselben Aufbau wie das hier beschriebene Aktionen-Fenster. In Kapitel 15 werden Sie damit arbeiten.

Sie im Optionsmenü des *Aktionen*-Bedienfelds ganz rechts oben die Einstellung *Esc-Tastenkombinationen* aktivieren, um sie im Baummenü einzublenden.

Links unten finden Sie eine ebenfalls hierarchisch aufgebaute Übersicht über sämtliche Skripten, die Bildern des aktuellen Films oder verschachtelter Movieclips zugewiesen wurden. Hier können Sie durch einfaches Klicken zwischen den verschiedenen Skripten des Dokuments hin- und herspringen. Eine ähnliche Aufgabe erfüllt übrigens der *Film-Explorer* (*Fenster → Film-Explorer* oder `Alt` + `F3`); er zeigt aber nicht nur die Skripten, sondern auch andere Objekte des Dokuments in einer hierarchischen Übersicht an.

Den Hauptbereich der Aktionenpalette bildet natürlich der rechte Fensterteil: Hier werden die eigentlichen Skripten eingegeben. Die Eingabe bleibt besonders durch zwei Aspekte besonders übersichtlich: das *Syntax-Highlighting*, also die unterschiedliche Einfärbung verschiedener Skriptbestandteile, sowie die automatische Einrückung verschachtelter Anweisungen.

▲ **Abbildung 13-2** Die Symbolleiste der Aktionenpalette

Über dem eigentlichen Skriptbereich finden Sie die Symbolleiste, die in Abbildung 13-2 zu sehen ist. Sie bietet eine Reihe nützlicher Werkzeuge zur Skriptbearbeitung. Von links nach rechts handelt es sich kurz gefasst um folgende Funktionen:

Skriptobjekt hinzufügen: Dieses Pop-up-Menü enthält dieselbe hierarchische Anordnung von ActionScript-Elementen zum schnellen Einfügen wie der linke obere Fensterbereich.

Suchen (Tastenkombination `Strg` + `F`): Sucht im aktuellen Skript nach dem eingegebenen Text und ersetzt ihn gegebenenfalls durch einen anderen. Zum Weitersuchen nach demselben Suchbegriff können Sie jeweils `F3` drücken. Wenn Sie in allen Skripten (und anderen Elementen) des Films nach einem bestimmten Text suchen oder diesen ersetzen möchten, müssen Sie stattdessen den Menübefehl *Bearbeiten → Suchen und ersetzen* (oder `Strg` + `F` außerhalb des Skriptfensters) verwenden.

Zielpfad einfügen: Ermöglicht die Auswahl einer Symbolinstanz, die Sie im Skript ansprechen möchten, aus einer Baumhierarchie (siehe vor allem Kapitel 16).

Syntax überprüfen (`Strg` + `T`): Sucht nach schwerwiegenden Fehlern im Skript und zeigt sie an.

Auto-Format (`Strg` + `⇧` + `F`): Formatiert das aktuelle Skript sauber neu. Die Regeln für die Formatierung können Sie unter *Bearbeiten → Voreinstellungen* in der Kategorie *Auto-Format* festlegen.

Tipp

Syntaxfehler im Code sind relativ leicht zu finden, denn sie führen dazu, dass ein Skript gar nicht erst ausgeführt werden kann. Formal korrekte, aber logisch fehlerhafte Skripten werden dagegen erst einmal ausgeführt, verhalten sich aber anders als erwartet. Solche Fehler sind nur sehr schwer zu entdecken. In Kapitel 14 wird die nützliche Funktion `trace()` erläutert, die Ihnen dabei helfen kann.

Codehinweis zeigen (Strg + Leertaste): In der Regel erscheinen bereits während der Skripteingabe kleine Marken, die die Syntax von Funktionen erläutern (Abbildung 13-3). Mit dieser Schaltfläche können Sie sich die Hinweise erneut anzeigen lassen.

▲ **Abbildung 13-3** Codehinweise helfen Ihnen, Funktionen mit korrekter Syntax zu benutzen.

Debug-Optionen: Hier können Sie *Haltepunkte* setzen, um die Ausführung des ActionScript-Codes an bestimmten Stellen zu kontrollieren.

Zwischen den Klammern ausblenden: Wenn sich der Cursor in einem Bereich zwischen zwei geschweiften Klammern {...} befindet, wird dieser Bereich ausgeblendet. Am linken Rand des Skriptfensters erscheint dann ein kleiner Pfeil, mit dem Sie ihn wieder einblenden können.

Auswahlbereich ausblenden: Blendet entsprechend den markierten Bereich des Skripts aus.

Alle einblenden: Zeigt alle zuvor ausgeblendeten Bereiche wieder an.

Kommentarblock anwenden: Fügt an der aktuellen Position Beginn und Ende eines mehrzeiligen Kommentars ein: /* ... */. Der Cursor wird dazwischengesetzt. Wenn Sie Code markieren und diese Schaltfläche anklicken, schließen die Kommentarzeichen genau den Code ein. Auf diese Weise können Sie auch Teile Ihres Skripts vorübergehend deaktivieren, um Fehler zu suchen oder Alternativen auszuprobieren.

Zeilenkommentar anwenden: Fügt die Kommentarzeichen // ein; diese leiten einen Kommentar ein, der bis zum Ende der aktuellen Zeile reicht. Wenn Sie Zeilen markiert haben, werden diese entsprechend einzeln auskommentiert.

Kommentar entfernen: Löscht die Kommentarzeichen //, /* und */ aus dem markierten Bereich. Das ist nützlich, um vorübergehend ausgeblendeten Code wieder zu aktivieren. Aber Vorsicht: Wenden Sie diese Funktion nicht auf echte Kommentare an, sonst versucht Flash, auch diese als ausführbaren Code zu interpretieren, was natürlich zu Fehlermeldungen führt.

Werkzeugleiste ein-/ausblenden: Damit können Sie die beiden Paletten am linken Rand des Aktionenfensters vorübergehend verschwinden lassen und wieder anzeigen.

Codefragmente: Öffnet das gleichnamige Fenster, aus dem sich vorgefertigte ActionScript-Codeschnipsel auswählen und auf Objekte des Films anwenden lassen (siehe den Abschnitt »Codefragmente verwenden«).

Skripthilfe (`Strg` + `⇧` + `E`): Aktiviert das dialoggesteuerte Hinzufügen von ActionScript-Elementen (siehe unten).

Hilfe (`F1`): Öffnet die separate Anwendung »Adobe Community Help«, in der sich sämtliche Handbücher zu installierten Adobe-Anwendungen öffnen lassen. Der Begriff »Community« besagt, dass jede Hilfeseite zusätzliche Kommentare mit Ergänzungen und Tipps von Benutzern enthalten kann. Auch Sie können solche Kommentare hinzufügen.

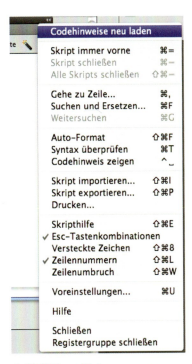

▲ **Abbildung 13-4** Das ausgeklappte Optionsmenü des Fensters Aktionen

Das Optionsmenü des Bedienfelds (ganz rechts oben, noch über der Symbolleiste) verfügt über weitere interessante Möglichkeiten; in Abbildung 13-4 sehen Sie das ausgeklappte Menü. Soweit die verfügbaren Befehle nicht bereits als Elemente der Symbolleiste beschrieben wurden, sind es folgende:

Skript immer vorne (`Strg` + `=`): Am Fuß der Aktionenpalette befindet sich eine Tabulatur, mit der Sie zwischen mehreren offenen Skripten wechseln können. Wenn Sie diese Funktion wählen, wird das aktuelle Skript ganz links in der Liste abgelegt. Denselben Effekt erzielen Sie, wenn Sie das Heftzwecken-symbol in der Leiste anklicken.

Skript schließen (`Strg` + `-`): Das aktuelle Skript wird in der Leiste am Fuß der Aktionenpalette nicht mehr ganz vorn angezeigt. Ein erneuter Klick auf die Heftzwecke hat dieselbe Wirkung.

Alle Skripts schließen (Strg + ⇧ + –): Alle Skripten, die Sie nach vorn gestellt haben, werden nicht mehr dort angezeigt.

Gehe zu Zeile (Strg + G, Mac ⌘ + ,): Springt sofort zur eingegebenen Zeilennummer.

Skript importieren (Strg + ⇧ + I): Importiert ActionScript-Code für den aktuellen Kontext aus einer externen *.as*-Datei.

Skript exportieren (Strg + ⇧ + X bzw. am Mac ⌘ + ⇧ + P): Speichert den Code aus dem aktuellen Fenster als externe ActionScript-Datei.

Esc-Tastenkombinationen: Aktiviert beziehungsweise deaktiviert die Ansicht der bereits beschriebenen Befehlskürzel mit der Esc-Taste.

Versteckte Zeichen (Strg + ⇧ + 8): Zeigt Leerzeichen, Zeilenumbrüche, Tabulatoren usw. durch Hilfssonderzeichen an.

Zeilennummern (Strg + ⇧ + L): Schaltet die praktische Anzeige der Skriptzeilennummern ein beziehungsweise aus.

Zeilenumbruch (Strg + ⇧ + W): Sorgt dafür, dass zu lange Skriptzeilen im Fenster umbrochen werden.

Voreinstellungen (Strg + U): Erlaubt Schnellzugriff auf *Datei → Voreinstellungen* (auf dem Mac *Anwendungsmenü → Voreinstellungen*).

Die Skripthilfe

Für weniger erfahrene Flash-Benutzer bietet die Skripthilfe die Möglichkeit, die Parameter von ActionScript-Anweisungen im Dialogbetrieb auszuwählen, anstatt sie manuell einzugeben. Das Hinzufügen von ActionScript-Befehlen und -Funktionen erfolgt – wie auch im Standardbetrieb – aus dem Fensterbereich links oben oder mithilfe der Plusschaltfläche in der Symbolleiste. Es würde zu weit führen, hier die Eingabe vieler verschiedener Elemente über die Skripthilfe zu beschreiben. Da ab dem nächsten Kapitel die Syntax zahlreicher ActionScript-Anweisungen beschrieben wird, ist das auch nicht nötig – wer ActionScript beherrscht, kommt auch mit der Skripthilfe zurecht. Deshalb wird hier als Beispiel nur die Auswahl der Anweisung if zur Bedingungsprüfung beschrieben.

In Abbildung 13-5 sehen Sie die verfügbaren Parameter für die Aktion if. Wählen Sie *Sprachelemente → Anweisungen, Schlüsselwörter und Direktiven → Anweisung → if*, um sie an der aktuellen Skriptposition hinzuzufügen. Im Skript wird folgender Block eingefügt:

```
if (not_set_yet) {
}
```

Im Eingabefeld *Bedingung* können Sie dann bestimmen, unter welchen Umständen die verschachtelten Anweisungen ausgeführt werden sollen.

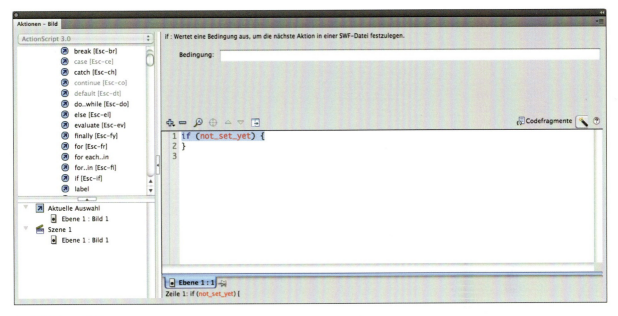

▲ **Abbildung 13-5** Parameter der ActionScript-Anweisung »if« in der Skripthilfe.

Codefragmente verwenden

Für Benutzer, die kein oder nur wenig ActionScript beherrschen, bieten die Codefragmente eine Möglichkeit, dennoch ein gewisses Maß an Interaktivität zu Ihren Flash-Filmen hinzuzufügen. Da der Code nach dem Einfügen im Skriptfenster angezeigt wird und ausführlich kommentiert ist, bieten die Codefragmente zudem eine gute Möglichkeit, ActionScript zu lernen oder vorhandene Grundkenntnisse zu vertiefen.

Animationen als ActionScript exportieren

Eine andere interessante Möglichkeit, automatisch ActionScript-Code zu erstellen, besteht im Export von Animationen als ActionScript. Wählen Sie dazu in der Zeitleiste eine Tweening-Animation aus und klicken Sie mit der rechten Maustaste (Windows) beziehungsweise Ctrl + Mausklick (Mac) darauf. Wählen Sie *Bewegung als ActionScript 3.0 kopieren* aus dem Kontextmenü. Den kopierten Code können Sie in der Aktionenpalette einem leeren Schlüsselbild zuweisen. Wie die Kommentare im Code verraten, können Sie anschließend an einer beliebigen Stelle innerhalb von Skripten die Zeile

```
__animationsname.addTarget(IhreInstanz, 0);
```

einfügen, um die Bewegung auf eigene Instanzen anzuwenden.

▲ **Abbildung 13-6** Das Fenster »Codefragmente«

Die Codefragmente finden Sie unter *Fenster* → *Codefragmente* oder über den oben beschriebenen Button in der Aktionenpalette. In Abbildung 13-6 sehen Sie das Fenster *Codefragmente*.

Es gibt sechs verschiedene aufklappbare Kategorien für Codefragmente:

Aktionen: Enthält diverse Interaktionsmöglichkeiten, die in keine speziellere Kategorie passen. Beispiele: *Klicken, um zu Webseite zu gehen* (die Flash-Entsprechung eines Hyperlinks), *Drag & Drop* (Movieclips mit der Maus ziehen) oder *Objekt in den Vordergrund bringen* (einen Movieclip ganz nach vorne stellen). Wie solche Aktionen manuell programmiert werden, steht vor allem in Kapitel 16.

Zeitleistennavigation: Verschiedene Aktionen zur Navigation im Film. Außer *Bei diesem Bild stoppen* reagieren alle auf Mausklicks und sollten daher auf Schaltflächen angewendet werden, beispielsweise *Klicken, um zum Bild zu gehen und zu stoppen* oder *Klicken, um zum Bild zu gehen und abzuspielen*. Um solche Aktionen selbst zu schreiben, lesen Sie Kapitel 14.

Animation: Hier finden Sie einige Codefragmente zum automatisierten Bewegen von Objekten (in der Regel Movieclips), wie etwa *Mit Tastaturpfeilen verschieben*, *Horizontal verschieben*, *Vertikal verschieben* oder *Kontinuierlich drehen*. Auch diese Art von Interaktivität wird in Kapitel 16 besprochen.

Laden und Entladen: Aktionen zum Laden externer Dateien, beispielsweise *Klicken zum Laden/Entladen einer SWF- oder Bilddatei*, *Instanz aus Bibliothek hinzufügen* oder *Externen Text laden*. Wie das zu Fuß geht, steht teilweise in Kapitel 16, aber auch zum Teil in Kapitel 17.

Audio und Video: Gesammelte Codefragmente zur Steuerung von Audio- und Videoclips wie *Klicken, um Sound abzuspielen/zu stoppen* oder *Klicken, um Video abzuspielen*. Aktionen aus dieser Kategorie wurden bereits in einem Workshop in Kapitel 11 verwendet.

Ereignisprozeduren: Die sogenannten EventListener und EventHandler, zu Deutsch eben Ereignisprozeduren, reagieren auf Ereignisse im Film. Beispiele sind *Mouse-Click-Ereignis* (Mausklick) oder *Key-Pressed-Ereignis* (Tastendruck). Diese Codeschnipsel stellen nur den Auslöser für Aktionen bereit; um sie konkret zu verwenden, müssen Sie zusätzliches ActionScript oder weitere Codefragmente hinzufügen. Genaueres über das Programmieren von Ereignisprozeduren erfahren Sie in Kapitel 14.

Je nachdem, welche Art von Codefragment Sie verwenden möchten, müssen Sie zuvor eine Movieclip-Instanz, eine Schaltflächen-Instanz oder ein Schlüsselbild in der Zeitleiste markieren. Anschließend können Sie auf das gewünschte Codefragment doppelklicken, um es auf das ausgewählte Element anzuwenden.

Der eingefügte Code landet dabei stets in einem Schlüsselbild in der Zeitleiste, in der Sie sich gerade befinden. Das entsprechende Schlüsselbild wird in der Zeitleiste durch ein kleines »a« gekennzeichnet. Wenn Sie das Schlüsselbild anklicken und die Aktionenpalette öffnen, wird der eingefügte Code gezeigt. Die ausführlichen Kommentare erläutern, was der Code bewirkt und welche Stellen Sie ändern können, um die Effekte zu variieren.

▲ **Abbildung 13-7** Beim Hinzufügen eines Codefragments erscheint der Hinweis, dass ein Instanzname benötigt wird.

Wenn Sie Codefragmente auf Movieclip- oder Schaltflächen-Instanzen anwenden, erhalten Sie den Hinweis, dass sie einen Instanznamen benötigen (Abbildung 13-7); er wird in diesem Fall automatisch erzeugt (solche Instanznamen lauten `movie-Clip_1` oder `button_2` usw.). Der Instanzname kennzeichnet die Instanz eindeutig für die Verwendung in ActionScript.

Sie können den Instanznamen aber auch manuell setzen, bevor Sie ein Codefragment auf eine Instanz anwenden. Dies ist empfehlenswert, weil Sie so aussagekräftige Instanznamen verwenden können, die etwas mit den konkreten Objekten und ihren Aufgaben zu tun haben. Klicken Sie die Instanz dazu an und füllen Sie das Feld *Instanzname* in der Eigenschaftenpalette aus. Verwenden Sie dabei keine Umlaute, Leer- oder Sonderzeichen. Das erste Zeichen darf nur ein Buchstabe oder ein Unterstrich (_) sein, danach sind auch Ziffern erlaubt. In Abbildung 13-8 wird gezeigt, wie Sie einen Instanznamen eingeben können.

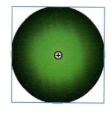

▲ **Abbildung 13-8** Im Feld Instanzname der Eigenschaftenpalette können Sie den Instanznamen für eine ausgewählte Instanz selbst festlegen.

Workshop

Drag & Drop-Verhalten mit Codefragmenten hinzufügen

Das folgende Beispiel erlaubt Ihnen, mithilfe eines Codefragments ein Objekt per Drag & Drop über die Bühne zu ziehen.

1   Ein Movieclip-Symbol erstellen

Rufen Sie in einem neuen Flash-Film (ActionScript 3) den Menübefehl *Einfügen → Neues Symbol* auf. Wählen Sie den Symboltyp *Movieclip* und den Namen *kugel* (Abbildung 13-9).

▲ Abbildung 13-9

2 **Die Symbolzeichnung erstellen**

Zeichnen Sie innerhalb des Symbols einen Kreis, den Sie mit einem radialen Farbverlauf füllen. Positionieren Sie den Kreis mithilfe der Infopalette auf dem Symbolmittelpunkt, das heißt auf den Koordinaten *x=0*, *y=0*, wobei über den Button neben den Koordinaten der Mittelpunkt als Positionsreferenz ausgewählt ist (Abbildung 13-10).

Wechseln Sie danach zurück in den Hauptfilm.

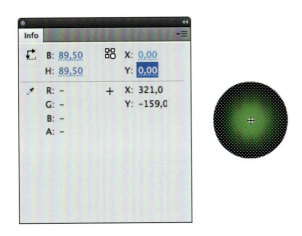

▲ Abbildung 13-10

3 **Eine benannte Symbolinstanz erstellen**

Ziehen Sie das Symbol *kugel* aus der Bibliothek auf die Bühne. Weisen Sie der neuen Instanz in der Eigenschaftenpalette den Instanznamen kugel zu; es ist kein Problem, wenn ein Symbol und eine seiner Instanzen den gleichen Namen haben (Abbildung 13-11).

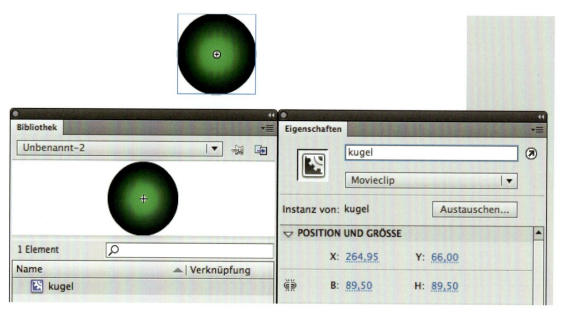

▲ Abbildung 13-11

4 **Das Codefragment hinzufügen**

Wählen Sie *Fenster → Codefragmente*, um die Codefragmentepalette zu öffnen. Doppelklicken Sie darin auf die Aktion *Drag & Drop* aus dem Abschnitt *Aktionen*, während die Instanz auf der Bühne ausgewählt ist (Abbildung 13-12). Flash erstellt daraufhin eine neue Ebene namens *Actions* und fügt die Aktion einem darin enthaltenen Schlüsselbild hinzu.

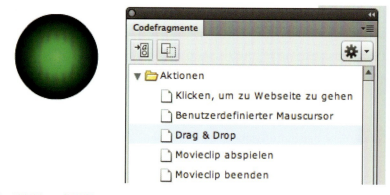

▲ Abbildung 13-12

Wenn Sie nun den Film testen, werden Sie feststellen, dass Sie die Kugel mit der Maus ziehen können, sobald Sie die Maustaste drücken, und sie wieder abgelegt wird, wenn Sie loslassen.

Kapitel 14

ActionScript 3.0-Sprachgrundlagen

**Bender: »Ich hatte einen furchtbaren Traum: Einsen
und Nullen überall. Und ich dachte, ich hätte 'ne Zwei gesehen!«
Fry: »Ach Bender, das war doch nur ein Traum.
So was wie Zweien gibt es gar nicht!«**

Dialog aus Futurama

Erste Schritte mit ActionScript

Die ActionScript-Syntax

Ereignisse verarbeiten

Zeitleistensteuerung

Variablen, Ausdrücke und Operatoren

Kontrollstrukturen

Funktionen

In den bisherigen Kapiteln haben Sie einen Überblick über die »Designer«-Aspekte von Flash erhalten und mächtige Werkzeuge zum Zeichnen sowie für die Animation und Medienintegration kennengelernt. All diese Hilfsmittel machen Flash zur ersten Wahl für multimediales Webdesign. Dennoch stellen sie nur die eine Hälfte seiner Fähigkeiten dar: Erst die eingebaute Programmiersprache *ActionScript* ermöglicht das Erstellen interaktiver Webanwendungen mit Flash. In diesem Kapitel lernen Sie die Grundzüge der Steuerung von Flash-Filmen und ihren Inhalten durch ActionScript kennen.

ActionScript-Versionen

Dieses Buch konzentriert sich ausschließlich auf die ActionScript-Version 3.0. Flash CS5 kann aber auch mit der alten Version ActionScript 2.0 umgehen (und ist damit ebenfalls abwärtskompatibel zu ActionScript 1.0), wenn Sie entsprechende Exporteinstellungen vornehmen. Dies ist notwendig, um Flash-Inhalte für ältere Flash Player zu produzieren. Auch FlashLite, die Variante für Smartphones, versteht höchstens ActionScript 2.

Turing-vollständige Sprachen

Nach dem britischen Mathematiker, Kryptologen und Informatikpionier Alan Turing (1912–1954) werden solche Sprachen als *Turing-vollständig* bezeichnet.

Erste Schritte mit ActionScript

ActionScript 3.0 ist eine vollständige Programmiersprache, in der sich sämtliche computerlösbaren Probleme (Algorithmen) implementieren lassen. Dennoch sind die Elemente der Sprache stark an die Besonderheiten von Flash angepasst, sodass Sie den Einstieg leicht finden dürften, wenn Sie sich ein wenig mit den sonstigen Funktionen des Programms auskennen – zum Beispiel nach dem Durcharbeiten der bisherigen Kapitel dieses Buchs.

Ein Beispiel-Skript

Das erste, einfache Beispiel zeigt, wie ActionScript den linearen Ablauf der Zeitleiste unterbricht und den Film interaktiv macht: Eine Animation wird weder endlos wiederholt, noch wird sie nach einem Durchlauf gestoppt. Stattdessen wird sie genau dreimal abgespielt; anschließend werden zwei Schaltflächen angezeigt, die entweder drei neue Durchläufe starten oder zu einem Abschlussbild springen, mit dem der Film anhält.

Schematisch lässt sich der Ablauf des Beispiels durch ein Flussdiagramm, zu sehen in Abbildung 14-1, darstellen. In einem solchen Diagramm stehen rechteckige Felder für einen linearen Ablauf, während rautenförmige Kästen jeweils eine Fallentscheidung bezeichnen.

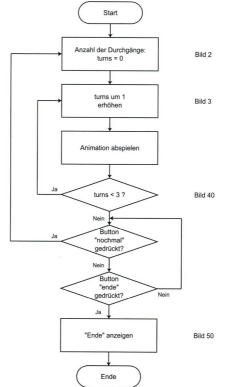

◀ **Abbildung 14-1**
Das Flussdiagramm erläutert den Ablauf des ersten Beispiels.

Erstellen Sie in einem neuen Dokument (mit den Standardeinstellungen Action-Script 3.0 und Flash Player 10) zunächst drei Ebenen namens *animation*, *buttons* und *action*. Fügen Sie auf der Ebene *action* in Bild 2 ein Schlüsselbild ein – einige ältere Flash Player-Versionen führen im allerersten Frame eines Films kein Action-Script aus. Achten Sie darauf, dass das neue Schlüsselbild in der Zeitleiste noch markiert ist, und öffnen Sie dann das Bedienfeld *Aktionen* (*Fenster → Aktionen* oder F9 unter Windows, Alt + F9 auf dem Mac). Deaktivieren Sie hier gege-benenfalls die *Skripthilfe*, damit Sie ActionScript per Hand editieren können, und geben Sie dann folgenden Code ein:

```
var turns:int = 0;
```

Diese Anweisung erstellt eine Variable (einen benannten Speicherplatz) mit dem Namen turns und dem Datentyp Ganzzahl (int) und speichert den Wert 0 darin. Diese Variable wird benutzt, um die drei Animationsdurchgänge zu zählen.

Tipp

Streng genommen spielt es für diese Anwendung natürlich keine Rolle, wenn ältere Player in diesem Punkt nicht richtig arbeiten, weil sie ohne-hin kein ActionScript 3 verstehen.

Ein kleines *a* am Schlüsselbildsymbol in der Zeitleiste weist darauf hin, dass das Schlüsselbild ActionScript-Anweisungen enthält.

Erstellen Sie in Bild 3 auf der Ebene *action* ein weiteres Schlüsselbild. Weisen Sie diesem folgende ActionScript-Anweisung zu:

```
turns++;
```

Das erhöht den Wert von turns um 1 – genau diese bei jedem Durchlauf ausge-führte Anweisung macht turns zur Zählervariablen.

Erstellen Sie auf der Ebene *animation* eine beliebige Animationssequenz, die von Frame 3 bis 40 reicht. Eine einfache Tweening-Animation genügt.

Fügen Sie auf der Ebene *action* in Frame 40 ein Schlüsselbild ein. Erstellen Sie im Bedienfeld *Aktionen* folgende Anweisungen für diesen Frame:

```
// EventListener-Funktion für den "Noch mal"-Button.
function nochmalHandler(e:MouseEvent) {
    // Den Film ab Frame 2 wieder abspielen.
    gotoAndPlay(2);
}
// EventListener-Funktion für den "Ende"-Button.
function endeHandler(e:MouseEvent) {
    // Zu Frame 50 springen und dort anhalten.
    gotoAndStop(50);
}
// Den Buttons die EventListener-Funktionen zuweisen.
nochmal.addEventListener(MouseEvent.CLICK, nochmalHandler);
ende.addEventListener(MouseEvent.CLICK, endeHandler);
// Prüfen, ob noch keine drei Durchgänge erzielt wurden
if (turns < 3) {
    // Animation erneut abspielen
    gotoAndPlay(3);
} else {
    // Beim aktuellen Frame anhalten
    stop();
}
```

Kommentare

Die Zeilen, die mit // beginnen, brauchen Sie nicht unbedingt abzu-tippen – es handelt sich um *Kommentare* zur genaueren Erläuterung des Codes. Kommentare sind nütz-lich, weil Sie mit ihrer Hilfe auch Mo-nate später noch auf Anhieb wissen, wofür bestimmte Programmteile gut sind. Noch wichtiger sind Kom-mentare für die Zusammenarbeit in einem Programmierteam.

Als Erstes wird eine Funktion namens `nochmalHandler()` definiert. Eine Funktion ist ein benannter Codeblock, der durch seinen Namen aufgerufen werden kann. Diese Funktion wird allerdings nicht an einer bestimmten Stelle durch eigenen Code aufgerufen, sondern weiter unten einem Ereignis zugeordnet: einem Klick auf die Schaltfläche *Noch mal*. Die innerhalb der Funktion aufgerufene Anweisung selbst, `gotoAndPlay()`, springt zum angegebenen Bild und spielt die Zeitleiste von dort aus ab. Wenn der User den Button *Noch mal* anklickt, springt der Film also zu Bild 2, wo `turns` wieder auf 0 gesetzt wird, sodass drei neue Durchgänge beginnen.

Darunter wird für den *Ende*-Button eine zweite Funktion namens `endeHandler()` definiert, die zu Frame 50 springt. `gotoAndStop()` hält den Film allerdings am Sprungziel an, statt ihn von dort weiter abzuspielen.

Es folgen zwei `addEventListener()`-Aufrufe, um den beiden Schaltflächen die soeben definierten Funktionen zuzuordnen. Das erste Argument bestimmt die Art des verarbeiteten Ereignisses; `MouseEvent.CLICK` steht für einen Mausklick. Das zweite benennt die Funktion, die aufgerufen werden soll, wenn das Ereignis eintritt.

Die abschließende Anweisungsfolge ist eine Fallentscheidung: Wenn (`if`) der Wert von `turns` noch kleiner als 3 ist, springt der Film zu Frame 3. Dort wird `turns` wieder um 1 erhöht, und die Animationssequenz beginnt von Neuem. Ist `turns` dagegen nicht kleiner als 3 (`else`), hält der Film an der aktuellen Stelle an, sodass die Schaltflächen angezeigt werden. Dafür ist die Funktion `stop()` zuständig.

Als Nächstes benötigen Sie zwei Schaltflächen: Wählen Sie jeweils *Einfügen → Neues Symbol* oder drücken Sie Strg + F8, um diese Symbole zu erstellen. Geben Sie den Symbolen die Namen *nochmal* und *ende*. Stellen Sie unter *Typ* den Wert *Schaltfläche* ein. Zeichnen Sie im Bild *Auf* eine beliebige Schaltflächenform, und beschriften Sie sie mit *Noch mal* beziehungsweise *Ende*. Wechseln Sie danach wieder in den Hauptfilm.

Erstellen Sie auf der Ebene *buttons* in Frame 40 ein Schlüsselbild. Ziehen Sie dort die beiden Buttons aus der Bibliothek auf die Bühne.

Klicken Sie dann auf der Bühne die Instanz von *nochmal* an und weisen Sie ihr links oben in der Eigenschaftenpalette auch den Instanznamen *nochmal* zu. Genauso muss die Instanz der Schaltfläche *ende* den Instanznamen *ende* erhalten.

Fügen Sie nun in Frame 50 auf der Ebene *animation* ein leeres Schlüsselbild ein (*Einfügen → Zeitleiste → Leeres Schlüsselbild* oder Taste F7). Schreiben Sie dann den Text »Ende« auf die leere Bühne. Wenn Sie möchten, können Sie auch auf der Ebene *action* ein Schlüsselbild einfügen und ihm folgende einfache Anweisung zuordnen:

```
stop();
```

Da dieser Frame durch `gotoAndStop()` erreicht wird, ist das eigentlich unnötig, denn der Film hält ohnehin an. Diese Bild-Aktion verdeutlicht das jedoch.

Nachdem Sie alles erledigt haben, können Sie den Film mit *Steuerung → Film testen* oder ⌨Strg + ⌨Enter starten. Sofern Sie alles richtig gemacht haben, sollte die Animation nun dreimal abgespielt werden. Anschließend müssten die beiden Schaltflächen erscheinen. Wenn Sie *Noch mal* anklicken, sollte die Animation erneut dreimal abgespielt werden, klicken Sie dagegen auf *Ende*, müsste das entsprechende Standbild erscheinen.

Tabelle 14-1 zeigt zusammenfassend noch einmal alle vier ActionScript-Anweisungen, die Sie in diesem kurzen Beispiel benutzt haben. Weiter unten in diesem Kapitel werden sie genauer beschrieben.

Tabelle 14-1. ActionScript-Anweisungen des ersten Beispiels im Überblick

Position	Anweisung	Erläuterung
Bild 2	`var turns = 0;`	Variable `turns` deklarieren und ihr den Wert 0 zuweisen.
Bild 3	`turns++;`	Wert von `turns` um 1 erhöhen.

Bild 40	`function nochmalHandler`
	`  (e:MouseEvent) {`
	`    gotoAndPlay(2);`
	`}`
	
	`function endeHandler(e:MouseEvent) {`
	`    gotoAndStop(50);`
	`}`
	
	`nochmal.addEventListener`
	`  (MouseEvent.CLICK, nochmalHandler);`
	`ende.addEventListener`
	`  (MouseEvent.CLICK, endeHandler);`
	
	`if (turns < 3) {`
	`    gotoAndPlay(3);`
	`} else {`
	`    stop();`
	`}`
		EventListener-Funktion `nochmalHandler()` – springt bei Klick auf *Noch mal* zu Bild 2.
		
		EventListener-Funktion `endeHandler()` – springt bei Klick auf *Ende* zu Bild 50.
		
		`addEventListener()`-Aufrufe – weisen den Schaltflächen diese Funktionen zu.
		
		Fallentscheidung: Wenn `turns` noch kleiner als 3 ist, bei Bild 3 weiterspielen, sonst anhalten.

Bild 50	`stop();`	Film anhalten (optional, da Sprung hierhin mit `gotoAndStop()` erfolgt und bereits stoppt).

Im Folgenden erhalten Sie eine Einführung in wichtige ActionScript-Grundelemente. Hier werden unter anderem die wichtigen Anweisungen zur Filmsteuerung vorgestellt, anschließend werden die klassischen Elemente einer Programmiersprache wie Variablen (benannte Zwischenspeicher), Fallentscheidungen (*wenn ..., dann ...*) und Schleifen (*mache ... n-mal*, *mache ... solange ...*) eingeführt.

Die ActionScript-Syntax

Jede Programmiersprache besitzt Regeln dafür, wie Anweisungen geschrieben werden müssen. Damit sie ohne übertriebenen Aufwand erfolgreich von einem Computer verarbeitet werden kann, sind diese Regeln üblicherweise sehr streng und bieten nur wenige Alternativen, ganz im Gegensatz zu der Variationsvielfalt und der hohen Fehlertoleranz, die die natürlichen Sprachen der Menschen erlauben.

Die grundlegende Syntax von ActionScript stimmt durch die ECMA-Zertifizierung mit der von JavaScript überein. Das hat wiederum zur Folge, dass viele Ideen dieser Syntax aus der Tradition der verbreiteten Programmiersprache C stammen. Wenn Sie sich die in den nachfolgenden Unterabschnitten beschriebenen einfachen Syntaxregeln merken, sollten Sie mit ActionScript ohne Probleme zurechtkommen.

Die Ecma und ECMAScript

Die Ecma International (früher European Computer Manufacturers Association) ist eine in Genf ansässige, private Normungsorganisation. Mit der Normierung von JavaScript zu ECMAScript gelang es ihr, Unterschiede zwischen Browsern zu verringern. Bei der Entwicklung von ActionScript hielt sich Macromedia freiwillig an diesen Standard. Andere Normen der Ecma betreffen zum Beispiel Microsofts Programmiersprache C# und weitere Aspekte des .NET Framework.

Anweisungen

Ein einzelner Arbeitsschritt in einem Skript wird als *Anweisung* bezeichnet. Jede Anweisung steht in einer eigenen Zeile und endet mit einem Semikolon. Beispiele:

```
gotoAndPlay(25);
myMovieClip.stop();
```

Anweisungen enthalten oft Funktionsaufrufe. Dabei kann es sich sowohl um eingebaute als auch um selbst geschriebene Funktionen handeln – Letztere werden weiter unten behandelt. In beiden Fällen wird die Funktion einfach durch ihren Namen aufgerufen; darauf folgen stets runde Klammern für die *Argumente* (d.h. die näheren Bestimmungen) der Funktion. Das gilt auch dann, wenn eine Funktion keine Argumente entgegennimmt; in diesem Fall bleiben die Klammern einfach leer:

```
gotoAndStop(17);
stop();
```

Blöcke

Bei einer Fallentscheidung hängt normalerweise genau eine Anweisung von der Bedingung ab; auch bei Schleifen wird nur eine einzelne Anweisung wiederholt. In vielen Fällen soll aber eine längere Abfolge von Anweisungen in einem solchen

Kontext stehen. Zu diesem Zweck werden Anweisungsblöcke verwendet: Wenn Sie eine Folge von Anweisungen in geschweifte Klammern { } setzen, verhalten sich diese nach außen wie eine einzelne Anweisung. Jede Anweisung innerhalb des Blocks wird wieder mit einem Semikolon abgeschlossen, der Block selbst dagegen nicht. Im folgenden Beispiel wird nur dann eine Meldung in das Textfeld *info* geschrieben, wenn die Variable punkte einen größeren Wert als 100 hat; der Sprung zum Bild "weiter" erfolgt dagegen immer:

```
// Info anzeigen, wenn punkte > 100
if (punkte > 100)
    info.text = "Hervorragende Leistung!";
// Immer Sprung zum Frame "weiter"
gotoAndPlay("weiter");
```

Soll dagegen auch der Sprung nur dann stattfinden, wenn die Bedingung zutrifft, müssen Sie einen Block benutzen:

```
// Info und Sprung, wenn punkte > 100
if (punkte > 100) {
    info.text = "Hervorragende Leistung!";
    gotoAndPlay("weiter");
}
```

Neben der gezeigten Schreibweise, bei der die öffnende geschweifte Klammer in derselben Zeile steht wie ihr »Auslöser« (hier das if), gibt es auch die Möglichkeit, sie allein in die nächste Zeile zu setzen:

```
// Sound anhalten und Sprung, wenn punkte > 100
if (punkte > 100)
{
    info.text = "Hervorragende Leistung!";
    gotoAndPlay("weiter");
}
```

In beiden Fällen wird der Inhalt der geschweiften Klammern normalerweise eingerückt, um zu kennzeichnen, dass dieser Programmcode gewissermaßen auf einer »spezielleren Ebene« stattfindet. Es ist Geschmackssache, für welche der beiden Varianten Sie sich entscheiden. In diesem Buch wird stets die einzeilige Form verwendet. In den weiter oben erwähnten Autoformat-Optionen finden Sie Einstellungsmöglichkeiten für jede gewünschte Schreibweise.

Bezeichner

Wenn Sie selbst Variablen oder Funktionen definieren, benötigen diese einen eindeutigen Namen, den *Bezeichner*. Er muss mit einem Buchstaben (a–z, A–Z, keine Umlaute) oder _ (Unterstrich) beginnen; darauf können beliebig viele dieser Zeichen sowie Ziffern von 0 bis 9 folgen. Gültige Bezeichner sind also beispielsweise test3, _abc oder a_4. Achten Sie bei der Wahl von Bezeichnern auf aussagekräftige Namen – so sollte eine Punktzahl eher punkte heißen als einfach nur p.

Tipp

Die geschweiften Klammern erzeugen Sie auf einem Windows-Rechner mit `Alt Gr` + `7` beziehungsweise `Alt Gr` + `0`, auf einem Mac dagegen über die Tastenkombinationen `Alt` + `8` und `Alt` + `9`.

Tipp

In der Praxis empfiehlt es sich bei Fallentscheidungen oder Schleifen, selbst eine einzelne Anweisung von vornherein in einen Block zu setzen. Das verbessert die Übersichtlichkeit und verhindert Flüchtigkeitsfehler, wenn Sie später noch eine weitere Anweisung für diesen Kontext hinzufügen möchten. Die Autoformat-Funktion sorgt automatisch dafür.

Verbotene Bezeichner

Selbstverständlich dürfen Ihre eigenen Bezeichner nicht mit den Namen der bestehenden ActionScript-Schlüsselwörter, -Funktionen und -Objekte kollidieren. Glücklicherweise werden Sie aber vom ActionScript-Compiler gewarnt, sollte das bei Ihnen mal der Fall sein.

Variablen- und Funktionsbezeichner sollten mit einem Kleinbuchstaben beginnen; mit Großbuchstaben fangen üblicherweise die Namen von Klassen an, die Sie in Kapitel 15 kennenlernen werden. Wenn Ihre Bezeichner aus mehreren Wörtern bestehen, sollte jedes Anschlusswort mit einem Großbuchstaben beginnen (das wird wegen der »Höcker«, die die Binnenmajuskeln bilden, oft als CamelCase bezeichnet), zum Beispiel so: meinePunkte, autoKmStand. Das macht die Namen besser lesbar und hilft Ihnen, sich die Schreibweise zu merken. Eine ältere Konvention benutzt nur Kleinbuchstaben und trennt die einzelnen Wörter durch Unterstriche: meine_punkte, auto_km_stand. Es ist egal, welche der beiden Varianten Sie wählen – Sie sollten sich nur konsequent für eine von beiden entscheiden.

Kommentare

In jeder Programmiersprache gibt es eine Möglichkeit, Kommentare zu setzen. Das sind Textzeilen oder -blöcke, die vom Rechner ignoriert werden. Guter Programmcode sollte immer mit aussagekräftigen Kommentaren versehen werden, damit Sie sich auch bei späteren Änderungen noch zurechtfinden oder den Code zur Weiterbearbeitung an andere Programmierer weitergeben können. ActionScript unterstützt zwei verschiedene Kommentarsorten:

Einzeiliger Kommentar: Hinter zwei Schrägstrichen (//) wird der restliche Text einer Zeile ignoriert, zum Beispiel so:

```
// Dies ist ein Kommentar
stop();   // Kommentar nach Anweisung
```

Beachten Sie, dass die Autoformat-Funktion Kommentare grundsätzlich in eigene Zeilen verschiebt.

Mehrzeiliger Kommentar: Sie können Inhalte zwischen /* und */ setzen, um sie über beliebig viele Zeilen als Kommentar zu markieren. Das ist für längere Beschreibungen von Funktionen nützlich, aber auch, um vorübergehend einen Codeabschnitt zu deaktivieren und eine Alternative zu testen, zum Beispiel so:

```
/* Wenn die Variable runden mindestens 8 ist,
   soll der Sprung zum Bild "ende" erfolgen */
if (runden >= 8) {
    gotoAndPlay("ende");
}
```

Ereignisse verarbeiten

Ein wesentliches Element der Programmierung von Interaktivität stellt die Reaktion auf Ereignisse wie Mausklicks oder Tastendrücke dar. Dazu werden in ActionScript sogenannte EventListner verwendet. Diese »lauschen« darauf, dass ein bestimmtes Ereignis eintritt, und rufen daraufhin eine festgelegte Funktion auf. Diese Funktion wird EventListener- oder allgemeiner auch Event-Handler-Funktion genannt. Die wichtigsten zu verarbeitenden Ereignisse sind Maus- und Tastaturereignisse, etwa ein Klick auf eine Schaltfläche oder ein Tastendruck.

Mausereignisse

Nachdem Sie eine Schaltfläche auf die Bühne gezogen haben, müssen Sie ihr links oben in der Eigenschaftenpalette zunächst einen eindeutigen Instanznamen zuweisen, um ActionScript-Code für einen Klick oder ein anderes Mausereignis hinzufügen zu können. Danach muss einem Schlüsselbild des entsprechenden Frames nach folgendem Schema ein Skript zugewiesen werden:

```
function eventListenerFunction(e:MouseEvent) {
    // Aktionen für das gewünschte Ereignis
    // der betreffenden Schaltfläche.
}
buttonInstanz.addEventListener(Ereignis, eventListenerFunction);
```

Die EventListener-Funktion erhält in der Regel einen Namen, der das betroffene Element (zum Beispiel eine Schaltflächeninstanz) mit dem behandelten Ereignistyp (etwa click) kombiniert. Als *Ereignis* wird am häufigsten MouseEvent.CLICK eingesetzt. Es tritt ein, nachdem die Maustaste auf dem Button gedrückt und wieder losgelassen wurde. Das entspricht dem Verhalten, das die meisten Benutzer von einem Button erwarten. Als zweites Argument wird einfach der Name der selbst definierten Event-Handler-Funktion angegeben.

Das folgende Beispiel springt zu Bild Nummer 50, sobald die Maustaste auf dem Button *menue* losgelassen wird:

```
function  menue_click(MouseEvent e) {
    gotoAndPlay (50);
}
menue.addEventListener(MouseEvent.CLICK, menue_click);
```

Das Ereignis kann entweder als String wie beispielsweise "click" oder aber als Konstante von MouseEvent angegeben werden. Tabelle 14-2 zeigt sämtliche möglichen Mausereignisse im Überblick.

Tabelle 14-2. Mausereignisse, vor allem für Schaltflächenaktionen

Ereignis	Erläuterung
MouseEvent.MOUSE_DOWN	Maustaste drücken
MouseEvent.MOUSE_UP MouseEvent.CLICK	Maustaste drücken und wieder loslassen
MouseEvent.DOUBLE_CLICK	Doppelklick
MouseEvent.MOUSE_OVER	Mauszeiger berührt die Schaltfläche
MouseEvent.MOUSE_OUT	Mauszeiger verlässt die Schaltfläche
MouseEvent.MOUSE_MOVE	Einfache Mausbewegung
MouseEvent.MOUSE_WHEEL	Bewegung des Mausrads

Sie können dieselbe Funktion für mehrere Ereignisse verwenden, da das Ereignis jeweils übergeben wird und Sie seine Eigenschaften abfragen können. type liefert beispielsweise den Ereignistyp, während target das betroffene Element nennt.

Das folgende Beispiel geht davon aus, dass Sie zwei Buttons mit den Instanznamen *eins* und *zwei* definiert haben, und ruft für Mausberührung, Mausentfernung und Mausklick jeweils dieselbe Funktion auf:

```
function button_handler(e:MouseEvent) {
  var ausgabe:String = "";
  // Ereignistyp untersuchen
  switch(e.type) {
  case MouseEvent.MOUSE_OVER :
    ausgabe += "Mausberührung";
    break;
  case MouseEvent.MOUSE_OUT :
    ausgabe += "Mausentfernung";
    break;
  case MouseEvent.CLICK :
    ausgabe += "Mausklick";
    break;
  }
  // Modifikatortasten checken
  if (e.shiftKey) {
    ausgabe += ", Shift-Taste";
  }
  if (e.ctrlKey) {
    ausgabe += ", Strg-Taste";
  }
  if (e.altKey) {
    ausgabe += ", Alt-Taste";
  }
  ausgabe += " -- ";
  // Ereignisziel untersuchen
  switch(e.target) {
  case eins :
    ausgabe += "Button eins";
    break;
  case zwei :
    ausgabe += "Button zwei";
    break;
  }
  // Infotext ausgeben
  trace(ausgabe);
}
// Je ein Array für Buttons und Ereignisse definieren
var buttons:Array = [eins, zwei];
var events:Array = [MouseEvent.MOUSE_OVER, MouseEvent.MOUSE_OUT,
MouseEvent.CLICK];
// Für alle Buttons
for (var i:String in buttons) {
  // Für alle Ereignisse
  for (var j:String in events) {
    // Dem aktuellen Button das aktuelle Ereignis zuweisen
    buttons[i].addEventListener(events[j], button_handler);
  }
}
```

Wenn Sie einen Film mit einem einzigen Frame erstellen, der die beiden Schaltflächen und diesen Code enthält, können Sie die Buttons berühren, wieder verlassen oder darauf klicken, und sehen Meldungen wie »Mausberührung – Button eins« oder »Mausklick, Shift-Taste, Strg-Taste – Button zwei« im Ausgabefenster.

Zu dem obigen Code sind einige Erklärungen erforderlich, wenngleich die fraglichen ActionScript-Elemente weiter unten genauer erläutert werden. Innerhalb der Event-Handler-Funktion wird zuerst eine neue Variable namens ausgabe vom Typ String (Zeichenkette) definiert. Anfangs ist sie leer, was durch zwei aufeinanderfolgende Anführungszeichen ohne Inhalt dargestellt wird. Eine Variable ist ein benannter Zwischenspeicher; in dieser hier wird der Ausgabetext zunächst gesammelt und später angezeigt.

Danach wird insgesamt zweimal eine switch-case-Struktur verwendet. Diese vergleicht den in Klammern hinter switch angegebenen Ausdruck (hier der Ereignistyp e.type beziehungsweise das Ereignisziel e.target) mit den verschiedenen durch case festgelegten Werten und führt den Code nach dem passenden case bis zum break aus.

Zwischen den beiden switch-Anweisungen wird getestet, welche der drei Tasten Umschalt, Strg und/oder Alt gedrückt ist; dafür sind die Eigenschaften shiftKey, ctrlKey beziehungsweise altKey des Ereignisses zuständig.

Das alles führt dazu, dass ausgabe danach den Ereignistyp mit eventuellen Zusatztasten sowie das Ereignisziel nennt. Die Anweisung trace() schreibt diesen Text anschließend ins Ausgabefenster; sie dient allgemein dazu, während der Entwicklung von ActionScript-Anwendungen die Werte von Variablen und Ausdrücken zu testen.

Um den beiden Schaltflächen und den drei zu verarbeitenden Ereignissen auf effektive Weise den Event-Handler zuzuweisen, werden diese anschließend jeweils in einem Array gespeichert, einer Feldvariablen mit mehreren Elementen. Die einzelnen Elemente eines Arrays lassen sich danach als Arrayvariable[Index] ansprechen, wobei der Index entweder numerisch oder ein String sein kann. Wenn Sie nichts Besonderes angeben, werden die Indizes automatisch durchnummeriert, wobei das erste Element den Index 0 erhält, das zweite den Index 1 und so weiter.

Die Zuordnungen selbst werden anschließend mithilfe zweier ineinander verschachtelter Schleifen erzeugt. Eine Schleife vom Typ for (Variable in Array) geht alle Elemente des Arrays durch und stellt dessen Indizes dabei nacheinander in der Variablen zur Verfügung. Beachten Sie, dass die Variable auch dann den Typ String haben muss, wenn die Indizes eines bestimmten Arrays (wie hier) zufällig Zahlen sind. Innerhalb der inneren Schleife wird dann die jeweilige Schaltfläche buttons[i] mit dem aktuellen Ereignis events[j] verknüpft:

```
buttons[i].addEventListener(events[j], button_handler);
```

Durch die verschachtelten Schleifen ergibt sich folgende Zuordnungsreihenfolge:

```
Button eins, MouseEvent.MOUSE_OVER
Button eins, MouseEvent.MOUSE_OUT
Button eins, MouseEvent.CLICK
Button zwei, MouseEvent.MOUSE_OVER
Button zwei, MouseEvent.MOUSE_OUT
Button zwei, MouseEvent.CLICK
```

Tastatur- und Filmereignisse

Eine weitere interessante Art von Event-Handlern reagiert auf Tastendrücke. Diese werden üblicherweise nicht bestimmten Schaltflächen oder anderen Instanzen zugewiesen, sondern dem Hauptfilm (als Referenz auf sich selbst mit dem Schlüsselwort this) oder der Bühne (stage). Erstellen Sie zum Testen einen neuen, leeren Film. Verwenden Sie das Textwerkzeug, um auf der leeren Bühne ein Textfeld vom Typ *Dynamischer Text* mit der Option *Mehrzeilig* aufzuziehen. Weisen Sie diesem den Instanznamen textbox zu. Fügen Sie dann auf einer anderen Ebene ein neues Schlüsselbild ein, für das Sie folgendes Skript definieren:

```
// Event-Handler für Tastendrücke
function key_press(e:KeyboardEvent) {
  // Code des aktuellen Zeichens ermitteln
  var c:int = e.charCode;
  // Das passende Zeichen an den Inhalt von box anhängen
  box.appendText(String.fromCharCode(c));
}
// Dem Ereignis die Funktion zuordnen
stage.addEventListener(KeyboardEvent.KEY_UP, key_press);
```

Wenn Sie aus diesem Film eine SWF-Datei erstellen und diese extern (im Standalone-Flash Player oder in einem Browser) abspielen, wird jeder Tastendruck im Textfeld angezeigt. Verwenden Sie dagegen innerhalb von Flash die Funktion *Film testen*, werden zahlreiche Tastendrücke nicht von diesem Skript verarbeitet – nämlich all diejenigen, die in Flash selbst eine eigene Bedeutung haben.

Das Ereignis KeyboardEvent.KEY_UP wird beim Loslassen einer Taste aktiviert. Das verarbeitete KeyboardEvent liefert unter anderem die Eigenschaft charCode, den ASCII-Code des Zeichens der betätigten Taste. Weitere Eigenschaften sind keyCode für die reine Taste sowie die bereits für Mausereignisse angesprochenen Modifikatoren shiftKey, ctrlKey und altKey.

Das dauerhafte Gedrückthalten einer Taste lässt sich auf diese Weise nicht abfragen. Für ein solches »Dauerfeuer« müssen Sie den Tastendruck von der regelmäßigen Verarbeitung trennen. Speichern Sie den vorherigen Film dazu unter einem neuen Namen und ersetzen Sie den Code durch diese Variante:

```
var ch:String;
// Event-Handler für Tastendrücke
function start_key(e:KeyboardEvent) {
  // Code des aktuellen Zeichens ermitteln
```

```
    var c:int = e.charCode;
    // Das passende Zeichen in ch speichern
    ch = String.fromCharCode(c);
}
// Event-Handler für das Loslassen einer Taste
function stop_key(e:KeyboardEvent) {
    // Das aktuelle Zeichen entfernen
    ch = "";
}
// Event-Handler für die regelmäßige Ausführung
function print_key(e:Event) {
    if (ch) {
        box.appendText(ch);
    }
}
// Den Ereignissen die Funktion zuordnen.
stage.addEventListener(KeyboardEvent.KEY_DOWN, start_key);
stage.addEventListener(KeyboardEvent.KEY_UP, stop_key);
stage.addEventListener(Event.ENTER_FRAME, print_key);
```

Hier wird ch zuerst als *globale* Variable vereinbart: Da die Deklaration

```
    var ch:String;
```

außerhalb aller Funktionen steht, bleibt diese Variable über die Ausführung der einzelnen Funktionen hinaus gültig. Danach werden drei Funktionen für die verschiedenen Ereignisse definiert. start_key() soll beim Herunterdrücken einer Taste aufgerufen werden und speichert einfach das aktuelle Zeichen in ch. stop_key() kommt beim Loslassen einer Taste zum Einsatz und setzt ch auf den leeren String "". print_key() schließlich wird beim Start jedes einzelnen Frames aktiviert, prüft, ob ch einen Inhalt hat, und gibt diesen dann aus.

Für die ersten beiden Funktionen werden die Tastaturereignisse KeyboardEvent.KEY_DOWN (Tastendruck) und KeyboardEvent.KEY_UP (Taste loslassen) verwendet. Die letzte wird dem Ereignis Event.ENTER_FRAME zugewiesen. Event ist die Klasse für allgemeine Ereignisse (auch Maus- oder Tastaturereignisse werden gegebenenfalls darin erkannt); das Ereignis Event.ENTER_FRAME steht für den Beginn jedes Frames, wird also mit der Framerate des aktuellen Films regelmäßig aufgerufen und eignet sich so für sich wiederholende Kontroll- oder Steuerungsaufgaben.

Konstanten für Sondertasten

Wenn Sie die beiden zuletzt vorgestellten Anwendungen ausprobieren, werden Sie feststellen, dass die Tastenbelegung wahrscheinlich nicht der Beschriftung Ihrer Tastatur entspricht, sondern der englischen Tastatur. Das dürfte im Alltag allerdings kein großes Problem sein – bedenken Sie, dass die Verarbeitung von Tastaturereignissen für gewöhnlich nicht der Texteingabe dient, sondern der Filmsteuerung durch die Computer- oder auch Handytastatur. Sie können Tasten also beispielsweise als Ersatz für Mausklicks auf verschiedene Buttons oder auch zur Steuerung einer Spielfigur verwenden.

Vererbung

Event ist die gemeinsame Elternklasse von MouseEvent und KeyboardEvent. Vererbung, also die Übernahme von Eigenschaften übergeordneter Klassen, ist ein Konzept der Objektorientierung, das in Kapitel 15 erläutert wird.

Gerade für solche Anwendungsfälle ist es wichtig, Sondertasten wie `Enter` oder die `Leertaste` abzufragen. Natürlich können Sie eine ASCII-Tabelle zur Hand nehmen und die Codes selbst ermitteln. Bequemer sind allerdings die vordefinierten Konstanten der Klasse Keyboard. Verwenden Sie beispielsweise Keyboard. SPACE in einer Funktion wie dieser, um die `Leertaste` abzufragen und mit ihrer Hilfe den Film anzuhalten oder wieder zu starten:

```
// Variable _playing ist true, wenn der Film gerade läuft,
// ansonsten false
var _playing:Boolean = true;
function space_handler(e:KeyboardEvent) {
  if (e.keyCode == Keyboard.SPACE) {
    // Den Wert von _playing umkehren
    _playing = !_playing;
    // Je nach aktuellem Wert von _playing weiterspielen
    // oder anhalten
    if (_playing) {
      play();
    } else {
      stop();
    }
  }
}
stage.addEventListener(KeyboardEvent.KEY_UP, space_handler);
```

Boolean

Der Datentyp Boolean wurde nach George Boole benannt, einem britischen Mathematiker des 19. Jahrhunderts, der eine spezielle Algebra der Wahrheitswerte erfunden hat.

Der Name der globalen Variablen lautet hier _playing mit führendem Unterstrich, weil es eine eingebaute Eigenschaft namens playing gibt. Der Typ dieser Variablen ist Boolean; es handelt sich um einen Wahrheitswert, der true (wahr) oder false (falsch) sein kann. Die Anweisung

```
_playing = !_playing;
```

weist ihr jeweils den gegenteiligen Wert zu, weil das weiter unten besprochene ! der Verneinungsoperator ist.

In Tabelle 14-3 sehen Sie die in der Klasse Keyboard kodierten Sondertasten, die Sie jeweils mit der Eigenschaft keyCode eines KeyboardEvent vergleichen können.

Tabelle 14-3. Die Sonderzeichencodes der Klasse Keyboard

Konstante	Zeichencode	Taste
BACKSPACE	8	`Rücktaste`
CAPS_LOCK	20	`Feststelltaste`
CONTROL	17	`Strg`
DELETE	46	`Entf`
DOWN	40	`Pfeil nach unten`
END	35	`Ende`
ENTER	13	`Enter`
ESCAPE	27	`Esc`

Konstante	Zeichencode	Taste
F1	112	F1
F2	113	F2
F3	114	F3
F4	115	F4
F5	116	F5
F6	117	F6
F7	118	F7
F8	119	F8
F9	120	F9
F10	121	F10
F11	122	F11
F12	123	F12
F13	124	F13 (i.d.R. nur Mac)
F14	125	F14 (i.d.R. nur Mac)
F15	126	F15 (i.d.R. nur Mac)
HOME	36	Pos1
INSERT	45	Eintg
LEFT	37	Pfeil nach links
NUMPAD_0	96	Ziffernblock 0
NUMPAD_1	97	Ziffernblock 1
NUMPAD_2	98	Ziffernblock 2
NUMPAD_3	99	Ziffernblock 3
NUMPAD_4	100	Ziffernblock 4
NUMPAD_5	101	Ziffernblock 5
NUMPAD_6	102	Ziffernblock 6
NUMPAD_7	103	Ziffernblock 7
NUMPAD_8	104	Ziffernblock 8
NUMPAD_9	105	Ziffernblock 9
NUMPAD_ADD	107	Ziffernblock +
NUMPAD_DECIMAL	110	Ziffernblock Komma
NUMPAD_DIVIDE	111	Ziffernblock /
NUMPAD_ENTER	108	Ziffernblock Enter
NUMPAD_MULTIPLY	106	Ziffernblock *
NUMPAD_SUBTRACT	109	Ziffernblock -
PAGE_DOWN	34	Bild runter
PAGE_UP	33	Bild rauf

Konstante	Zeichencode	Taste
RIGHT	39	Pfeil nach rechts
SHIFT	16	Umschalt
SPACE	32	Leertaste
TAB	9	Tabulator
UP	38	Pfeil nach oben

Zeitleistensteuerung

Die wichtigsten und einfachsten ActionScript-Anweisungen, die in diesem Buch schon mehrfach intuitiv verwendet wurden, steuern den Ablauf der Bilder einer Zeitleiste. Standardmäßig werden die Zeitleisten des Hauptfilms und eventueller Movieclips linear abgespielt. Für die Navigation in einer interaktiven Präsentation ist es wichtig, dass dieser Ablauf unterbrochen werden kann. Die in diesem Unterabschnitt vorgestellten Funktionen können sowohl im Hauptfilm als auch innerhalb eines Movieclips eingesetzt werden. Sie steuern jeweils die Zeitleiste, in der Sie sich gerade befinden. Der Zugriff auf andere Zeitleisten – etwa von verschachtelten Movieclips – wird im nächsten Abschnitt erläutert.

Anhalten und Weiterspielen

Wenn Sie einen Film an einer bestimmten Stelle anhalten möchten, können Sie die Anweisung stop(); benutzen.

Sofern diese Anweisung im Skript eines Schlüsselbilds steht, hält der Film automatisch an der entsprechenden Stelle an. Auf diese Weise erzeugen Sie also ein Standbild. Wann immer Sie ein Menü, eine Infoseite oder ähnliche statische Bildschirme erstellen möchten, ist dies die passende Lösung. Um den Bildschirm wieder zu verlassen und den Film weiter abzuspielen, wird die Anweisung play() benutzt; Sie können sie beispielsweise einer Schaltfläche zuweisen.

Folgendes ist eine einfache Möglichkeit, um play() und stop() einmal auszuprobieren:

1. Erstellen Sie in einem neuen Film eine beliebige Animation.

2. Legen Sie zwei Schaltflächen mit den Beschriftungen *Stop* bzw. *Weiter* an.

3. Richten Sie eine neue Ebene namens *buttons* ein.

4. Ziehen Sie die Schaltfläche *Stop* auf die Bühne und weisen Sie ihr folgendes Skript zu:

```
on (release) {
    stop();
}
```

5. Ziehen Sie auch den Button *Weiter* auf die Bühne; er erhält diese Anweisungen:

```
on (release) {
    play();
}
```

Wenn Sie diesen Film mit *Film testen* ausprobieren, werden Sie feststellen, dass Sie die Animation jederzeit mit *Stop* unterbrechen und mit *Weiter* fortsetzen können.

Sprungbefehle

Mit `play()` und `stop()` lassen sich zwar schon durchblätterbare Standbilder erstellen, aber der Film bleibt nach wie vor linear. Eine interaktive Auswahl von Inhalten ist erst möglich, wenn Sie zu verschiedenen Bildern eines Films springen können. Zu diesem Zweck gibt es vor allem zwei wichtige Funktionen:

- `gotoAndPlay()` springt zum angegebenen Frame der aktuellen Zeitleiste und spielt den Film von dort weiter ab.
- `gotoAndStop()` springt ebenfalls zum gewünschten Bild, hält den Film aber dort an.

Im simpelsten Fall ist das Argument – die Angabe des Bilds, zu dem Sie springen möchten – eine einfache Nummer, wie sie in der Zeitleiste steht. Die folgende Anweisung springt zum Bild Nummer 100 der aktuellen Zeitleiste und spielt es dann ab:

```
gotoAndPlay(100);
```

Dieses Beispiel springt dagegen zu Frame 50 und bleibt dort stehen:

```
gotoAndStop(50);
```

Praktischer als die Verwendung von Bildnummern sind übrigens *Bildmarkierungen*. Erstens kann man sich eine aussagekräftige Bezeichnung wie `"menue"` leichter merken als beispielsweise 356, und zweitens ändern sich Markierungen auch dann nicht, wenn Sie später Bilder einfügen oder entfernen.

Möchten Sie eine Bildmarkierung anbringen, müssen Sie ein Schlüsselbild anklicken und können dann oben in der Eigenschaftenpalette einen Namen eingeben. Das entsprechende Bild wird in der Zeitleiste durch ein kleines Fähnchen mit einer Bezeichnung gekennzeichnet. Unter *Typ* können Sie die Art der jeweiligen Markierung einstellen:

- *Name* erstellt eine Bildbezeichnung, wie sie für die hier verwendeten Sprungbefehle benötigt wird. Das Symbol in der Zeitleiste ist ein rotes Fähnchen.
- *Kommentar* dient lediglich Ihrer eigenen Orientierung in der Zeitleiste; als Symbol dienen grüne Kommentarzeichen (//).
- *Anker* können als HTML-Sprungziele exportiert werden; ihr Symbol ist ein orangefarbener Anker.

Weitere Sprungbefehle

Es gibt noch einige seltener verwendete Sprungbefehle, die sich vornehmlich zum einfachen »Blättern« eignen.
Der Vollständigkeit halber sollen sie hier erwähnt werden:

```
nextFrame();   // ein Bild
weiter
prevFrame();   // ein Bild
zurück
nextScene();   // eine Szene
weiter
prevScene();   // eine Szene
zurück
```

Genau wie für Bildaktionen oder Sounds sollten Sie auch für Bildmarkierungen eine eigene Ebene verwenden. In Abbildung 14-2 sehen Sie Bildmarkierungen in der Zeitleiste und in der Eigenschaftenpalette.

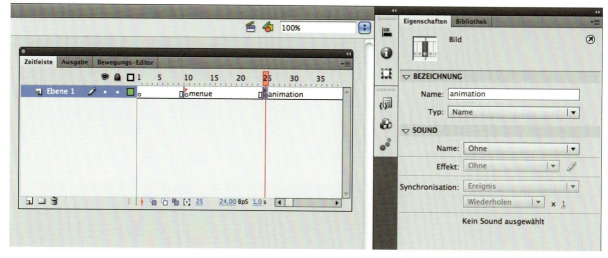

Wenn Sie einen Sprung zu einem Bild mit einer Markierung durchführen möchten, müssen Sie die Bezeichnung in Anführungszeichen setzen. Das folgende Beispiel springt zu dem Frame mit der Markierung "menue":

```
gotoAndPlay("menue");
```

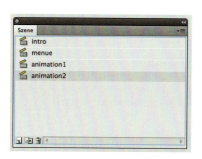

Möchten Sie Ihren Film übersichtlicher gestalten, können Sie *Szenen* verwenden. In jeder Szene wird eine neue, aufgeräumte Zeitleiste angezeigt, die Sie wie gewohnt mit Ebenen und Schlüsselbildern ausstatten können. Zur Verwaltung von Szenen dient das Bedienfeld *Szene*, Sie können es mit dem Befehl *Fenster → Andere Bedienfelder → Szene* oder der Tastenkombination (Umschalt) + (F2) öffnen. In Abbildung 14-3 sehen Sie die Palette.

Die drei Schaltflächen in der unteren Leiste haben von links nach rechts folgende Bedeutung:

Szene hinzufügen: Eine neue, leere Szene wird eingefügt. Das geht alternativ auch über den Menübefehl *Einfügen → Szene*.

▲ **Abbildung 14-3**
Das Bedienfeld »Szene«

Szene duplizieren: Eine Kopie der aktuellen Szene wird erstellt. Das ist beispielsweise nützlich, wenn Sie eine längere Sequenz nachträglich in Szenen aufteilen möchten: Sie können sie mehrfach duplizieren und dann jeweils unterschiedliche Teile der Zeitleiste löschen.

Szene löschen: Die aktuelle Szene wird (nach einer Sicherheitsnachfrage) gelöscht.

Um zu einer bestimmten Szene zu wechseln, brauchen Sie diese lediglich anzuklicken. Sie können sie aber auch aus dem Szenen-Pop-up-Menü am Kopf des Dokumentfensters auswählen. Per Doppelklick in der Szenenpalette lässt sich eine Szene umbenennen; die Reihenfolge können Sie durch einfaches Ziehen nach oben oder unten verändern. Im fertigen Film werden standardmäßig alle Szenen nacheinander abgespielt.

Für die Sprungbefehle haben Szenen natürlich ebenfalls eine Bedeutung: Sie können bei gotoAndStop() und gotoAndPlay() auf Wunsch die beiden Argumente *Bild* und *Szene* angeben. Wenn Sie zu Bild 1 in einer Szene namens "hauptfilm" springen möchten, geht das beispielsweise so:

```
gotoAndPlay(1, "hauptfilm");
```

Ein Sprung zum Frame "menue" in der Szene "intro" sieht dagegen folgendermaßen aus:

```
gotoAndStop("menue", "intro");
```

Bildmarkierungen funktionieren allerdings auch über Szenengrenzen hinweg ohne Angabe der jeweiligen Szene, solange sie im gesamten Film nur je einmal verwendet werden.

Tipp

Die Bilder eines Films werden auch dann durchnummeriert, wenn Sie Szenen verwenden. Alternativ zur Szenensyntax können Sie also stets die eigentliche Bildnummer angeben. Angenommen, Ihr Film besitzt zwei Szenen namens *intro* und *hauptfilm*. *intro* besteht aus 20 Bildern (es zählt jeweils die Ebene mit den meisten Bildern). Die beiden folgenden Befehle bewirken jeweils einen Sprung zu Bild 1 von *hauptfilm*:

```
gotoAndPlay(1, "hauptfilm");
// mit Szenenangabe
gotoAndPlay(21);
// reine Bildnummer
```

Variablen, Ausdrücke und Operatoren

Programmierung wäre undenkbar, wenn Programmiersprachen nicht in der Lage wären, komplexe Ausdrücke zu berechnen. Im Grunde macht diese Fähigkeit das Schreiben von Programmen zu angewandter Mathematik: Auch hier müssen Sie sich mit der Formulierung von Rechenausdrücken beschäftigen. Allerdings haben Sie es leichter als ein Mathematiker, weil Sie die Ausdrücke in beliebig komplexer Form hinschreiben und ihre Vereinfachung dem Computer überlassen können.

In diesem Unterabschnitt lernen Sie Ausdrücke und ihre Bestandteile kennen:

Literale: Das sind »wörtlich« gemeinte Komponenten wie Zahlen oder Strings (Textblöcke).

Variablen: Eine Variable ist ein benannter Speicherplatz. Wenn Sie sie in einen Ausdruck einsetzen, wird der aktuell in ihr gespeicherte Wert zur Berechnung verwendet.

Operatoren: Dabei handelt es sich um Verknüpfungsvorschriften, mit denen Literale und Variablen zu komplexeren Ausdrücken verbunden werden.

Funktionsaufrufe: Da auch viele Funktionen ein Ergebnis liefern, können Sie sogar diese in Ausdrücken unterbringen.

Tipp

Allgemein gilt: Überall dort, wo in einer Programmiersprache die Angabe eines konkreten Werts erwartet wird, kann stattdessen auch ein beliebig komplexer Ausdruck stehen, solange er einen Wert des geforderten Typs ergibt.

ActionScript stellt eine praktische Funktion zum Testen von Ausdrücken zur Verfügung, die weiter oben bereits eingesetzt wurde:

```
trace(Ausdruck);
```

Die Ausgabe des ausgewerteten Ausdrucks erfolgt im sogenannten *Ausgabefenster* (*Fenster* → *Ausgabe* oder [F2]). `trace()` ist äußerst praktisch für die Fehlersuche in Skripten.

Damit Sie vor der endgültigen Veröffentlichung nicht mühevoll alle `trace()`-Anweisungen aus Ihren Skripten entfernen müssen, können Sie beim Exportieren die Option *Trace-Aktionen übergehen* aktivieren (siehe Kapitel 12).

Literale

Wenn Funktionen Argumente benötigen, erwarten sie zunächst einfache, nicht weiter zu berechnende Werte. Beispielsweise wird ein Sprung zu Frame Nummer 3 mit folgender Anweisung durchgeführt:

```
gotoAndPlay(3);
```

Die 3 ist hier ein numerisches Literal, also eine Zahl, die nicht weiter ausgewertet werden muss.

Allein stehende Literale sind die einfachsten möglichen Ausdrücke. ActionScript kennt folgende Arten von Literalen:

- *numerische Literale* – Zahlen
- *String-Literale* – Zeichenketten (Textblöcke)
- *Boolesche Literale* – `true` und `false` für Wahrheitswerte
- `undefined` – der Wert einer undefinierten Variablen
- `null` – ein leeres Objekt

Für die Angabe von Frames, Objektpositionen und -größen sowie für Berechnungen aller Art werden Zahlen benötigt. Je nach Bedarf kann es sich dabei um ganze Zahlen (englisch *integer*) oder Fließkommazahlen handeln. Integer-Literale können in drei verschiedenen Zahlenformaten angegeben werden:

- Einfache Zahlen wie 7, 2048 oder –678 werden *dezimal* interpretiert.
- Durch eine vorangestellte 0 wird die Zahl *oktal*, gehört also zum Achtersystem. Hier gibt es nur die Ziffern 0 bis 7; der Wert 8 wird als 10 dargestellt und so weiter. Beispielsweise entspricht 077 dem dezimalen Wert 63, 01000 bedeutet 512, und -0432 steht für –282.
- Wenn Sie 0x vor eine Zahl setzen, wird sie dem *Hexadezimalsystem* (Sechzehnersystem) zugerechnet. Hier gibt es 16 verschiedene Ziffern: 0 bis 9 wie gehabt, zusätzlich stehen die Buchstaben A bis F (oder auch a bis f) für 10 bis 15

zur Verfügung. Die Stellen versechzehnfachen ihren Wert nach links hin. 0xF ist also 15, 0x10 steht für 16, 0xF0 bedeutet 240, und -0xABC ist −2748.

Dezimalbrüche werden in Programmiersprachen als *Fließkommazahlen* (englisch *floating point numbers*) bezeichnet. Da der Computer jede Zahl in einem Speicherbereich mit einer bestimmten Maximalgröße ablegen muss, kennt er nur abbrechende Dezimalbrüche mit begrenzter Genauigkeit; periodische oder nicht abbrechende Dezimalzahlen widersprechen seinen technischen Gegebenheiten. Beachten Sie, dass das Dezimaltrennzeichen nicht das Komma, sondern gemäß amerikanischer Schreibweise der Punkt ist. Beispiele für Fließkomma-Literale sind 3.8762 und -0.1429.

Zur Textausgabe oder auch zur Überprüfung von Benutzereingaben verwendet ActionScript Text in Form von Zeichenketten (englisch *strings*). Auch Frames können beispielsweise in Form von Strings angegeben werden, wenn Sie ihnen in der Zeitleiste eine benannte Bildmarkierung zuweisen.

Ein String-Literal steht grundsätzlich in Anführungszeichen – im Gegensatz zu vielen anderen Programmiersprachen ist es bei ActionScript nicht bedeutungsunterscheidend, ob Sie 'einfache' oder "doppelte" Anführungszeichen benutzen. Die direkte Abfolge zweier Anführungszeichen ("") ist der leere String; er besteht aus 0 Zeichen. Hier sehen Sie einige weitere Beispiele für Strings: "Ein Text", '300', "!§$%&".

Neben gewöhnlichen Zeichen kann ein String noch sogenannte *Escape-Sequenzen* enthalten, Zeichenfolgen mit besonderer Bedeutung, die mit einem Backslash (\) beginnen: \" und \' ermöglichen die Verwendung der Anführungszeichen selbst, \\ ist der Backslash als Zeichen. \n stellt einen Zeilenumbruch dar, \t einen Tabulator. Außerdem können Sie ein Zeichen durch seinen numerischen ASCII-Code angeben: \00 bis \377 interpretieren den Wert oktal (im Achtersystem) und geben so die Zeichen 0 bis 255 an; \x00 bis \xFF sind die entsprechenden Hexadezimalcodes.

Die Booleschen Literale true und false sind das überprüfbare Ergebnis logischer Operationen: Der Vergleich 3 < 5 hat den Wert true, während 3 > 5 eindeutig false ist. Wenn Sie möchten, können Sie diese Werte aber auch explizit benutzen und beispielsweise in Variablen speichern.

Variablen

In der Frühzeit der Computertechnik mussten sich Programmierer selbst mit der Ablage ihrer Nutzdaten im Arbeitsspeicher abmühen. Die dazu eingesetzten (numerischen) Speicheradressen gibt es mit gewissen technischen Verbesserungen (zum Beispiel virtueller Adressierung mit Auslagerung auf die Festplatte) noch heute. Allerdings findet diese Form der Speicherzuteilung fast immer hinter den Kulissen statt. Das ist nicht zuletzt das Verdienst der Variablen, die in beinahe jeder

Programmiersprache zur Verfügung stehen. Dies nur vorweg – sollten Sie finden, dass Variablen schwer zu verstehen sind, denken Sie daran, dass sie eine enorme Arbeitserleichterung darstellen: Sie brauchen sich nicht mehr zu merken, *wo* Sie etwas gespeichert haben, sondern nur noch, *unter welchem Namen* es abgelegt wurde.

Eine Variable ist ein Bereich im Arbeitsspeicher, den Sie durch einen selbst gewählten Bezeichner kennzeichnen können. Durch den Operator = wird einer Variablen ein Wert zugewiesen. Im folgenden Beispiel erhält eine Variable namens a den Wert 5:

```
a = 5;
```

Vor (oder bei) der ersten Verwendung müssen Sie eine Variable mit dem Schlüsselwort var *deklarieren*, das heißt ihre künftige Verwendung ankündigen. Das kann entweder separat geschehen oder zusammen mit einer Wertzuweisung. Die explizite Deklaration sieht so aus:

```
// Variable b deklarieren
var b;
// b einen Anfangswert zuweisen
b = 7;
```

Eine integrierte Deklaration mit Wertzuweisung hat dagegen folgendes Format:
```
var c = "Hallo";
```

Durch die Deklaration ordnen Sie eine Variable ausdrücklich einem *Geltungsbereich* zu: Jede Variable gilt ausschließlich innerhalb derjenigen Zeitleiste, Funktion oder Klasse, in der sie deklariert wurde. Wie Sie auf die Variablen anderer Zeitleisten zugreifen können, erfahren Sie in Kapitel 16.

Traditionell besitzt eine Variable in ActionScript keinen festgelegten Datentyp. Sie können beispielsweise ohne Weiteres zuerst eine Zahl und später einen String darin speichern:

```
// Deklarieren und Zahl speichern
var d = 256;
// String speichern
d = "Guten Morgen";
```

Seit ActionScript 2.0 können Sie Variablen aber auf Wunsch auch *typisiert* benutzen; in ActionScript 3.0 wird das ausdrücklich empfohlen: Bei der Deklaration lässt sich von vornherein ein *Datentyp* festlegen, dem die Variable dauerhaft entsprechen muss. Der Datentyp für ganze Zahlen ist beispielsweise int. Wenn Sie versuchen, einen String oder einen sonstigen Wert in einer Variablen dieses Typs zu speichern, gibt es eine Fehlermeldung. Die folgende Version des vorigen Beispiels ist also fehlerhaft:

```
// Zahl speichern.
var d:int = 256;
// String speichern?
d = "Guten Morgen";
// --> Fehlermeldung!
```

Die zugehörige Fehlermeldung wird im Ausgabefenster angezeigt und sieht so aus:

```
1067: Implizite Umwandlung eines Werts des Typs String in einen
nicht verwandten Typ int
```

Neben int besitzen auch die anderen oben vorgestellten einfachen Arten von Literalen ihre passenden Datentypen: Allgemeine Zahlen (einschließlich Fließkommazahlen) besitzen den Typ Number. Für Strings steht der Datentyp String zur Verfügung, für Boolesche Werte der Typ Boolean. Die zahlreichen anderen Datentypen sind nicht für einfache Variablen gedacht, sondern für den Zugriff auf komplexe Objekte wie Datum und Uhrzeit oder gar grafische Bedienelemente; diese Dinge werden ab Kapitel 16 besprochen.

Die wichtigste Frage ist aber, welchen Vorteil die Typisierung hat, denn zunächst einmal sieht sie wie eine Einschränkung aus. Das ist auch nicht ganz falsch – aber man sollte es eher »freiwillige Selbstbeschränkung« nennen: Wenn Sie den Datentyp festlegen, zwingen Sie sich selbst zu mehr Disziplin beim Programmieren. Sie können der Variablen nur noch Werte zuweisen, die dem festgelegten Typ entsprechen, und auch nur noch Funktionen aufrufen, die einen passenden Wert zurückgeben. Auf diese Weise können Sie Fehler vermeiden beziehungsweise schneller finden.

Arrays

Ein *Array* ist eine spezielle Variable, die nicht nur einen einzelnen Wert enthalten kann, sondern eine ganze Liste von Werten. Die Position eines Werts im Array wird durch einen *Index* bestimmt; das ist meistens eine Zahl, wobei das erste Element eines Arrays den Index 0 hat.

Um ein Array zu erzeugen, wird der *Konstruktor* new Array() aufgerufen. Schreiben Sie Folgendes, um ein leeres Array zu erhalten, das erst später mit Werten gefüllt wird:

```
var a:Array = new Array();
```

Wenn Sie nun an bestimmten Positionen dieses Arrays Werte speichern möchten, können Sie das durch eine normale Wertzuweisung tun; der Index steht immer in eckigen Klammern:

```
a[0] = 27;
a[1] = 45;
```

Daneben besteht auch die Möglichkeit, ein Array von vornherein mit Werten zu belegen:

```
var a:Array = new Array("Flash", "Dreamweaver", "Photoshop");
```

Alternativ gibt es die folgende Kurzfassung:

```
var a:Array = ["Flash", "Dreamweaver", "Photoshop"];
```

Wenn Sie möchten, können Sie statt der Zahlen auch Schlüssel im String-Format als Indizes verwenden; solche Konstrukte werden *assoziative Arrays* genannt, während die »normalen«, nummerierten Arrays *indiziert* heißen. Das ermöglicht die Verwaltung datenbankähnlicher Strukturen in Arrays. Wenn Sie einzelne Elemente setzen möchten, sieht das genau so aus wie bei numerischen Indizes:

```
var person:Array = new Array();
person["vorname"] = "Klaus";
person["nachname"] = "Schmitz";
person["geburtsdatum"] = "06.07.1965";
```

Die Syntax für eine Deklaration mit gleichzeitiger Wertzuweisung lautet mit solchen Schlüsseln folgendermaßen:

```
var person:Array =
  {vorname: "Klaus", nachname: "Schmitz", geburtsdatum:
"06.07.1965"};
```

Das Schönste an Arrays ist aber, dass sie als Objekte einige eingebaute Funktionen (sogenannte *Methoden*) besitzen, mit denen Sie gezielt Elemente hinzufügen, entfernen oder sortieren können. Tabelle 14-4 zeigt die wichtigsten Array-Methoden im Überblick. Beachten Sie, dass diese nur für indizierte, nicht aber für assoziative Arrays zur Verfügung stehen.

Tabelle 14-4: Die Methoden der Klasse »Array«

Methode	Bedeutung	Beispiel

push(Wert)	Element am Ende anfügen	`var a:Array = [1, 2, 3];`
		`a.push(4);`
		`// a ist nun [1, 2, 3, 4]`

pop()	Element am Ende entfernen und zurückgeben	`var a:Array = [1, 2, 3];`
		`var b:int = a.pop();`
		`// b ist 3, a ist [1, 2]`

unshift (Wert)	Element am Anfang einfügen	`var a:Array = [3, 5];`
		`a.unshift(1);`
		`// a ist nun [1, 3, 5]`

shift()	Element am Anfang entfernen und zurückgeben	`var a:Array = [2, 4, 6];`
		`var b:int = a.shift();`
		`// b ist 2, a ist [4, 6];`

slice (i1, i2)	Elemente von Index *i1* bis (ausschließlich) *i2* zurückgeben	`var a:Array = [0,2,4,6,8];`
		`var b:Array = a.slice(3, 5);`
		`// a bleibt, b ist [4,6]`

Methode	Bedeutung	Beispiel

splice (i, l[, wert, ...])	*l* Elemente ab Index *i* zurückgeben und entfernen; optional die angegebenen Werte einfügen	`var a:Array = [1,2,3,4,5];`
		`var b:Array = a.splice(2,2);`
		`// a ist [1,2,5], b ist [3,4]`

reverse()	Array umdrehen	`var a:Array = [1,2,3,4,5];`
		`a.reverse();`
		`// a ist (5,4,3,2,1)`

sort(Optionen)	Array sortieren; einige Optionen werden weiter unten im Text beschrieben	`var a:Array = [2,7,5,1];`
		`a.sort();`
		`// a ist [1,2,5,7]`

join(Trenner)	Elemente des Arrays zu einem durch Trenner getrennten String verbinden	`var a:Array = [1, 3, 5];`
		`var b:String = a.join(" - ");`
		`// b ist "1 - 3 - 5"`

length	Anzahl der Elemente des Arrays	`var a:Array = [2, 4, 6];`
		`var b:int = a.length;`
		`// b ist 3`

Für die Methode sort(), die die Elemente des Arrays sortiert, stehen zahlreiche Optionen zur Verfügung. Sie können diese Konstanten entweder numerisch oder symbolisch angeben. Als Beispiele für die Wirkung dieser Optionen werden folgende Arrays verwendet:

```
var a:Array = [100, 11, 1, 20, 12, 20];
var b:Array = ["Flash", "CS", "5", "mit", "actionscript"];
```

Wenn Sie a.sort() beziehungsweise b.sort() ohne zusätzliche Optionen aufrufen, erhalten Sie folgende Sortierreihenfolgen:

```
a.sort();
// neuer Wert: [1, 100, 11, 12, 20, 20]
b.sort();
// neuer Wert: ["5", "CS", "Flash", "actionscript", "mit"]
```

Die merkwürdige Position von 100 im ersten Array kommt zustande, weil jedes Array standardmäßig alphabetisch und nicht numerisch sortiert wird.

Hier sehen Sie nun die Konstanten mit Wirkungsbeispielen:

Array.CASEINSENSITIVE oder 1: Standardmäßig kommen alle Großbuchstaben vor jedem Kleinbuchstaben an die Reihe; wenn Sie diese Option setzen, wird die Groß- und Kleinschreibung ignoriert:

```
b.sort(Array.CASEINSENSITIVE);
// neuer Wert: ["5", "actionscript", "CS", "Flash", "mit"]
```

Array.DESCENDING oder 2: Normalerweise wird aufsteigend sortiert, diese Option kehrt die Reihenfolge um:

```
a.sort(Array.DESCENDING);
// neuer Wert: [20, 20, 12, 11, 100, 1]
```

Array.UNIQUESORT oder 4: Das Array wird nur sortiert, wenn es lauter einmalige Werte enthält, andernfalls wird 0 zurückgegeben:

```
a.sort(Array.UNIQUESORT);
// Wert von a bleibt unverändert
b.sort(Array.UNIQUESORT);
// neuer Wert: ["5", "CS", "Flash", "actionscript", "mit"]
```

Array.RETURNINDEXEDARRAY oder 8: Das Array selbst wird nicht sortiert, stattdessen wird ein Array mit den Indizes (nicht den Elementen) in Sortierreihenfolge als Wert zurückgegeben:

```
var c:Array = b.sort(Array.RETURNINDEXEDARRAY);
// Wert von b bleibt unverändert
// Wert von c: [0, 2, 3, 1, 4]
```

Array.NUMERIC oder 16: Das Array wird numerisch statt alphabetisch sortiert:

```
a.sort(Array.NUMERIC);
// neuer Wert: [1, 11, 12, 20, 20, 100]
```

Wenn Sie mehrere Optionen verwenden möchten, können Sie diese durch bitweise Oder (|) kombinieren (oder auch addieren, was jedoch theoretisch etwas langsamer ist). Das folgende Beispiel sortiert das Array a numerisch und absteigend:

```
a.sort(Array.DESCENDING | Array.NUMERIC);
// neuer Wert: [100, 20, 20, 12, 11, 1]
// alternative Schreibweisen: a.sort(2 | 16) oder gar a.sort(18)
```

Ein letzter interessanter Bestandteil eines Arrays ist seine Eigenschaft `length`, die angibt, wie viele Elemente das Array enthält. Im obigen Beispiel würde `a.length` den Wert 6 zurückliefern.

Vektoren

Innerhalb von Arrays gibt es keine Beschränkung für den Datentyp der einzelnen Elemente; jedes kann seinen eigenen Typ haben und ihn auch im Laufe seiner Lebensdauer wechseln. Deshalb gibt es einen zusätzlichen Datentyp namens Vector, der gegenüber einem Array etwa die gleichen Beschränkungen bietet wie eine typisierte Variable gegenüber einer untypisierten. Im Einzelnen hat ein Vektor folgende Eigenschaften:

Tipp

Beachten Sie, dass es noch weitere Syntaxformen von `sort()` gibt, die zu erläutern aber den Rahmen dieses Buchs sprengen würde.

- Alle Elemente haben denselben von vornherein festgelegten Datentyp.
- Die Indizes können nur numerisch sein und müssen auf jeden Fall direkt hintereinanderliegen – neue Elemente können daher nur am Ende eingefügt werden.
- Es besteht sogar die Möglichkeit, einen Vektor mit einer festgelegten Anzahl von Elementen zu erstellen.

Vektoren müssen zunächst nach folgendem Schema deklariert werden:

```
var vektor:Vector.<Datentyp>;
```

Das folgende Beispiel deklariert einen Vektor mit int-Elementen:

```
var zahlen:Vector.<int>;
```

Anschließend wird das Vector-Objekt durch new Vector initialisiert; dabei können Sie optional die Anzahl der Elemente angeben:

```
var variablerVektor:Vector.<int>;
variablerVektor = new Vector.<int>();
var festerVektor:Vector.<int>;
festerVektor = new Vector.<int>(10);
```

Bei einem Vektor können Sie Werte nur mithilfe der Methode push() hinzufügen oder aber, indem Sie genau den ersten noch nicht vorhandenen Index wählen – diesen können Sie auf sichere Weise mit *Vektor*.length ermitteln, zum Beispiel so:

```
variablerVektor.push(3);
variablerVektor[variablerVektor.length] = 4;
```

Alternativ besteht die Möglichkeit, einem Vektor von vornherein einen Satz von Elementen zuzuweisen. Dazu wird jeweils eine Klassenmethode von Vector verwendet, deren Name dem gewünschten Datentyp der Elemente entspricht; der Wert ist ein Array:

```
var staedte:Vector.<String>;
staedte = Vector.<String>(["Köln", "Paris", "London", "New York"]);
```

Der Zugriff auf die vorhandenen Elemente eines Vektors erfolgt wie beim Array mit eckigen Klammern und dem Index:

```
trace(staedte[0]);
```

ergibt also beispielsweise *Köln*.

Operatoren

Um Literale und Variablen zu komplexen Ausdrücken zu verknüpfen, werden *Operatoren* verwendet. Viele dieser Zeichen für Verknüpfungsvorschriften kennen Sie im Alltag aus der Mathematik: 3 + 7 besagt, dass die Werte 3 und 7 addiert werden

Runde oder eckige Klammern

In der Mathematik benutzt man bei der Verschachtelung mehrerer Klammern manchmal gleichzeitig runde und eckige Klammern. In Action-Script und anderen Programmiersprachen dürfen Sie für diese Aufgabe nur runde Klammern benutzen; eckige kommen dagegen, wie oben erwähnt, vor allem als Array-Indizes zum Einsatz.

sollen, sodass der gesamte Ausdruck den Wert 10 besitzt. Dass einige Operatoren stärker binden als andere und deshalb in einer bestimmten Reihenfolge berechnet werden, kennen Sie sicher ebenfalls (»Punkt- vor Strichrechnung«): 3 + 7 * 5 + 4 hat den Wert 42, weil 7 * 5 zuerst ausgerechnet wird. Diese Operationen funktionieren in ActionScript so wie in der Mathematik. Selbst der Einsatz von Klammern zur Änderung der Priorität ist möglich: (3 + 7) * (5 + 4) ergibt 90.

Die bekannteste Art von Operatoren sind somit die *arithmetischen*. ActionScript kennt die vier Grundrechenarten Addition (+), Subtraktion (–), Multiplikation (*) und Division (/). Sie funktionieren wie erwartet; Division durch 0 ist wie in der Mathematik verboten. Zusätzlich gibt es den sogenannten Modulo-Operator (geschrieben %), der den Rest einer ganzzahligen Division der beiden Werte zurückgibt: 4 % 2 ergibt beispielsweise 0, während 11 % 4 das Ergebnis 3 liefert.

Der Operator + hat übrigens noch eine weitere Aufgabe: Er kann Strings miteinander verknüpfen:

```
var prog:String = "Flash";
var version:String = "CS5 Professional";
var ausgabe:String = prog + " " + version;
```

ausgabe hat nun natürlich den Wert "Flash CS5 Professional". Übrigens funktioniert die Verknüpfung auch dann, wenn einzelne Operanden keine Strings sind – sie werden automatisch umgewandelt:

```
var zahl:int = 7;
var wert:String = "Die Zahl ist " + zahl;
```

Hier hat wert den Inhalt "Die Zahl ist 7".

Die nächste Gruppe sind die *Vergleichsoperatoren*. Sie vergleichen den Wert von Ausdrücken miteinander und liefern true oder false. Tabelle 14-5 zeigt die Vergleichsoperatoren mit Beispielen.

Tabelle 14-5. Die ActionScript-Vergleichsoperatoren im Überblick

Operator	Bedeutung	Beispiele
==	Gleichheit	2 == 3 ergibt false 2 == 2 ergibt true
===	strikte Gleichheit (Datentyp muss übereinstimmen)	2 === 2 ergibt true 2 === "2" ergibt false 2 === 3 ergibt false
!=	Ungleichheit	2 != 3 ergibt true 2 != 2 ergibt false
!==	strikte Ungleichheit (es genügt, wenn die Datentypen verschieden sind)	2 !== 2 ergibt false 2 !== '2' ergibt true 2 !== 3 ergibt true

Operator	Bedeutung	Beispiele
<	kleiner als	`2 < 3` ergibt `true` `2 < 2` ergibt `false`
>	größer als	`2 > 3` ergibt `false` `3 > 2` ergibt `true`

<=	kleiner oder gleich	`2 <= 3` ergibt `true`
		`2 <= 2` ergibt `true`
		`3 <= 2` ergibt `false`

>=	größer oder gleich	`2 >= 3` ergibt `false`
		`2 >= 2` ergibt `true`
		`3 >= 2` ergibt `true`

Vergleichsoperatoren funktionieren übrigens auch mit Strings. Hier gilt, dass ein String »kleiner als« ein anderer ist, wenn das erste unterschiedliche Zeichen weiter vorn im Zeichensatz steht. Daraus ergeben sich einige Faustregeln:

- Ziffern und die meisten Satzzeichen sind »kleiner als« Buchstaben.
- Großbuchstaben sind »kleiner als« Kleinbuchstaben.
- Umlaute und andere diakritische Zeichen sind »größer als« *alle* Buchstaben.
- Wenn Sie einen bestehenden String nach rechts verlängern, ist die längere Fassung immer »größer als« die kürzere.

Daraus ergeben sich folgende Beispiele:

- `"ABC" < "abc"` ergibt `true`
- `"abc" < "ÄÖÜ"` ergibt `true`
- `"123" < "ABC"` ergibt `true`
- `"a" < "Z"` ergibt `false`
- `"Köln" < "König"` ergibt `true`
- `"Köln" < "Kölner"` ergibt `true`

Die nächste wichtige Gruppe sind die *logischen Operatoren*. Sie werden oft benutzt, um Vergleichsoperationen miteinander zu verknüpfen. Die folgenden drei Operatoren sind definiert:

Logisches Und: *Ausdruck1* `&&` *Ausdruck2* ist nur wahr, wenn *beide* Ausdrücke wahr sind. Beispielsweise hat `2 < 3 && 4 > 3` den Wert `true`, während `2 <= 7 && 3 > 4` das Ergebnis `false` hat.

Logisches Oder: *Ausdruck1* `||` *Ausdruck2* ist wahr, wenn *mindestens einer* der beiden Ausdrücke wahr ist. `2 < 3 || 3 > 4` hat also den Wert `true`, während `3 == 4 || 4 >= 5` das Ergebnis `false` liefert.

Logisches Nicht: Wenn Sie einem Ausdruck ein `!` voranstellen, wird er verneint – `true` und Zahlenwerte außer 0 werden `false`, während `false` und 0 den Wert `true` annehmen. `!(3 < 2)` ist also beispielsweise `true`.

Tipp

Das Zeichen | wird unter Windows mit ⌗Alt Gr⌗ + ⌗<⌗ erzeugt, auf dem Mac mit ⌗Alt⌗ + ⌗7⌗.

Die nächste Gruppe sind die sogenannten *Bit-Operatoren*. Sie arbeiten zum Teil wie die logischen Operatoren, betrachten dabei aber jedes einzelne Bit eines gespeicherten Werts. Dies sind die Bit-Operatoren im Überblick:

- *Bitweises Und* (&): Setzt alle Bits auf 1, die in *beiden* verknüpften Werten 1 sind. Beispielsweise ergibt 45 & 62 den Wert 44. Verstehen können Sie das am besten, indem Sie die Werte in die Binärdarstellung umwandeln: 101101 & 111110 = 101100.

- *Bitweises Oder* (|): Setzt diejenigen Bits auf 1, die in *mindestens einer* der beiden verknüpften Zahlen den Wert 1 haben, zum Beispiel 45 | 62 = 63 (Binärdarstellung: 101101 | 111110 = 111111).

- *Bitweises XOR* (Exklusiv-Oder, Zeichen ^): Bedeutet »Entweder-Oder«: Hier werden nur diejenigen Bits auf 1 gesetzt, die in *genau einem* der verknüpften Werte 1 sind. Das übliche Beispiel: 45 ^ 62 = 19 (101101 ^ 111110 = 010011).

- *Bitweises Nicht* (~): Verneint jedes einzelne Bit eines Werts. Beispiel: ~45 = -46. Dieses merkwürdige Ergebnis liegt an der speziellen Art und Weise, wie positive und negative Zahlen gespeichert werden: Das sogenannte *Zweierkomplement* setzt bei einer negativen Zahl das vorderste Bit (Vorzeichenbit) auf 1, negiert die restlichen Bits der entsprechenden positiven Zahl und addiert 1 dazu. Bei angenommenen 8 Bit ergäbe das für das Beispiel 45 ~00101101 = 11010010.

- *Bitverschiebung nach links* (<<): Verschiebt einen Wert um die angegebene Anzahl von Bits nach links. Das entspricht im Grunde einer mehrfachen Multiplikation mit 2. Beispielsweise ergibt 45 << 3 den Wert 360, entspricht also der Operation 45 * 8.

- *Bitverschiebung nach rechts* (>>): Bewirkt analog dazu, dass der Wert entsprechend oft durch 2 geteilt wird, wobei die Bits nach rechts einfach verschwinden. 45 >> 2 ergibt also beispielsweise 11.

Eine *Variante* der Verschiebung nach rechts (>>>) füllt die freien Stellen mit Nullen auf. Der Unterschied macht sich schnell bei negativen Zahlen bemerkbar: -45 >>> 2 ergibt 1073741812, während -45 >> 2 das Ergebnis −12 hat.

Nun fragen Sie wahrscheinlich nach dem praktischen Nutzen der Bit-Operatoren. Sie werden sehr häufig in der Kryptografie (Ver- und Entschlüsselung, digitale Signatur und so weiter) angewendet. Bekannte Kryptoverfahren wie MD5 oder 3DES basieren unter anderem auf solchen Operationen.

Hier eine Flash-typischere Anwendung: Zum Einfärben von Movieclips (siehe Kapitel 16) werden RGB-Farbwerte als 32-Bit-Integer verwendet. Sie können sie hexadezimal angeben, was den sofortigen Einsatz von HTML-Farbcodes ermöglicht – beispielsweise ist 0xFF9900 Orange. Alternativ lässt sich ein kompletter Farbwert aber auch aus seinen dezimalen Rot-, Grün- und Blau-Einzelwerten berechnen. Verwenden Sie dazu den folgenden Ausdruck:

```
rotwert << 16 | gruenwert << 8 | blauwert
```

Das ist praktischer (und wird etwas schneller berechnet) als die ebenfalls gültige arithmetische Fassung:

```
rotwert * 65536 + gruenwert * 256 + blauwert
```

Für die Wertzuweisung an Variablen existiert neben dem einfachen = noch eine Reihe von *Modifikationsoperatoren*, die den bisherigen Wert einer Variablen um einen bestimmten Wert verändern. Betrachten Sie beispielsweise folgende Anweisung:

```
x = x + 1;
```

Anders als in der Mathematik ergibt dies keinen unauflösbaren Widerspruch, weil der Ausdruck auf der rechten Seite bei einer Wertzuweisung immer zuerst komplett berechnet wird. Als neuer Wert von x wird also der um 1 erhöhte alte Wert festgelegt.

Einige Beispiele für Modifikatoren finden Sie zusammen mit der zugehörigen Langfassung in Tabelle 14-6.

Tabelle 14-6. Modifikationsoperatoren, die den Wert von Variablen verändern

Langfassung	Kurzfassung	Erläuterung
x = x + 3;	x += 3;	Variable um den angegebenen Wert erhöhen

x = x + 1;	x += 1;
	x++;
	++x;
		Variable um 1 erhöhen
		(Unterschied zwischen x++ und ++x wird im Text erläutert)

x = x - 3;	x -= 3;	Variable um den angegebenen Wert vermindern
x = x - 1;	x -= 1; x--; --x;	Variable um 1 vermindern
x = x * 3;	x *= 3;	Variable mit dem angegebenen Wert multiplizieren
x = x / 3;	x /= 3;	Variable durch den angegebenen Wert dividieren

Für die Erhöhung beziehungsweise Verminderung um 1 stehen die speziellen Operatoren ++ beziehungsweise -- zur Verfügung. Sie können sie sowohl vor als auch hinter die gewünschte Variable schreiben; bei einer allein stehenden Anweisung ergibt das keinen Unterschied:

```
a++;
```

erhöht den Wert von a genauso um 1 wie

```
++a;
```

Die beiden Formulierungen verhalten sich allerdings unterschiedlich, wenn Sie sie innerhalb eines komplexeren Ausdrucks verwenden: Das vorangestellte ++ (*Prä-Inkrement*) erhöht die Variable zuerst um 1 und verwendet dann im Ausdruck den neuen Wert:

```
var a = 3;
b = ++a;     // a: 4, b: 4
```

Ein nachgestelltes ++ (*Post-Inkrement*) verwendet dagegen den bisherigen Wert im Ausdruck und erhöht die Variable erst danach um 1:

```
var a = 3;
b = a++;     // a: 4; b: 3
```

Für -- (*Prä-* beziehungsweise *Post-Dekrement*) gilt entsprechend das Gleiche.

Neben den hier erwähnten Modifikationsoperatoren gibt es noch weitere, und zwar für sämtliche logischen Operatoren und Bit-Operatoren, zum Beispiel &&= und |=.

Ein letzter interessanter Operator ist der *ternäre* (dreigliedrige) Ausdruck1 ? Ausdruck2 : Ausdruck3. Es handelt sich um eine *Wenn-dann-Operation*: Wenn Ausdruck1 wahr ist, wird Ausdruck2 gewählt, ansonsten Ausdruck3:

```
3 < 4 ? 1 : 0
```

Das liefert das Ergebnis 1, weil 3 tatsächlich kleiner als 4 ist.

Zum Abschluss des Themas Operatoren sehen Sie hier ihre *Rangfolge*. Je weiter oben ein Operator in der Liste steht, desto stärker bindet er, und desto früher wird er ausgewertet:

- () – Klammern zur gezielten Erhöhung der Rangfolge
- !, ~, ++, --, + (Vorzeichen), - (Vorzeichen)
- *, /, %
- + und - (arithmetische Operatoren)
- <<, >> und >>> (Bitverschiebung)
- <, <=, > und >=
- ==, !=, === und !==
- & (bitweises Und)
- ^ (bitweises Exklusiv-Oder)
- | (bitweises Oder)
- && (logisches Und)
- || (logisches Oder)
- ?: (Wenn-dann-Operator)
- =, +=, -= usw. (Zuweisungsoperatoren)

Kontrollstrukturen

In einem Computerprogramm ist es wichtig, die sogenannte *Flusskontrolle* durchzuführen: Beim Auftreten bestimmter Bedingungen muss das Programm an eine andere Stelle verzweigen oder bestimmte Anweisungen erneut ausführen. In ActionScript stehen für die Flusskontrolle, wie in vielen anderen Sprachen, *Fallentscheidungen* und *Schleifen* zur Verfügung.

Fallentscheidungen

Mithilfe einer Fallentscheidung kann ein Programm eine Bedingung prüfen. Falls die Bedingung zutrifft, werden bestimmte Anweisungen ausgeführt; ist sie dagegen falsch, können andere (oder auch keine) Befehle ausgeführt werden.

Die einfachste Form der Fallentscheidung hat das folgende Format:

```
if (Ausdruck)
    Anweisung;
```

Falls der *Ausdruck* gemäß den oben erläuterten Kriterien wahr ist, wird die zugehörige Anweisung ausgeführt. Im folgenden Beispiel erfolgt ein Sprung zum Bild *ende*, wenn die Variable spiele den Wert 0 hat:

```
if (spiele == 0)
    gotoAndStop("ende");
```

Wie bereits erwähnt, können Sie einen Block in geschweiften Klammern benutzen, wenn mehrere Anweisungen von derselben Bedingung abhängen sollen. Betrachten Sie dazu dieses Beispiel, das der Variablen spiele vor dem Sprung zum Bild *ende* den Wert 3 zuweist (etwa als Ausgangspunkt für eine neue Spielrunde):

```
if (spiele == 0) {
    spiele = 3;
    gotoAndStop("ende");
}
```

Wenn eine alternative Anweisung ausgeführt werden soll, falls der Ausdruck nicht wahr ist, geschieht das mithilfe des Schlüsselworts else. Das folgende Beispiel könnte am Ende einer Spielrunde stehen: Die Variable spiele wird um 1 vermindert. Wenn ihr Wert noch größer als 0 ist, erfolgt ein Sprung zum Frame *spielstart*; andernfalls verzweigt der Film zum Bild *ende*:

```
spiele--;
if (spiele > 0) {
    gotoAndPlay("spielstart");
} else {
    gotoAndStop("ende");
}
```

> **Tipp**
>
> Natürlich könnten Sie auch bei einem else-Teil die geschweiften Klammern weglassen, wenn er nur eine Anweisung umfassen soll.

In manchen Fällen erfolgt die Überprüfung einer weiteren Bedingung, sollte die erste Bedingung nicht zutreffen. So entsteht ein verschachtelter Block in der Form if – else if – … – else. Das folgende Beispiel nimmt bei unterschiedlichen Punktzahlen in einem Spiel verschiedene Wertungen vor:

```
if (punkte < 100) {
    bewertung = "Sie sollten noch üben";
} else if (punkte < 200) {
    bewertung = "Na ja";
} else if (punkte < 500) {
    bewertung = "Schon ganz nett";
} else {
    bewertung = "Sie haben geschummelt, oder?!";
}
```

Da die Überprüfungen hier einen Fall nach dem anderen ausschließen, können Sie sich beim letzten else ein weiteres if sparen – hier kann punkte nur größer oder gleich 500 sein.

Wenn Sie keine Wertebereiche, sondern eine Reihe verschiedener Einzelwerte überprüfen möchten, können Sie auch die nützliche switch/case-Fallentscheidung verwenden. Ihre grundlegende Syntax sieht so aus:

```
switch (Variable) {
case Wert1 :
    Anweisung(en);
    break;
case Wert2 :
    Anweisung(en);
    break;
    ...
default:
    Anweisung(en);
}
```

Die Variable wird jeweils mit den einzelnen case-Werten verglichen. Stimmt sie mit einem dieser Werte überein, wird der Block ab dieser Stelle ausgeführt. Standardmäßig werden alle Anweisungen bis zum } am Ende des Blocks abgearbeitet; da das meist nicht gewünscht ist, steht in der Regel vor dem jeweils nächsten case ein break, das den Block verlässt. Der (optionale) Einstiegspunkt default wird gewählt, wenn die Variable keinem der angegebenen Werte entspricht. Er gilt also für »alle anderen Werte« und entspricht damit dem letzten else in einer verschachtelten if/else-Abfolge. Daher ist default beispielsweise nützlich, um unzulässige Werte (etwa Benutzereingaben) abzufangen.

Das folgende Beispiel vergleicht den Wert der Variablen auswahl mit verschiedenen Zeichen:

```
switch (auswahl) {
case "a" :
    gotoAndPlay("anfang");
    break;
```

```
case "s" :
    gotoAndPlay("spiel");
    break;
case "e" :
case "q" :
    gotoAndStop("ende");
default :
    gotoAndPlay("ungueltig");
}
```

Der Wert von auswahl entspricht hier offensichtlich einem Tastendruck zur Steuerung einer Flash-Anwendung. Interessant sind die beiden aufeinanderfolgenden case-Zeilen für die Werte "e" und "q": Da erst das nächste break den Block wieder verlässt, können Sie auf diese Weise für verschiedene Elemente die gleichen Anweisungen ausführen.

Schleifen

Es kommt häufig vor, dass ein Programm bestimmte Aufgaben mehrmals erledigen soll. Natürlich können Sie in Flash stets mit gotoAndPlay() zu einem früheren Bild zurückspringen, um eine solche Wiederholung in der Zeitleiste einzurichten. Wenn es aber speziell darum geht, ActionScript-Anweisungen zu wiederholen, sollten Sie eher eine *programmierte Schleife* benutzen. Davon gibt es verschiedene Typen, die hier kurz vorgestellt werden.

Die einfachste Sorte von allen ist die while-Schleife. Genau wie eine if-Fallentscheidung überprüft sie zunächst eine Bedingung, bevor sie die von ihr abhängige Anweisung (oder den Anweisungsblock) ausführt. Nach der Ausführung wird die Bedingung allerdings erneut überprüft – und das so lange, bis die Bedingung falsch ist. Das folgende Beispiel gibt die Zahlen von 1 bis 10 im Ausgabefenster aus:

```
var i:int = 0;
while (i < 10) {
    i++;
    trace("Bin jetzt bei " + i);
}
```

Da die Bedingung überprüft wird, bevor die abhängigen Anweisungen (der sogenannte *Schleifenrumpf*) ausgeführt werden, wird die while-Anweisung als *kopfgesteuerte* Schleife bezeichnet. Wenn die Bedingung von Anfang an nicht zutrifft, kann es vorkommen, dass der Schleifenrumpf gar nicht ausgeführt wird.

Das entgegengesetzte Modell, die *fußgesteuerte* Schleife, wird dagegen immer mindestens einmal ausgeführt, weil die Bedingung erst nach der Ausführung geprüft wird. Sie hat folgende Syntax:

```
do {
    Anweisung(en);
} while (Ausdruck);
```

Fußgesteuerte Schleifen sind immer dann nützlich, wenn sich die zu prüfende Bedingung erst durch den Schleifenrumpf selbst ergibt – beispielsweise bei der Überprüfung von Eingaben. Das folgende Beispiel zählt, wie lange es dauert, eine 6 zu »würfeln«:

```
var wurf:int;
// bisher 0 Versuche
var versuche:int = 0;
// Würfeln, bis die 6 kommt
do {
    versuche++;
    // Würfelwurf
    wurf = Math.ceil(Math.random() * 6);
} while (wurf != 6);
trace ("Es wurden " + versuche + " Würfe benötigt.");
```

Die letzte Möglichkeit, eine Schleife zu konstruieren, ist die for()-Schleife. Sie hat folgendes Format:

```
for (Initialisierung; Bedingung; Wertänderung) {
    Anweisung(en);
}
```

Die *Initialisierung* und die *Wertänderung* können beliebige Anweisungen sein, die *Bedingung* ein beliebiger Ausdruck. Die Initialisierung wird vor dem ersten Durchlauf ausgeführt, die Bedingung wird vor Beginn jedes Durchlaufs überprüft, und die Wertänderung findet nach jedem Durchlauf statt. for-Schleifen werden meist benutzt, um Schleifen mit einer feststehenden Anzahl von Durchläufen zu formulieren. Das folgende Beispiel gibt nacheinander die Werte 2, 4, 6, 8 und 10 im Ausgabefenster aus:

```
for (var i:int = 2; i <= 10; i += 2) {
    trace (i);
}
```

Es ist kein Problem, diese (und jede andere) for-Schleife in eine while-Schleife umzuwandeln:

```
var i = 2;
while (i <= 10) {
    trace(i);
    i += 2;
}
```

Um das Thema Schleifen nun abzuschließen, folgt noch ein kleines Beispiel: Es zeigt im Ausgabefenster sechs zufällig gezogene Lottozahlen sowie eine Zusatzzahl an. Dazu wird ein Array mit allen 49 Zahlen (»Kugeln«) angelegt. Mithilfe der Funktion splice() wird jeweils eine zufällige Kugel aus diesem Array entfernt und in einem zweiten Array gespeichert:

```
// Arrays für Kugelvorrat und gezogene Kugeln einrichten
var kugeln:Array = [];
var gezogen:Array = [];
// Die 49 Kugeln erzeugen und im Array speichern
for (var i:int = 1; i <= 49; i++) {
    kugeln.push(i);
}
// Sieben Kugeln "ziehen"
for (var j:int = 0; j < 7; j++) {
    // Zufallszahl zwischen 1 und der restlichen Kugelanzahl
    var zahl:int = Math.floor(Math.random() * kugeln.length);
    // Element an der Zufallsposition entfernen
    var aktuell:int = kugeln.splice(zahl, 1);
    // Gezogenes Element speichern
    gezogen.push(aktuell);
}
// Ausgabe
for (i = 0; i < 6; i++) {
    trace(gezogen[i]);
}

trace("Zusatzzahl: " + gezogen[6]);
```

Die Klasse Math – mathematische Funktionen

Die ECMAScript-Basisklasse `Math` enthält zahlreiche Funktionen und Konstanten der Mathematik, die für die ActionScript-Programmierung oft sehr nützlich sind. Im obigen Beispiel wurden der Zufallsgenerator `Math.random()` sowie die Aufrundungsfunktion `Math.ceil()` verwendet. `Math.random()` liefert eine Fließkomma-Zufallszahl (genauer gesagt, eine nicht vorhersagbare Zahl – echten Zufall kennt ein Computer nicht) zwischen 0 und 1. Um mit ihrer Hilfe einen Würfelwurf zu simulieren, wird sie zunächst mit 6 multipliziert – das Ergebnis ist eine Fließkommazahl zwischen 0 und (etwas weniger als) 6. Durch `Math.ceil()` wird jeweils die nächsthöhere Ganzzahl gewählt. Diese liegt aufgrund der vorherigen Multiplikation im gewünschten Bereich zwischen 1 und 6.

Hier einige weitere Funktionen und Konstanten der Klasse `Math`:

- `Math.floor()`: Rundet eine Fließkommazahl auf die nächstniedrigere Ganzzahl ab: `Math.floor(5.3)` wird 5, aber `Math.floor(5.8)` ebenfalls.

- `Math.round()`: Rundet dagegen mathematisch korrekt: `Math.round(5.3)` ergibt 5, während `Math.round(5.6)` den Wert 6 hat.

- `Math.abs()`: Liefert den Betrag eines Werts, entfernt also das Vorzeichen:

  `Math.abs(64)` ist 64, `Math.abs(-64)` hat ebenfalls das Ergebnis 64.

- `Math.sin()`, `Math.cos()` und `Math.tan()`: Liefern den Sinus, Kosinus beziehungsweise Tangens eines Werts. Vorsicht: Sie arbeiten im Bogenmaß. Das ist ein Kreisabschnitt auf dem Einheitskreis statt eines Winkels; der ganze Kreis hat nicht den Wert 360, sondern $2 * \pi$.

- `Math.pow()`: Errechnet Potenzen: `Math.pow(2, 8)` entspricht 2 hoch 8 und ergibt damit 256.

- `Math.PI` und `Math.E` sind die mathematischen Konstanten π beziehungsweise e (Eulersche Zahl, Basis des natürlichen Logarithmus).

Funktionen

Wenn Sie bestimmte Codeblöcke immer wieder benötigen, bietet es sich an, sie in eine *Funktion* auszulagern; für Event-Handler werden sie sogar zwingend benötigt, wie Sie bereits gesehen haben. Im Grunde sind Funktionen nichts weiter als benannte Anweisungsfolgen. Sie haben in diesem Kapitel bereits zahlreiche vordefinierte Funktionen kennengelernt, zum Beispiel `trace()` oder `gotoAndPlay()`. Wenn Sie selbst Funktionen definieren, können Sie sie innerhalb Ihres Films selbstverständlich genauso einsetzen.

Setzen Sie Funktionsdefinitionen am einfachsten in das erste Schlüsselbild der gewünschten Zeitleiste. Sie werden durch das Schlüsselwort `function` eingeleitet und umschließen grundsätzlich einen Anweisungsblock. Das folgende Beispiel zeigt eine Funktion, die nichts weiter tut, als ihren eigenen Aufruf (im Ausgabefenster) zu bestätigen:

```
function test() {
    trace("test() wurde aufgerufen!");
}
```

Geben Sie nun an einer anderen Stelle in Ihrem Code folgende Anweisung ein:

```
test();
```

Dies ist ein Aufruf von `test()`, der die erwähnte Ausgabe erzeugt.

Noch nützlicher sind allerdings Funktionen, die Werte entgegennehmen. Zu diesem Zweck können Sie in den Klammern hinter dem Funktionsnamen sogenannte *Parametervariablen* einsetzen. Das folgende Beispiel gibt die größere von zwei übergebenen Zahlen aus:

```
function groesser(z1:int, z1:int) {
    if (z1 > z2) {
        trace (z1 + " ist groesser");
    } else if (z2 > z1) {
        trace (z2 + " ist groesser");
    } else {
        trace("Die Zahlen sind gleich groß.");
    }
}
```

Diese Funktion wird natürlich mit zwei Argumenten aufgerufen:

```
groesser(5, 7);
```

liefert die Ausgabe »7 ist groesser«.

Umgekehrt kann eine Funktion auch einen Wert zurückgeben, sodass Sie ihren Aufruf in einen Ausdruck einsetzen können. Dazu wird das Schlüsselwort `return` verwendet, das die Funktion sofort verlässt und den entsprechenden Rückgabewert zurückliefert. Hinter der schließenden Klammer des Funktionskopfs sollten dazu ein Doppelpunkt und der zurückzugebende Datentyp notiert werden. Das folgende Beispiel gibt true zurück, wenn die übergebene Zahl gerade (durch zwei teilbar) ist, ansonsten false:

```
function istGerade(zahl:int):Boolean
{
    if (zahl % 2 == 0) {
        return true;
    }
    // Wenn wir noch da sind, war sie ungerade!
    return false;
}
```

Wie Sie sehen, braucht diese Funktion kein else – die Tatsache, dass das return noch nicht stattgefunden hat und dass die Funktion deshalb weiter ausgeführt wird, bedeutet bereits, dass die Bedingung falsch war.

Sie können die Funktion nun zum Beispiel zur Bedingungsprüfung benutzen:

```
if (istGerade(b)) {
    trace(b + " ist gerade!");
}
```

Hier sehen Sie noch ein weiteres praktisches Beispiel, das Sie etwa zur Überprüfung von Benutzereingaben einsetzen können – es testet, ob der übergebene Wert eine Zahl ist oder nicht:

```
function istZahl(wert):Boolean
{
    return !isNaN(wert);
}
```

Die Funktion macht es sich sehr einfach: Sie gibt das Gegenteil der eingebauten Funktion isNaN() zurück (»is not a number«). Diese liefert true, wenn das Argument keine Zahl ist, und andernfalls false. Durch das vorangestellte ! wird dieses Verhalten umgekehrt. Wichtig ist in diesem Fall, dass wert keinen festen Datentyp hat – schließlich wollen Sie gerade diesen überprüfen.

Kapitel 15

Objektorientiertes ActionScript

**Die Ordnung und Verknüpfung der Ideen ist dieselbe
wie die Ordnung und Verknüpfung der Dinge.**

Baruch de Spinoza

Objektorientierte Programmierung mit ActionScript

Klassen entwerfen und programmieren

Die wichtigste Neuerung der ActionScript-Version 3.0 ist die Einführung einer vollwertigen Form der Objektorientierung mit echten Klassen. Konzept und Umsetzung orientierten sich im Großen und Ganzen an der Programmiersprache Java. In diesem Kapitel erfahren Sie anhand eines praktischen Beispiels, wie Objektorientierung funktioniert und wofür sie nützlich ist – vor allem im direkten Vergleich mit dem herkömmlichen Programmieransatz. Anschließend wird erläutert, wie Sie ActionScript-Klassen schreiben und einsetzen können. Der Workshop am Ende von Kapitel 16 setzt die Objektorientierung dann – zusammen mit anderen Konzepten aus den ActionScript-Einführungskapiteln – produktiv ein.

Die allererste objektorientierte Programmiersprache war Smalltalk allerdings nicht; diese Ehre gebührt
Simula.

Wer Smalltalk ausprobieren möchte, kann
die Website *http://www.squeak.org* besu-
chen und sich die vollständige Smalltalk-
Umgebung *Squeak* für viele verschiedene
Plattformen herunterladen.

Objektorientierte Programmierung mit ActionScript

Das Konzept der *objektorientierten Programmierung* (OOP) wurde bereits in den 70er-Jahren des vorigen Jahrhunderts ersonnen. Es entstand – wie so viele Errungenschaften der Computertechnik – im Forschungslabor XEROX PARC in Palo Alto, Kalifornien. Dort wurde schon vor 35 Jahren eine Arbeitsumgebung entwickelt, die erst seit den 90er-Jahren allgemein verbreitet ist: vernetzte Arbeitsplatzrechner mit grafischer Benutzeroberfläche inklusive Maus und WYSIWYG-Dokumentbearbeitung.

Zur Implementierung dieses Systems entwarfen die Forscher eine Programmiersprache namens *Smalltalk* und zugleich eine völlig neue Arbeitsweise für die Softwareentwicklung: Die objektorientierte Programmierung wird ergänzt durch die Verfahren der objektorientierten Analyse (OOA) zur Beschreibung der gewünschten Ergebnisse und des objektorientierten Designs (OOD) für den Entwurf der Softwarearchitektur.

Smalltalk ist leicht zu lernen, besitzt eine elegante und schlanke Syntax und ist perfekt in eine Arbeitsumgebung eingepasst, die sich auf Knopfdruck beliebig umprogrammieren lässt. Dennoch wurde der objektorientierte Ansatz erst viel später populär, nämlich durch die Erweiterung der klassischen Sprache C zum objektorientierten C++. Aufgrund dieser Erfahrungen wurde 1995 die bisher populärste OOP-Sprache Java entwickelt; im Jahr 2000 folgte eine ähnliche Sprache von Microsoft namens C#.

Das Grundkonzept der objektorientierten Programmiersprachen heißt *Kapselung*. Dabei werden die gespeicherten Datenstrukturen und die Funktionen zu deren Manipulation zusammengefasst – das Ergebnis sind die *Objekte*, die genau wie Gegenstände in der realen Welt »selbstständig agieren« können. Daher eignet sich die OOP hervorragend zur Nachbildung von Gegenständen, Arbeits- oder Geschäftsabläufen aus der Realität. Auch zur Erstellung grafischer Benutzeroberflächen mit ihren Fenstern, Menüs und Schaltflächen ist die Objektorientierung ideal geeignet.

Schwächen der klassischen Programmierung

In der herkömmlichen – der sogenannten imperativen oder auch prozeduralen – Programmierung werden Datenstrukturen und Funktionen getrennt voneinander entworfen. Betrachten Sie als Beispiel einige Aspekte eines Autos (der Klassiker zur Erläuterung der OO-Vorteile): Es tankt, maximal bis zur Höchstkapazität seines Tanks, und es fährt, wobei es (idealisiert) stets eine feste Anzahl von Litern Kraftstoff pro 100 km verbraucht. Für das »imperative Auto« werden diese Daten in globalen Variablen gespeichert, und Funktionen greifen darauf zu, um diese Daten zu ändern. Den folgenden Code, der das demonstriert, können Sie dem ersten Bild eines leeren Films zuweisen:

```
// Eigenschaften des Autos
var maxTankFuellung:int = 50;  // Kapazität des Tanks 50 l
var verbrauch:int = 10;        // Verbrauch 10 l/100 km
// Idealer Neuwagen: voller Tank, 0 km
var tankFuellung:Number = maxTankFuellung;
var kmStand:Number = 0;
// Funktionen: Fahren und Tanken; greifen auf globale Variablen zu
function tanken(l:int):void
{
    // Nur tanken, falls die gewünschte Menge in den Tank passt
    if (tankFuellung + l <= maxTankFuellung) {
        tankFuellung += l;
    }
}
function fahren(km:int):void
{
    // Nur fahren, falls der Sprit reicht
    if (km * verbrauch / 100 <= tankFuellung) {
        kmStand += km;
        tankFuellung -= km * verbrauch / 100;
    }
}
// Funktion auskunft(): Ausgabe vereinfachen
function auskunft():void
{
    trace("Das Auto hat " + tankFuellung +
        " l im Tank und den Kilometerstand " + kmStand);
}
// Anfangszustand
auskunft();
// 250 km fahren
fahren(250);
auskunft();
// 10 l tanken
tanken(10);
auskunft();
```

Die ActionScript-Anweisungen in diesem Beispiel müssten Sie verstehen, wenn Sie das vorige Kapitel durchgearbeitet haben. Nur der spezielle Datentyp void der drei Funktionen wurde noch nicht erwähnt. Er kann, muss aber nicht verwendet werden, wenn eine Funktion keinen Wert zurückgibt.

Führen Sie das Beispiel mithilfe von *Steuerung → Film testen* (oder Strg + Enter) aus. Es erzeugt durch Aufruf der Funktion auskunft() folgende drei Zeilen im Ausgabefenster:

```
Das Auto hat 50 l im Tank und den Kilometerstand 0
Das Auto hat 25 l im Tank und den Kilometerstand 250
Das Auto hat 35 l im Tank und den Kilometerstand 250
```

Solange Sie nur ein »Auto« verwalten möchten, bleibt die imperative Lösung noch einigermaßen übersichtlich. Aber stellen Sie sich vor, auf diese Weise sollten die Eigenschaften eines ganzen Fuhrparks bearbeitet werden. Sie müssten die Daten aller Fahrzeuge beispielsweise in Arrays verwahren und den Funktionen jeweils den Index des aktuellen Autos übergeben. Hier ein noch abgespecktes Beispiel für drei Autos mit tankFuellung, maxTankFuellung und der Funktion tanken():

```
// Eigenschaften der Autos
var maxTankFuellung:Array = [30, 40, 50];   // Kapazitäten der
Tanks
var tankFuellung:Array = [10, 10, 10];      // Anfangstankfüllungen
// Hier fehlen weitere Eigenschaften
function tanken(autoID:int, l:int):void {
    // Nur tanken, falls die gewünschte Menge in den Tank passt
    if (tankFuellung[autoID] + l <= maxTankFuellung[autoID]) {
        tankFuellung[autoID] += l;
    }
}
// Hier fehlt die Funktion fahren()
function auskunft(autoID:int):void {
    trace("Das Auto " + autoID + " hat " +
        tankFuellung[autoID] +  " l im Tank.");
}
// Schleife zum Betanken aller Autos
for (var i:int = 0; i < 3; i++) {
    // Anfangszustand
    auskunft(i);
    // Je 10 l tanken
    tanken(i, 10);
    // Info
    auskunft(i);
}
```

Die Ausgabe des Beispiels sieht so aus:

```
Das Auto 0 hat 10 l im Tank.
Das Auto 0 hat 20 l im Tank.
Das Auto 1 hat 10 l im Tank.
Das Auto 1 hat 20 l im Tank.
Das Auto 2 hat 10 l im Tank.
Das Auto 2 hat 20 l im Tank.
```

Diese Variante ist wirklich nicht mehr übersichtlich. Das ist aber gar nicht das größte Problem – noch schlimmer ist die Tatsache, dass sich die Werte der globalen Variablen an beliebiger Stelle ändern lassen. Schauen Sie sich das folgende auf die Funktionen aus dem Einzelautobeispiel bezogene Szenario an:

```
// Anfangszustand: km-Stand 0, Tankfüllung 50 l
// max. Tankfüllung 50, Verbrauch 10 l/100 km
auskunft();
// 250 km fahren
fahren(250);
// Tacho "zurückdrehen"
kmStand = 0;
// Info
auskunft();
```

Die Ausgabe zeigt, dass etwas nicht stimmen kann:

```
Das Auto hat 50 l im Tank und den Kilometerstand 0
Das Auto hat 25 l im Tank und den Kilometerstand 0
```

Natürlich machen Programmierer solche Fehler in der Regel nicht mit Absicht. Aber solange Datenstrukturen und Funktionen keine Einheit bilden, kann es leicht dazu kommen. Es ist schwierig und zeitaufwendig, derartige Probleme im Nachhinein aufzuspüren.

Der praktische Nutzen der Objektorientierung

Um die oben beschriebenen Probleme in den Griff zu bekommen, sollte man die Stärken des objektorientierten Ansatzes nutzen: Durch die genannte Kapselung von Datenstrukturen und Funktionen zur Einheit des Objekts ist gewährleistet, dass die Daten nur noch über zulässige Schnittstellen geändert werden. Das objektorientierte Auto kann also »selbst« fahren() und tanken().

In der Praxis funktioniert objektorientierte Programmierung in ActionScript und in den meisten anderen modernen Sprachen so:

1. Mithilfe der Konstruktion class *Klassenname* {...} wird eine *Klasse* definiert. Es handelt sich um einen Datentyp beziehungsweise eine Vorlage zum Erstellen von Objekten einer bestimmten Sorte. Die Klasse kann von einer anderen Klasse abgeleitet sein (Vererbung); in diesem Fall müssen nur Unterschiede und Ergänzungen neu programmiert werden.

2. Die Datenstruktur wird in Form sogenannter *Eigenschaften* oder *Attribute* innerhalb der Klasse gespeichert. Es handelt sich um Variablen, auf die in der Regel kein direkter Zugriff von außen besteht. In Einzelfällen können Sie allerdings auch öffentliche Eigenschaften definieren – in Kapitel 16 werden beispielsweise MovieClip-Eigenschaften wie alpha oder rotation besprochen.

3. Wird mithilfe des bereits intuitiv verwendeten Operators new() ein neues Objekt einer Klasse erstellt, wird eine spezielle Funktion aufgerufen, nämlich der *Konstruktor*. Um einen eigenen Konstruktor zu definieren, müssen Sie innerhalb der Klasse eine Funktion erstellen, die den gleichen Namen trägt wie die Klasse selbst. Der Konstruktor wird für Initialisierungsaufgaben eingesetzt – beispielsweise um den Eigenschaften ihre Anfangswerte zuzuweisen.

4. Die öffentliche Funktionalität der Klasse wird durch ihre *Methoden* bereitgestellt. Das sind im Grunde beliebige Funktionen, die später über die aus der Klasse erzeugten Objekte aufgerufen werden.

5. Nachdem die Klasse erstellt wurde, können Sie beliebig viele Objekte – sogenannte *Instanzen* der Klasse – erzeugen; die grundlegende Syntax sieht so aus:

```
var instanzName:KlassenName =
    new KlassenName([Argument [, Argument ...]]);
```

6. Die Instanz kann nun über die in der Klasse definierten Methoden manipuliert werden. Die Schreibweise für die Methodenaufrufe sieht so aus:
   `instanzName.methodenName([Argument [, Argument ...]]);`

7. Wenn Sie möchten, können Sie von der soeben entwickelten Klasse wieder andere Klassen ableiten.

Eine Klassendefinition muss in einer separaten ActionScript-Datei mit der Endung *.as* gespeichert werden. Der Dateiname vor der Erweiterung muss exakt dem Klassennamen entsprechen, und zwar einschließlich Groß- und Kleinschreibung, obwohl Windows diese nie und Mac OS X sie nur auf UFS-Partitionen unterstützt. Der ActionScript-Compiler in der SWF-Exportfunktion findet solche Klassendateien automatisch, wenn Sie sie im selben Verzeichnis speichern wie die darauf zugreifenden Flash-Filme.

Um innerhalb von Flash eine ActionScript-Datei zu erstellen, wählen Sie *Datei →* *Neu* und dann den Typ *ActionScript-Datei* von der Registerkarte *Allgemein*. Das Hauptfenster dieser Datei entspricht im Wesentlichen dem in Kapitel 13 beschriebenen Bedienfeld *Aktionen*, allerdings stehen einige Optionen diesmal im Menü *Ansicht* zur Verfügung.

Hier sehen Sie zunächst eine einfache Fassung der Klasse Auto. Im nächsten Abschnitt wird sie im Rahmen der Beschreibung diverser Themen noch einige Male erweitert. Erstellen Sie wie beschrieben eine neue ActionScript-Datei und geben Sie den folgenden Code ein; weiter unten erhalten Sie eine genaue Erläuterung.

```
package {
    public class Auto {
        // Eigenschaften
        private var kmStand:Number;
        private var tankFuellung:Number;
        private var maxTankFuellung:int;
        private var verbrauch:int;
        // Konstruktor
        public function Auto(m:int, v:int) {
            this.maxTankFuellung = m;
            this.verbrauch = v;
            // Zu Anfang: km-Stand 0, Tank voll
            this.kmStand = 0;
            this.tankFuellung = this.maxTankFuellung;
        }
        // Methoden
        public function fahren(km:int):void {
            // Nur fahren, falls das Benzin reicht
            if (km * this.verbrauch / 100 <= this.tankFuellung) {
                kmStand += km;
                tankFuellung -= km * this.verbrauch / 100;
            }
        }
    }
```

```
    public function tanken(l:int):void {
        // Nur tanken, falls die Kapazität ausreicht
        if (this.tankFuellung + l <= this.maxTankFuellung) {
            tankFuellung += l;
        }
    }
    public function getKmStand():Number {
        return this.kmStand;
    }
    public function getTankFuellung():Number {
        return this.tankFuellung;
    }
    public function getMaxTankFuellung():int {
        return this.maxTankFuellung;
    }
    public function getVerbrauch():int {
        return this.verbrauch;
    }
  }
}
```

Die Klasse selbst ist keine vollständige Flash-Anwendung, sodass die Funktion *Film testen* keine Wirkung hat. Sie können allerdings *Werkzeuge → Syntax überprüfen* oder die Häkchen-Schaltfläche in der Symbolleiste verwenden, um die formale Korrektheit des Codes zu überprüfen.

Bevor es mit Erklärungen weitergeht, soll die Klasse eingesetzt werden, um »objektorientierte Autos« zu erstellen und sie `fahren()` und `tanken()` zu lassen. Speichern Sie die Klassendatei dazu unter dem Namen *Auto.as* und erstellen Sie dann einen neuen Flash-Film. Geben Sie in der Aktionenpalette das folgende Skript für das erste Bild ein:

```
function auskunft(a:Auto):void {
    trace("Tankfüllung: " + a.getTankFuellung() + ", " +
        "Kilometerstand: " + a.getKmStand());
}
var auto:Auto = new Auto(50, 10);
trace("Anfangszustand:");
auskunft(auto);
auto.fahren(250);
trace("Nach 250 km Fahrt:");
auskunft(auto);
auto.tanken(10);
trace("Nach 10 l Tanken:");
auskunft(auto);
```

Die Ausgabe dieses Beispiels sieht folgendermaßen aus:

```
Anfangszustand:
Tankfüllung: 50, Kilometerstand: 0
Nach 250 km Fahrt:
Tankfüllung: 25, Kilometerstand: 250
Nach 10 l Tanken:
Tankfüllung: 35, Kilometerstand: 250
```

Erst speichern, dann testen

Ein Flash-Film, der auf selbst definierte Klassen zurückgreift, muss gespeichert werden, bevor Sie *Film testen* verwenden – standardmäßig im selben Verzeichnis wie die *.as*-Dateien mit den Klassendefinitionen. Wenn Sie einen ungespeicherten Film testen, wird die SWF-Datei nämlich in einem temporären Verzeichnis erstellt, sodass die Klassen nicht gefunden werden. Darüber erhalten Sie noch nicht einmal eine Fehlermeldung, sondern es kommt kommentarlos zu Fehlfunktionen.

Über Packages

Wenn Sie package, wie hier, ohne Namen verwenden, ist Ihre Klasse Teil des sogenannten Default Package, in dem sich die Basisklassen und -anweisungen von ActionScript befinden. Sie können einem Package auch einen Namen geben, müssen dann aber dafür sorgen, dass sich die betreffende Klassendatei in einem Unterverzeichnis Ihres Projektverzeichnisses befindet, das denselben Namen trägt wie das Package. Auf diese Weise können Packages auch ineinander verschachtelt werden. Die Namenskonvention sieht vor, dass der Domainname der Organisation in umgekehrter Reihenfolge verwendet wird, anschließend folgt der eigentliche Packagename, Beispiel: de.lingoworld.utils. Dazu müssten entsprechende Klassen im Verzeichnisbaum de/lingoworld/utils unterhalb des Projektpfads liegen, und die package-Anweisungen würden wie folgt verschachtelt:

```
package de {
  package lingoworld {
    package utils {
      ...
    }
  }
}
```

Die Klasse selbst wird von folgendem Konstrukt umschlossen:

```
package {
    public class Auto {
        // Klassencode
    }
}
```

Die package{}-Anweisung definiert ein Paket, das unter anderem einen gemeinsamen *Namensraum* (Namespace) für die enthaltenen Klassen festlegt. Innerhalb eines solchen Pakets können Sie einer Klasse auch die hier gezeigte Veröffentlichungsstufe public zuweisen.

Die typische Reihenfolge innerhalb des Blocks mit den Klassenelementen ist diese:

1. Deklaration der Eigenschaftsvariablen

2. Definition des Konstruktors

3. Definition der Methoden

Eigenschaften sind im Grunde völlig normale Variablen, wie Sie sie bereits im vorigen Kapitel kennengelernt haben. Wenn Sie objektorientiert in ActionScript programmieren, sollten Sie bevorzugt von festen Datentypen Gebrauch machen – die Eigenschaften des vorliegenden Beispiels sind beispielsweise alle Zahlen, sodass sie den Typ int oder Number haben (kmStand und tankFuellung könnten durch die verwendeten Rechenoperationen Dezimalbrüche werden, sodass sie den auch für Fließkommazahlen geeigneten Typ Number erhalten):

```
private var kmStand:Number;
private var tankFuellung:Number;
private var maxTankFuellung:int;
private var verbrauch:int;
```

Das Schlüsselwort private bestimmt die Geheimhaltungsstufe der Eigenschaften: Sie sind nur innerhalb des Klassenblocks selbst sichtbar; ein Zugriff von außen ist nicht möglich. Betrachten Sie das folgende ungültige Beispiel:

```
var a:Auto = new Auto(35, 6);
trace(a.maxTankFuellung);
```

Das Ergebnis dieses Versuchs ist eine Fehlermeldung wie diese:

```
1178: Versuchter Aufruf einer nicht verfügbaren Eigenschaft
maxTankFuellung über einen Verweis mit statischem Typ Auto.
```

Die Eigenschaft ist nach außen, in Bezug auf eine Instanz der Klasse Auto, gar nicht bekannt! Eines der Ziele der Kapselung – den Zugriff auf die Datenstruktur nur noch durch offizielle, kontrollierte Schnittstellen zu erlauben – wurde offensichtlich erreicht.

Die Klasse selbst, der Konstruktor und die Methoden besitzen dagegen die Geheimhaltungsstufe `public`, da sie von außen verfügbar sein sollen. Genau sie sind eben die definierten Schnittstellen zur Datenstruktur.

Der Konstruktor der Klasse `Auto` nimmt zwei Parameter entgegen – die maximale Tankfüllung und den Verbrauch in l pro 100 km. Anschließend weist er allen vier Eigenschaften ihre Anfangswerte zu:

```
public function Auto(m:int, v:int) {
    this.maxTankFuellung = m;
    this.verbrauch = v;
    // Zu Anfang: km-Stand 0, Tank voll
    this.kmStand = 0;
    this.tankFuellung = this.maxTankFuellung;
}
```

Wie Sie sehen, werden der maximalen Tankfüllung und dem Verbrauch die übergebenen Werte zugewiesen. Der Kilometerstand wird auf 0, die aktuelle Tankfüllung auf das erlaubte Maximum gesetzt. Ein Konstruktor besitzt keine Datentypangabe, da der Rückgabewert eines `new()`-Aufrufs eine Instanz der Klasse selbst ist.

Das Schlüsselwort `this` wurde im vorigen Kapitel bereits als Verweis auf den aktuellen Film selbst erwähnt. Auch in einer Klassendefinition bezieht es sich nicht etwa auf die Klasse selbst (die Vorlage), sondern auf die aktuelle *Instanz*, für die der Konstruktor (mittels `new()`) oder die jeweilige Methode gerade ausgeführt wird. Im vorliegenden Fall dient es also dem Bezug auf die Eigenschaftsvariablen der soeben erzeugten Instanz.

Nach dem Konstruktor folgen die Methoden. Die beiden ersten erledigen die eigentlichen Aufgaben des Autos: eine bestimmte Anzahl von Kilometern fahren, falls der Sprit reicht, beziehungsweise die angegebene Menge Benzin tanken, wenn sie in den Tank passt. Im Prinzip funktioniert beides genau wie beim »imperativen Auto« und dürfte verständlich sein. Betrachten Sie als Beispiel die Methode `tanken()`:

```
public function tanken (l:int):void {
    // Nur tanken, falls die Kapazität ausreicht
    if (this.tankFuellung + l <= this.maxTankFuellung) {
        tankFuellung += l;
    }
}
```

Der Datentyp von `fahren()` und `tanken()` ist `void` – es handelt sich, wie oben erwähnt, um eine spezielle Angabe für Funktionen, die keinen Wert zurückgeben. Demzufolge kann dieser Typ natürlich nicht für Variablen verwendet werden.

Die restlichen Methoden sind sogenannte *Accessor-Methoden* oder Akzessoren – sie erlauben den indirekten Zugriff auf Eigenschaften, die eigentlich privat sind. Das scheint dem Ansatz der Kapselung zu widersprechen. In Wirklichkeit können Sie sich aber im Einzelfall aussuchen, für welche Eigenschaften Sie Akzessoren

> **Tipp**
>
> Es ist absolut legal, das Schlüsselwort `this` wegzulassen, solange es innerhalb des Konstruktors oder der Methode keine gleichnamige lokale Variable gibt. Allerdings sollten Sie sich für den Zugriff auf die Eigenschaften grundsätzlich angewöhnen, `this` zu verwenden. So wird auch ohne Blättern in einer langen Klassendefinition immer sofort klar, dass eine Eigenschaft und keine lokale Variable gemeint ist. Wenn Sie eine Klasse erst einige Monate nach ihrer Erstellung wieder bearbeiten, wird Ihnen das die Arbeit enorm erleichtern.

bereitstellen und ob diese mit Beschränkungen versehen werden sollen. Typische Accessor-Methoden lassen sich in *Getter-* und *Setter-Methoden* unterteilen, heißen entsprechend get*Eigenschaft*() oder set*Eigenschaft*() und dienen dem Auslesen beziehungsweise Ändern der jeweiligen Eigenschaft.

Die Klasse Auto definiert nur Getter- und keine Setter-Methoden, da die Eigenschaften nur gelesen, aber nicht direkt geändert werden sollen. Für die Manipulation sind fahren() und tanken() zuständig, die nur zwei der vier Eigenschaften überhaupt ändern und vor den Änderungen Plausibilitätstests durchführen. Der Datentyp einer Getter-Methode entspricht dem Typ der jeweiligen Eigenschaft; die einzige Anweisung ist return this.*Eigenschaft*. Hier sehen Sie zum Beispiel die Methode getKmStand:

```
public function getKmStand():Number
{
    return this.kmStand;
}
```

Setter-Methoden lernen Sie weiter unten in diesem Kapitel kennen.

Der Flash-Film zum Testen der Klasse definiert zunächst eine etwas modifizierte Funktion auskunft():

```
function auskunft(a:Auto):void {
    trace("Tankfüllung: " + a.getTankFuellung() + ", " +
            "Kilometerstand: " + a.getKmStand());
}
```

Ihr Übergabeparameter ist diesmal eine Auto-Instanz. Beachten Sie, dass bei einer solchen Übergabe kein neues Objekt erstellt wird; es handelt sich vielmehr um eine *Referenz* auf die übergebene Instanz. Sollten in der Funktion Methoden der Instanz aufgerufen oder ihre öffentlichen Eigenschaften geändert werden, hat das Auswirkungen auf das Übergabeobjekt. In auskunft() werden allerdings nur Getter-Methoden verwendet, sodass sich keine Änderungen der Instanz ergeben.

Nach der Definition der Funktion wird eine Instanz von Auto mit einer Tankkapazität von 50 l und einem Verbrauch von 10 l pro 100 km erzeugt:

```
var auto:Auto = new Auto(50, 10);
```

Der Rest des Codes ruft abwechselnd die Methoden der Instanz und die lokale Funktion auskunft() auf, zum Beispiel so:

```
auto.fahren(250);
trace("Nach 250 km Fahrt:");
auskunft(auto);
```

Wie Sie bereits am Beispiel der einzelnen Auto-Instanz sehen können, ist der objektorientierte Ansatz erheblich übersichtlicher und in der Folge weniger fehleranfällig als die imperative Variante. Endgültig klar wird das an der (hier vollständigen) Neuimplementierung des Array-Beispiels unter Verwendung der Klasse:

Wertübergabe vs. Referenzübergabe

Wenn Sie einfache eingebaute Datentypen wie Number, String oder Boolean als Übergabeparameter verwenden, handelt es sich immer um eine Wertübergabe (Call by Value) und nicht um eine Referenzübergabe (Call by Reference) wie bei Objektdatentypen. Betrachten Sie dazu folgenden Code:

```
function doppel(n:int) {
    n *= 2;
}
var zahl:int = 2;
doppel(zahl);
trace(zahl);
```

Die Ausgabe des Beispiels lautet 2, da eben nur der Wert von zahl an die Funktion übergeben wird.

```
function auskunft(a:Auto, n:int) {
    trace("Das Auto " + n + " hat " + a.getTankFuellung() +
        " l im Tank und " + a.getKmStand() + " km auf dem
        Tacho.");
}
var autos:Array = [];
autos[0] = new Auto (35, 6);
autos[1] = new Auto (50, 10);
autos[2] = new Auto (45, 15);
for (var i:int = 0; i < 3; i++) {
    auskunft (autos[i], i);
    autos[i].fahren (250);
    auskunft (autos[i], i);
    autos[i].tanken (10);
    auskunft (autos[i], i);
}
```

Beachten Sie, dass ein Array stets eine Sammlung von Elementen beliebiger Datentypen sein kann – Sie können weder dem Array insgesamt noch seinen einzelnen Elementen einen festen Datentyp zuordnen. Und die Klasse Vector kann nicht mit selbst definierten Datentypen verwendet werden.

Hier sehen Sie der Vollständigkeit halber die Ausgabe des Beispiels:
```
Das Auto 0 hat 35 l im Tank und 0 km auf dem Tacho.
Das Auto 0 hat 20 l im Tank und 250 km auf dem Tacho.
Das Auto 0 hat 30 l im Tank und 250 km auf dem Tacho.
Das Auto 1 hat 50 l im Tank und 0 km auf dem Tacho.
Das Auto 1 hat 25 l im Tank und 250 km auf dem Tacho.
Das Auto 1 hat 35 l im Tank und 250 km auf dem Tacho.
Das Auto 2 hat 45 l im Tank und 0 km auf dem Tacho.
Das Auto 2 hat 7.5 l im Tank und 250 km auf dem Tacho.
Das Auto 2 hat 17.5 l im Tank und 250 km auf dem Tacho.
```

Klassen entwerfen und programmieren

Nach dem praktischen Einstieg im ersten Abschnitt werden einige Aspekte der objektorientierten ActionScript-Programmierung jetzt vertieft. Zunächst werden die bereits beschriebenen Aspekte von Klassen ausführlicher und einige weitere erläutert. Als Nächstes geht es um die Vererbung, das heißt die Ableitung von Klassen, wobei nur Änderungen und Ergänzungen implementiert werden müssen. Ein interessantes Konzept ist auch die objektorientierte Behandlung von Ausnahmen, das heißt Fehlerzuständen. Schließlich wird noch beschrieben, wie Sie Klassen aus anderen Verzeichnissen einbinden können.

Klassen und ihre Elemente

Die grundlegenden »Zutaten« für eine Klasse haben Sie bereits kennengelernt: Eigenschaften, Konstruktoren und Methoden. Diese Elemente – und diverse interessante Abwandlungen davon – werden hier noch einmal genau beschrieben, größtenteils wieder anhand des Auto-Beispiels.

Die Klassendeklaration

Eine ActionScript-Klasse wird stets mithilfe der Schreibweise `class Klassenname` definiert, gefolgt von einem Block mit den Klassenelementen. Bei der Klasse `Auto` sieht das so aus:

```
class Auto {
    // Klassenelemente ...
}
```

In ActionScript 3 ist es noch besser, die Klasse in ein Package zu verpacken und dann `public` zu setzen:

```
package {
    public class Auto
    {
        // Klassenelemente ...
    }
}
```

Wenn eine Klasse durch Vererbung von einer anderen abgeleitet wird, muss der Zusatz `extends Elternklasse` verwendet werden. Weiter unten im Abschnitt über Vererbung wird die Klasse `LKW` von `Auto` abgeleitet; der Rahmen ihrer Deklaration sieht so aus:

```
class LKW extends Auto {
    // Elemente, die LKW von Auto unterscheiden
}
```

beziehungsweise

```
package {
    public class LKW extends Auto {
        // Elemente, die LKW von Auto unterscheiden
    }
}
```

Der Klassenpfad

Um Klassen aus anderen Verzeichnissen einzubinden, können Sie diese auf der Registerkarte *Flash* in den *Einstellungen für Veröffentlichungen* wählen: Klicken Sie neben der Auswahl *A ctionScript 3.0* auf *Einstellungen* und wählen Sie Ihren *Klassenpfad*. Mithilfe der Plusschaltfläche können Sie Pfade manuell eingeben, während das Fadenkreuz einen Ordnerauswahldialog öffnet.

Wie bereits erwähnt, müssen ActionScript-Klassendefinitionen in einer separaten *.as*-Datei gespeichert werden, die genau so heißen muss wie die Klasse (einschließlich Groß- und Kleinschreibung) und standardmäßig im selben Verzeichnis liegt wie die Flash-Filme, die darauf zugreifen.

Ein spezieller Modifikator für Klassendefinitionen ist `dynamic`: Er erlaubt es, Klassen zur Laufzeit um beliebige Elemente zu erweitern. Im Wesentlichen existiert `dynamic`, um Instanzen eingebauter Klassen wie `MovieClip`, `Array` oder `Object` nach Bedarf um Elemente zu ergänzen – eine Anweisung wie `meinClip.variable=Wert` macht sich genau das zunutze.

Sie können aber auch selbst dynamische Klassen erstellen und verwenden. Um dafür schnell ein Beispiel zu geben, wird hier kurz die Vererbung vorweggenommen, um eine dynamische, aber ansonsten völlig identische Ableitung von `Auto` zu erstellen (nur der Konstruktor muss neu geschrieben werden, da er nicht automatisch übernommen wird). Beginnen Sie eine neue ActionScript-Datei und schreiben Sie folgenden Code hinein:

```
package {
    public dynamic class DynAuto extends Auto {
        // Konstruktor
        public function DynAuto(m:Number, v:Number) {
            // Konstruktor der Elternklasse aufrufen
            super (m, v);
        }
        // Ansonsten keine Änderungen/Ergänzungen
    }
}
```

Speichern Sie die Klasse unter dem Namen *DynAuto.as* im selben Verzeichnis wie ihre Elternklasse *Auto.as*. Anschließend können Sie einen neuen Flash-Film mit folgendem Bildskript erstellen, um die neue Dynamik auszuprobieren:

```
// Eine DynAuto-Instanz erstellen
var a:DynAuto = new DynAuto(50, 10);
// Dynamisch eine neue Eigenschaft hinzufügen
a.farbe = "grün";
// Zwei neue Methoden als anonyme Funktion hinzufügen
a.getFarbe = function() {
    return this.farbe;
}
a.setVerbrauch = function(l:int):void {
    this.verbrauch = l;
}
// Die neuen Methoden aufrufen
trace("Das Auto ist " + a.getFarbe());
a.setVerbrauch(11);
// Erfolg des Methodenaufrufs durch Ausgabe testen
trace("Das Auto verbraucht jetzt " + a.getVerbrauch() + " l");
```

Die Ausgabe des Beispiels sieht so aus:

```
Das Auto ist grün
Das Auto verbraucht jetzt 10 l
```

Das Erstellen der zusätzlichen Variablen, die übrigens keinen festen Datentyp besitzen darf, hat also erwartungsgemäß funktioniert. Auch die neue Getter-Methode, die den Wert dieser Variablen zurückliefert, gelingt.

Das Ändern des Verbrauchs dagegen scheitert. Das liegt daran, dass die Instanzvariable `verbrauch` als `private` deklariert wurde und ihre Klasse in einem anderen Package liegt als `DynAuto`. Deshalb ist kein Zugriff darauf möglich. Um in dynamischen Methoden auf vordefinierte Instanzvariablen zuzugreifen, müssen Sie deshalb entweder die betreffenden Instanzvariablen als `public` deklarieren (keine gute Idee, denn das ermöglicht globalen Zugriff von außen), oder aber Sie lassen die `package{}`- und `public`-Anweisungen der betreffenden Klassen weg.

Warnung

Der Einsatz dynamischer Klassen widerspricht dem Paradigma der Kapselung – wie bei der imperativen Programmierung können Sie die Datenstruktur von einer beliebigen Stelle in Ihren Skripten manipulieren. Es handelt sich um eine Art »schnellen Hack«, der in ordentlichem objektorientiertem Design nichts verloren hat. Wenn Sie Ihre Klassen elegant um zusätzliche Elemente erweitern möchten, verwenden Sie die weiter unten besprochene Vererbung.

Eigenschaften

Mithilfe von *Eigenschaften* (auch *Attribute* oder *Instanzvariablen* genannt) – den innerhalb einer Klasse deklarierten Variablen – wird die Datenstruktur der Klasse und ihrer künftigen Instanzen entworfen. In den meisten Fällen sollten Eigenschaften mithilfe des Schlüsselworts `private` unzugänglich gemacht werden; die erwünschten Zugriffe erfolgen dann im jeweiligen Einzelfall durch passende Accessor-Methoden.

Die Klasse `Auto` definiert insgesamt vier Eigenschaften:

```
private var kmStand:Number;
private var tankFuellung:Number;
private var maxTankFuellung:int;
private var verbrauch:int;
```

Der konkrete Verwendungszweck dieser Eigenschaften wurde bereits besprochen. Ihre Anfangswerte erhalten sie durch den Aufruf des Konstruktors; dies ist die übliche Methode. Es wäre in gewisser Weise unlogisch, den Eigenschaften schon bei der Deklaration Anfangswerte zuzuweisen, selbst dann, wenn sie durch die Parameter des Konstruktoraufrufs nicht beeinflusst würden (das trifft im vorliegenden Beispiel nur für `kmStand` zu) – denn die Eigenschaften gehören nicht zur Klasse, sondern zur jeweiligen Instanz. Ihre Existenz beginnt daher erst mit der Instanziierung, die durch den Operator `new()` den Konstruktor aufruft. Daher werden solche »normalen« Eigenschaften genauer als *Instanzeigenschaften* bezeichnet.

Wenn Sie unbedingt möchten, können Sie Eigenschaften auch als `public` deklarieren; sie stehen dann direkt über die Instanz zum Auslesen und Ändern zur Verfügung. Wenn überhaupt, sollte das aber nur mit eher unwichtigen Eigenschaften geschehen, die keine »gefährlichen« Werte annehmen können. Beim Auto ließe sich beispielsweise eine relativ harmlose String-Eigenschaft für seine Farbe hinzufügen:

```
// Neue Eigenschaft
public var farbe:String;
```

Diese Eigenschaft könnte direkt über die Instanz gesetzt werden, zum Beispiel so:

```
var auto:Auto = new Auto(40, 8);
auto.farbe = "rot";
```

Eine ganz besondere Bedeutung haben Eigenschaften, die mit dem Schlüsselwort `static` deklariert werden: Es handelt sich, im Gegensatz zu den oben beschriebenen Instanzeigenschaften, um *Klasseneigenschaften*, sie werden auch als statische Eigenschaften bezeichnet. Die Besonderheit besteht darin, dass Sie über die Schreibweise `Klasse.Eigenschaft` darauf zugreifen können, ohne eine Instanz zu erzeugen. Damit das genutzt werden kann, sollten Klasseneigenschaften in aller Regel `public` sein. Verwendet werden sie typischerweise im Sinne von Konstanten – im vorigen Kapitel wurde beispielsweise die Klasseneigenschaft `Math.PI` erwähnt, die den Wert von π enthält.

Da Autos keine Eigenschaften mit wenigen möglichen Einzelwerten haben, die sich sinnvoll als Konstanten darstellen ließen, sehen Sie hier als Beispiel eine ganz neue Klasse, die nur aus statischen Eigenschaften besteht:

```
package {
    public class Farbe {
        public static var SCHWARZ:Number = 0x000000;
        public static var ROT:Number = 0xFF0000;
        public static var GRUEN:Number = 0x00FF00;
        public static var BLAU:Number = 0x0000FF;
        public static var GELB:Number = ROT | GRUEN;
        public static var MAGENTA:Number = ROT | BLAU;
        public static var CYAN:Number = GRUEN | BLAU;
        public static var WEISS:Number = ROT | GRUEN | BLAU;
    }
}
```

Die Elemente dieser Klasse sind numerische RGB-Farbwerte. Sie können sie in der Form `Farbe.ROT` oder `Farbe.SCHWARZ` verwenden; beispielsweise für die in Kapitel 16 beschriebene Einfärbung von Movieclips.

Konstruktoren

Der *Konstruktor* ist eine spezielle Funktion, die automatisch beim Erstellen einer neuen Instanz mittels `new()` aufgerufen wird. Sie darf keine Datentypangabe besitzen, da ihr Datentyp eben die Klasse selbst ist. Die Aufgabe eines Konstruktors ist die Initialisierung der Instanz; im Wesentlichen geht es darum, den Eigenschaften ihre Anfangswerte zuzuweisen. Häufig – wie auch im Auto-Beispiel – werden einige von ihnen vom Konstruktor als Parameter erwartet:

```
public function Auto(m:int, v:int) {
    this.maxTankFuellung = m;
    this.verbrauch = v;
    // Zu Anfang: km-Stand 0, Tank voll
    this.kmStand = 0;
    this.tankFuellung = this.maxTankFuellung;
}
```

Wenn Sie gar keinen Konstruktor definieren, stellt ActionScript einen (leeren) Standardkonstruktor bereit. Möchten Sie das verhindern (und keinen anderen Konstruktor definiert haben), können Sie den Konstruktor einfach explizit `private` setzen. Einen Sinn ergäbe das beispielsweise bei der oben beschriebenen Klasse `Farbe`, die rein statisch verwendet wird:

```
// Instanzerzeugung verbieten - Konstruktor private setzen
private function Farbe() {
}
```

Der folgende Versuch scheitert dann mit der angegebenen Fehlermeldung:

```
var f:Farbe = new Farbe();
1120: Zugriff auf eine nicht definierte Eigenschaft f.
```

Methoden

Die innerhalb einer Klasse definierten Funktionen werden *Methoden* genannt. Genau wie bei den Eigenschaften lassen sich *Instanzmethoden* und (durch `static` gekennzeichnete) *Klassenmethoden* unterscheiden. Der Zugriff auf Instanzmethoden erfolgt mittels *Instanz.Methode*(); ein Beispiel dafür ist der folgende Code, der Methoden einer `Auto`-Instanz aufruft:

```
// Instanz erzeugen
var a:Auto = new Auto(35, 7);
// Methoden aufrufen
a.fahren(300);
a.tanken(10);
```

Für Methoden sollten Sie stets einen Datentyp angeben. Eine Methode, die keinen Wert zurückgibt, erhält dabei den speziellen Datentyp `void`, wie etwa die – bereits ausführlich besprochenen – `Auto`-Methoden `fahren()` und `tanken()`.

In Einzelfällen kann es sinnvoll sein, Methoden nicht als `public`, sondern als `private` zu definieren, nämlich immer dann, wenn sie Hilfsaufgaben für andere Methoden der Klasse wahrnehmen, aber nicht von Instanzen aus aufgerufen werden sollen. Das folgende Beispiel verlagert den Dreisatzterm zur Berechnung des Verbrauchs pro Strecke in eine private Methode:

```
private function verbrauchProStrecke(km:Number):Number {
    return km * this.verbrauch / 100;
}
```

Natürlich müsste die Methode `fahren()` umgeschrieben werden, um davon Gebrauch zu machen:

```
public function fahren(km:int):void {
    // Nur fahren, falls das Benzin reicht
    if (this.verbrauchProStrecke(km) <= this.tankFuellung) {
        kmStand += km;
        tankFuellung -= this.verbrauchProStrecke(km);
    }
}
```

Eine noch allgemeinere Aufgabe besitzen statische Methoden oder Klassenmethoden: Sie können auch von außen als Element der Klasse aufgerufen werden, ohne eine Instanz zu erzeugen. Die im vorigen Kapitel angesprochenen Methoden der Klasse `Math`, wie `Math.floor()`, sind ein bekanntes Beispiel.

Für das Auto-Beispiel ließe sich auf diese Weise eine ganz allgemeine Rechenmethode schreiben, die den Kraftstoffverbrauch pro 100 km aus einer angegebenen

Strecke und einer tatsächlich verbrauchten Menge Kraftstoff ermittelt. Diese Klassenmethode könnte beispielsweise so aussehen:

```
public static function berechneVerbrauch(km:int, l:int):Number {
    return l * 100 / km;
}
```

Diese Methode könnten Sie einsetzen, um einen hypothetischen Kraftstoffverbrauch zu berechnen, ohne eine Auto-Instanz zu erzeugen, zum Beispiel so:

```
// 320 km gefahren, 30 l verbraucht
trace(Auto.berechneVerbrauch(320, 30));
```

Das Ergebnis ist ein Verbrauch von 9.375 l auf 100 km.

Accessor-Methoden

Die bereits erwähnten *Accessor-Methoden* dienen dem direkten Zugriff auf ausgewählte Instanzeigenschaften. Man unterscheidet *Getter-Methoden*, die einfach den Wert einer Eigenschaft zurückgeben, und *Setter-Methoden*, die der Eigenschaft einen neuen, angegebenen Wert zuweisen. Accessor-Methoden bieten die Möglichkeit, Eigenschaften auszulesen oder zu modifizieren, obwohl sie (empfehlenswerterweise) als private deklariert wurden. Da Sie sich selbst aussuchen können, für welche Eigenschaften Sie eine Getter- und/oder Setter-Methode bereitstellen, widerspricht dieser Weg nicht dem Konzept der Kapselung.

Getter-Methoden haben Sie bereits kennengelernt; die Klasse Auto enthält eine von ihnen für jede der vier Instanzeigenschaften. Der Datentyp einer Getter-Methode muss demjenigen der jeweiligen Eigenschaft entsprechen; die einzige Anweisung lautet in der Regel return this.*Eigenschaft*. Hier sehen Sie als Beispiel noch einmal die Methode getKmStand():

```
public function getKmStand():Number {
    return this.kmStand;
}
```

Eine Setter-Methode ist in der Klasse Auto bisher nicht enthalten, da maximale Tankfüllung und Verbrauch konstant bleiben sollen, während Kilometerstand und aktuelle Tankfüllung nur durch den Aufruf der Methoden fahren() beziehungsweise tanken() modifiziert werden sollen. Eine einigermaßen plausible Setter-Methode wäre allerdings setVerbrauch(), weil Autos dazu neigen, allmählich mehr Kraftstoff zu verbrauchen, je älter sie werden. Diese Methode könnte so aussehen:

```
public function setVerbrauch(v:Number):void {
    this.verbrauch = v;
}
```

Wie hier gezeigt, benötigen Setter-Methoden einen Parameter mit dem Datentyp der zu ändernden Eigenschaft; ihr eigener Typ ist dagegen void, weil sie keinen Wert zurückgeben müssen. Auch Setter enthalten normalerweise nur eine Anweisung, nämlich eine Wertzuweisung, die die Eigenschaft auf den übergebenen Wert setzt. Zusätzlich könnte man aber auch eine Plausibilitätskontrolle einführen, die nur bestimmte Werte zulässt. Beispielsweise ließe sich `setVerbrauch()` folgendermaßen ergänzen, damit sich der Verbrauch erhöhen, aber nicht vermindern lässt:

```
public function setVerbrauch(v:Number):void {
    // Nur ändern, falls v > aktueller Verbrauch
    if (v > this.verbrauch) {
        this.verbrauch = v;
    }
}
```

Es gibt noch eine grundsätzlich andere Möglichkeit, Accessor-Methoden zu schreiben: Wenn Sie `get` oder `set` im Methodennamen durch ein Leerzeichen vom Rest des Namens trennen, erhalten Sie Getter beziehungsweise Setter, die nach außen wie öffentliche Eigenschaften aussehen: Der Zugriff auf eine derartige Getter-Methode erfolgt ohne die sonst üblichen leeren Argumentklammern; ein entsprechender Setter wird wie eine Wertzuweisung verwendet. Wichtig ist, dass Sie eigene Bezeichner verwenden und nicht die Namen der zugehörigen privaten Eigenschaften, denn das wäre eine Neudeklaration, die eine Fehlermeldung zur Folge hätte.

Hier als Beispiel entsprechende Getter und Setter für den Kraftstoffverbrauch:

```
class Auto {
    // ... Eigenschaften, Konstruktor, andere Methoden ...
    // Getter für den Verbrauch
    public function get kraftstoffVerbrauch() {
        return this.verbrauch;
    }
    public function set kraftstoffVerbrauch(l:int) {
        this.verbrauch = l;
    }
}
```

Aufgerufen würden diese Methoden beispielsweise wie folgt:

```
auto = new Auto(40, 8);
auto.kraftstoffVerbrauch = 9;
trace("Das Auto verbraucht jetzt " + auto.kraftstoffVerbrauch +
    "l pro 100 km");
```

Der Vorteil zumindest der Setter gegenüber `public`-Eigenschaften besteht darin, dass Sie übergebene Werte vor der eigentlichen Zuweisung überprüfen können. Die folgende Erweiterung von `set kraftstoffVerbrauch()` nimmt beispielsweise nur Werte über 0 an und behält ansonsten den alten Wert bei (auch hier sollte in der Praxis für ungültige Werte eine Ausnahme ausgelöst werden):

```
public function set kraftstoffVerbrauch(l:int) {
    if (l > 0) {
        this.verbrauch = l;
    }
}
```

Vererbung

Eine der interessantesten Fähigkeiten objektorientierter Programmiersprachen ist die Spezialisierung von Klassen durch die sogenannte *Vererbung*. Sie ermöglicht Ihnen, »das Rad nicht neu erfinden« zu müssen – einmal gefundene Lösungen lassen sich auch in jeweils abgewandelter oder ergänzter Form wiederverwenden.

Formal funktioniert Vererbung sehr einfach: Bei der Definition der Klasse werden das Schlüsselwort extends und der Name der Elternklasse hinzugefügt. Hier als Beispiel der Rahmen der von Auto abgeleiteten Klasse LKW, die gleich näher beschrieben wird:

```
package {
    public class LKW extends Auto {
        // Änderungen/Ergänzungen, die aus dem Auto einen Lkw machen
    }
}
```

Instanzen der abgeleiteten Klasse verfügen über sämtliche öffentlichen Eigenschaften und Methoden der Elternklasse. Wichtig ist allerdings, dass Sie den Konstruktor neu schreiben; er wird nicht automatisch vererbt. Glücklicherweise können Sie innerhalb des neuen Konstruktors aber den der Elternklasse aufrufen, indem Sie super() schreiben.

Sogar private Eigenschaften und Methoden der Elternklasse stehen innerhalb der abgeleiteten Klasse zur Verfügung.

Bevor es mit der Theorie weitergeht, folgt hier das vollständige Listing der Klasse LKW, die Sie in einer Datei namens *LKW.as* im selben Verzeichnis wie *Auto.as* speichern müssen:

Tipp

Dass private Eigenschaften und Methoden hier zur Verfügung stehen, ist eine Besonderheit von ActionScript; andere objektorientierte Sprachen wie etwa Java vererben private Elemente nicht. Dafür bieten diese neben public und private eine dritte Geheimhaltungsstufe namens protected, die genau dafür zuständig ist.

```
package {
    public class LKW extends Auto {
        // Neue Eigenschaften
        private var maxLadung:int;
        private var ladung:int;

         // Konstruktor
        public function LKW(m:int, v:int, l:int) {
            // Zunächst ein Auto mit der gewünschten max.
            // Tankfüllung und dem entsprechenden Verbrauch erstellen
            super(m, v);
            // Ladekapazität und aktuelle Ladung einstellen
            this.maxLadung = l;
            this.ladung = 0;
        }

        // Neue Methoden
        public function beladen(l:int) {
            // Nur hinzuladen, falls Kapazität genügt
            if (this.ladung + l <= maxLadung) {
                this.ladung += l;
            }
        }
```

```
            public function entladen(l:int) {
                // Nur entladen, falls so viel vorhanden
                if (this.ladung - l >= 0) {
                    this.ladung -= l;
                }
            }

            // Neue Getter-Methoden
            public function getLadung():int {
                return this.ladung;
            }

            public function getMaxLadung():int {
                return this.maxLadung;
            }
        }
    }
```

Wie Sie sehen, verfügt ein Lkw über zwei neue Eigenschaften, die seine Ladung beziehungsweise Ladekapazität (in Tonnen) repräsentieren. Die Methoden beladen() und entladen() fügen Ladung hinzu beziehungsweise entfernen sie – wie gehabt, jeweils mit Plausibilitätsprüfung. Jede der beiden Eigenschaften erhält zudem ihre eigene Getter-Methode.

Interessant ist der Konstruktor. Er nimmt drei Parameter entgegen, nämlich Tankkapazität, Verbrauch und maximales Ladegewicht. Die ersten beiden Werte entsprechen den Eigenschaften der Elternklasse Auto, deshalb werden sie an deren Konstruktor weitergereicht:

```
super(m, v);
```

Der Rest – die Initialisierung der neuen Eigenschaften – muss dagegen an Ort und Stelle erledigt werden, weil die Klasse Auto diese Eigenschaften nicht besitzt:

```
this.maxLadung = l;
this.ladung = 0;
```

Der Rest der Klassendefinition ist kaum der Rede wert: Die beiden Methoden beladen() und entladen() fügen die angegebene Menge an Ladung hinzu beziehungsweise entfernen sie; zwei Getter für die neuen Eigenschaften schließen den Code ab.

Eine LKW-Instanz wird nach dem üblichen Schema erstellt, beispielsweise so:

```
var lkw:LKW = new LKW(100, 18, 7);
```

Auch der Methodenaufruf erfolgt wie gewohnt. Natürlich können Sie ohne jeden Unterschied die Methoden sowohl der Klasse als auch der Elternklasse aufrufen, wie das folgende Beispiel zeigt:

```
lkw.beladen(4);
lkw.fahren(100);
```

```
trace("Der LKW hat " + lkw.getKmStand() + " km auf dem Tacho und " +
        lkw.getTankFuellung() + " l im Tank.\nDie Ladung beträgt " +
        lkw.getLadung() + " t.");
```

Die Ausgabe lautet erwartungsgemäß

```
Der LKW hat 100 km auf dem Tacho und 82 l im Tank.
Die Ladung beträgt 4 t.
```

Etwas überraschender ist vielleicht, dass Sie eine LKW-Instanz dort verwenden können, wo eine Auto-Instanz erwartet wird – beispielsweise in folgender bereits beschriebenen Version der Funktion auskunft():

```
function auskunft(a:Auto):void {
    trace("Tankfüllung: " + a.getTankFuellung() + ", " +
        "Kilometerstand: " + a.getKmStand());
}
// LKW-Instanz erstellen
var lkw:LKW = new LKW(120, 22, 14);
// Auskunft erhalten
auskunft(lkw);
```

Das offenbart ein allgemeines Merkmal der Vererbung: Jede Instanz einer Klasse ist implizit auch Instanz ihrer Elternklasse sowie aller übergeordneten Klassen. Diese Tatsache wird in der Objektorientierung als »IS-A«-Beziehung bezeichnet: Jeder Lkw »ist ein« Auto.

Eine völlig andere Art der Beziehung ist übrigens die »HAS-A«-Beziehung – sie liegt vor, wenn eine Klasse eine Instanzeigenschaft enthält, die Instanz einer anderen Klasse ist. Beispielsweise könnte man einen Tank als separate Klasse modellieren und in verschiedene Fahrzeuge »einbauen«.

Vererbung funktioniert übrigens sowohl beliebig tief (Sie können von jeder abgeleiteten Klasse wiederum Klassen ableiten) als auch beliebig breit (von jeder Klasse können beliebig viele Klassen direkt abgeleitet werden). Als Beispiel sehen Sie im Folgenden noch eine Erweiterung der Klasse LKW – AnhaengerLKW – sowie eine weitere Ableitung von Auto namens PKW. Die resultierende Klassenhierarchie lässt sich durch ein UML-Klassendiagramm, zu sehen in Abbildung 15-1, darstellen.

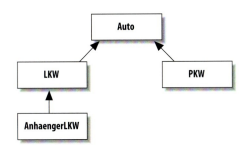

Instanzen mit »HAS-A«-Beziehung

Interessanterweise kann eine Instanz sogar eine »HAS-A«-Beziehung zu einer anderen Instanz derselben Klasse besitzen. Auf diese Weise werden bekannte zusammengesetzte Datenstrukturen realisiert: In einer Warteschlange (Queue) oder einem Stapel (Stack) verweist ein Element auf seinen Nachfolger, der eine Instanz derselben Klasse ist. In einem Baum (Tree) hat ein Element sogar zwei oder mehr derartige Nachfolger.

◀ **Abbildung 15-1**
UML-Klassendiagramm der Klasse »Auto« und ihrer Ableitungen

Hier zunächst die Klasse AnhaengerLKW, die eine Boolean-Eigenschaft namens anhaenger und entsprechende Methoden hinzufügt:

```
package {
public class AnhaengerLKW extends LKW {
    // Neue Eigenschaft: Anhänger
    private var anhaenger:Boolean;
    // Konstruktor
    public function AnhaengerLKW(m:int, v:int, l:int) {
        // LKW-Konstruktor aufrufen
        super (m, v, l);
        // Anhänger ist standardmäßig nicht angehängt
        this.anhaenger = false;
    }
    // Setter zum An-/Abhängen des Anhängers
    public function setAnhaenger(a:Boolean):void
    {
        this.anhaenger = a;
    }
    // Getter zum Ermitteln des Anhängerstatus
    public function getAnhaenger():Boolean {
        return this.anhaenger;
    }
}
}
```

Die von Auto abgeleitete Klasse PKW definiert eine feste Anzahl von Sitzplätzen sowie eine variable Insassenzahl:

```
package {
    public class PKW extends Auto {
        // Neue Eigenschaften
        private var sitze:int;
        private var insassen:int;

        // Konstruktor
        public function PKW(m:int, v:int, s:int) {
            // Zunächst ein Auto mit der gewünschten max.
            // Tankfüllung und dem entsprechenden Verbrauch erstellen
            super(m, v);
            // Anzahl der Sitze und aktuelle Insassenzahl einstellen
            this.sitze = s;
            this.insassen = 0;
        }

        // Neue Methoden
        public function einsteigen(p:Number) {
            // Nur einsteigen, falls Sitze frei
            if (this.insassen + p <= sitze) {
                this.insassen += p;
            }
        }

        public function aussteigen(p:Number) {
            // Nur abziehen, falls so viele vorhanden
```

```
        if (this.insassen - p >= 0) {
            this.insassen -= p;
        }
    }

    // Neue Getter-Methoden
    public function getInsassen():Number {
        return this.insassen;
    }

    public function getSitze():Number {
        return this.sitze;
    }
    }
}
```

Mithilfe der bisherigen Anleitungen in diesem Kapitel können Sie diese neuen Klassen leicht selbst ausprobieren.

Ausnahmebehandlung

Wenn innerhalb von Klassen Fehler auftreten – zum Beispiel aufgrund falscher Konstruktorparameter –, ist es wünschenswert, diese an der Stelle zu bearbeiten, an der die jeweilige Instanz erzeugt beziehungsweise verwendet wird. Zu diesem Zweck verwenden objektorientierte Programmiersprachen sogenannte *Ausnahmen*. Diese werden innerhalb von Klassen mit dem Schlüsselwort `throw` ausgelöst. Instanzen einer Klasse, die Ausnahmen auslöst, können von einem `try{}`-Block umschlossen werden; anschließend wird `catch()` verwendet, um die entsprechende Ausnahme abzufangen.

`throw` muss eine (meist anonyme) Instanz der Standardklasse `Error` auswerfen; wenn Sie möchten, können Sie auch eine eigene Klasse verwenden. Das Einzige, was eine solche Fehlerklasse benötigt, ist eine öffentliche `String`-Eigenschaft namens `message`. Das folgende Beispiel erzeugt eine Ausnahme-Klasse namens `KraftstoffMangelException`; sie soll in der unten vorgestellten Neufassung der Klasse `Auto` ausgelöst werden, wenn der Kraftstoff nicht ausreicht, um die gewünschte Anzahl von Kilometern zu `fahren()`:

```
package {
    public class KraftstoffMangelException extends Error {
        public var message:String = "Der Kraftstoff reicht nicht.";
    }
}
```

Speichern Sie diese Klasse als *KraftstoffMangelException.as* im selben Verzeichnis wie `Auto`. Für den anderen möglichen Fehler – den Versuch, zu viel zu tanken – wird übrigens ein einfacher `Error` mit angepasstem Meldungstext verwendet, um auch dieses Verfahren zu demonstrieren. Hier sehen Sie die komplette Neuimplementierung von `Auto` mit Ausnahmen:

```
package {
    public class Auto {
        // Private Eigenschaften
        private var kmStand:Number;
        private var tankFuellung:Number;
        private var maxTankFuellung:int;
        private var verbrauch:int;
        // Konstruktor
        public function Auto(m:int, v:int) {
            this.maxTankFuellung = m;
            this.verbrauch = v;
            // Zu Anfang: km-Stand 0, Tank voll
            this.kmStand = 0;
            this.tankFuellung = this.maxTankFuellung;
        }
        // Private Rechenmethode
        private function verbrauchProStrecke(km:int):Number {
            return km * this.verbrauch / 100;
        }
        // Öffentliche Methoden
        public function fahren(km:Number):void {
            // Fehler erzeugen, falls das Benzin nicht reicht
            if (this.tankFuellung < this.verbrauchProStrecke(km)) {
                throw new KraftstoffMangelException();
            } else {
                kmStand += km;
                tankFuellung -= this.verbrauchProStrecke (km);
            }
        }

        public function tanken (l:Number):void {
            // Fehler erzeugen, falls der Tank zu voll würde
            if (this.tankFuellung + l > this.maxTankFuellung) {
                throw new Error ("So viel passt nicht in den Tank.");
            } else {
                tankFuellung += l;
            }
        }
        // Accessor-Methoden (nur Getter)
        public function getKmStand():Number {
            return this.kmStand;
        }
        public function getTankFuellung():Number {
            return this.tankFuellung;
        }
        public function getMaxTankFuellung():int {
            return this.maxTankFuellung;
        }
        public function getVerbrauch():int {
            return this.verbrauch;
        }
    }
}
```

Und hier erhalten Sie ein einfaches Anwendungsbeispiel, das beide Methoden aufruft und die möglicherweise auftretenden Ausnahmen abfängt:

```
var auto:Auto = new Auto(50, 10);
// 200 km fahren, falls das Benzin reicht
try {
    auto.fahren(200);
} catch(e:KraftstoffMangelException) {
    trace(e.message);
}
// 30 l tanken, falls sie in den Tank passen
try {
    auto.tanken(30);
} catch(e:Error) {
    trace(e.message);
}
```

Wichtiger als bei diesem Beispiel mit konstanten Werten ist das Abfangen von Ausnahmen natürlich, wenn Sie unvorhersagbare Werte verwenden – beispielsweise Benutzereingaben oder Zufallszahlen.

In diesem Kapitel haben Sie die wichtigsten Grundlagen der objektorientierten ActionScript 3-Programmierung kennengelernt. Neben der reinen Syntax wurden auch methodische Ansätze erläutert. Praxisorientierte Beispiele finden Sie in den nachfolgenden Kapiteln; einige von ihnen wurden bewusst objektorientiert programmiert.

Kapitel 16

Movieclips mit ActionScript steuern

Ich schaue mir meine Filme nie an. Sie sind mir zu brutal.

Charles Bronson

Movieclips steuern

Movieclip-Instanzen per Programmierung erzeugen

Leere Movieclip-Objekte zum Zeichnen per ActionScript

Workshop: Zeichnen mit der Maus

Die besondere Leistungsfähigkeit von ActionScript ergibt sich erst aus der Tatsache, dass Sie jedes in Flash verfügbare Element nicht nur in der Flash-Entwicklungsumgebung, sondern auch per Programmierung erzeugen können. Damit ist die dynamische Erzeugung von Inhalten zur Laufzeit eines SWF-Films möglich. In diesem Kapitel erfahren Sie alles über die Steuerung und dynamische Erzeugung von Movieclips, da diese einen der wichtigsten Funktionsbereiche von ActionScript bilden.

Movieclips steuern

Wie bereits erwähnt wurde, besitzt jeder Movieclip eine unabhängige Zeitleiste. Auf diese Weise kann ein einzelner Film beliebig viele »unabhängig handelnde Subjekte« enthalten. Jede separate Zeitleiste – also jeder Hauptfilm und jedes Movieclip-Symbol – kann dabei Bildaktionen enthalten. Darüber hinaus können sich die unterschiedlichen Zeitleisten aber auch gegenseitig steuern; das ist wahrscheinlich eine der interessantesten Fähigkeiten von ActionScript. Erstellen Sie zur Einstimmung in die Thematik das folgende kleine Beispielszenario.

1 Schaltflächen erstellen

Erzeugen Sie zwei Schaltflächensymbole mit den Beschriftungen *Stop* und *Weiter* (Abbildung 16-1).

◄ Abbildung 16-1

2 Einen animierten Movieclip erstellen

Erstellen Sie ein neues Movieclip-Symbol mit der Bezeichnung *quer*. Richten Sie innerhalb dieses Symbols eine einfache Animation ein, bei der sich ein Objekt seitlich hin- und herbewegt (Abbildung 16-2).

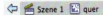

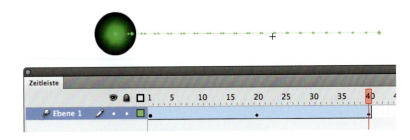

◀ **Abbildung 16-2**

3   Die Schaltflächen dem Symbol hinzufügen

Legen Sie die beiden Schaltflächen innerhalb des Symbols *quer* auf eine zweite Ebene. Weisen Sie ihnen die Instanznamen `stopButton` beziehungsweise `weiterButton` zu (Abbildung 16-3).

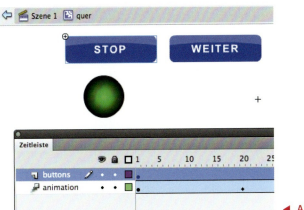

◀ **Abbildung 16-3**

4   ActionScript hinzufügen

Erzeugen Sie auf einer dritten Ebene innerhalb des Symbols *quer* folgendes Skript (Abbildung 16-4):

```
function stopButtonClick(e:MouseEvent) {
     stop();
}
function weiterButtonClick(e:MouseEvent) {
     play();
}
stopButton.addEventListener(MouseEvent.CLICK, stopButtonClick);
weiterButton.addEventListener(MouseEvent.CLICK, weiterButtonClick);
```

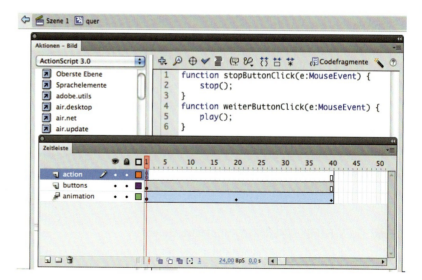

▶ Abbildung 16-4

5 Animation im Hauptfilm erstellen

Erzeugen Sie auf der Bühne des Hauptfilms eine weitere Animationssequenz, in der sich ein Objekt von oben nach unten und wieder zurück bewegt (Abbildung 16-5).

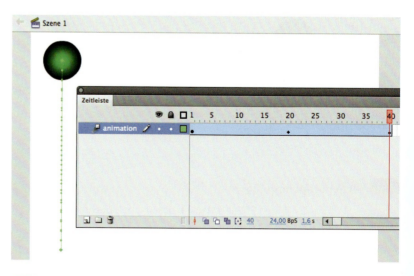

▶ Abbildung 16-5

6 Eine Movieclip-Instanz einfügen

Fügen Sie eine neue Ebene hinzu. Ziehen Sie den Movieclip *quer* auf die Bühne (Abbildung 16-6).

◄ Abbildung 16-6

7 Die Schaltflächen dem Hauptfilm hinzufügen

Ziehen Sie die beiden Schaltflächen ebenfalls in den Hauptfilm - natürlich so, dass sie den entsprechenden Schaltflächen innerhalb der Movieclip-Instanz nicht in die Quere kommen (Abbildung 16-7). Weisen Sie ihnen auch hier die Instanznamen `stopButton` beziehungsweise `weiterButton` zu. Das ergibt keinen Namenskonflikt, da Objekte innerhalb einer Movieclip-Instanz ähnlich verschachtelt sind wie Dateien in Unterverzeichnissen (mehr dazu weiter unten).

8 ActionScript dem Hauptfilm hinzufügen

Erzeugen Sie auf einer neuen Ebene im Hauptfilm das gleiche Skript wie im Movieclip in Schritt 4 (Abbildung 16-8).

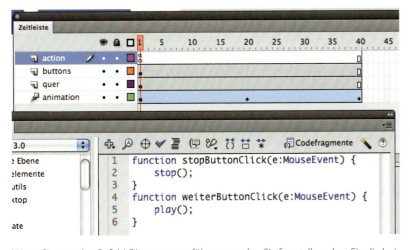

▲ Abbildung 16-7

```
1  function stopButtonClick(e:MouseEvent) {
2      stop();
3  }
4  function weiterButtonClick(e:MouseEvent) {
5      play();
6  }
```

◄ Abbildung 16-8

Wenn Sie nun den Befehl *Film testen* ausführen, werden Sie feststellen, dass Sie die beiden Animationen unabhängig voneinander steuern können – die Zeitleiste der Movieclip-Instanz und die des Hauptfilms werden separat durch Schaltflächen gesteuert.

Movieclip-Instanzen referenzieren

Um Movieclips per ActionScript anzusprechen, sollten Sie ihnen bevorzugt eindeutige Instanznamen zuweisen. In ActionScript 3.0 ist das allerdings erstmals nicht mehr zwingend notwendig. Das liegt daran, dass jedes visuelle Element eine sogenannte Anzeigeliste (englisch `DisplayList`) besitzt, in der alle ihre »Kinder« (verschachtelte Elemente) durchnummeriert existieren. Mithilfe der Methode

`visuellesElement.getChildAt(index)`

können Sie auf jedes Element der Anzeigeliste zugreifen.

Wenn der Hauptfilm Movieclip-Instanzen und andere visuelle Elemente enthält, die ihrerseits ebenfalls Instanzen von Symbolen und weitere Komponenten enthalten, ergibt sich daraus eine verschachtelte Hierarchie von Anzeigeelementen (`DisplayObjects`). Sie können dabei von jedem Element aus jedes andere ansprechen; die Herangehensweise ähnelt den verschachtelten Ordnern in einem Dateisystem.

Angenommen, auf der Bühne des Hauptfilms befindet sich eine Movieclip-Instanz namens `clip1` und eine weitere namens `clip2`. Das Symbol, auf dem `clip1` basiert, enthält wiederum eine Instanz mit dem Instanznamen `unterclip`. Schematisch ergibt sich also folgende Struktur:

```
Hauptfilm
|
+--- clip1
|     |
|     +--- unterclip
|
+--- clip2
```

Es gibt grundsätzlich zwei verschiedene Methoden, um andere Zeitleisten anzusprechen: *absolute* Pfade und *relative* Pfade. Ein absoluter Pfad geht stets vom Hauptfilm-Anzeigeelement aus, dessen ActionScript-Name `root` lautet. Der Vorteil absoluter Pfade besteht darin, dass sie aus jeder Zeitleiste heraus gleich lauten, während sie den Nachteil haben, dass sie bei tief verschachtelten Hierarchien sehr lang und unhandlich werden. Hier die absoluten Pfade aller beteiligten Filme der Beispielhierarchie:

- Hauptfilm: `root`
- clip1: `root.clip1`
- unterclip: `root.clip1.unterclip`
- clip2: `root.clip2`

Bei relativen Pfaden wird dagegen angegeben, wie der angesprochene Movieclip mit der aktuellen Zeitleiste verbunden ist. Die Instanznamen direkt untergeordneter Clips können Sie einfach angeben, während der jeweils übergeordnete Film durch die Bezeichnung `parent` angesprochen wird. Vom Hauptfilm aus lauten die relativen Pfade der drei Movieclips also wie folgt:

- `clip1`
- `clip1.unterclip`
- `clip2`

Wenn Sie innerhalb des Symbols von `clip1` Skripten verwenden, können Sie die anderen Filme daraus folgendermaßen relativ ansprechen:

- Hauptfilm: `parent`
- `unterclip`
- `parent.clip2`

Schließlich sehen Sie hier noch, wie Sie den Hauptfilm, `clip1` und `clip2` vom `unterclip` aus erreichen können:

- Hauptfilm: `parent.parent`
- `clip1`: `parent`
- `clip2`: `parent.parent.clip2`

Es gibt ein sehr praktisches Hilfsmittel zum Einfügen der komplexen Movieclip-Beziehungen: Wenn Sie in der Symbolleiste der Aktionenpalette auf das kleine Fadenkreuz klicken, öffnet sich der Dialog *Zielpfad einfügen*. Hier können Sie den anzusprechenden Film leicht aus einer Baumansicht auswählen und sich sogar entscheiden, ob die Referenz relativ oder absolut erfolgen soll. Sobald Sie auf *OK* klicken, wird das Ergebnis an der aktuellen Position im Skript eingetragen. Abbildung 16-9 zeigt den Dialog mit den Filmen des aktuellen Beispiels.

Nun wissen Sie zwar bereits, wie andere Zeitleisten angesprochen werden, aber noch nicht, was Sie mit ihnen tun können. Das Wichtigste ist, dass Sie für Movieclip-Instanzen die bekannten Funktionen zur Filmsteuerung aufrufen können. In diesem Zusammenhang werden sie als *Methoden* der Movieclips bezeichnet, weil es sich um Funktionen handelt, die diesen Objekten zugeordnet sind. Die Syntax lautet grundsätzlich folgendermaßen:

```
clip.Methode(...);
```

Angenommen, Sie möchten `clip1` aus einem Skript des Hauptfilms heraus anhalten. Das geschieht mithilfe der folgenden Anweisung:

```
clip1.stop();
```

Falls Sie absolute Pfade bevorzugen, lautet die Formulierung natürlich so:

```
root.clip1.stop();
```

▲ **Abbildung 16-9**
Der Dialog »Zielpfad einfügen« erleichtert das Ansprechen anderer Zeitleisten.

Möchten Sie dagegen aus dem unterclip heraus den Hauptfilm zu dessen Bild "menue" schicken, können Sie sich eine der beiden folgenden Anweisungen aussuchen:

```
MovieClip(root).gotoAndStop("menue");          // absolut
MovieClip(parent.parent).gotoAndStop("menue");  // relativ
```

Wenn Sie Methoden der Filmnavigation auf ein über- oder nebengeordnetes Objekt und insbesondere auf den Hauptfilm anwenden, ist es wichtig, dass Sie die explizite Typumwandlung mit MovieClip() vornehmen. Der ActionScript-Compiler weiß nämlich lediglich, dass es sich bei den angesprochenen Elementen um Objekte aus der DisplayObject-Familie handelt. Die Klasse DisplayObject selbst besitzt aber keine Navigationsmethoden, sodass Sie eine Fehlermeldung wie diese erhalten, wenn Sie die Typkonvertierung weglassen:

```
1061: Aufruf für eine möglicherweise nicht definierte
Methode stop über einen Verweis mit statischem Typ
flash.display:DisplayObjectContainer.
```

Nur die indirekt von DisplayObject abgeleitete Klasse MovieClip besitzt Methoden wie play() oder stop(), sodass nach der Konvertierung alles ordnungsgemäß funktioniert.

Sie können mithilfe der gezeigten Punktsyntax auch Variablen und Funktionen einer anderen Zeitleiste ansprechen. Das folgende Beispiel zeigt, wie Sie aus einem beliebigen Movieclip heraus die in Kapitel 14 vorgestellte Funktion istZahl() benutzen können, wenn sie in der Zeitleiste des Hauptfilms definiert ist:

```
if (MovieClip(root).istZahl (a)) {
    trace (a + " ist eine Zahl!");
}
```

Das nächste Beispiel überprüft den Wert der Variablen durchgang in der direkt untergeordneten Instanz clip1:

```
if (clip1.durchgang < 3) {
    gotoAndPlay("anfang");
} else {
    gotoAndStop("ende");
}
```

Hier das letzte derartige Beispiel, es erhöht den Wert der Variablen zaehler im Hauptfilm von einer beliebigen Stelle aus um 1:

```
MovieClip(root).zaehler++;
```

Movieclip-Eigenschaften

Ein weiteres sehr praktisches Element von Movieclip-Instanzen sind ihre lesbaren und änderbaren *Eigenschaften*: Sie können Aspekte wie Größe, Position und Transparenzgrad einer Instanz dynamisch ändern und auf diese Weise Animationen erstellen, die interaktiv auf Ereignisse reagieren. Tabelle 16-1 zeigt zunächst einen Überblick über die wichtigsten Eigenschaften.

Tabelle 16-1: Die wichtigsten Movieclip-Eigenschaften

Eigenschaft	Wertebereich	Erläuterungen
width	beliebig	Breite in Pixeln
height	beliebig	Höhe in Pixeln
scaleX	beliebig	Breiten-Skalierungsfaktor (beliebig; 1 ist die Originalgröße)
scaleY	beliebig	Höhen-Skalierungsfaktor (beliebig; 1 ist die Originalgröße)
x	beliebig	horizontale Position
y	beliebig	vertikale Position
rotation	0–360	Rotationswinkel
visible	true, false	Movieclip anzeigen/ausblenden
alpha	0–100	Transparenzgrad (0 ist unsichtbar, 100 deckend)
mouseX	beliebig	x-Position des Mauszeigers relativ zum Registrierpunkt des Movieclips (nur lesbar!)
mouseY	beliebig	y-Position des Mauszeigers

Wenn Sie die Größe der Movieclip-Instanz clip1 halbieren möchten, können Sie ihre Eigenschaften scaleX und scaleY jeweils auf 0.5 setzen:

```
clip1.scaleX = 0.5;
clip1.scaleY = 0.5;
```

Das folgende Beispiel erhöht die Breite der Movieclip-Instanz clip2 um 10 Pixel:

```
clip2.width += 10;
```

Wenn Sie den folgenden Code für eine Schaltflächeninstanz namens an_aus erstellen, erhalten Sie einen »Umschalter« für den Movieclip clip3. Jeder Klick blendet ihn abwechselnd ein beziehungsweise aus:

```
function an_aus_click(e:MouseEvent) {
    if (clip3.visible) {
        clip3.visible = false;
    } else {
        clip3.visible = true;
    }
}
an_aus.addEventListener(MouseEvent.CLICK, an_aus_click);
```

Die Eigenschaften mouseX und mouseY werden häufig »global« verwendet, das heißt ohne Bezug auf einen konkreten Movieclip. In diesem Fall beziehen sie sich auf den aktuellen Kontext, also entweder auf den Hauptfilm oder aber auf den Movieclip, in dem sich das Skript befindet. Weiter unten in diesem Kapitel finden Sie Beispiele dafür.

Movieclips einfärben

Im Gegensatz zum Transparenzgrad, der sich über die Eigenschaft `alpha` einstellen lässt, ist es ein wenig komplexer, die Farbe eines Movieclips dynamisch zu ändern: Sie müssen dazu ein `ColorTransform`-Objekt erstellen. Damit werden die gleichen Effekte per Programmierung erzeugt wie mit der in Kapitel 7 vorgestellten Instanzfarbeigenschaft *Erweitert*.

Weisen Sie der Eigenschaft `transform.colorTransform` einer Movieclip-Instanz einfach ein neues `ColorTransform`-Objekt zu. Der Konstruktor dieser Klasse benötigt bis zu acht Argumente in dieser Reihenfolge:

- *Rotmultiplikator*: Gibt an, wie stark der bisherige Inhalt des Rotkanals berücksichtigt werden soll. Fließkommazahl, Wertebereich –1 bis +1, Standardwert 1.
- *Grünmultiplikator*: Wie Rotmultiplikator, allerdings für den Grünkanal.
- *Blaumultiplikator*: Wie Rotmultiplikator, jedoch für den Blaukanal.
- *Alphamultiplikator*: Ein ähnliches Konstrukt für den Alphakanal (Transparenzgrad).
- *Rotversatz*: Gibt an, wie viel Rot zum bisherigen Inhalt hinzuaddiert werden soll. Ganzzahl, Wertebereich –255 bis +255, Standardwert 0.
- *Grünversatz*: Wie Rotversatz, nur für den Grünkanal.
- *Blauversatz*: Wie Rotversatz, nur für den Blaukanal.
- *Alphaversatz*: Dasselbe für den Alphakanal – ein positiver Wert kann Instanzen, die bereits Transparenz enthalten, wieder deckender zeichnen.

Sie können das `ColorTransform`-Objekt entweder separat erzeugen und dann anwenden oder es dem Movieclip als anonyme Instanz zuweisen. Letzteres funktioniert schematisch gesehen so:

```
clipInstanz.transform.colorTransform = new
ColorTransform(Argumente);
```

Das folgende Beispiel könnte verwendet werden, um eine ganz blaue (#0000FF) Instanz namens `blauFeld` rot (#FF0000) einzufärben:

```
blauFeld.transform.colorTransform =
    new ColorTransform(1, 1, 1, 1, 255, 0, -255, 0);
```

Wenn es Ihnen besser gefällt, können Sie auch zuerst eine benannte `ColorTransform`-Instanz erstellen. Hier sehen Sie ein Beispiel, in dem eine beliebige Instanz (hier `myClip`) – oder auf Wunsch auch mehrere – um 50% aufgehellt wird:

```
var brighter:ColorTransform =
        new ColorTransform(1, 1, 1, 1, 127, 127, 127, 0);
myClip.transform.colorTransform = brighter;
```

Natürlich kann es auch sinnvoll sein, die vorhandenen Farbwerte einer Instanz nachträglich zu modifizieren. Das folgende Beispiel liest die Transformation der Instanz original aus und weist sie einer anderen Instanz namens kopie zu:

```
// Einstellungen von "original" auslesen
var trans:ColorTransform = original.transform.colorTransform;
// An "kopie" weiterreichen
kopie.transform.colorTransform = trans;
```

Übrigens besteht ebenfalls die Möglichkeit, auf die acht Einzelwerte zuzugreifen. ColorTransform-Instanzen und colorTransform-Eigenschaften besitzen folgende Untereigenschaften:

- redMultiplier – Rotmultiplikator
- greenMultiplier – Grünmultiplikator
- blueMultiplier – Blaumuliplikator
- alphaMultiplier – Alphamultiplikator
- redOffset – Rotversatz
- greenOffset – Grünversatz
- blueOffset – Blauversatz
- alphaOffset – Alphaversatz

Die vorhandenen Untereigenschaften der transform.colorTransform-Eigenschaft einer Instanz können Sie auf diese Weise nur auslesen. Bei einer gespeicherten ColorTransform-Instanz lassen sie sich dagegen nachträglich ändern. Hier sehen Sie ein Beispiel, das die Werte der Instanz clip zunächst in einer Variablen speichert, deren RGB-Multiplikatoren halbiert (und damit ihre Helligkeit verringert) und sie clip dann wieder zuweist:

```
// Farbtransformation von "clip" speichern
var trans:ColorTransform = clip.transform.colorTransform;
// RGB-Multiplikatoren halbieren
trans.redMultiplier /= 2;
trans.greenMultiplier /= 2;
trans.blueMultiplier /= 2;
// "clip" neu einfärben
clip.transform.colorTransform = trans;
```

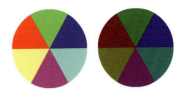

▲ **Abbildung 16-10**
Ein bunter Movieclip vor und nach der Farbtransformation per Action-Script

Probieren Sie das mit einer möglichst farbenfrohen Movieclip-Instanz aus, damit Sie einen echten Unterschied bemerken. In Abbildung 16-10 sehen Sie ein Vorher-nachher-Beispiel für einen Kreis, der in sechs Farbsegmente unterteilt ist.

Movieclip-Instanzen per Programmierung erzeugen

Sie können eine noch höhere Interaktivitätsstufe erreichen, indem Sie Ihre Movie-clip-Instanzen nicht einfach in der Flash-Arbeitsumgebung erstellen, sondern zur Laufzeit mithilfe von ActionScript. Es gibt grundsätzlich zwei Optionen: Sie können Instanzen der Klasse `MovieClip` selbst erstellen und nachträglich mit Eigenschaften füllen, oder aber Sie verknüpfen Ihre in der Arbeitsumgebung erstellten Instanzen mit einem Klassennamen und instantiieren sie dann. Ersteres wird im nächsten Abschnitt beschrieben; an dieser Stelle geht es dagegen um Instanzen eigener Movieclips.

Um ein beliebiges Movieclip-Symbol zu einer instantiierbaren Klasse zu machen, müssen Sie in den *Symboleigenschaften* die Schaltfläche *Erweitert* anklicken. In den entsprechenden Dialog gelangen Sie entweder, indem Sie in der Bibliothek die *Eigenschaften* eines vorhandenen Symbols aufrufen, oder aber beim Erstellen oder Konvertieren eines neuen Symbols.

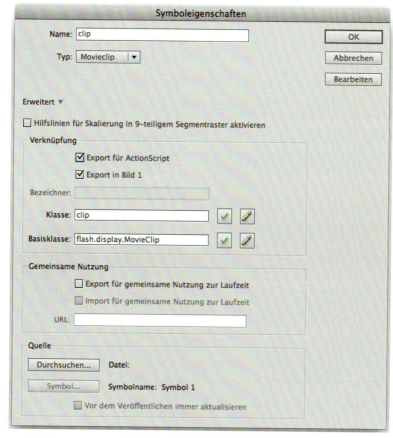

In Abbildung 16-11 sehen Sie den Dialog *Symboleigenschaften* mit geöffneter *Erweitert*-Sektion.

Wenn Sie einen Movieclip zur Verwendung in ActionScript als Klasse exportieren möchten, müssen Sie zunächst das Kontrollkästchen *Export für ActionScript* aktivieren. Die Option *Export in Bild 1* müsste dadurch automatisch mit ausgewählt sein. Falls nicht, sollten Sie das nachholen, denn nur diese Einstellung garantiert die rechtzeitige Verfügbarkeit der Klasse.

Geben Sie unter *Klasse* als Nächstes einen beliebigen, aber noch nicht verwendeten Klassennamen ein, vorzugsweise mit großem Anfangsbuchstaben. Als *Basisklasse* wird automatisch `flash.display.MovieClip` ausgewählt. Falls Ihr Movieclip Animationen oder eigenes ActionScript enthält, ist dies die richtige Wahl. Handelt es sich dagegen nur um eine gekapselte Zeichnung, können Sie auch `flash.display.Sprite` eingeben, die Elternklasse von `MovieClip`. Ein Sprite besitzt beispielsweise keine

▲ **Abbildung 16-11**
Erweiterte Symboleigenschaften

Zeitleiste, ist aber genau deshalb speicherschonender, wenn Sie die Funktionalität von `MovieClip` nicht benötigen. Im Folgenden werden zwei Testfälle vorgestellt, einer mit `Sprite` und einer mit `MovieClip`.

Wenn Sie nach diesen Einstellungen auf *OK* klicken, erscheint folgende Warnung:

> *Im Klassenpfad konnte keine Definition für diese Klasse gefunden werden, daher wird in der SWF-Datei beim Export automatisch eine generiert.*

Das bedeutet im Umkehrschluss, dass Sie auf Wunsch eine *.as*-Klassendatei mit demselben Klassen- und Dateinamen schreiben können, die das Verhalten Ihrer Klasse festlegt, während das Movieclip-Symbol ihr Aussehen bestimmt.

Machen Sie sich nun bereit für den ersten Test. Erstellen Sie in einem neuen Film ein neues Movieclip-Symbol namens *sternchen*. Kreuzen Sie *Export für ActionScript* und, falls noch nicht geschehen, auch *Export in Bild 1* an. Geben Sie unter *Klasse* den Namen `Sternchen` (großgeschrieben) und unter *Basisklasse* den Typ `flash.display.Sprite` ein.

Zeichnen Sie innerhalb des Symbols mithilfe des Polysternwerkzeugs einen kleinen Stern, dessen Breite etwa 14 Pixel beträgt. Füllen Sie ihn hellgelb (#FFFF99) und entfernen Sie seine Konturen.

Wählen Sie *Modifizieren → Dokument* oder drücken Sie Strg + J und weisen Sie dem Film dann die Hintergrundfarbe Schwarz zu.

Platzieren Sie keine Inhalte auf der Bühne, sondern weisen Sie dem einzigen Schlüsselbild des Hauptfilms nur folgendes Skript zu:

```
for (var i:int = 0; i < 1200; i++) {
    var stern:Sternchen = new Sternchen();
    this.addChild(stern);
    stern.x = Math.floor(Math.random() * 550);
    stern.y = Math.floor(Math.random() * 400);
    var scaleFactor:Number = Math.random();
    stern.scaleX = scaleFactor;
    stern.scaleY = scaleFactor;
    stern.alpha = Math.random();
}
```

Wählen Sie nun die Funktion *Film testen*, und Sie erhalten einen automatisch generierten Flash-Sternenhimmel wie in Abbildung 16-12.

Das hier sind die beiden entscheidenden Zeilen im Skript:

```
var stern:Sternchen = new Sternchen();
this.addChild(stern);
```

Zunächst wird also eine neue Instanz der Klasse `Sternchen` erzeugt. Mithilfe der Methode `addChild()` wird es der `DisplayList` des Hauptfilms hinzugefügt und dadurch erst angezeigt. Danach werden nur noch die bereits bekannten

Tipp

Ganz oben im erweiterten Teil des Dialogs finden Sie das Kontrollkästchen *Hilfslinien für Skalierung in 9-teiligem Segmentraster aktivieren*. Das hat nichts mit der Exportfunktionalität zu tun, sondern erfüllt einen interessanten grafischen Zweck: Das Symbol wird in drei mal drei Felder unterteilt, deren Grenzen Sie verschieben können. Dadurch lassen sich Mitte und Ränder von Instanzen dieses Symbols getrennt voneinander skalieren. Näheres über das 9-teilige Segmentraster erfahren Sie in Kapitel 5.

Warnung

Achten Sie darauf, dass solche Skripten keine Endlosschleifen produzieren. Denn obwohl eine einzelne Instanz nur wenig Speicher verbraucht (da ihre gemeinsamen Eigenschaften nur ein einziges Mal in der zugrunde liegenden Klasse gespeichert werden), ist auch der größte Arbeitsspeicher irgendwann voll.

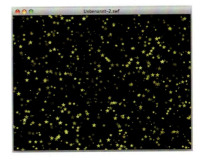

▲ **Abbildung 16-12**
Ein mithilfe von ActionScript generiertes Firmament

Eigenschaften des neu erstellten Sterns auf Zufallswerte gesetzt. Das Ganze läuft in einer Schleife ab, die 1.200 Sterne erzeugt.

Es folgt ein weiterer Test, diesmal mit der Basisklasse MovieClip, da das zugrunde liegende Symbol eine Animation enthält. In diesem zweiten Beispiel soll es programmgesteuert schneien.

Stellen Sie den Filmhintergrund zunächst auf Dunkelblau (#000099). Erzeugen Sie dann ein Movieclip-Symbol namens *flocken_grafik*. Stellen Sie darin eine stark vergrößerte Ansicht ein und zeichnen Sie eine weiße, 1 Pixel starke Linie von etwa 4 Pixeln Länge. Markieren Sie diese und erstellen Sie mithilfe der *Transformieren*-Palette zwei um je 120° gedrehte Kopien. Markieren Sie die gesamte Zeichnung und wählen Sie *Modifizieren → Form → Linien in Füllungen konvertieren*. Versehen Sie danach jede der sechs »Sternspitzen« mit einem kleinen Kreis von etwa 2 Pixeln Durchmesser.

Erstellen Sie ein zweites Symbol namens *schneeflocke*. Exportieren Sie es unter dem Klassennamen *Schneeflocke* für ActionScript; die Basisklasse muss diesmal `flash.display.MovieClip` sein. Ziehen Sie das Symbol *flocken_grafik* aus der Bibliothek genau auf den Registrierpunkt des Symbols *schneeflocke*. Fügen Sie innerhalb von *schneeflocke* in Bild 30 ein Bild ein (Φ5) und aktivieren Sie den Bewegungs-Tween für die Ebene. Ziehen Sie die `flocken_grafik`-Instanz im Anfangs-Schlüsselbild nach oben, bis ihre y-Position etwa −240 beträgt.

Als Nächstes muss in *schneeflocke* eine neue Ebene eingefügt werden. Erstellen Sie darin ebenfalls auf Frame 30 ein Schlüsselbild und weisen Sie ihm das folgende kurze Skript zu:

```
stop();
```

Wechseln Sie jetzt wieder in den Hauptfilm. Erstellen Sie dort noch ein dynamisches Textfeld (TLF-Text, nur zum Lesen) mit dem Instanznamen `flockenZaehler`. Als Schriftfarbe sollten Sie Weiß einstellen; unter *Einbetten* brauchen Sie nur die Ziffern der aktuellen Schriftart auszuwählen.

Zu guter Letzt erhält der Hauptfilm das folgende Skript:

```
var zaehler:int = 0;
function schneeHandler(e:Event) {
    zaehler++;
    if (zaehler <= 1000) {
        flockenZaehler.text = String(zaehler);
        var flocke:Schneeflocke = new Schneeflocke();
        var groesse:Number = Math.random() * 3 + 0.5;
        flocke.scaleX = groesse;
        flocke.scaleY = groesse;
        flocke.x = Math.floor(Math.random() * 550);
        flocke.y = Math.floor(Math.random() * 30) + 370;
        flocke.alpha = Math.random() * 0.3 + 0.7;
```

```
                    this.addChild(flocke);
            }
        }
    this.addEventListener(Event.ENTER_FRAME, schneeHandler);
```

Alle Bestandteile dieses Skripts wurden bereits erläutert. Deshalb können Sie nun einfach *Film testen* wählen, um sich den Schnee anzuschauen. In Abbildung 16-13 sehen Sie ein Beispiel.

Das letzte Beispiel fügt den generierten Movieclips interaktives Verhalten hinzu: Es handelt sich um einen Mausverfolger, wie man ihn vor allem in der Frühzeit von Flash oder auch JavaScript/DOM auf Websites finden konnte.

Erstellen Sie dazu ein neues Dokument. Erzeugen Sie darin ein neues Movieclip-Symbol namens *kreis*, das Sie unter dem Namen *Kreis* (großgeschrieben) für ActionScript exportieren. Grafisch enthält das Symbol nichts weiter als eben einen Kreis von 30 Pixeln Durchmesser, ohne Rand und in einer Farbe Ihrer Wahl. Er sollte sich genau auf der – am Mittelpunkt orientierten – Position 0, 0 befinden.

▲ **Abbildung 16-13**
Mit dynamisch generierten Movieclips können Sie es auch schneien lassen.

Wechseln Sie nach dem Erstellen des Movieclips wieder in den Hauptfilm. Fügen Sie hier dem einzigen Schlüsselbild des Films folgendes Skript hinzu:

```
var kreise:Array = new Array();

function enterFrameHandler(e:Event):void {
        var kreis:Kreis = new Kreis();
        this.addChild(kreis);
        kreis.x = mouseX + 15;
        kreis.y = mouseY + 10;
        for each (var k:Kreis in kreise) {
                k.scaleX += 0.1;
                k.scaleY += 0.1;
                k.alpha -= 0.05;
        }
        kreise.unshift(kreis);
        if (kreise.length > 20) {
                this.removeChild(kreise.pop());
        }
}

stage.addEventListener(Event.ENTER_FRAME, enterFrameHandler);
```

Wie Sie sehen, wird hier gleich ein ganzes Array von Kreis-Instanzen verwendet. In der regelmäßig aufgerufenen Funktion enterFrameHandler() wird dazu zunächst jeweils eine neue Instanz von Kreis erzeugt. Diese wird mittels addChild() dem Hauptfilm hinzugefügt und, leicht nach rechts unten versetzt, auf die Mauskoordinaten (mouseX beziehungsweise mouseY) gesetzt.

Anschließend wird eine Schleife vom Typ for each (Element in Array) verwendet, um alle bisherigen Elemente des Arrays durchzugehen. Dabei wird jedes Element leicht vergrößert, und sein Alphawert wird vermindert, um die Kreise langsam auszublenden.

Nach der Schleife wird das neue Element mittels `Array.unshift()` am Anfang des Arrays eingefügt. Sollte das Array bereits mehr als 20 Elemente enthalten, wird zu guter Letzt das letzte von ihnen per `Array.pop()` aus dem Array entfernt. Da `Array.pop()` das entfernte Element gleichzeitig zurückliefert, kann `removeChild()` mit diesem Ergebnis aufgerufen werden, um den (ohnehin inzwischen durchsichtig gewordenen) Kreis auch von der Bühne zu entfernen. In Abbildung 16-14 sehen Sie den Mausverfolger in Aktion.

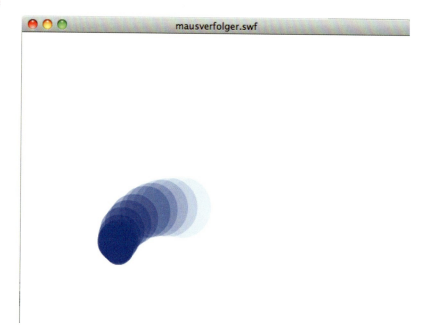

▶ **Abbildung 16-14**
Ein einfacher Mausverfolger aus einem Array von Movieclips

Leere Movieclip-Objekte zum Zeichnen per ActionScript

Neben den gezeigten Instanzen existierender Movieclip-Symbole können Sie per ActionScript auch leere Instanzen der Klasse `MovieClip` selbst erzeugen. Solche Instanzen werden vor allem verwendet, um mithilfe von ActionScript dynamisch zu zeichnen. Die diversen Zeichenmethoden gehören zur Klasse `flash.display.Graphics`; Movieclips besitzen bereits ab Werk eine Instanz dieser Klasse mit Namen `graphics`.

Erstellen Sie einen neuen Flash-Film für ActionScript 3.0 und fügen Sie der ansonsten leeren Zeitleiste das folgende Skript hinzu:

```
var canvas:MovieClip = new MovieClip();
canvas.graphics.lineStyle(3, 0xFF0000);
canvas.graphics.beginFill(0xFFFF00);
canvas.graphics.moveTo(100, 100);
canvas.graphics.lineTo(200, 100);
canvas.graphics.lineTo(200, 200);
canvas.graphics.lineTo(100, 200);
canvas.graphics.lineTo(100, 100);
canvas.graphics.endFill();
this.addChild(canvas);
```

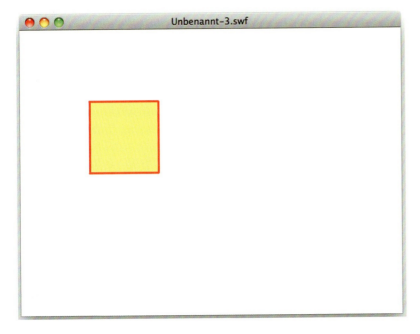

◀ **Abbildung 16-15**
Die erste per ActionScript erstellte Zeichnung

Wenn Sie den Film testen, erscheint ein gelbes Quadrat mit einem drei Pixel starken, roten Rand (Abbildung 16-15). Dazu werden folgende `Graphics`-Methoden verwendet:

- `lineStyle(Stärke, Farbe[, Alpha, ...])` legt den Linienstil fest. Sie müssen mindestens die Linienstärke in Pixeln sowie die RGB-Farbe angeben; Letzteres geht am einfachsten hexadezimal – der einzige Unterschied zu HTML-Farbangaben ist, dass Sie ihnen `0x` statt `#` voranstellen müssen.

- `beginFill(Farbe[, ...])` legt die Füllfarbe und optional weitere Füllparameter fest. Alle nach diesem Aufruf geschlossenen Formen werden beim späteren Aufruf von `endFill()` auf die gewählte Weise gefüllt.

- `moveTo(x, y)` bewegt die Zeichenposition an die angegebenen Koordinaten, allerdings ohne zu zeichnen. Damit können Sie – wie hier – den Anfangspunkt einer Zeichnung festlegen.
- `lineTo(x, y)` zeichnet eine gerade Linie von den vorherigen zu den angegebenen Koordinaten. Dabei wird der mittels `lineStyle()` festgelegte Linienstil verwendet.
- `endFill()` füllt alle geschlossenen Formen, die seit `beginFill()` gezeichnet wurden, mit der dort festgelegten Füllung.

Eine weitere wichtige `Graphics`-Methode ist `clear()` – sie dient dazu, die bisherigen Zeicheninhalte wieder zu löschen.

Am Ende des Skripts wird der neu erzeugte Movieclip wie gehabt mittels `addChild()` dem Hauptfilm hinzugefügt.

Workshop

Zeichnen mit der Maus

Im Folgenden werden Sie eine kleine Anwendung entwickeln, die es dem Benutzer erlaubt, mit der Maus auf der Bühne zu zeichnen. Dabei kommt eine ActionScript-Klasse zum Speichern der Zeicheninhalte zum Einsatz, außerdem werden – wie in diesem Kapitel erarbeitet – ein leerer Movieclip zum Zeichnen und ein vorhandener als Meldungsfenster hinzugefügt.

Der Anwender kann bis zu vier Zeichnungen zwischenspeichern und sich eine verkleinerte Übersicht dieser Zeichnungen anzeigen lassen (Abbildung 16-16). Klickt er auf eine solche Miniatur, wird diese im Vollbild angezeigt.

▶ **Abbildung 16-16**
Die Miniaturen zwischengespeicherter Zeichnungen

Die ActionScript-Klasse SavedDrawing

Die im Folgenden erstellte Klasse SavedDrawing wird verwendet, um die Zeichnung des Benutzers im Arbeitsspeicher zu halten und bei Bedarf wieder auf die Bühne zu zeichnen. Als Speicher kommt ein Array zum Einsatz. Die einzelnen Elemente darin sind wiederum Arrays. Das erste Element ist jeweils der interne Datentyp, dargestellt durch einen einbuchstabigen String: 'd' (draw) steht dafür, dass die nachfolgenden Koordinaten gezeichnet werden sollen (ausgelöst durch das Herunterdrücken der Maustaste), 'm' (move) besagt, dass die folgenden Koordinaten lediglich der Bewegung dienen (Maustaste losgelassen), und 'p' (point) speichert einen Punkt – für diesen letzten Elementtyp kommen zwei weitere Elemente hinzu, die die x- beziehungsweise y-Koordinate speichern.

1   **Eine ActionScript-Klasse erstellen**

Wählen Sie in Flash *Datei > Neu* und den Typ *ActionScript 3.0-Klasse*, um die neue Klasse zu erzeugen. Falls bei Ihnen neben Flash auch der Flash Builder installiert ist, wählen Sie *Flash Professional* als Anwendung zum Erstellen der Klasse (Abbildung 16-17). Geben Sie als Klassennamen SavedDrawing ein.

Tipp

Wenngleich es eine gute Übung ist, den Code abzutippen, finden Sie die fertige Klasse *SavedDrawing.as* aber auch im Verzeichnis *workshop2* im Ordner *16_Movieclips* auf der Buch-DVD.

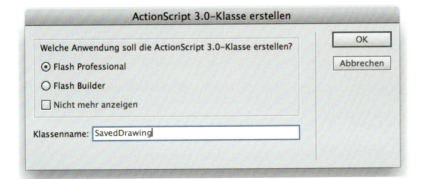

◀ **Abbildung 16-17**

2   **Den ActionScript-Code der Klasse hinzufügen**

Nun können Sie den nachfolgenden Code für die Klasse eingeben (Abbildung 16-18):

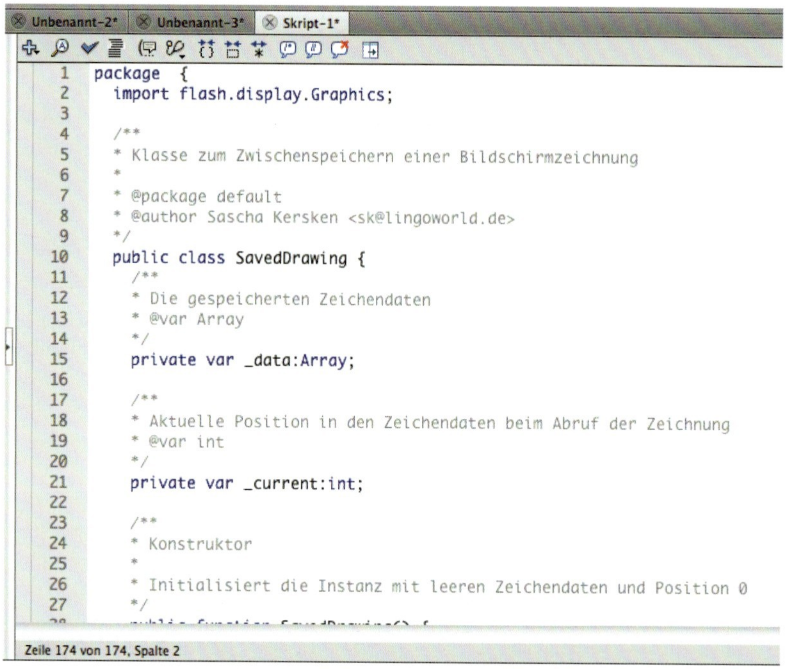

Abbildung 16-18

▶ Abbildung 16-18

Kommentare im Code

Der Code der Klasse ist sehr ausführlich kommentiert, sodass im Text keine weiteren Erläuterungen erforderlich sein sollten. Dabei kommen für den Klassen-Header sowie für die Attribut- und Methodendeklarationen sogenannte ASDoc-Kommentare zum Einsatz. Diese beginnen mit /** und enden mit */; formal sind es also mehrzeilige Kommentare. Eine entsprechende Software (siehe Anhang C) kann daraus automatisch eine Klassendokumentation generieren. Wichtig sind dabei die @-Elemente wie @param für Funktionsparameter oder @return für deren Rückgabewert.

```
package   {
  import flash.display.Graphics;

  /**
   * Klasse zum Zwischenspeichern einer Bildschirmzeichnung
   *
   * @package default
   * @author Sascha Kersken <sk@lingoworld.de>
   */
  public class SavedDrawing {
    /**
     * Die gespeicherten Zeichendaten
     * @var Array
     */
    private var _data:Array;

    /**
     * Aktuelle Position in den Zeichendaten beim Abruf der Zeichnung
     * @var int
     */
    private var _current:int;

    /**
     * Konstruktor
     *
     * Initialisiert die Instanz mit leeren Zeichendaten und Position 0
     */
```

```
public function SavedDrawing() {
  this._data = new Array();
  this._current = 0;
}

/**
 * Punkt den Zeichendaten hinzufügen
 *
 * Jeder Datensatz in den Zeichendaten ist wiederum ein Array.
 * Das erste Element in diesem Array gibt die Art der Daten an;
 * 'p' (point) steht dabei für Koordinaten.
 *
 * @param int x Aktuelle x-Position
 * @param int y Aktuelle y-Position
 */
public function addPoint(x:int, y:int):void {
  this._data.push(new Array('p', x, y));
}

/**
 * In den Zeichendaten speichern, dass das Zeichnen beginnt
 *
 * Jeder Datensatz in den Zeichendaten ist wiederum ein Array.
 * Das erste Element in diesem Array gibt die Art der Daten an;
 * 'd' (draw) steht dabei für den Beginn des Zeichenmodus.
 * Dieser Datensatztyp benötigt keine weiteren Daten.
 */
public function penDown():void {
  this._data.push(new Array('d'));
}

/**
 * In den Zeichendaten speichern, dass das Zeichnen endet
 *
 * Jeder Datensatz in den Zeichendaten ist wiederum ein Array.
 * Das erste Element in diesem Array gibt die Art der Daten an;
 * 'm' (move) steht dabei für das Ende des Zeichenmodus.
 * Dieser Datensatztyp benötigt keine weiteren Daten.
 */
public function penUp():void {
  this._data.push(new Array('m'));
}

/**
 * Den jeweils nächsten Datensatz holen
 *
 * Der Rückgabewert hat keinen eindeutigen Datentyp:
 * Er wird zunächst mit null initialisiert. Nur wenn es
 * einen Datensatz auf der Position this._current gibt, wird
 * stattdessen dieser zurückgeliefert und der Zähler erhöht.
 * Dadurch lässt sich diese Funktion ideal als Bedingung einer
 * while-Schleife verwenden (siehe unten in der Funktion draw).
 *
 * @return mixed Array, falls Datensatz, andernfalls null
 */
```

```
public function getNext() {
  var val = null;
  if (this._data.length > this._current) {
    val = this._data[this._current];
    this._current++;
  }
  return val;
}

/**
 * Den Datensatzzeiger zurücksetzen.
 */
public function reset():void {
  this._current = 0;
}

/**
 * Die Bilddaten löschen und den Datensatzzeiger zurücksetzen.
 */
public function clearAll():void {
  this._data = new Array();
  this._current = 0;
}

/**
 * Das gesamte gespeicherte Bild zeichnen.
 *
 * Als erstes Argument muss ein Graphics-Objekt übergeben werden;
 * in dieses Objekt wird gezeichnet. Alle anderen Argumente sind
 * optional und werden in den @param-Zeilen beschrieben.
 *
 * @param Graphics g Graphics-Objekt, in das gezeichnet wird
 * @param int factor Verkleinerungsfaktor (optional, Standardwert
 *        1 = Originalgröße)
 * @param int xOffset X-Versatz (optional, Standardwert 0, also
 *        kein Versatz)
 * @param int yOffset Y-Versatz (optional, Standardwert 0, also
 *        kein Versatz)
 * @param int color Zeichenfarbe (optional, Standardwert 0 =
 *        Schwarz)
 */
public function draw(g:Graphics, factor:int = 1, xOffset:int = 0,
yOffset:int = 0, color:int = 0x0000FF) {
  // Linienstärke 2 und Farbe color setzen
  g.lineStyle(2, color);
  // Interne Variable, die bestimmt, ob gerade gezeichnet wird
  // oder nicht
  var _drawing:Boolean = false;
  // Datensatzzeiger zurücksetzen
  this.reset();
  // Datensatz (ohne festen Datentyp, da er null oder Array sein
  // kann)
  var p = null;
```

```
    // Jeweils den nächsten Datensatz holen (wird bei null
    // automatisch abgebrochen)
    while (p = this.getNext()) {
      // Typ des Datensatzes anhand des ersten Elements überprüfen
      if (p[0] == 'd') {
        // 'd' (draw): Zeichenmodus einschalten
        _drawing = true;
      } else if (p[0] == 'm') {
        // 'm' (move): Zeichenmodus ausschalten
        _drawing = false;
      } else if (p[0] == 'p') {
        // 'p' (point): Koordinate
        // x- und y-Koordinaten werden aus den weiteren Elementen
        // des Arrays gelesen.
        // Sie werden durch den Verkleinerungsfaktor factor
        // geteilt, und es wird
        // der jeweilige Versatz xOffset bzw. yOffset addiert
        if (_drawing) {
          // Im Zeichenmodus Linie zeichnen
          g.lineTo(p[1] / factor + xOffset, p[2] / factor +
          yOffset);
        } else {
          // Im Nicht-Zeichenmodus zur aktuellen Koordinate
          // bewegen
          g.moveTo(p[1] / factor + xOffset, p[2] / factor +
          yOffset);
        }
      }
    }
  }

  /**
   * "Magischer" Getter für die Bilddaten
   *
   * @return Array
   */
  public function get data():Array {
    return this._data;
  }

  /**
   * "Magischer" Setter für die Daten
   *
   * @param Array data
   */
  public function set data(data:Array) {
    this._data = data;
  }

  }

}
```

Die Klasse speichern

Speichern Sie die Klasse als *SavedDrawing.as* in dem Verzeichnis, in dem sich auch der nachfolgende Flash-Film befinden wird (Abbildung 16-19).

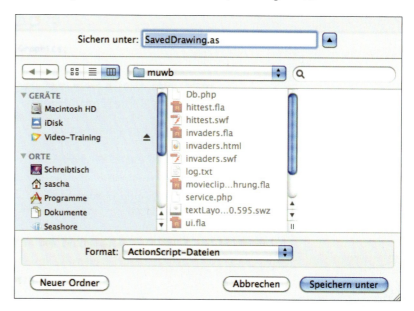

▶ **Abbildung 16-19**

Hauptanwendung – der Flash-Film

4 **Die Filmdatei öffnen**

Öffnen Sie das Rohmaterial für diesen Film von der Buch-DVD – es handelt sich um die Datei *drawing_start.fla* im Verzeichnis *16_Movieclips*. Die Bibliothek des Films enthält fünf Symbole (Abbildung 16-20):

▲ **Abbildung 16-20**

- Button *clear*: Einfache Schaltfläche mit der Beschriftung *Löschen*, auf der Bühne als Instanz *clearButton*.

- Button *redraw*: Einfache Schaltfläche mit der Beschriftung *Zeigen*, auf der Bühne als Instanz *redrawButton*.

- Button *save*: Einfache Schaltfläche mit der Beschriftung *Speichern*, auf der Bühne als Instanz *saveButton*.

- Button *ok*: Einfache Schaltfläche mit der Beschriftung *OK*; wird innerhalb des Movieclips *infobox* verwendet.

- Movieclip *infobox*: Ein wenig Grafik und Text sowie die Schaltfläche *OK* als Instanz *okButton*; soll angezeigt werden, wenn der Benutzer zum fünften Mal auf *Speichern* klickt, also wenn alle vier Speicherplätze belegt sind. Das Symbol ist unter dem Namen *infobox* für ActionScript exportiert.

ActionScript zu einem Movieclip hinzufügen

Öffnen Sie zunächst den Movieclip *infobox*. Wählen Sie hier das einzige Bild der Ebene *action* aus und öffnen Sie die Aktionenpalette. Fügen Sie folgendes Skript hinzu (Abbildung 16-21):

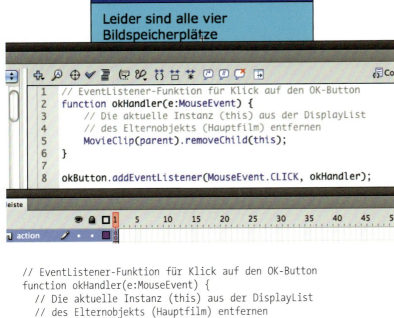

◀ **Abbildung 16-21**

```
// EventListener-Funktion für Klick auf den OK-Button
function okHandler(e:MouseEvent) {
    // Die aktuelle Instanz (this) aus der DisplayList
    // des Elternobjekts (Hauptfilm) entfernen
    MovieClip(parent).removeChild(this);
}

okButton.addEventListener(MouseEvent.CLICK, okHandler);
```

Es handelt sich, wie Sie sehen, um einen EventListener für den enthaltenen **okBut-ton**. Bei einem Klick auf diesen Button entfernt sich die Movieclip-Instanz selbst, indem sie sich mittels `removeChild()` aus der `DisplayList` des Hauptfilms (hier relativ als **parent** angegeben) entfernt. Beachten Sie hier die bereits beschriebene Typangabe `MovieClip` für den Hauptfilm.

6 **ActionScript zum Hauptfilm hinzufügen**

Als Nächstes wird ein Skript für den Hauptfilm erstellt. Fügen Sie auf dessen Ebene *action* im einzigen Schlüsselbild folgenden Code hinzu (Abbildung 16-22):

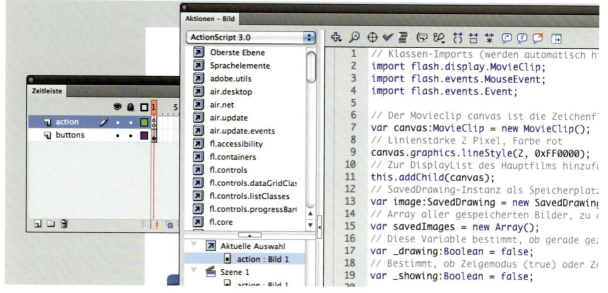

```
// Klassenimports (werden automatisch hinzugefügt)
import flash.display.MovieClip;
import flash.events.MouseEvent;
import flash.events.Event;

// Der Movieclip canvas ist die Zeichenfläche
var canvas:MovieClip = new MovieClip();
// Linienstärke 2 Pixel, Farbe Rot
canvas.graphics.lineStyle(2, 0xFF0000);
// Der DisplayList des Hauptfilms hinzufügen
this.addChild(canvas);
// SavedDrawing-Instanz als Speicherplatz für das aktuelle Bild
var image:SavedDrawing = new SavedDrawing();
// Array aller gespeicherten Bilder, zu Anfang leer
var savedImages = new Array();
// Diese Variable bestimmt, ob gerade gezeichnet wird oder nicht
var _drawing:Boolean = false;
// Bestimmt, ob Zeigemodus (true) oder Zeichenmodus (false) aktiv
// ist
var _showing:Boolean = false;

// Verkleinerte Versionen der bis zu vier gespeicherten Bilder
// zeigen
function redrawHandler(e:MouseEvent) {
  // Nur aktiv werden, wenn mindestens ein Bild gespeichert ist
  if (savedImages.length > 0) {
    // Zeigemodus aktiviert
    _showing = true;
    // Zeichenfläche löschen
    canvas.graphics.clear();
    // Zähler, der bestimmt, welches Bild dran ist
    var counter:int = 0;
```

```
    // Schleife über die gespeicherten Bilder
    for each(var im:SavedDrawing in savedImages) {
      // Je nach Zählerstand das Bild
      // auf einer bestimmten Position
      // und mit einer bestimmten Farbe zeichnen
      // Hier wird die SavedDrawing-Methode draw() mit allen
      // Zusatzparametern aufgerufen: Neben dem Graphics-Objekt
      // kommen Verkleinerungsfaktor (2), X- und Y-Versatz
      // sowie (jeweils eine andere) Farbe zum Einsatz
      if (counter == 0) {
        im.draw(canvas.graphics, 2, 0, 0, 0x0000FF);
      } else if (counter == 1) {
        im.draw(canvas.graphics, 2, 275, 0, 0xFF00FF);
      } else if (counter == 2) {
        im.draw(canvas.graphics, 2, 0, 200, 0x009900);
      } else if (counter == 3) {
        im.draw(canvas.graphics, 2, 275, 200, 0x000000);
      }
      // Nicht vergessen: Zählerstand erhöhen
      counter++;
    }
  }
}

// EventListener-Funktion für den Löschen-Button
function clearHandler(e:MouseEvent) {
  // Zeigemodus aus
  _showing = false;
  // Zeichenfläche, Bildspeicher und Linienstil zurücksetzen
  canvas.graphics.clear();
  image.clearAll();
  canvas.graphics.lineStyle(2, 0xFF0000);
}

// EventListener-Funktion für Speichern-Button
function saveHandler(e:MouseEvent) {
  // Ist noch Platz?
  if (savedImages.length < 4) {
    // Ja, es wurden weniger als vier Bilder gespeichert
    // Neues SavedDrawing-Objekt erzeugen
    var save:SavedDrawing = new SavedDrawing();
    // Zeichendaten aus image hineinkopieren
    save.data = image.data;
    // Ans Array savedImages anfügen
    savedImages.push(save);
    // Zeichenfläche, Bildspeicher und Linienstil zurücksetzen
    image.clearAll();
    canvas.graphics.clear();
    canvas.graphics.lineStyle(2, 0xFF0000);
  } else {
    // Nein, alle Speicherplätze sind belegt
    // Infobox erzeugen, hinzufügen und positionieren
    var box:infobox = new infobox();
    this.addChild(box);
    box.x = 250;
    box.y = 100;
  }
}
```

```
// EventHandler: Herunterdrücken der Maustaste
function mouseDownHandler(e:MouseEvent) {
  // Nur, wenn nicht im Zeigemodus
  if (!_showing) {
    // Interner Zeichenmodus an
    _drawing = true;
    // Im Bildspeicher vermerken, dass ab hier gezeichnet wird
    image.penDown();
  }
}

// EventHandler: Loslassen der Maustaste
function mouseUpHandler(e:MouseEvent) {
  // Im Zeigemodus?
  if (_showing) {
    // Ja, Zeigemodus
    // Gewünschtes Bild anhand der Mauskoordinaten bestimmen
    var i:int = 0;
    if (mouseX < 275) {
      if (mouseY < 200) {
        i = 0;
      } else {
        i = 2;
      }
    } else {
      if (mouseY < 200) {
        i = 1;
      } else {
        i = 3;
      }
    }
    // Existiert das angeklickte gespeicherte Bild?
    if (savedImages.length > i) {
      // Ja, es existiert
      // Zeichenfläche leeren und Bild in Originalgröße anzeigen
      canvas.graphics.clear();
      savedImages[i].draw(canvas.graphics);
      // Alle Einstellungen zurücksetzen
      _showing = false;
      _drawing = false;
      canvas.graphics.lineStyle(2, 0xFF0000);
    }
  } else {
    // Nicht im Zeigemodus
    // Interner Zeichenmodus aus
    _drawing = false;
    // Im Bildspeicher vermerken, dass nicht mehr gezeichnet wird
    image.penUp();
  }
}
```

```
// Regelmäßig aufgerufener EventListener
function enterFrameHandler(e:Event) {
  // Nur, wenn nicht im Zeigemodus
  if (!_showing) {
    // Die aktuellen Mauskoordinaten im Bildspeicher ablegen
    image.addPoint(mouseX, mouseY);
    if (_drawing) {
      // Zur Mausposition bewegen, wenn nicht im Zeichenmodus
      canvas.graphics.lineTo(mouseX, mouseY);
    } else {
      // Linie bis zur Mausposition zeichnen, wenn im Zeichenmodus
      canvas.graphics.moveTo(mouseX, mouseY);
    }
  }
}

redrawButton.addEventListener(MouseEvent.CLICK, redrawHandler);
clearButton.addEventListener(MouseEvent.CLICK, clearHandler);
saveButton.addEventListener(MouseEvent.CLICK, saveHandler);
stage.addEventListener(MouseEvent.MOUSE_DOWN, mouseDownHandler);
stage.addEventListener(MouseEvent.MOUSE_UP, mouseUpHandler);
stage.addEventListener(Event.ENTER_FRAME, enterFrameHandler);
```

Auch dieser Code ist sehr ausführlich dokumentiert, sodass dies im Text nicht mehr erforderlich sein dürfte. Nur noch so viel: Die beiden Statusvariablen _showing und _drawing werden verwendet, um den jeweiligen Arbeitsmodus im Blick zu behalten: _showing ist true, wenn die Seite mit den gespeicherten Miniaturen angezeigt wird. Währenddessen kann nicht gezeichnet werden. _drawing wird auf true gesetzt, sobald die Maustaste (außerhalb des Zeigemodus) heruntergedrückt wird. Ab diesem Zeitpunkt ruft der regelmäßig ausgeführte EventListener für Event.ENTER_FRAME die Graphics-Methode lineTo() auf, zeichnet also. Wird die Maustaste wieder losgelassen, wird _drawing auf false gesetzt, und ab diesem Zeitpunkt wird moveTo() aufgerufen. Die Zeichenposition wandert also weiterhin mit dem Mauszeiger, es wird jedoch nicht gezeichnet.

Nachdem nun alles an Ort und Stelle ist, können Sie den Film testen. Beginnen Sie damit, auf die Bühne zu zeichnen, und drücken Sie irgendwann auf den Button *Speichern*. Danach ist die Zeichenfläche leer, und Sie können etwas Neues zeichnen. Nachdem Sie vier Zeichnungen gespeichert haben, erscheint beim fünften Versuch das Infofenster. Wenn Sie die Schaltfläche *Zeigen* anklicken, sehen Sie die Miniaturen der bisher gespeicherten Zeichnungen. Klicken Sie eine von ihnen an, um sie bühnenfüllend zu sehen.

Kapitel 17

Mit ActionScript auf externe Daten zugreifen

**Das Problem zu kennen, ist wichtiger, als die Lösung zu finden,
denn die genaue Darstellung des Problems führt automatisch zur richtigen Lösung.**

Albert Einstein

Andere Flash-Filme laden

Weblinks und HTTP-Anfragen

Medien dynamisch laden

In den Kapiteln 14 und 16 haben Sie die wichtigsten ActionScript-Funktionen kennengelernt, mit denen Sie die Komponenten innerhalb eines einzelnen Flash-Films ansprechen und manipulieren können. Einen wesentlich höheren Leistungsumfang erlangt ActionScript aber erst dadurch, dass die Sprache verschiedene externe Dateien laden und mit ihnen kommunizieren kann. In diesem Kapitel erfahren Sie, wie Sie einen anderen Flash-Film laden, wie Sie interaktive und automatische Web-Hyperlinks erstellen und wie Sie externe Dateien (Bilder, Sounds und Videos) importieren.

Andere Flash-Filme laden

Mithilfe der Klasse Loader können Sie eine zusätzliche SWF-Datei laden. Anschließend lässt sich diese an die DisplayList des Hauptfilms oder einer Movieclip-Instanz anhängen. Das funktioniert schematisch gesehen wie folgt:

```
// URLRequest mit der Quelle der SWF-Datei erzeugen
var req:URLRequest = new URLRequest("SWF-URL");
// Loader-Instanz erzeugen
var loader:Loader = new Loader();
// load() aufrufen, um die Quelle zu laden
loader.load(req);
// Das geladene Element einer DisplayList hinzufügen
displayList.addChild(loader);
```

Als URL der SWF-Datei können Sie entweder einen Dateinamen mit oder ohne Pfad (relative URL) oder aber eine vollständige (absolute) URL angeben. Das folgende Beispiel stellt eine Datei namens *anderer_film.swf* als Quelle ein, die sich im selben Verzeichnis befindet wie der aktuelle Film:

```
var req:URLRequest = new URLRequest("anderer_film.swf");
```

Hier sehen Sie ein weiteres Beispiel, das eine SWF-Datei namens *film2.swf* von einem anderen Server als Quelle wählt:

```
var req:URLRequest =
        new URLRequest("http://www.andere-site.de/film2.swf");
```

Die nachfolgenden drei Zeilen laden den jeweils gewählten Film und hängen ihn an die Anzeigeliste der aktuellen Zeitleiste an; wenn Sie diesen Code beispielsweise im Hauptfilm verwenden, wird der Film dorthin geladen:

```
var loader:Loader = new Loader();
loader.load(req);
this.addChild(loader);
```

Enthält die aktuelle Zeitleiste dagegen zum Beispiel eine Movieclip-Instanz namens *rahmen*, können Sie das geladene Element wie folgt an diese Instanz anhängen:

```
rahmen.addChild(loader);
```

Wenn Sie möchten, können Sie durch die Verwendung anonymer Instanzen auch mehrere Zeilen des Lade- und Anzeigevorgangs zusammenfassen, zum Beispiel so:

```
var loader:Loader = new Loader();
loader.load(new URLRequest("anderer_film.swf"));
this.addChild(loader);
```

Die geladenen und angehängten Filme sind Instanzen der Klasse Loader. Das genügt, um sie darzustellen und gegebenenfalls auch die in ihnen enthaltene Interaktivität auszuführen. Loader gehört allerdings nicht, wie Sprite oder

`MovieClip`, zu den Erben der Klasse `DisplayObject`. Das ist beispielsweise ein Problem, wenn Sie nachträglich die Stapelreihenfolge geladener Dateien modifizieren möchten: Es geht nicht.

Um für eine geladene Datei ein unabhängiges `DisplayObject` zu erzeugen, können Sie deshalb einfach eine neue Instanz der Klasse `Sprite` (für externe Dateien, die im Wesentlichen nur Grafik enthalten) oder `MovieClip` (mit Animation und ActionScript) erzeugen, die `Loader`-Instanz an dieses Element anhängen und erst dieses `DisplayObject` der gewünschten Zeitleiste hinzufügen. Ein Beispiel:

```
// Datei "bild.swf" laden, die nur eine Zeichnung enthält
var loader:Loader = new Loader();
loader.load(new URLRequest("bild.swf"));
// Sprite-Instanz erstellen
var bildHalter:Sprite = new Sprite();
// Geladene Datei an Sprite anhängen
bildHalter.addChild(loader);
// Sprite an aktuelle Zeitleiste anhängen
this.addChild(bildHalter);
```

Es folgt ein etwas größeres Beispiel, das sich dieses indirekte Laden von SWF-Dateien zunutze macht. Dabei lernen Sie nebenbei noch zwei andere interessante Funktionalitäten kennen: das Manipulieren der Anzeigelisten-Reihenfolge sowie Drag & Drop.

Ein Film namens *loader.swf* soll dabei drei im selben Verzeichnis befindliche SWF-Dateien namens *square.swf*, *triangle.swf* und *circle.swf* laden, in denen sich lediglich Zeichnungen der drei entsprechenden geometrischen Formen befinden. Wird eine dieser drei Formen angeklickt, soll sie automatisch in den Vordergrund gestellt und mit der Maus gezogen werden können.

Erstellen Sie zunächst drei neue Flash-Dateien, in denen Sie ein blaues Quadrat, ein rotes Dreieck sowie einen grünen Kreis auf die Bühne zeichnen (siehe Abbildung 17-1).

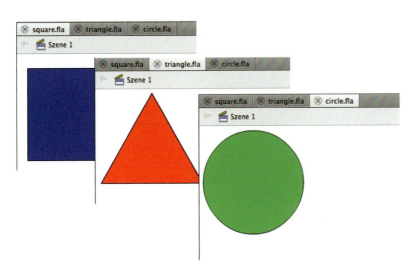

◀ **Abbildung 17-1**
Die drei beteiligten Filme im Überblick

Veröffentlichen Sie diese Filme unter den besagten Namen *square.swf*, *triangle.swf* beziehungsweise *circle.swf*. Erstellen Sie danach eine vierte Datei und weisen Sie dem Startschlüsselbild ihrer einzigen Ebene folgendes Skript zu:

```
// Maustaste drücken:
// Aktuelles Sprite in den Vordergrund holen
// und mit der Maus ziehen
function mouseDownHandler(e:MouseEvent) {
    // Aktuelles Sprite in den Vordergrund
    MovieClip(this).setChildIndex
        (Sprite(e.target.parent), numChildren - 1);
    // Aktuelles Sprite ziehen
    Sprite(e.target.parent).startDrag();
    // Mauszeiger ausblenden
    Mouse.hide();
}
// Maustaste loslassen:
// Ziehen des aktuellen Sprite beenden
function mouseUpHandler(e:MouseEvent) {
    // Aktuelles Sprite loslassen
    Sprite(e.target.parent).stopDrag();
    // Mauszeiger wieder anzeigen
    Mouse.show();
}
// Loader für die drei SWF-Filme erzeugen
var squareLoader:Loader = new Loader();
var triangleLoader:Loader = new Loader();
var circleLoader:Loader = new Loader();
// Die drei SWF-Filme laden
squareLoader.load(new URLRequest("square.swf"));
triangleLoader.load(new URLRequest("triangle.swf"));
circleLoader.load(new URLRequest("circle.swf"));
// Für jede SWF-Datei ein Sprite erzeugen
// und das Objekt hineinsetzen
var squareSprite:Sprite = new Sprite();
squareSprite.addChild(squareLoader);
var triangleSprite:Sprite = new Sprite();
triangleSprite.addChild(triangleLoader);
var circleSprite:Sprite = new Sprite();
circleSprite.addChild(circleLoader);
// Die drei Sprites dem Hauptfilm hinzufügen
addChild(squareSprite);
addChild(triangleSprite);
addChild(circleSprite)
addEventListener(MouseEvent.MOUSE_DOWN, mouseDownHandler);
addEventListener(MouseEvent.MOUSE_UP, mouseUpHandler);
```

Speichern Sie die Datei im selben Ordner wie die drei anderen und exportieren Sie sie, zum Beispiel als *loader.swf*. Wenn Sie den Film testen, werden Sie feststellen, dass Sie die einzelnen Elemente wie gewünscht anklicken und damit nach vorne holen und ziehen können.

In dem Skript werden zunächst die drei Loader-Instanzen erzeugt. Danach wird ihre jeweilige load()-Methode aufgerufen, um die in anonymen URLRequest-Objekten angegebenen Dateien zu laden. Als Nächstes wird für jedes der drei Elemente eine neue Sprite-Instanz erzeugt, und der jeweilige SWF-Film wird dieser hinzugefügt. Die drei Sprites selbst werden zum Schluss an die Zeitleiste des Hauptfilms angehängt.

Zusätzlich werden zwei Event-Handler definiert: mouseDownHandler() wird beim Drücken der Maustaste aufgerufen, mouseUpHandler() beim Loslassen. In mouseDownHandler() wird das aktuelle Element zunächst in den Vordergrund gestellt. Das geschieht mithilfe dieser etwas wüst aussehenden Codezeile:

```
MovieClip(this).setChildIndex
        (Sprite(e.target.parent), numChildren - 1);
```

Der Reihe nach: Zunächst einmal muss der Hauptfilm (this) als MovieClip betrachtet werden, damit der Zugriff auf seine Anzeigeliste möglich wird. Die Methode setChildIndex() verschiebt die Position des angegebenen Objekts in dieser Liste. numChildren ist die Gesamtzahl der Child-Objekte; da die Anzeigeliste ab 0 zählt, ist numChildren - 1 die vorderste Position.

Das angesprochene Element, dessen childIndex verändert wird, ist nicht das angeklickte Element selbst, sondern dessen parent, der ausdrücklich als Sprite betrachtet wird. Angeklickt wurde nämlich in Wirklichkeit das jeweilige Loader-Objekt und nicht das Sprite.

In der nächsten Zeile wird die Methode startDrag() des aktuellen Sprite-Objekts aufgerufen. Ab sofort bewegt es sich also mit der Maus. Zum Schluss erfolgt noch ein Aufruf von Mouse.hide(), um den eigentlichen Mauszeiger verschwinden zu lassen.

Die Funktion mouseUpHandler() beendet lediglich das Ziehen des aktuellen Sprite mithilfe von stopDrag() und zeigt anschließend den Cursor mittels Mouse.show() wieder an.

Weblinks und HTTP-Anfragen

In Flash-Filmen, die in eine Webseite eingebettet werden, können Sie ohne Weiteres Hyperlinks einbauen, die zu anderen Websites navigieren. Zuständig ist die Methode navigateToURL(), deren Argument eine Instanz der bereits bekannten Klasse URLRequest ist. Sie können dieses Konstrukt auch verwenden, um benutzerdefinierte Daten an die gewünschte URL zu schicken; das wird allerdings in Kapitel 18 und 19 erörtert.

Tipp

Wenn Sie eine Position in der Anzeigeliste verschieben, rücken die restlichen Elemente automatisch nach. Die Abfolge der childIndex-Eigenschaften hat niemals Lücken, anders als die in früheren Action-Script-Versionen verfügbare »Tiefe« für neu erzeugte Elemente.

Einen Preloader erstellen

Im Web sieht man oft sogenannte *Preloader*, die den Ladefortschritt von SWF-Filmen anzeigen. Diese sind sehr leicht zu erstellen. Registrieren Sie folgendermaßen einen EventListener für den Ladefortschritt Ihres Loader-Objekts:

```
loader.contentLoaderInfo.
addEventListener(ProgressEvent.
PROGRESS, Funktion);
```

In der zugeordneten Funktion können Sie dann die Eigenschaften e.bytesLoaded (bisher geladene Bytes) und e.bytesTotal (Gesamtgröße in Byte) des Progress-Event anzeigen oder für grafische Darstellungen verwenden.

Warnung

Im vorliegenden Beispiel befinden sich keine anderen Objekte auf der Bühne als die drei Sprites mit ihren angehängten Loader-Instanzen. Im »wirklichen Leben« müssen Sie dagegen zunächst überprüfen, welches Element angeklickt wurde und ob es entsprechend behandelt werden soll.

Erzeugen Sie für einen ersten Test eine Schaltflächen-Instanz namens `oreilly-Button` mit der Beschriftung *O'Reilly* und stellen Sie dafür folgenden Event-Handler bereit:

```
function oreillyButtonClick(e:MouseEvent) {
    var oreillyURL = new URLRequest("http://www.oreilly.de")
    navigateToURL(oreillyURL);
}
oreillyButton.addEventListener(MouseEvent.CLICK,
oreillyButtonClick);
```

Wenn Sie einen eigenen Server in Betrieb genommen haben, darauf den Film testen und den Button anklicken, wird die O'Reilly-Website in einem neuen Browserfenster geöffnet. Möchten Sie dagegen das aktuelle Fenster verwenden, müssen Sie als zweiten Parameter das Ziel `"_self"` angeben. Mehr über Zielangaben lesen Sie im nachfolgenden Unterabschnitt.

Mit Fenstern und Frames arbeiten

In diesem Unterabschnitt soll der zweite Parameter von `navigateToURL()`, das *Zielfenster*, näher beleuchtet werden. Es handelt sich um die Angabe des Browserfensters oder Frames, in das oder den die neue URL geladen werden soll. Falls es sich um einen Frame handelt, wird dessen selbst definierter Name angegeben. Daneben gibt es vier vordefinierte Namen, die jeder Browser versteht:

* `_self` – wie bereits erwähnt, der aktuelle Frame oder das aktuelle Fenster
* `_parent` – der übergeordnete Frame
* `_top` – das gesamte Browserfenster, egal wie tief der aktuelle Frame verschachtelt ist
* `_blank` – ein neues, leeres Browserfenster – der Standard

Die folgende Anweisung lädt die Datei *seite2.html* aus dem aktuellen Verzeichnis in den Frame *inhalt*:

```
var req:URLRequest = new URLRequest("seite2.html");
navigateToURL(req, "inhalt");
```

Mit dieser Anweisung wird die Website von Adobe in das gesamte Browserfenster geladen (hier einmal kompakt mit anonymer `URLRequest`-Instanz):

```
navigateToURL(new URLRequest("http://www.adobe.com/"), "_top");
```

Die folgende Anweisung öffnet schließlich ein neues Fenster und zeigt darin die Datei *start.html* aus dem übergeordneten Verzeichnis an:

```
navigateToURL(new URLRequest("../start.html"), "_blank");
```

Frames

Frames sind eine Möglichkeit, mehrere Webseiten in einer bestimmten Anordnung in ein und demselben Browserfenster anzuzeigen. Sie wurden von Netscape entwickelt und zuerst in den Netscape Navigator 2.0 eingebaut. Anfangs erfreuten sie sich unter Webdesignern großer Beliebtheit. Schließlich bieten sie unter anderem den Vorteil, dass nicht bei jedem Klick auf einen Link die gesamte Seite neu geladen werden muss. Gerade bei Internetverbindungen mit geringer Bandbreite ist das ein großer Vorteil, sodass um 1998 fast jede Site aus einem Frame mit einem feststehenden Navigationsbereich und einem weiteren mit wechselnden Inhalten bestand. Erst mit steigenden Geschwindigkeiten traten die Nachteile der Frames in den Vordergrund: Framebasierte Seiten lassen sich nicht ordentlich in der Favoritenliste eines Browsers speichern. Zudem ist es problematisch, wenn Suchmaschinen nur den Inhalt einzelner Frames finden. Aus diesen Gründen sollten neu konzipierte Sites in aller Regel auf den Einsatz von Frames verzichten.

Der HTML-Code zur Definition von Frames ist nicht weiter kompliziert: Eine erste HTML-Seite teilt das Fenster horizontal und/oder vertikal in mehrere Frames auf und lädt anschließend andere Dokumente hinein. Das Frame-Definitionsdokument enthält statt eines `<body>`-Tags ein `<frameset>`-Tag. Das folgende Beispiel unterteilt das Fenster in einen linken Bereich von 120 Pixeln Breite und einen beliebig breiten rechten Bereich:

```
<html>
  <head>
    <title>Frameset</title>
  </head>
  <frameset cols="120, *">
    <frame src="navi.html" />
    <frame src="start.html"
      name="inhalt" />
  </frameset>
</html>
```

Der Parameter name im zweiten (rechten) Frame besagt, dass Hyperlinks aus einem anderen Frame heraus (zum Beispiel aus dem linken) das Ziel `"inhalt"` angeben können, um ein neues Dokument in diesen Frame zu laden. Ein HTML-Hyperlink in der Datei *navi.html*, der die Seite *kontakt.html* in den Frame inhalt laden soll, sieht zum Beispiel so aus:

```
<a href="kontakt.html"
  target="inhalt">Kontakt</a>
```

Enthielte die Datei *navi.html* dagegen einen Flash-Film mit Schaltflächen zur Navigation, würde der Schaltfläche *Kontakt* das folgende Skript zugewiesen:

```
function kontaktHandler
(e:MouseEvent):void {
  navigateToURL(new
  URLRequest("kontakt.html"),
  "inhalt");
}
kontakt.addEventListener
(MouseEvent.CLICK,
kontaktHandler);
```

Spezielle URLs

Übrigens können Sie mit `navigateToURL()` nicht nur URLs angeben, die neue Dokumente laden. Es gibt einige spezielle URLs für Sonderaufgaben. Zwei von ihnen – E-Mail- und JavaScript-URLs – werden jetzt kurz vorgestellt.

Es ist überaus praktisch, wenn man auf einer Webseite einen Link anklicken kann, um jemandem eine E-Mail zu senden. Zahlreiche Sites enthalten auf jeder einzelnen Seite einen allgemeinen E-Mail-Link und sind zudem zusätzlich mit einer Kontaktseite ausgestattet, die die persönlichen E-Mail-Adressen bestimmter Ansprechpartner angibt. Wenn ein Benutzer im Browser auf einen E-Mail-Link klickt, öffnet sich normalerweise das bevorzugte E-Mail-Programm des Benutzers; die Empfängeradresse ist bereits eingetragen. Das funktioniert mit einer URL nach dem Schema *mailto:username@domain.de*. Das folgende Beispiel öffnet bei einem Klick auf eine Schaltflächen-Instanz namens `mailButton` ein Mailfenster mit einer neuen Nachricht an *info@mydomain.com*:

```
function mailButtonClick(e:MouseEvent) {
    navigateToURL(new URLRequest("mailto:info@mydomain.com"));
}
mailButton.addEventListener(MouseEvent.CLICK, mailButtonClick);
```

Optional besteht die Möglichkeit, auch den Betreff der E-Mail bereits festzulegen. Zu diesem Zweck müssen Sie ?subject=Betreffzeile an die URL anhängen. Die folgende Anweisung öffnet ein Mailfenster mit einer Mail an *info@mydomain.com* und dem Betreff »Bestellung«:

```
var mailURL:URLRequest =
      "mailto:info@mydomain.com?subject=Bestellung";
navigateToURL(mailURL);
```

Eine weitere nützliche Art von URLs stellt das Schema javascript: bereit. Es ermöglicht den Aufruf einer beliebigen JavaScript-Anweisung – sowohl einer vorgefertigten als auch einer Funktion, die im aktuellen HTML-Dokument definiert ist. Wenn Sie navigateToURL() mit einer solchen URL verwenden, können Ihre Flash-Filme mit JavaScript-Anwendungen kommunizieren. Das folgende Beispiel weist den Browser an, ein kleines Alarmfenster mit der Meldung *Hallo, hier Flash!* anzuzeigen:

```
var jsURL = "javascript:alert(\"Hallo, hier Flash!\");"
navigateToURL(jsURL, "_self");
```

Wie der Aufruf der Methode alert() zeigt, ist die JavaScript-Grundsyntax mit der von ActionScript identisch. Auch alle anderen Sprachgrundlagen – Variablen, Funktionen, Kontrollstrukturen und so weiter – funktionieren im Wesentlichen gleich, wobei die JavaScript-Versionen der meisten aktuellen Browser noch keine festen Variablentypen unterstützen.

Das nächste Beispiel ruft eine selbst definierte Funktion auf. Fügen Sie zunächst über dem Abschluss-Tag </head> des HTML-Dokuments, in das Sie den aufrufenden Flash-Film hineinladen, diese Zeilen ein:

```
<script language="JavaScript" type="text/javascript">
  function popupFenster() {
    // Werbe-Pop-up öffnen
    var win = open("werbung.html", "",
      "toolbars=0,menubar=0,location=0,directories=0,status=0,
      width=480,height=360");
    // Bildschirm messen
    var sx = screen.width;
    var sy = screen.height;
    // Pop-up in der Mitte platzieren
    win.moveTo((sx - 480) / 2, (sy - 360) / 2);
  }
</script>
```

Die JavaScript-Methode open(*URL, Zielname, Feature-Liste*) öffnet ein neues Browserfenster, in das die angegebene URL geladen wird; die Feature-Liste bestimmt die Ausstattung und die Größe des Fensters. Die Methode moveTo() verschiebt das

Fenster anschließend genau in die Bildschirmmitte. Fügen Sie nun folgende Anweisung in ein Bildskript des Flash-Films ein, um diese Funktion aufzurufen:

```
navigateToURL(new URLRequest("javascript:popupFenster();"), "_self");
```

Zum Testen müssen Sie gegebenenfalls den Pop-up-Blocker Ihres Browsers deaktivieren.

Medien dynamisch laden

In Kapitel 9 bis 11 haben Sie erfahren, wie Sie Mediendateien manuell in die Arbeitsumgebung von Flash importieren und sinnvoll einsetzen können. Alternativ können Sie *JPEG-Bilder*, *MP3-Sounddateien* und *Videos* auch dynamisch per ActionScript laden.

Bilder laden

Das Praktische an den Funktionen zum Laden von Bildern ist, dass Sie sie bereits kennen: Die Klasse Loader kann nicht nur SWF-Dateien, sondern eben auch Bilddateien laden.

Das folgende Beispiel lädt die Datei *foto.jpg* aus dem aktuellen Ordner und hängt sie an den Hauptfilm an:

```
var loader:Loader = new Loader();
loader.load(new URLRequest("foto.jpg"));
addChild(loader);
```

Nützlicher dürfte es in der Regel sein, JPEG-Bilder in Movieclip-Instanzen zu laden. Auf diese Weise lässt sich nämlich genau festlegen, wo sie auf der Bühne platziert werden sollen: mit ihrer linken oberen Ecke am Registrierpunkt der Instanz. Das folgende Beispiel lädt die Datei *bild1.png* aus dem untergeordneten Verzeichnis *bilder* in die Movieclip-Instanz bildbox:

```
var loader:Loader = new Loader();
loader.load(new URLRequest("bilder/bild1.png"));
bildbox.addChild(loader);
```

MP3-Dateien laden

Wenn Sie MP3-Sounds dynamisch laden möchten, müssen Sie eine Instanz der Klasse Sound verwenden. Sie wird wie folgt erstellt:

```
var klang:Sound = new Sound();
```

Anschließend können Sie die Methode load() des Objekts benutzen, um eine Sounddatei zu laden:

```
klang.load(URLRequest);
```

Mithilfe der Methode `play()` wird die Sound-Instanz anschließend abgespielt:

```
klang.play();
```

Das folgende Beispiel lädt die lokale Datei *knall.mp3* und spielt sie ab:

```
var klang:Sound = new Sound();
klang.load("knall.mp3");
klang.play();
```

Um die Eigenschaften eines Sounds vor dem Abspielen zu modifizieren, müssen Sie zunächst eine `SoundTransform`-Instanz mit den gewünschten Eigenschaften erstellen und `play()` anschließend mit den drei Parametern Startzeit, Anzahl der Wiederholungen und Transformation aufrufen. Der `SoundTransform`-Konstruktor benötigt zwei Argumente:

- Die *relative Lautstärke* des Sounds, eine Fließkommazahl von 0 (aus) bis 1 (volle Lautstärke).

- Die *Soundrichtung*, eine Fließkommazahl von –1 (linker Kanal auf voller Lautstärke) bis 1 (rechter Kanal voll aufgedreht). 0 steht für das ausgewogene Verhältnis beider Kanäle.

Der nachfolgende Code lädt die Datei *track2.mp3* aus dem untergeordneten Ordner *musik* und spielt sie einmal direkt zu Beginn an mit halber Lautstärke ab:

```
var klang:Sound = new Sound();
klang.load("musik/track2.mp3");
var trans:SoundTransform = new SoundTransform(0.5, 0);
klang.play(0, 1, trans);
```

Videodateien laden

Auch Videos können dynamisch geladen werden. Dies ist ein wenig aufwendiger als bei SWF-, Bild- oder Audiodateien, weil Videos für gewöhnlich gestreamt und nicht bereits vor dem Anzeigen vollständig geladen werden.

Bevor Sie eine Videodatei dynamisch laden können, müssen Sie sie mithilfe des Adobe Media Encoder (siehe Kapitel 11) in Flash-Videodateien (Dateiendung *.f4v* oder früher auch *.flv*) konvertieren.

Verwenden Sie den folgenden Code, um die Videodatei *film.f4v* (die sich im selben Verzeichnis befinden muss wie die SWF-Datei) zu laden und auf der Bühne anzuzeigen:

```
function asyncErrorHandler(event:AsyncErrorEvent):void
{
    // Fehlermeldung ausgeben oder Fehler ignorieren
}
```

```
// NetConnection-Objekt für die Netzwerkverbindung
var netConnect:NetConnection = new NetConnection();
netConnect.connect(null);
// NetStream-Objekt für das Streaming des Videos
var netStream:NetStream = new NetStream(netConnect);
// EventListener, der eventuelle Fehler abfängt
netStream.addEventListener(AsyncErrorEvent.ASYNC_ERROR,
asyncErrorHandler);
// Der play()-Aufruf startet Download und Abspielen
netStream.play("film.f4v");
// Video-Objekt, in dem der Stream abgespielt wird
var video:Video = new Video();
video.attachNetStream(netStream);
// Zur DisplayList des Hauptfilms hinzufügen
this.addChild(video);
```

Wie Sie sehen, arbeiten hier diverse Klassen zusammen, um den Videostream zu laden und anzuzeigen. Zuerst wird eine Instanz der Klasse NetConnect erzeugt, über die die Verbindung zum Stream-Download hergestellt wird. Solange die SWF-Datei und der Videostream vom selben Server geladen werden und es sich um einen gewöhnlichen Webserver handelt, sind im connect()-Aufruf keine besonderen Angaben erforderlich – daher null.

Für das eigentliche Streaming ist als Nächstes ein Objekt der Klasse NetStream erforderlich. Sein Konstruktor benötigt das NetConnect-Objekt für die Verbindung. Für eventuelle Netzwerkfehler wird ein EventListener registriert, der auf das Ereignis AsyncErrorEvent.ASYNC_ERROR reagiert. Sie können die entsprechende Funktion verwenden, um eine passende Fehlermeldung ausgeben zu lassen. Danach wird die Methode play() der NetStream-Instanz aufgerufen, um das Streaming und das Abspielen des Videos zu starten.

Zum Anzeigen des Streams wird ein Objekt der Klasse Video erzeugt. Dessen Methode attachNetStream() weist ihm den laufenden Stream zu. Angezeigt wird die Video-Instanz wie üblich mit addChild().

Auf Webcam und Mikrofon zugreifen

Weitere mögliche Quellen für Audio und Video sind Mikrofon und Kamera des lokalen Computers, auf dem der Flash-Film abgespielt wird. Die Daten können sowohl innerhalb des aktuellen Films dargestellt und verarbeitet als auch über das Netzwerk gesendet werden. In diesem Abschnitt erfahren Sie, wie Ersteres funktioniert. Die Netzwerkvariante ist dagegen viel aufwendiger und sprengt den Rahmen dessen, was an diesem Buch in puncto Servertechnologie besprochen werden kann.

Sobald ein Flash-Film auf Kamera oder Mikrofon zugreifen möchte, wird innerhalb des Films ein kleiner Dialog angezeigt, der den Benutzer um dessen Zustimmung bittet (Abbildung 17-2). Der Zugriff wird nur nach ausdrücklicher Bestätigung erlaubt.

▲ **Abbildung 17-2**
Dialog im Flash-Film, der den Benutzer um Zugriff auf Webcam oder Mikrofon bittet

Das Videobild der Webcam anzeigen und modifizieren ......

Das erste Beispiel zeigt, wie Sie auf die lokale Webcam zugreifen können. Um das Ganze etwas spannender zu gestalten, wird das Video-Ergebnis leicht gedreht und halbtransparent vor einem grünen Hintergrund angezeigt.

Erstellen Sie in einer neuen Arbeitsdatei zunächst ein Movieclip-Symbol namens colorclip, das Sie unter dem Klassennamen ColorClip für ActionScript exportieren. Der einzige Inhalt des Clips ist ein schwarzes Quadrat beliebiger Größe, dessen linke obere Ecke sich genau am Symbolmittelpunkt befinden muss – das ist nötig, um ihn an derselben Stelle wie das Video zu positionieren, das ebenfalls anhand seiner linken oberen Ecke ausgerichtet wird.

Geben Sie nun im Hauptfilm folgenden Code ein:

```
import flash.events.*;
import flash.media.Camera;
import flash.media.Video;
import flash.events.Event;

var video:Video;
var camera:Camera = Camera.getCamera();

if (camera != null) {
    camera.setQuality(0,100);
    video = new Video(camera.width * 2, camera.height * 2);
    video.attachCamera(camera);
    var videoX:int = stage.stageWidth / 2 - camera.width;
    var videoY:int = stage.stageHeight / 2 - camera.height;
    video.x = videoX;
    video.y = videoY;
    video.rotation = 10;
    video.alpha = 0.5;
    var colorClip:ColorClip = new ColorClip();
    this.addChild(colorClip);
    colorClip.transform.colorTransform = new ColorTransform(0, 1,
            0, 1, 0, 255, 0, 0);
    colorClip.x = videoX;
    colorClip.y = videoY;
    colorClip.width = camera.width * 2;
    colorClip.height = camera.height * 2;
    colorClip.rotation = 10;
    this.addChild(video);
} else {
    trace("Kamera nicht gefunden oder Zugriff verweigert.");
}
```

Wichtig ist hier zunächst die Definition des Camera-Objekts: Die Methode getCamera() sucht nach einer lokalen Webcam und bittet den User um Zugriff darauf. Ist keine Webcam vorhanden oder wurde der Zugriff verweigert, ist der Rückgabewert null, was im Code überprüft wird. Zur Anzeige des Kamerabilds kommt – wie im vorigen Beispiel – ein Video-Objekt zum Einsatz. Nur wird diesmal statt attachNetStream() die Methode attachCamera() aufgerufen, um das Kamerabild mit dem Video zu verknüpfen.

Wenn eine Kamera verfügbar ist, wird zunächst deren Methode setQuality() aufgerufen, um die Videoqualität einzustellen. Der erste Parameter gibt die Netzwerkbandbreite an, der Wert 0 besagt, dass die Kamera so viel Bandbreite wie nötig verwenden darf, um die gewünschte Qualität aufrechtzuerhalten. Der zweite Parameter gibt die eigentliche Bildqualität an, hier steht der Wert 100 für maximale Qualität.

Die Größe des Video-Objekts wird auf die doppelte Größe des Kamerabilds gesetzt. Anschließend werden die Variablen videoX und videoY definiert, die das Video und später auch den Einfärbe-Movieclip in der Bühnenmitte positionieren. Danach wird das Video um 10 Prozent rotiert, und sein Alphawert wird auf 50 % gesetzt.

▲ **Abbildung 17-3**
Der Webcam-Beispielfilm im Einsatz

Als Nächstes wird eine neue ColorClip-Instanz erstellt. Diese wird mithilfe der Eigenschaft colorTransform grün eingefärbt und auf dieselbe Position, Größe und Rotation gesetzt wie das Kameravideo. Wichtig ist, dass der Movieclip vor dem Video auf die Bühne gezeichnet wird, da er es ansonsten verdecken würde. In Abbildung 17-3 sehen Sie, wie das Beispiel im Einsatz aussieht.

Auf das Mikrofon zugreifen

Das Mikrofonbeispiel ist etwas aufwendiger als der Kameracode, weil es die jeweils aktuelle Stärke des Audiosignals für zwei verschiedene grafische Darstellungen verwendet.

Öffnen Sie die Datei *mikrofon_start.fla* aus dem Arbeitsverzeichnis für dieses Kapitel von der Buch-DVD. Auf der Bühne sehen Sie ein breites Gitternetz und weiter unten eine Skala mit einem kurzen roten Balken. Das Gitternetz soll ein fortlaufendes Kurvendiagramm des Soundlevels anzeigen, die Skala dagegen das jeweils aktuelle Level. Der rote Balken besitzt dazu den Instanznamen soundlevel.

Weisen Sie nun dem einzigen Schlüsselbild der Ebene action folgendes Skript zu:

```
import flash.events.Event;
import flash.display.MovieClip;

function micActivityHandler(e:ActivityEvent):void {
    if (e.activating) {
        soundlevel.visible = true;
    } else {
        soundlevel.visible = false;
    }
}

function enterFrameHandler(e:Event):void {
    soundlevel.width = mic.activityLevel * 4;
    yPos = 250 - mic.activityLevel * 2;
    xPos++;
```

```
        soundLevelGraph.graphics.lineTo(xPos, yPos);
        if (xPos > 550) {
            soundLevelGraph.x--;
        }
    }

    var soundLevelGraph:MovieClip = new MovieClip();
    soundLevelGraph.graphics.lineStyle(1, 0x000000);
    var yPos:int = 0;
    var xPos:int = 0;
    soundLevelGraph.graphics.moveTo(0, 250);
    this.addChild(soundLevelGraph);

    var mic:Microphone = Microphone.getMicrophone();
    mic.gain = 60;
    mic.rate = 22;
    mic.setUseEchoSuppression(true);
    mic.setLoopBack(true);
    mic.setSilenceLevel(5, 1000);

    mic.addEventListener(ActivityEvent.ACTIVITY, this.
    micActivityHandler);
    stage.addEventListener(Event.ENTER_FRAME, this.enterFrameHandler);
```

Der Zugriff auf das Mikrofon erfolgt über die Methode getMicrophone() der Klasse Microphone. Sobald das Mikrofon vorhanden ist, werden einige Einstellungen vorgenommen. Die Eigenschaft gain bestimmt das Volumen der Aufnahme. Die Werte bewegen sich zwischen 0 und 100; wenn Sie *Loopback* (Abspielen der Aufnahme auf den lokalen Lautsprechern) auswählen, führt ein zu hoher Wert nahe 100 zu unangenehmen Rückkopplungssounds. Die Eigenschaft rate bestimmt die Sampling- oder Abtastrate der Aufnahme in kHz; möglich sind die Werte 5, 8, 11, 22 und 44, sofern das jeweilige Mikrofon sie unterstützt – 44 kHz ist CD-Qualität.

Die Methode setUseEchoSuppression() sorgt mit dem Wert true dafür, dass ein Echoeffekt bei der Aufnahme vermindert wird, was ebenfalls im Zusammenhang mit dem Loopback wichtig ist. setLoopback(true) schaltet als Nächstes das besagte Loopback ein. setSilenceLevel() legt schließlich fest, unterhalb welcher Lautstärke (zwischen 0 und 100) das Mikrofon als stumm gelten soll und für wie lange (in Millisekunden) dieser Zustand anhalten muss, um es tatsächlich bis zum nächsten lauteren Sound zu deaktivieren.

Zum Schluss werden zwei EventListener registriert, die für das Auffrischen der grafischen Darstellung verwendet werden. Die Funktion micActivityHandler() schaltet dabei den roten Levelbalken unsichtbar, wenn der Sound gemäß silenceLevel als inaktiv gilt, und der enterFrameHandler() stellt regelmäßig die aktuellen Werte dar.

Die Breite des roten Balkens wird jeweils auf den mit 4 multiplizierten Wert von activityLevel (Eingangssignalstärke, Werte zwischen 0 und 100) gesetzt, da die Skala 400 Pixel breit ist.

In der fortlaufenden Grafik wird der x-Wert jeweils um 1 erhöht, und es wird eine Linie vom y-Wert des vorherigen zum aktuellen `activityLevel`-Wert gezeichnet. Da die y-Koordinaten auf dem Bildschirm nach unten hin größer werden, wird der Wert von der Ursprungskoordinate 250 abgezogen, um die Grafik korrekt auf den Kopf zu stellen, und der Wert wird mit 2 multipliziert, da das Raster 200 Pixel hoch ist. Schließlich wird der gesamte Zeichen-Movieclip jeweils um einen Pixel nach links verschoben, sobald der x-Wert über den rechten Bühnenrand hinausragen würde. In Abbildung 17-4 sehen Sie die Soundlevel-Grafiken in Aktion.

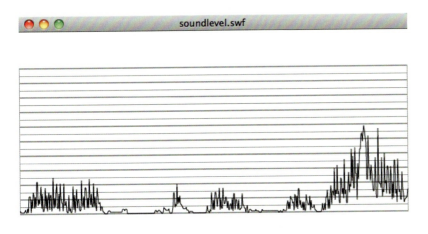

◀ **Abbildung 17-4**
Grafische Darstellung einer Audioaufnahme über das Mikrofon

Kapitel 18

Formulare erstellen

Ausführungsbestimmungen sind Erklärungen zu den Erklärungen, mit denen man eine Erklärung erklärt.

Abraham Lincoln

Webformulare im Überblick

Ein Flash-Formular zur Google-Suche

Textfelder und Komponenten in Flash

Ein Formular aus UI-Komponenten

Ein wichtiger Bestandteil interaktiver Webanwendungen sind Formulare, in denen ein User Werte eingeben oder auswählen kann, um mit einer Website zu kommunizieren. Flash und ActionScript stellen diverse Hilfsmittel dafür bereit. In diesem Kapitel erfahren Sie das Wichtigste über Aufbau und Versand von Formularen.

Webformulare im Überblick

Sobald Sie das World Wide Web nutzen, haben Sie ständig mit Webformularen zu tun. Sie dienen der Kontaktaufnahme oder der Bestellung von Waren und Dienstleistungen oder stellen die Webschnittstelle zu beliebigen Anwendungen zur Verfügung. Solche Formulare lassen sich nicht nur in HTML realisieren, sondern sind auch in Flash nicht schwer umzusetzen. Letztendlich sind Formulare nämlich nichts weiter als Hyperlinks, die zusätzlich die eingegebenen Daten an die angeforderte Adresse schicken. Unter dieser URL ist dann aber in aller Regel kein statisches Dokument zu finden, sondern ein serverseitiges Programm oder Skript, das die Daten in Empfang nimmt und auswertet.

Diese »Rückseite« der Formulare wird in Kapitel 19 vorgestellt; hier geht es erst mal um die Formulare selbst: Sie lernen zunächst einige Hintergründe zum Webprotokoll HTTP kennen, das die Formulardaten transportiert. Anschließend erhalten Sie einen kurzen Einblick in den Aufbau klassischer HTML-Formulare. Den Hauptteil dieses Kapitels bildet die Beschreibung von dynamischen Textfeldern und Komponenten, die sich übrigens nicht nur für den externen Formularversand eignen, sondern auch für Interaktivität innerhalb eines Flash-Films.

Die HTTP-Methoden GET und POST

GET und POST sind zwei verschiedene Arten von HTTP-Anfragen, die ein Client (beispielsweise ein Browser oder der Flash Player) an einen Webserver sendet. Beide Arten von Anfragen können Formulardaten transportieren, unterscheiden sich aber ein wenig voneinander.

Um den genauen Unterschied zu verstehen, sollten Sie sich zunächst einmal vor Augen führen, wie eine HTTP-Transaktion überhaupt funktioniert. Als Beispiel soll eine Browseranfrage für die O'Reilly-Seite zu diesem Buch (*http://www.oreilly.de/catalog/adocs5flashger/index.html*) dienen. Diese Adresse wird zunächst in den Browser eingegeben – meist ohne das vorangestellte Protokoll *http://*, da es Standard ist. Der Browser trennt die Bestandteile der URL voneinander: Anfrageschema *http*, angesprochener Rechner *www.oreilly.de* und Pfad */catalog/adocs5flashger/*. Als Nächstes ermittelt der Browser über das Domain Name System (DNS) die echte Adresse (IP-Adresse) hinter *www.oreilly.de* (zurzeit 213.168.78.214), baut eine Netzwerkverbindung zu dieser Adresse auf und sendet an sie die folgende HTTP-Anfrage:

```
GET /catalog/adocs5flashger/index.html
Host: www.oreilly.de
User-Agent: Mozilla/5.0 (Macintosh; U; Intel Mac OS X 10.6; de;
rv:1.9.2.6) Gecko/20100625 Firefox/3.6.6
Accept: text/html,application/xhtml+xml,application/
xml;q=0.9,*/*;q=0.8
Accept-Language: de-de,de;q=0.8,en-us;q=0.5,en;q=0.3
Accept-Encoding: gzip,deflate
Accept-Charset: ISO-8859-1,utf-8;q=0.7,*;q=0.7
Keep-Alive: 115
```

Relevant ist vor allem die erste Zeile der Anfrage: GET ist die bereits erwähnte Anfragemethode. Sie dient im Unterschied zu anderen Methoden der einfachen Anforderung einer Ressource, die der Client anzeigen oder herunterladen möchte. Die zweite Komponente ist der Pfad der Ressource, und zum Schluss folgt die Angabe der HTTP-Protokollversion (1.1 ist aktuell). Die restlichen Zeilen sind zusätzliche *Header*. Sie sind zwar an dieser Stelle nicht weiter wichtig, aber für die Interessierten unter Ihnen hier kurz ihre Bedeutung:

Host: www.oreilly.de: Bei einer HTTP/1.1-Anfrage ist der Host-Header eine Pflichtangabe: Da unter einer IP-Adresse mehrere *virtuelle Hosts* betrieben werden, muss der Server wissen, welche Website eigentlich angesprochen wurde.

User-Agent: Mozilla/5.0 …: Das ist die Selbstidentifikation des Browsers; in diesem Fall ist es der Mozilla Firefox 3.6.6 unter Mac OS X.

Accept: text/html,application/xhtml+xml,application/xml;q=0.9,*/*;q=0.8: Zeigt an, welche Arten von Dateien der Browser anzunehmen bereit ist. Dieser hier bevorzugt HTML und XHTML, gefolgt von XML und beliebigen Dateitypen (*/*). Die durch Semikolon von den jeweiligen Typen getrennten q=0.x-Angaben sind der sogenannte Qualitätsfaktor – je kleiner er ist, desto weniger »gern« akzeptiert der Browser die angegebene Variante. Keine Angabe steht für den höchsten Qualitätsfaktor 1.

Accept-Language: de-de,de;q=0.8,en-us;q=0.5,en;q=0.3: Der Browser bevorzugt Dokumente in deutscher und englischer Sprache, in dieser Reihenfolge. Manche Server bieten Dateien in mehreren Sprachversionen an und reagieren auf diese Präferenzen; in vielen Browsern können Sie deshalb Ihre bevorzugten Sprachen einstellen.

Accept-Encoding: gzip, deflate: Der Browser ist in der Lage, Ressourcen zu entpacken, die der Server in den Formaten GNU Zip oder Deflate (ZIP) komprimiert hat. Manche Server nutzen dies, um Netzwerkbandbreite zu sparen und so die Performance zu steigern.

Accept-Charset: ISO-8859-1,utf-8;q=0.7,*;q=0.7: Auch seine bevorzugten Zeichensätze teilt der Browser dem Server mit – in diesem Fall am liebsten ISO-8859-1, gefolgt von UTF-8 oder beliebigen Zeichensätzen.

Keep-Alive: 115: Der Browser bittet den Server, die Verbindung für weitere Anfragen offen zu halten. Da die meisten HTML-Dokumente zahlreiche eingebettete Bilder, SWF-Dateien und Ähnliches enthalten, die der Browser zusätzlich anfordern muss, beschleunigt das den Downloadprozess.

Wenn der Server unter dem angeforderten Pfadnamen eine Datei findet, sendet er eine HTTP-Antwort an den Client zurück, die wiederum einige Header, anschließend eine Leerzeile und zum Schluss das gewünschte Dokument enthält. Diese Antwort (mit gestutztem HTML-Code des Dokuments) sieht etwa so aus:

```
HTTP/1.1 200 OK
Date: Thu, 29 Jul 2010 22:25:21 GMT
Server: Apache/2.2.0 (Linux/SUSE)
Last-Modified: Wed, 28 Jul 2010 10:27:54 GMT
ETag: "6aa26-44f6-48c70120e5e80"
Accept-Ranges: bytes
Content-Length: 17654
Content-Type: text/html

<!DOCTYPE html PUBLIC "-//W3C//DTD XHTML 1.0 Transitional//EN"
    "http://www.w3.org/TR/xhtml1/DTD/xhtml1-transitional.dtd">
<html xmlns="http://www.w3.org/1999/xhtml" lang="en-US"
xml:lang="en-US">

<head>

<!-- product id: adocs5flashger -->

<title>Flash CS5</title>
[...]
```

Die erste Zeile gibt zunächst wieder die HTTP-Protokollversion an. Darauf folgt ein Statuscode, in diesem Fall 200 OK für eine gefundene und korrekt gelieferte Ressource. Ein anderer bekannter Statuscode ist 404 Not Found; Sie bekommen ihn oft bei falsch geschriebenen URLs oder fehlerhaften Links zu Gesicht.

Auch über die Serverantwort-Header erhalten Sie hier einen kurzen Überblick:

Date: Thu, 29 Jul 2010 22:25:21 GMT: Datum und Uhrzeit, als die Serverantwort abgeschickt wurde.

Server: Apache/2.2.0 (Linux/SUSE): Die Selbstidentifikation der Serversoftware; hier handelt es sich um Apache 2.2.0 unter openSUSE Linux.

Last-Modified: Wed, 28 Jul 2010 10:27:54 GMT: Datum und Uhrzeit der letzten Änderung; wichtig für das Caching (die Zwischenspeicherung) des Dokuments in Browsern und Proxyservern.

Etag: "6aa26-44f6-48c70120e5e80": Eine Art Identitätsstempel des Dokuments, ebenfalls für Caching-Zwecke.

Accept-Ranges: bytes: Der Server gibt bekannt, dass er Dateien nicht nur am Stück, sondern auch byteweise liefern kann. Das nutzt beispielsweise der Acrobat Reader für lange PDF-Dokumente.

Content-Length: 17654: Länge der gelieferten Datei in Byte.

Content-Type: text/html: Datentyp des gelieferten Dokuments; hier handelt es sich um ein HTML-Dokument.

Selbstverständlich läuft diese Kommunikation normalerweise vollständig im Hintergrund ab. Es ist aber eine unschlagbare Stärke der meisten Internetkommunikationsprotokolle, dass sie wie HTTP für Menschen lesbaren Klartext verwenden, denn dadurch können Programmierer und Administratoren Schwierigkeiten leicht erkennen.

Wenn die GET-Anfrage Formulardaten transportieren soll, wird an die eigentliche URL ein sogenannter *Query-String* angehängt: Hinter einem Fragezeichen stehen mehrere durch &-Zeichen oder Semikola (;) getrennte Name=Wert-Paare. Leerzeichen in den Werten werden dabei durch + ersetzt; zahlreiche weitere Sonderzeichen werden durch ein Prozentzeichen und ihren hexadezimalen Zeichencode dargestellt (etwa %FC für ü oder %21 für !).

Angenommen, ein Benutzer gibt in ein Feld mit der Bezeichnung name den Namen *Günther Schmitz* und unter alter den Wert *42* ein. Das Ganze wird mithilfe einer GET-Anfrage an */bestell/send.php* verschickt. Die erste Zeile dieser Anfrage sieht so aus:

```
GET /bestell/send.php?name=G%FCnther+Schmitz;alter=42 HTTP/1.1
```

Werden Formulardaten dagegen über eine POST-Anfrage versendet, werden sie nicht an die URL angehängt, sondern im *Body* der Anfrage transportiert. Das ist der Bereich, der durch eine Leerzeile von der Anfrage und ihren Headern getrennt wird. Der Versand der obigen Daten mit POST sieht etwa so aus:

```
POST /bestell/send.php
User-Agent:  Mozilla/5.0 (Macintosh; U; Intel Mac OS X 10.5; de;
rv:1.9.0.10) Gecko/2009042315 Firefox/3.0.10
Host: www.e-commerce.net
Content-length: 31
Content-type: application/x-www-form-urlencoded
name=G%FCnther+Schmitz;alter=42
```

Genau wie eine HTTP-Antwort enthält diese Anfrage nun auch die oben beschriebenen Header Content-length und Content-type. Der Standardtyp application/x-www-form-urlencoded entspricht dabei – wie Sie an den Daten selbst erkennen können – der URL-Codierung beim GET-Versand. Einer der Vorteile von POST ist allerdings, dass Sie auch andere Datentypen wählen können; wenn Formulare ein Feld für den Upload lokaler Dateien enthalten, wird zum Beispiel multipart/form-data benutzt.

POST besitzt noch weitere Vorteile: Zum einen können die Formulardaten beliebig umfangreich sein. Wenn Sie in Ihren Formularen mehrzeilige Textfelder für längere Kommentare einsetzen möchten, ist GET nicht brauchbar, weil für URLs eine Höchstlänge von 2.000 Zeichen gilt. Abgesehen davon garantiert POST, dass die Anfrage auf jeden Fall vom Server verarbeitet wird. GET-Anfragen können dagegen (bei identischen Daten und damit gleicher URL) auf Proxyservern oder im Browsercache zwischengespeichert werden, sodass Sie möglicherweise das erwartete

Ergebnis erhalten, ohne dass der Server die Daten erneut empfangen hat. Bei Transaktionen wie etwa einer Onlinebestellung wäre das ein Problem.

Wozu ist GET aber gut, wenn POST so viele Vorteile bietet? Der besondere Vorteil von GET besteht eben darin, dass der Query-String ein Teil der URL ist. Angenommen, Sie suchen bei Google nach "flash cs5". Nachdem Sie auf *Suche* geklickt haben, sehen Sie im Browser eine Adresse, die im Wesentlichen Folgendes enthält (neben einigen hier unwichtigen Angaben über Browser und Sprache): *http://www.google.de/search?q=%22flash+cs5%22*. Diese URL kann nun zum Beispiel in die Lesezeichen-/Favoritensammlung Ihres Browsers aufgenommen werden. Auf diese Weise haben Sie auf Knopfdruck stets das aktuelle Suchergebnis zur Hand.

HTML-Formulare

HTML-Formulare bilden seit den Anfangstagen des Web die Benutzeroberfläche von Webanwendungen. Suchmaschinen, E-Commerce-Anbieter, Foren-Communitys oder Webmail-Dienste können ohne Formulare nicht funktionieren. Obwohl es in diesem Buch nicht um HTML geht, erhalten Sie hier eine kurze Übersicht über HTML-Formulare, weil sie für das Verständnis von Flash-Formularen hilfreich sind.

Grundsätzlich stehen HTML-Formulare zwischen den Tags `<form>` und `</form>`. Das `<form>`-Tag besitzt eine Reihe wichtiger Attribute:

- `action="URL"`: Gibt an, an welche URL die Formulardaten versandt werden sollen. In aller Regel handelt es sich um ein serverseitiges Skript, das die Formulardaten entgegennimmt, weiterverarbeitet und anschließend eine Antwortseite generiert, die der Browser als Nächstes anzeigt. Solche Skripten lernen Sie in Kapitel 19 am Beispiel PHP kennen.

- `method="post"|"get"`: Mithilfe des Attributs method wird eine der beiden weiter oben ausführlich beschriebenen Versandmethoden ausgewählt.

- `enctype="MIME-Type"`: Bei Verwendung der Methode POST können Sie hier den Datentyp angeben. Standard ist `application/x-www-form-urlencoded` (URL-Codierung); wenn Sie file-Felder zum Dateiupload verwenden möchten, müssen Sie dagegen `multipart/form-data` angeben.

Zwischen `<form>` und `</form>` können Sie verschiedene Formularbedienelemente wie Textfelder oder Schaltflächen einfügen; daneben sind aber auch »normale« HTML-Elemente zulässig, beispielsweise Tabellen zur Formatierung oder normaler Text für die Beschriftung.

Die meisten Eingabeelemente werden durch das Tag `<input>` bereitgestellt, in dem das Attribut type bestimmt, um welche Sorte von Eingabeelement es sich handelt. Damit dieser Abschnitt nicht ausufert, lernen Sie hier lediglich fünf Arten von `<input>`-Objekten kennen. Beachten Sie aber, dass es noch weitere

Formularelemente gibt, sowohl andere `<input>`-Typen als auch Elemente, die mithilfe anderer Tags erzeugt werden.

Der wichtigste Bestandteil eines Formulars ist der Abschicken-Button. Wenn er angeklickt wird, werden die Formulardaten an die im `<form>`-Tag angegebene `action`-URL versandt. Das zugehörige `<input>`-Tag sieht folgendermaßen aus:

```
<input type="submit" value="Beschriftung" />
```

Das folgende Beispiel trägt die Beschriftung *Abschicken*:

```
<input type="submit" value="Abschicken" />
```

Viele Formulare enthalten neben dem Abschicken-Button auch noch eine Schalt-fläche zum Zurücksetzen der Eingaben. Diese wird folgendermaßen erzeugt:

```
<input type="reset" value="Beschriftung" />
```

Hier ein Beispiel mit der Beschriftung *Zurücksetzen*:

```
<input type="reset" value="Zur&uuml;cksetzen" />
```

Am häufigsten werden sicherlich einfache Texteingabefelder benutzt. Ihre Syntax sieht so aus:

```
<input type="text" name="Feldname" />
```

Der *Feldname* sollte im gesamten Formular einmalig sein. Beim Absenden des Formulars wird der Inhalt des Textfelds als *Feldname=Eingabetext* versandt. Neben `name` gibt es für Textfelder noch einige interessante Zusatzattribute: Mit `value="Vorgabetext"` können Sie einen Text angeben, der bereits beim Laden der Seite im Feld stehen soll. `size="n"` bestimmt, dass das Feld *n* Zeichen breit sein soll, während `maxlength="n"` festlegt, dass maximal *n* Zeichen eingegeben werden können. Das folgende Beispiel enthält den Vorgabetext *toll*, hat eine Breite von 30 Zeichen und definiert eine maximale Eingabemenge von 20 Zeichen:

```
Wie finden Sie diese Seite?
<input type="text" name="meinung" value="toll" size="30"
maxlength="20" />
```

Wenn Sie statt `type="text"` das Attribut `type="password"` angeben, erhalten Sie übrigens ein Kennwortfeld. Es besitzt die gleichen Attribute und Möglichkeiten wie ein gewöhnliches Textfeld, aber statt der eigentlichen Zeichen werden *** angezeigt, zum Beispiel so:

```
Ihr Passwort bitte:
<input type="password" name="pass" size="20" maxlength="8" />
```

Schließlich sind zwei verschiedene Sorten von Ankreuzfeldern interessant: Bei *Optionsfeldern* kann aus einer Gruppe jeweils nur eines ausgewählt werden; die englische Bezeichnung *Radio Button* bezieht sich auf das entsprechende Verhalten bei den Wellenbereichstasten alter Radios. *Auswahlfelder* (engl. *checkboxes*) ermöglichen dagegen die Auswahl mehrerer Optionen.

Bei diesen Elementen wird das Attribut name für die gesamte Gruppe mit demselben Namen belegt, während value den Wert angibt, der versandt wird, wenn der betreffende Button aktiviert ist. Optionsfelder besitzen also folgendes Syntaxschema:

```
<input type="radio" name="gruppenname" value="auswahl1" />
<input type="radio" name="gruppenname" value="auswahl2" />
```

Das folgende Beispiel ermöglicht die Auswahl einer Zahlungsart in einem Bestellformular:

```
Wie m&ouml;chten Sie zahlen?
<input type="radio" name="payment" value="uebw" /> &Uuml;berweisung
<input type="radio" name="payment" value="schk" />
Verrechnungsscheck
<input type="radio" name="payment" value="last" />
Lastschrifteinzug
<input type="radio" name="payment" value="kred" /> Kreditkarte
```

Wenn beispielsweise das Feld neben *Überweisung* angekreuzt wird, versendet der Browser mit den Formulardaten den Wert payment=uebw.

Die Syntax einer Checkbox-Gruppe sieht so aus:

```
<input type="checkbox" name="gruppenname" value="feature1" />
<input type="checkbox" name="gruppenname" value="feature2" />
```

Im folgenden Beispiel kann ein Benutzer wählen, für welche Angebote er sich interessiert – hier ist der Anbieter natürlich auch an Mehrfachauswahlen interessiert:

```
Wof&uuml;r interessieren Sie sich besonders?
<input type="checkbox" name="int" value="zch" /> Zeichnen mit Flash
<input type="checkbox" name="int" value="ani" /> Animation
<input type="checkbox" name="int" value="act" /> ActionScript-
Programmierung
<input type="checkbox" name="int" value="srv" /> Serveranbindung
```

Wenn jemand *Animation* und *ActionScript* auswählt, wird Folgendes übermittelt:

```
int=ani&int=act
```

In Beispiel 18-1 sehen Sie den HTML-Code eines Dokuments, das ein Pizza-Bestellformular mit vielen der hier vorgestellten Elemente enthält. Damit Sie auch das Versenden ausprobieren können, ohne ein Serverskript zu benutzen, ist die Action-URL # – dieser Wert steht für die aktuelle Seite selbst – und die Methode GET. Wenn Sie das Formular abschicken, sehen Sie die eingegebenen Werte als URL-Anhang im Adressfeld Ihres Browsers.

Tipp

Wenn das Formular auf dem Server von einem PHP-Skript interpretiert wird (siehe Kapitel 19), ist es empfehlenswert, hinter den Gruppennamen leere eckige Klammern zu setzen, also gruppenname[] zu schreiben. Dies bewirkt nämlich, dass PHP alle ausgewählten Werte als Array bereitstellt.

```
<!DOCTYPE html PUBLIC "-//W3C//DTD XHTML 1.0 Transitional//EN"
    "http://www.w3.org/TR/xhtml1/DTD/xhtml1-transitional.dtd">
<html xmlns="http://www.w3.org/1999/xhtml">
  <head>
    <title>Onlinepizza</title>
    <link rel="stylesheet" type="text/css" href="style.css" />
  </head>
  <body>
    <h1>Onlinepizza</h1>
    <h2>Ihre Bestellung, bitte</h2>
    <p>Bitte w&auml;hlen Sie Ihre Zusammenstellung und geben Sie
      Ihre Kontaktdaten f&uuml;r Ihre Bestellung ein.</p>
    <form name="orderform" action="#" method="get">
      <table>
        <tr>
          <th>Gr&ouml;&szlig;e</th>
          <td>
            <input type="radio" name="sizeChooser" value="s"
onclick="calc();" /> S (Grundpreis 3 &euro;)<br />
            <input type="radio" name="sizeChooser" value="m"
onclick="calc();" /> M (Grundpreis 4 &euro;)<br />
            <input type="radio" name="sizeChooser" value="l"
onclick="calc();" /> L (Grundpreis 6 &euro;)<br />
            <input type="radio" name="sizeChooser" value="xl"
onclick="calc();" /> XL (Grundpreis 8 &euro;)
          </td>
        </tr>
        <tr>
          <th>
            Belag
            <div class="explain">(je 0,50 &euro; bei Gr&ouml;&szlig;e S,
je 1 &euro; bei M-L, je 1,50 &euro; bei XL)</div>
          </th>
          <td>
            <input type="checkbox" name="cover" value="funghi"
onclick="calc();" /> Champignons<br />
            <input type="checkbox" name="cover" value="salami"
onclick="calc();" /> Salami<br />
            <input type="checkbox" name="cover" value="spinaci"
onclick="calc();" /> Spinat<br />
            <input type="checkbox" name="cover" value="pepper"
onclick="calc();" /> Peperoni<br />
            <input type="checkbox" name="cover" value="tuna"
onclick="calc();" /> Thunfisch
          </td>
        </tr>
        <tr>
          <th>
            Preis
            <div class="explain">(wird berechnet)</div>
          </td>
          <td>
            <input type="text" name="price" disabled="disabled" />
          </td>
        </tr>
```

```
      <tr>
        <th>Name</th>
        <td>
          <input type="text" name="name" maxlength="60" />
        </td>
      </tr>
      <tr>
        <th>Stra&szlig;e/Hausnr.</th>
        <td>
          <input type="text" name="street" maxlength="60" />
        </td>
      </tr>
      <tr>
        <th>PLZ/Ort</th>
        <td>
          <input type="text" name="city" maxlength="60" />
        </td>
      </tr>
      <tr>
        <th>E-Mail</th>
        <td>
          <input type="text" name="email" maxlength="50" />
        </td>
      </tr>
      <tr>
        <th>Bemerkungen</th>
        <td>
          <textarea name="remark" cols="40" rows="7"></textarea>
        </td>
      </tr>
      <tr>
        <th>Ihre Bestellung</th>
        <td>
          <input type="submit" value="Abschicken" />
          <input type="reset" value="Zur&uuml;cksetzen" />
        </td>
      </tr>
    </table>
  </form>
  <script type="text/javascript" src="calc.js"></script>
  </body>
</html>
```

Um das Formular ansehnlicher zu präsentieren, sind die Beschriftungen und Formularfelder in eine HTML-Tabelle eingebettet. Tabellen werden von den Tags `<table>` und `</table>` umschlossen. Darin umfassen `<tr>` und `</tr>` jeweils eine Zeile. Innerhalb der Zeilen befinden sich die einzelnen Zellen, wobei `<td>...</td>` für eine normale Inhaltszelle und `<th>...</th>` für eine Überschriftenzelle verwendet wird.

Der HTML-Code bildet nur die Struktur ab; für das Layout ist CSS (Cascading Style Sheets) zuständig. Die durch ein `<link>`-Tag referenzierte Datei *style.css* muss sich im selben Verzeichnis befinden wie das HTML-Dokument und hat folgenden Inhalt:

```
body {
  background-color: #FFFFCC;
  font-family: Verdana, Arial, Helveticy, sans-serif;
  font-size: 12px;
}
table {
  border: none;
}
th {
  text-align: left;
  vertical-align: top;
  font-weight: bold;
  padding: 4px;
}
td {
  vertical-align: top;
  padding: 4px;
}
input[type=text] {
  width: 300px;
}
textarea {
  width: 300px;
}
.explain {
  font-size: 0.7em;
  color: #999999;
}
```

Wie Sie sehen, wird jeweils der Name eines HTML-Tags ohne spitze Klammern als sogenannter Selektor verwendet; dieser beschreibt, welche HTML-Elemente durch die
Stilangaben formatiert werden sollen. Innerhalb der geschweiften Klammern stehen
die einzelnen Formatangaben in der Schreibweise Name: Wert; sie werden durch
Semikola voneinander getrennt. Das Semikolon hinter der jeweils letzten Formatan-
gabe ist optional, aber praktisch, falls Sie später weitere Formatierungen hinzufügen.

Es werden zwei spezielle Selektoren verwendet: input[type=text] bezieht
sich nicht auf alle input-Tags, sondern nur auf diejenigen mit dem Attribut
type="text", das heißt auf Texteingabefelder, .explain bezieht sich auf beliebige
Tags mit dem Attribut class="explain"; verwendet wird es konkret für absatzbil-
dende <div>-Tags, um grauen und leicht kleineren Text für Erläuterungen unter
einigen Feldbeschriftungen darzustellen.

Die meisten konkreten Formatangaben dürften selbsterklärend sein. Bei th (Über-
schriftenzellen) wird der Text mit text-align: left linksbündig gesetzt, da er in
diesen standardmäßig zentriert würde. In allen Arten von Tabellenzellen steht
zudem vertical-align: top, um den Text am oberen Rand auszurichten – bei
unterschiedlich hohen Zellen innerhalb einer Zeile wird der Inhalt ansonsten
mittig ausgerichtet.

Für Schriftgrößen (font-size) kommt zunächst die Grundangabe 12px (12 Pixel)
zum Einsatz; die Überschriften werden automatisch größer dargestellt. Die Grö-

ßenangabe für die Klasse explain lautet 0.7em – "em" steht für die Höhe (und Breite) des großen M. Da die Grundschriftgröße 1em beträgt, ist die Größe der Erläuterungen 70% der Standardgröße.

Am Ende der HTML-Datei wird mit folgender Zeile eine JavaScript-Datei eingebunden:

```
<script type="text/javascript" src="calc.js"></script>
```

Diese Datei heißt *calc.js* und muss ebenfalls im selben Verzeichnis abgespeichert werden. Vielleicht haben Sie bei den Radio-Buttons und Checkboxen das Attribut onclick="calc();" bemerkt. Es wird verwendet, um beim Anklicken jedes dieser Elemente die JavaScript-Funktion calc() aufzurufen. Diese ist in der JavaScript-Datei definiert:

```
function calc() {
  var total = 0;
  var coverPrice = 0;
  if (document.orderform.sizeChooser[0].checked == true) {
    total = 3;
    coverPrice = 0.5;
  } else if (document.orderform.sizeChooser[1].checked == true) {
    total = 4;
    coverPrice = 1;
  } else if (document.orderform.sizeChooser[2].checked == true) {
    total = 6;
    coverPrice = 1;
  } else if (document.orderform.sizeChooser[3].checked == true) {
    total = 8;
    coverPrice = 1.5;
  }
  for (i = 0; i < 5; i++) {
    if (document.orderform.cover[i].checked == true) {
      total += coverPrice;
    }
  }
  var euro = Math.floor(total);
  var cent = total * 100 - euro * 100;
  var output = euro + "," + cent;
  if (cent == 0) {
    output += "0";
  }
  output += " EUR";
  document.orderform.price.value = output;
}
```

Wenn Sie der ActionScript-Einführung in diesem Buch bis hier gefolgt sind, müssten Sie das meiste problemlos verstehen. Wichtig ist, dass Variablen in JavaScript keinen festen Datentyp besitzen können. Um einfach auf das Formular zugreifen zu können, wurde ihm im HTML-Code der Name orderform zugewiesen. Die Radio- und Checkbox-Gruppen werden mit dem Gruppennamen und einem Array-

Index angesprochen, und ihre Eigenschaft checked ist true, wenn sie ausgewählt sind. Auf diese Weise wird der Preis anhand der ausgewählten Größe und der Anzahl der angekreuzten Zutaten berechnet.

Für die Ausgabe wird der Preis in Euro und Cent zerlegt, die durch ein Komma (statt des internen Punkts) getrennt ausgegeben werden. Ist der Cent-Betrag genau 0, wird eine zusätzliche 0 angehängt (damit es beispielsweise 3,00 statt 3,0 heißt). Zum Schluss wird "EUR" angehängt. Der fertige String wird der Eigenschaft value – das heißt dem Inhalt – des Texteingabefelds price zugewiesen. Dieses Feld enthält das Attribut disabled="disabled". Der User kann also keinen Text eingeben, das Feld ist nur lesbar.

Speichern Sie das HTML-Dokument als *pizza.html*, die CSS-Datei als *style.css* und das JavaScript als *calc.js*, und zwar alle im selben Verzeichnis. Öffnen Sie *pizza.html* anschließend in Ihrem Browser. Das Ergebnis sollte so aussehen, wie in Abbildung 18-1 gezeigt.

◀ **Abbildung 18-1**
Das HTML-Formular im Browser (hier Firefox)

Wenn das Formular so ausgefüllt wird wie in der Abbildung, sieht die Adresszeile nach dem Klick auf die Schaltfläche *Abschicken* so aus:

```
.../pizza.html?sizeChooser=l&cover=funghi&cover=spinacci&name=Peter
+Schmitz&street=Alter+Weg+1&city=50555+K%F6ln&email=schmitz%40koeln.
com&remark=Pizza+bitte+schneiden%21
```

Der Pfad zum Dokument am Anfang der URL sieht je nach Speicherort und Browser unterschiedlich aus, deshalb wurde er hier weggelassen und durch ... ersetzt.

Die Arbeitsweise von Flash-Formularen

Flash-Formulare können genau so wie die soeben vorgestellten HTML-Formulare funktionieren: Die Klasse URLRequest, die in anderem Zusammenhang bereits in Kapitel 17 vorgestellt wurde, dient nicht nur der »normalen« Webverlinkung, sondern ist auch zum Formularversand in der Lage. Zu diesem Zweck besitzt sie zusätzliche Eigenschaften wie method (HTTP-Versandmethode) oder data (die zu sendenden Daten).

Bevor es im nächsten Abschnitt ins Detail geht, sollten Sie das folgende kurze Beispiel durcharbeiten: Die Eingabe in ein Textfeld wird auf Knopfdruck als Suchbegriff an Google weitergereicht. Sehen Sie sich zu diesem Zweck einmal an, wie die URL einer ausgeführten Google-Suche aussieht. Beispielsweise besitzt die Suche nach *Flash* eine URL wie diese (kann sich je nach Browser unterscheiden):

```
http://www.google.de/search?q=flash&ie=UTF-8&hl=de&meta=
```

Das Haupt-Suchskript search erwartet also offensichtlich einen Query-String mit dem Feld q=Suchbegriff (durch Tests mit direkter Eingabe lässt sich herausfinden, dass die restlichen Felder nicht notwendig sind). In Flash lässt sich diese Anforderung durch ein Texteingabefeld realisieren, dem der Variablenname q zugeordnet wird. Anschließend wird eine Schaltfläche erstellt, die die Beschriftung *Google-Suche* erhält und der ein Skript mit dem passenden URLRequest-Aufruf zugewiesen wird. Gehen Sie im Einzelnen wie folgt vor:

Workshop

Ein Flash-Formular zur Google-Suche

1 **Voreinstellungen für das Eingabefeld**

Wählen Sie das Textwerkzeug aus der Werkzeugpalette. Stellen Sie oben in der Eigenschaftenleiste den Texttyp *Klassischer Text*, Untertyp *Eingabetext* ein. Wählen Sie eine beliebige Schriftart aus. Klicken Sie dann im Abschnitt *Zeichen* der Eigenschaftenleiste den Button *Einbetten* an. Wählen Sie *Großbuchstaben*, *Kleinbuchstaben*, *Ziffern*, *Satzzeichen* und *Lateinisch einfach* aus und klicken Sie auf *OK*.

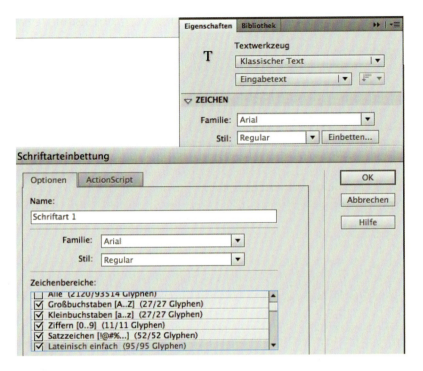

◀ Abbildung 18-2

2   Ein Texteingabefeld erstellen

Ziehen Sie nun auf der Bühne ein Textfeld auf. Weisen Sie dem Feld in der Eigenschaftenleiste den Instanznamen queryField zu.

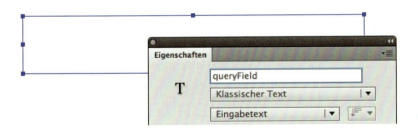

◀ Abbildung 18-3

3   Eine Schaltfläche hinzufügen

Erstellen Sie ein Schaltflächensymbol mit der Beschriftung *Google-Suche*. Ziehen Sie eine Instanz davon auf die Bühne und weisen Sie ihr den Instanznamen searchButton zu.

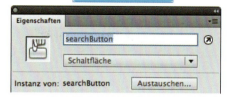

▲ Abbildung 18-4

4 ActionScript hinzufügen

Erzeugen Sie im selben Frame auf einer neuen Ebene folgendes Skript:

```
function searchButtonClick(e:MouseEvent) {
    // Anfragetext auslesen; Sonderzeichen per escape() maskieren
    var query:String = escape(queryField.text);
    // URLRequest erzeugen
    var req:URLRequest =
            new URLRequest("http://www.google.de/search");
    // HTTP-Methode GET
    req.method = "GET";
    // Daten: q=<Eingabetext>
    req.data = "q=" + query;
    // Zur entsprechenden Seite navigieren
    navigateToURL(req);
}
searchButton.addEventListener(MouseEvent.CLICK,
                                searchButtonClick);
```

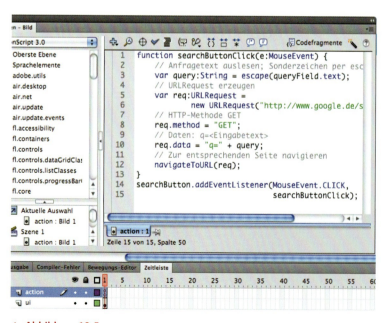

▲ Abbildung 18-5

Erstellen Sie mithilfe der Funktion *Veröffentlichen* (oder auf Wunsch manuell) ein HTML-Dokument mit der eingebetteten SWF-Version dieses Films. Öffnen Sie die HTML-Datei im Browser, geben Sie einen Suchbegriff in das Textfeld ein und klicken Sie auf die Schaltfläche. Im Browser erscheint nun das Ergebnis der Google-Suche nach dem eingegebenen Begriff.

Hinweis

Je nach verwendetem Browser und den aktuellen Einstellungen wird nach dem Klick auf den Button *Google-Suche* ein Warndialog wie der in Abbildung 18-7 eingeblendet. Standardmäßig wird der Zugriff von einem lokal laufenden Film auf das Internet (oder von einer Domain auf eine andere) nämlich nicht gestattet. Klicken Sie auf *Einstellungen*, um das zu ändern – der Einstellungsmanager öffnet sich in einem neuen Browser-fenster oder Tab unter einer Adresse mit dem alten Domainnamen *macromedia.com*.

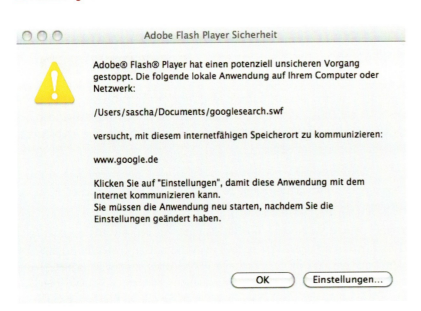

▲ **Abbildung 18-6**

▲ **Abbildung 18-7**

Technisch gesehen, handelt es sich im obigen Workshop um das Äquivalent eines HTML-Formulars mit der Versandmethode GET. Beim Klick auf die Schaltfläche konstruiert der Flash Player aus dem Feldnamen (q) und dem Inhalt der Benutzereingabe einen Query-String, hängt ihn an die URL der navigateToURL()-Funktion an und schickt die Anfrage ab. Bei der Suchmaschine kommt das genau so an, als hätten Sie einen Suchbegriff in ihr eigenes Textfeld eingetippt.

Wichtig ist, dass Sie für Benutzereingaben und andere dynamische Werte die Methode escape() aufrufen. Sie führt die oben im Zusammenhang mit HTML-Formularen erläuterte Konvertierung der Sonderzeichen durch.

Textfelder und Komponenten in Flash

Das Kernstück von Flash-Formularen bilden die bereits erwähnten Texteingabefelder sowie vorgefertigte oder auch selbst erstellte UI-Komponenten. Aus diesem Grund sollen diese Bedienelemente hier näher beleuchtet werden.

Mit Textfeldern arbeiten

Die Arbeit mit dem Textwerkzeug wurde bereits in Kapitel 6 ausführlich beschrieben. Sie können folgende Arten von Text verwenden, um mit ActionScript Daten hineinzuschreiben:

- Klassischer Text, Untertyp Dynamischer Text
- Klassischer Text, Eingabetext
- TLF-Text, alle Untertypen

Die Varianten *Klassischer Text/Eingabetext* und *TLF-Text/Bearbeitbar* können verwendet werden, um zur Laufzeit Benutzereingaben zuzulassen und per ActionScript einzulesen, aber auch, um mit ActionScript den Inhalt zu ändern. In die anderen der aufgeführten Varianten können Sie nur mithilfe von ActionScript-Anweisungen hineinschreiben.

Klassischer Text/Dynamischer Text und *TLF-Text/Auswählbar* ermöglichen dabei dem User, den Text auf der Bühne zu markieren und in die Zwischenablage zu kopieren, *TLF-Text/Nur zum Lesen* dagegen nicht.

Wichtig ist, dass Sie bei allen Textfeldarten (mit Ausnahme von *Klassischer Text/Statischer Text*) die relevanten Zeichen der verwendeten Schrift für ActionScript exportieren. Im Abschnitt *Zeichen* unter *Textoptionen* in der Eigenschaftenleiste finden Sie eine Schaltfläche mit der Beschriftung *Einbetten*. Diese öffnet den Dialog, den Sie in Abbildung 18-8 sehen. Wenn Sie für das Textfeld eine individuelle Schriftart benutzen möchten, müssen Sie hier angeben, welche Zeichen dieser Schrift mit dem SWF-Film exportiert werden sollen. Schließlich kann Flash beim Export noch nicht wissen, welche Zeichen hier später einmal benötigt werden.

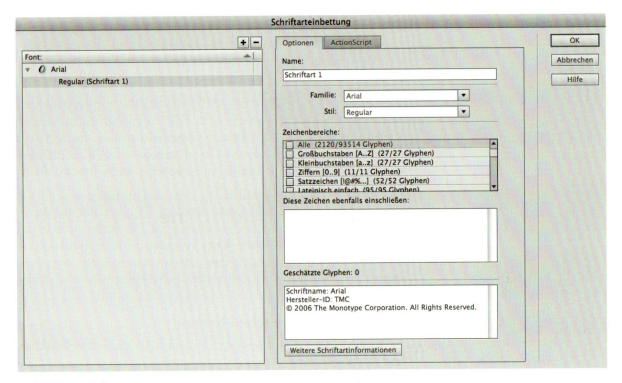

▲ Abbildung 18-8
Der Dialog »Schriftarteinbettung« zum Auswählen der Zeichen, die in dynamischen Textfeldern zur Verfügung stehen sollen

Damit der vollständige Zeichenvorrat zur Verfügung steht, der für deutschen Text erforderlich ist, sollten Sie die folgenden Einträge ankreuzen: *Großbuchstaben [A..Z]*, *Kleinbuchstaben [a..z]*, *Ziffern [0..9]*, *Satzzeichen*, *Lateinisch einfach* sowie *Lateinisch I*.

Im Abschnitt *Zeichenbereiche* können Sie optional auch eine eigene Liste von Zeichen angeben – falls Ihr Feld beispielsweise einen Preis enthalten soll, genügt es, *Ziffern [0..9]* anzuklicken und unten die drei zusätzlichen Zeichen Euro (€), Komma (,) und Strich (-) anzugeben.

Wenn Sie Speicher und damit Ladezeit sparen möchten, können Sie sich auch gegen das Einbetten entscheiden; als Schriftart müssen Sie dann einen der drei speziellen Einträge *_serif* (allgemeine Serifenschrift), *_sans* (allgemeine serifenlose Schrift) oder *_typewriter* (Nichtproportionalschrift, das heißt Schreibmaschinenschrift mit fester Laufweite) auswählen.

Sie können Text im Textfeld markieren und unter *Hyperlink* im Abschnitt *Erweitert* → *Zeichen* eine URL eintragen. Dadurch wird der markierte Text zum Hyperlink auf diese Adresse. Unter *Ziel* können Sie zusätzlich den Namen eines Browserfensters oder eines Frames angeben, in das die entsprechende Seite geladen werden soll. Die speziellen vorgefertigten Einträge bedeuten dabei Folgendes (siehe dazu

> ## Serifen
>
> Serifen sind die kleinen Häkchen an den Buchstaben mancher Schriften: Times New Roman ist beispielsweise eine Serifenschrift, während Arial serifenlos ist.

Kapitel 17): _self ist das aktuelle Fenster bzw. der aktuelle Frame, _parent steht für den übergeordneten Frame, _top für das gesamte Browserfenster ohne Frames, und _blank schließlich öffnet die verlinkte Website in einem neuen, leeren Browserfenster.

Unter *Variable* kann der Name einer ActionScript-Variablen eingetragen werden, mit der das Feld verbunden werden soll. Wenn Sie eine der ActionScript-Versionen 1 oder 2 verwenden und der Variablen einen Wert zuweisen, erscheint dieser automatisch im Feld. In ActionScript 3.0 kommt dagegen ausschließlich die Eigenschaft `Instanzname.text` zum Einsatz, sodass das Feld in diesem Fall deaktiviert ist.

Für *Eingabetext* sind fast die gleichen Einstellungen verfügbar, nur lässt sich hier kein Hyperlink einstellen. Dafür können Sie *Max. Zchn.* (die maximale Zeichenanzahl) begrenzen, die ein Benutzer eingeben kann. Die Voreinstellung *0* bedeutet allerdings nicht etwa keine Zeichen, sondern beliebig viele. Außerdem gibt es neben *Einzeilig*, *Mehrzeilig* und *Mehrzeilig, kein Umbruch* noch die vierte Option *Kennwort*. Wie man sich leicht vorstellen kann, zeigt diese statt des eingegebenen Texts Sternchen an.

Eine Uhr im dynamischen Textfeld

Damit Sie den Umgang mit Textfeldern auch praktisch nachvollziehen können, folgt jetzt zunächst einmal ein kurzes Praxisbeispiel: In einem dynamischen Textfeld mit HTML-Formatierung sollen Datum und Uhrzeit angezeigt werden. Dazu wird eine Klasse namens `CustomDate` verwendet, die die formatierte Ausgabe von Datum und Uhrzeit ermöglicht. Sie finden sie – ausführlich kommentiert – auf der Buch-DVD in den Dateien zu diesem Kapitel; stellen Sie sicher, dass sich die Datei *CustomDate.as* im aktuellen Verzeichnis befindet, oder geben Sie ihr Verzeichnis im *Klassenpfad* Ihres Films in den SWF-Exporteinstellungen an.

Erstellen Sie zunächst ein dynamisches Textfeld beliebiger Art. Stellen Sie die Schriftart Arial, 20 Punkt, Schwarz ein. Aktivieren Sie die Optionen *Mehrzeilig* und *Text als HTML wiedergeben*. Wählen Sie unter *Einbetten* die Großbuchstaben, Kleinbuchstaben und Ziffern und geben Sie bei der Option *Diese Zeichen einschließen* zusätzlich die Zeichen Punkt (.), Komma (,) und Doppelpunkt (:) an. Geben Sie schließlich den Instanznamen timeBox ein.

Erstellen Sie eine zusätzliche Ebene namens *action*, öffnen Sie das Skriptfenster und geben Sie darin Folgendes ein:

```
function timeBoxUpdate(e:Event) {
    // CustomDate-Objekt erstellen
    var jetzt = new CustomDate();
    // Sonntag rot darstellen, alle anderen Tage normal
    var wt = jetzt.getInternationalDayName ("de");
    if (wt == "Sonntag") {
        timeBox.htmlText = "<font color=\"#FF0000\">" + wt + "</
font>";
```

```
    } else {
        timeBox.htmlText = wt;
    }
    timeBox.htmlText += jetzt.getInternationalFormat
            (", %d.%m.%Y\n%H:%M:%S", "de");
}
this.addEventListener(Event.ENTER_FRAME, timeBoxUpdate);
```

Das – in Flash standardmäßig unterstützte, aber in Browsern veraltete – HTML-Tag `<font>` kann die Farbe (`color`), die Schriftart (`face`) und die Größe (`size`) der Schrift angeben. In Flash besteht eine Besonderheit darin, dass `size` eine Schriftgröße in Punkt ist, während es sich im Browser um eine Stufe von 1 bis 7 handelt. Das Konstrukt `\"` ist eine sogenannte *Escape-Sequenz* – durch den vorangestellten Backslash können Sie innerhalb der Anführungszeichen das Anführungszeichen selbst als Zeichen verwenden. Auf ähnliche Weise codiert die Escape-Sequenz `\n` einen Zeilenumbruch.

Eine persönliche Begrüßung

Und noch ein weiteres kurzes Beispiel erhalten Sie, in dem die Verwendung eines Texteingabefelds demonstriert wird: Nach der Eingabe seines Namens und einem Klick auf *OK* soll der Benutzer persönlich begrüßt werden.

Erstellen Sie zunächst ein Textfeld mit der Eigenschaft *Eingabetext*. Stellen Sie unter *Einbetten* am besten die volle Palette der Zeichen ein, die für Deutsch notwendig sind (siehe oben). Geben Sie diesem Feld den Instanznamen `nameField`.

Fügen Sie darunter ein weiteres Textfeld ein, diesmal mit der Eigenschaft *Dynamischer Text*. Stellen Sie auch hier alle Zeichen für Deutsch ein und weisen Sie dem Feld den Instanznamen `greetingField` zu.

Erstellen Sie schließlich über dem Eingabefeld die Beschriftung (den statischen Text) *Ihr Name, bitte* und darunter eine *OK*-Schaltfläche. Weisen Sie Letzterer den Instanznamen `okButton` zu. Schreiben Sie schließlich folgendes Skript:

```
function okButtonClick(e:MouseEvent) {
    // Grußformel je nach Tageszeit
    var jetzt = new Date();
    var stunde = jetzt.getHours();
    if (stunde < 12) {
        greetingField.text = "Guten Morgen";
    } else if ( stunde < 18) {
        greetingField.text = "Guten Tag";
    } else {
        greetingField.text = "Guten Abend";
    }
    // Name hinzufügen
    greetingField.appendText(", " + nameField.text + "!");
}
okButton.addEventListener(MouseEvent.CLICK, okButtonClick);
```

Wie Sie sehen, wird in der letzten Zeile der Funktion die Methode appendText() statt der Eigenschaft text verwendet. Diese ist etwas schneller als eine ergänzende Wertzuweisung im Stil von

```
textFeld.text += "Mehr Text";
```

Beachten Sie aber, dass das nicht zusammen mit htmlText funktioniert.

HTML in dynamischen Textfeldern

Wenn Sie die Option *HTML* aktiviert haben, können Sie einige HTML-Tags zur Formatierung dynamischer Textfelder benutzen, indem Sie ihrer Eigenschaft html-Text einen Wert zuweisen, der diese enthält. Welche Tags zulässig sind und wie sie angewendet werden, sehen Sie in Tabelle 10-1. Sie können diese Tags gemäß den allgemeinen Hinweisen zu HTML (siehe Kapitel 14) beliebig ineinander verschachteln, um ihre Wirkung zu kombinieren.

Tabelle 10-1: Zulässige HTML-Tags zur Formatierung der Inhalte dynamischer Textfelder

HTML-Tag	Erläuterung
Text	Stellt den *Text* fett dar.
<i>Text</i>	Stellt den *Text* kursiv dar.
<u>Text</u>	Stellt den *Text* unterstrichen dar.
<p>Textblock</p>	Setzt den *Textblock* in einen eigenen Absatz.
<font face="Schriftart">Text</font>	Stellt für *Text* die angegebene Schrift ein.
<font size="Schriftgröße">Text</font>	Stellt für *Text* die *Schriftgröße* (in Punkt) ein.
<font color="Schriftfarbe">Text</font>	Stellt für *Text* die *Schriftfarbe* ein (hexadezimales RGB, z.B. *#00FF00* für Grün).

ActionScript-Eigenschaften für Textfelder

Über den Instanznamen eines Textfelds können Sie auf einige Methoden (deren Komplexität den Rahmen dieses Kapitels sprengen würde) und zahlreiche Eigenschaften zugreifen. Exemplarisch sollen hier nur vier sehr nützliche Eigenschaften vorgestellt werden: Mit tabIndex und tabEnabled lässt sich die Reihenfolge beeinflussen, in der Sie mit der [⇥] durch Eingabefelder blättern können. scrollV und maxScrollV ermöglichen Ihnen dagegen das programmgesteuerte vertikale Scrollen in Feldern, die zu viel Text enthalten (entsprechend gibt es scrollH und maxScrollH für horizontales Scrolling).

Wenn Sie ein Bild mit mehreren Texteingabefeldern erstellen, können Sie diese standardmäßig nacheinander (von links nach rechts und von oben nach unten) mit der ⇥ aktivieren. Setzen Sie die Eigenschaft tabIndex Ihrer Textfeldinstanzen, um diese Reihenfolge zu modifizieren: Je niedriger der Wert von tabIndex, desto früher kommt ein Feld an die Reihe. Das folgende Codebeispiel geht davon aus, dass Sie Eingabefelder mit den Instanznamen nameField, strField, number-Field, zipField (ZIP-Code ist die Postleitzahl) und placeField erstellt haben, die in der typischen Reihenfolge einer Anschrift den Eingabefokus erhalten sollen:

```
nameField.tabIndex = 1;
strField.tabIndex = 2;
numberField.tabIndex = 3;
zipField.tabIndex = 4;
placeField.tabIndex = 5;
```

Wenn Sie ein bestimmtes Textfeld völlig aus der Tab-Abfolge herausnehmen möchten, können Sie seine Eigenschaft tabEnabled explizit auf false setzen. Das folgende Beispiel sorgt dafür, dass das Feld mit dem Instanznamen zusatz im Hauptfilm nicht mehr durch Tab angesprungen werden kann:

```
zusatz.tabEnabled = false;
```

Wenn Sie mehrzeilige Textfelder per ActionScript mit Text füllen, passt sich ihre Höhe nicht an die Textmenge an, wie es in der Flash-Arbeitsumgebung der Fall ist. Stattdessen wird immer nur ein Teil des Texts angezeigt. Standardmäßig sind Flash-Textfelder nicht mit Rollbalken zum Erreichen des restlichen Texts ausgestattet. Dafür können Sie sich selbst individuelle Scrollbedienelemente programmieren, indem Sie die Eigenschaften scrollV und maxScrollV eines Textfelds benutzen: scrollV bestimmt, welche Zeile des Gesamttexts momentan am oberen Rand des Felds angezeigt wird, während maxScrollV die Nummer der letzten möglichen Zeile angibt. (Daneben gibt es auch einen fertigen Rollbalken, der im nächsten Abschnitt angesprochen wird.)

Wenn Sie einer Schaltfläche namens *downButton* folgenden Event-Handler zuweisen, wird der Text des Textfelds *vielText* bei jedem Klick um eine Zeile nach oben gescrollt, bis die letzte Zeile erreicht ist:

```
function downButtonClick(e:MouseEvent) {
    if (vielText.scrollV < vielText.maxScrollV) {
        vielText.scrollV++;
    }
}
downButton.addEventListener(MouseEvent.CLICK, downButtonClick);
```

Tipp

Sobald Sie anfangen, tabIndex einzusetzen, benötigt jedes Eingabefeld auf dem aktuellen Bildschirm, das per Tab erreichbar sein soll, einen individuellen Wert für diese Eigenschaft.

Tipp

Neben den Texteingabefeldern können auch die im nächsten Unterabschnitt vorgestellten Komponenten in die Tab-Reihenfolge mit aufgenommen werden. Dazu besitzen auch sie die Eigenschaften tabIndex und tabEnabled.

Tipp

Neben scrollV und maxScrollV sowie den entsprechenden horizontalen Varianten besitzen Textfelder noch einige weitere Optionen, die sich auf das Scrollen beziehen; das zu erläutern, würde hier allerdings zu weit führen.

Eine Schaltfläche namens *upButton* für die andere Richtung könnten Sie dagegen mit diesem Code ausstatten:

```
function upButtonClick(e:MouseEvent) {
    if (vielText.scrollV > 1) {
        vielText.scrollV--;
    }
}
upButton.addEventListener(MouseEvent.CLICK, upButtonClick);
```

Noch praktischer sind natürlich Schaltflächen, die weiterscrollen, solange sie gedrückt bleiben und weiterer Text vorhanden ist. Erstellen Sie also folgendes Skript (unter der Voraussetzung, dass Sie auch weiterhin das Textfeld *vielText* sowie die Buttons *upButton* und *downButton* haben):

```
// Globale Variable für die aktuelle Scrollrichtung:
// 0 - Stillstand, -1 - nach oben, +1 - nach unten
var scrolling:int = 0;
// Regelmäßig beim Framewechsel aufgerufener Scroll-Handler
function scrollHandler(e:Event) {
    if (scrolling == -1) {
        if (vielText.scrollV > 1) {
            vielText.scrollV--;
        }
    } else if (scrolling == 1) {
        if (vielText.scrollV < vielText.maxScrollV) {
            vielText.scrollV++;
        }
    }
}
// Herunterdrücken von upButton scrollt nach oben
function upButtonDown(e:MouseEvent) {
    scrolling = -1;
}
// Herunterdrücken von downButton scrollt nach unten
function downButtonDown(e:MouseEvent) {
    scrolling = 1;
}
// Loslassen eines beliebigen Buttons stoppt das Scrollen
function buttonUp(e:MouseEvent) {
    scrolling = 0;
}
// Zuweisen der Event-Handler
upButton.addEventListener(MouseEvent.MOUSE_DOWN, upButtonDown);
downButton.addEventListener(MouseEvent.MOUSE_DOWN, downButtonDown);
upButton.addEventListener(MouseEvent.MOUSE_UP, buttonUp);
downButton.addEventListener(MouseEvent.MOUSE_UP, buttonUp);
this.addEventListener(Event.ENTER_FRAME, scrollHandler);
```

Wie Sie sehen, wird für das Loslassen beider Buttons dieselbe Funktion aufgerufen. Das funktioniert problemlos, weil auch in beiden Fällen dasselbe geschehen soll: Das Scrollen wird deaktiviert.

Komponenten

Als komfortable Interaktionselemente stehen die sogenannten *User Interface-Komponenten* (User Interface bedeutet Benutzeroberfläche) zur Verfügung. Anders als die üblichen Flash-Elemente entsprechen sie der Optik und Funktionsweise von Bedienelementen des Betriebssystems. Durch die Einführung der Komponenten möchte Adobe (wie bereits Macromedia) Flash stärker als Entwicklungsplattform für professionelle Webanwendungen (*Rich Internet Applications*) etablieren.

Sie finden die Komponenten im gleichnamigen Bedienfeld (*Fenster → Komponenten* oder ⌈Strg⌉ + ⌈F7⌉). In Abbildung 18-9 wird diese Palette dargestellt.

Sobald Sie eine Komponente auf die Bühne gezogen haben, können Sie ihre Einstellungen anpassen. Der Instanzname und alle weiteren relevanten Optionen werden in der Eigenschaftenleiste bearbeitet (Abbildung 18-10). Zwar gibt es auch noch den *Komponenten-Inspektor*, den Sie über *Fenster → Komponenten-Inspektor* oder ⌈⇧⌉ + ⌈F7⌉ erreichen, aber dessen beide aktive Registerkarten sind nur für ActionScript 1 und 2 relevant.

▲ **Abbildung 18-9**
Das Bedienfeld »Komponenten«

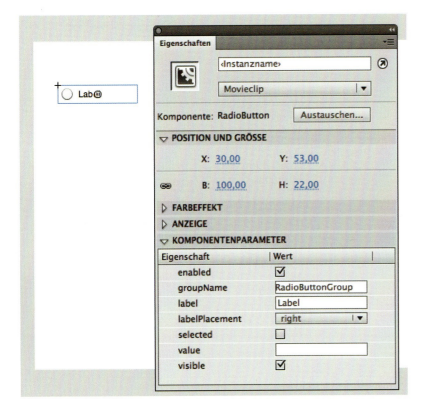

▶ **Abbildung 18-10**
Die Eigenschaften einer RadioButton-Komponente in der Eigenschaftenleiste

Die User Interface-Komponenten, die Flash CS5 ab Werk enthält, sind in Tabelle 10-2 zu finden. Flash ist noch mit einigen weiteren Komponenten ausgestattet, die nicht die grafische Oberfläche betreffen, sondern beispielsweise das Video-Playback. Zudem gibt es Komponenten von Drittanbietern, mit denen Sie den Funktionsumfang von Flash nochmals erweitern können.

Tabelle 10-2: Die vorgefertigten User Interface-Komponenten von Flash CS5

Komponente	Bedeutung	ActionScript-Grundlagen
Button	einfache Schaltfläche	Event-Handler für `MouseEvent.CLICK` verarbeitet ein Klickereignis.
Checkbox	Auswahlfeld	*Instanzname*`.selected` ist `true`, wenn angekreuzt, sonst `false`.
ColorPicker	Farbwähler für alle 216 Webfarben	*Instanzname*`.selectedColor` liefert die ausgewählte Farbe.
ComboBox	Pull-down-Menü mit Texteingabe	*Instanzname*`.text` enthält den ausgewählten bzw. eingegebenen Text.
DataGrid	Tabellenform zur Darstellung von Daten	(Die Erläuterung würde zu weit führen.)
Label	zusätzliche Beschriftung	–
List	Liste zur Auswahl eines Eintrags	*Instanzname*`.selectedIndex` liefert die gewählte Zeilennummer.
NumericStepper	Auswahlfeld für das Durchblättern von Zahlenfolgen	*Instanzname*`.value` gibt den aktuell gewählten Wert zurück.
ProgressBar	Fortschrittsbalken	*Instanzname*`.source` gibt das Objekt an, dessen Ladevorgang angezeigt wird.
RadioButton	Optionsfeld	Eigenschaft `groupName`: gemeinsamer Gruppenname für mehrere Optionsfelder; *Gruppenname*`.selectedData` gibt den Datenwert des ausgewählten Buttons aus der Gruppe zurück.
ScrollPane	Anzeigefeld mit automatischen Scrollbalken	Siehe `Loader`.

Komponente	Bedeutung	ActionScript-Grundlagen
Slider	Schieberegler	*Instanzname*.value gibt den aktuell gewählten Wert zurück.
TextArea	mehrzeiliges Textfeld	*Instanzname*.text ist der Textinhalt, der zugewiesen oder ausgelesen werden kann.
TextInput	einzeiliges Textfeld	Siehe TextArea.
TileList	Container zur Anordnung anderer Komponenten in einer Gitternetzstruktur	–
UILoader	lädt eine externe Ressource als Komponente	source gibt den Pfad oder die URL der Quelldatei an.
UIScrollBar	Scrollbalken	direction ist die Scrollrichtung (horizontal oder vertikal), scrollTargetName gibt das zu scrollende Element an (z.B. mehrzeiliges Textfeld).

Ein Formular aus UI-Komponenten

Es folgt ein kleines Beispiel für die Anwendung von Komponenten: Im Ausgabefenster werden die Auswahl aus einer RadioButton-Gruppe sowie der Text aus einer ComboBox ausgegeben, sobald eine Button-Komponente angeklickt wird.

1   RadioButtons erstellen

Ziehen Sie zunächst drei RadioButton-Komponenten auf die Bühne. Klicken Sie nacheinander jeden von ihnen an und weisen Sie ihnen im Abschnitt *Komponentenparameter* der Eigenschaftenleiste folgende Eigenschaften zu: groupName (Gruppenname) bei allen *interesse*, unter data (Datenwert bei Auswahl) *zeichnen*, *animation* beziehungsweise *actionscript*. Die Eigenschaft label (Beschriftung) wird schließlich entsprechend mit den drei Werten *Zeichnen*, *Animation* und *ActionScript* versehen. Falls eine Beschriftung nicht hineinpasst, müssen Sie die Breite der entsprechenden Komponente per Eigenschaftenleiste oder Infopalette ändern. Zusätzlich müssen die Buttons noch die Instanznamen radio1, radio2 und radio3 erhalten.

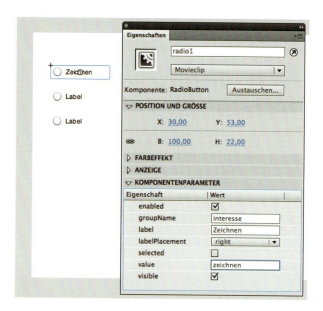

▶ Abbildung 18-11

2   **Statische Beschriftungen hinzufügen**

Fügen Sie über den Optionsfeldern die folgende Frage als statischen Text oder Label-Komponente ein: *Was interessiert Sie an Flash am meisten?* Erstellen Sie unter der RadioButton-Gruppe die nächste statische Beschriftung: *Wie haben Sie von diesem Buch erfahren (auswählen oder eintragen)?*

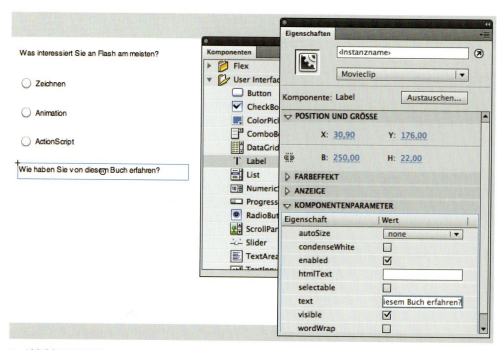

▲ Abbildung 18-12

Ziehen Sie nun eine ComboBox-Komponente auf die Bühne. Weisen Sie ihr in der Eigenschaftenleiste den Instanznamen bookInfo zu. Kreuzen Sie unter *Komponentenparameter* die Eigenschaft editable an – das bedeutet, dass neben der Auswahl der vorgefertigten Einträge auch neuer Text eingetippt werden kann. Klicken Sie anschließend rechts im Feld der Eigenschaft dataProvider auf das kleine Stiftsymbol. Es erscheint der Dialog *Werte*; geben Sie hier mithilfe der Schaltfläche + folgende Label/Data-Paare ein: Label *Verlagswebsite*/Data oreilly, *Buchhandel*/bookstore, *Suchmaschine*/search und *Persönliche Empfehlung*/rec.

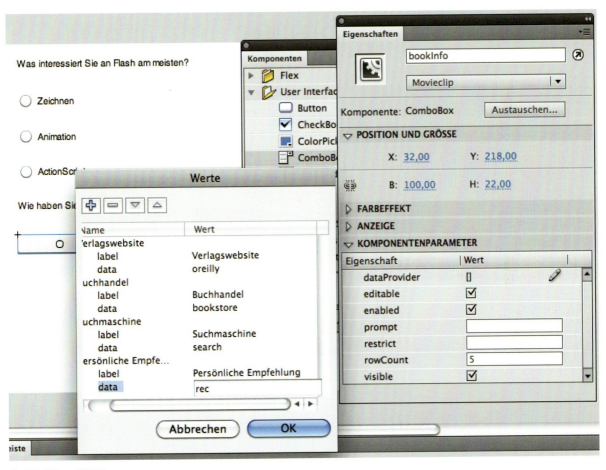

▲ Abbildung 18-13

4 **Einen Button einfügen**

Schließlich wird noch eine Komponente vom Typ Button benötigt. Weisen Sie ihr über die Eigenschaftenleiste das Label *Abschicken* zu. Anschließend erhält die Instanz den Namen sendButton.

5 **ActionScript hinzufügen**

Zum Schluss können Sie auf einer neuen Ebene folgendes Skript verfassen:

```
function sendButtonClick(e:MouseEvent):void {
    // RadioButton-Auswahl ausgeben
    trace ("Ihr Interesse: " + radio1.group.selectedData);
    // ComboBox-Text ausgeben
    trace ("Ihr Draht zu diesem Buch: " + bookInfo.text);
}
sendButton.addEventListener(MouseEvent.CLICK, sendButtonClick);
```

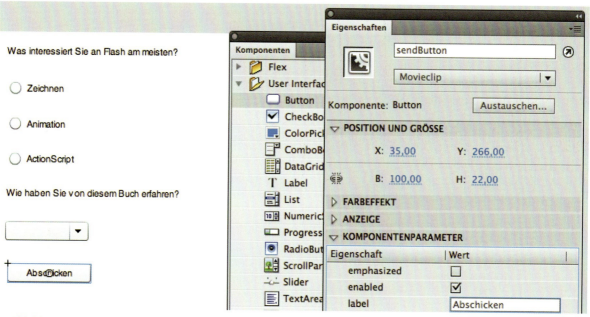

▲ **Abbildung 18-14**

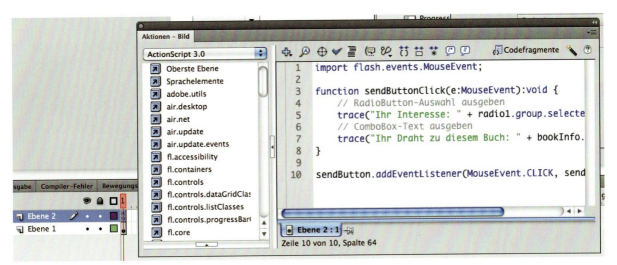

▲ Abbildung 18-15

Beachten Sie, dass der Zugriff auf die RadioButton-Gruppe nur indirekt über die Eigenschaft group einer RadioButton-Instanz funktioniert, wie hier gezeigt wird.

Wenn Sie den Film testen, können Sie einen Radiobutton und einen Wert aus der ComboBox auswählen (oder Letzteren neu eingeben). Wenn Sie auf *Abschicken* klicken, werden Ihre Eingaben im Ausgabefenster angezeigt.

◀ Abbildung 18-16

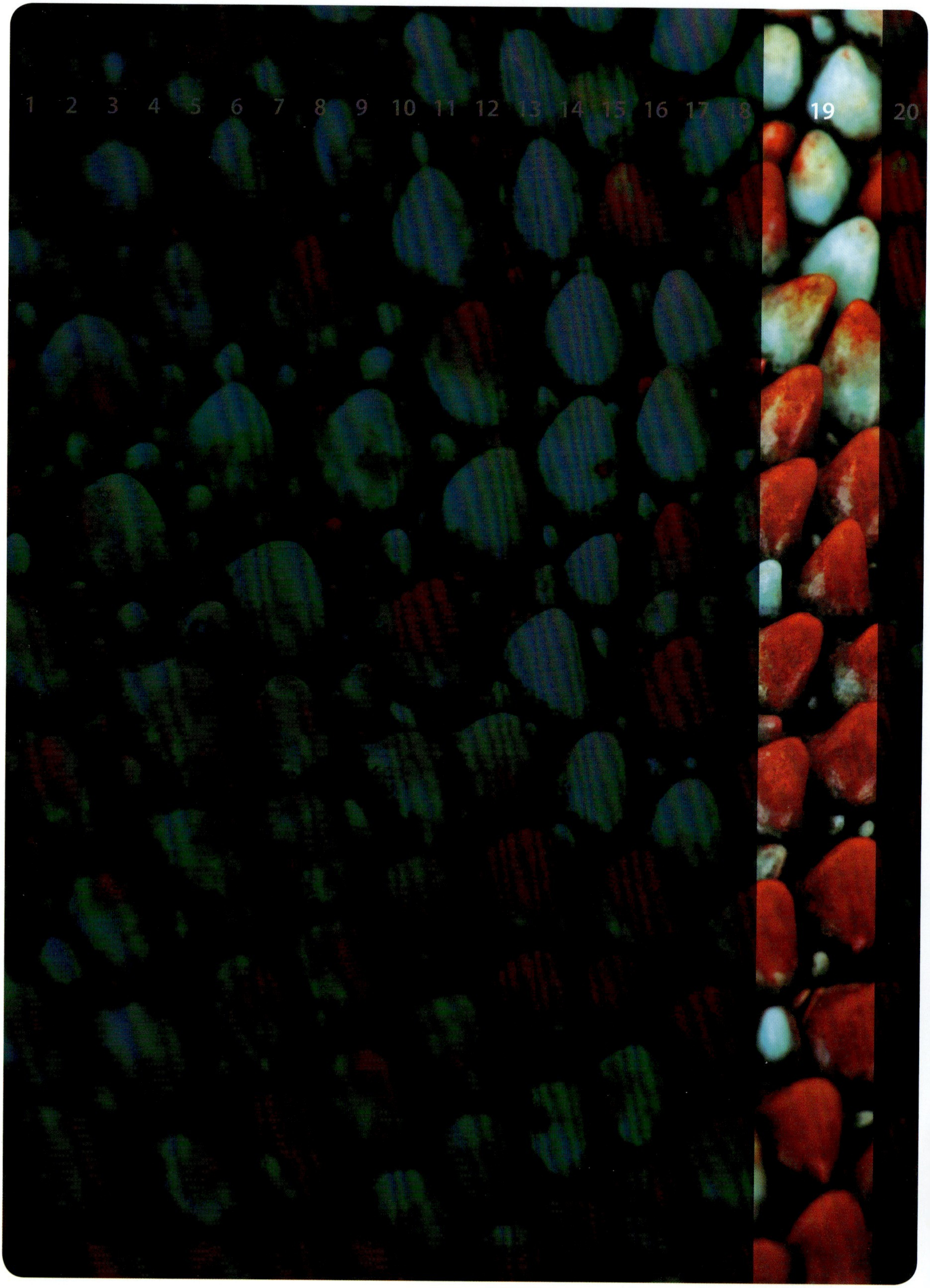
1 2 3 4 5 6 7 8 9 10 11 12 13 14 15 16 17 18 19 20

Kapitel 19

Interaktion mit Webserveranwendungen

**We're entering an era in which software learns from its users
and all of the users are connected.**

Tim O'Reilly

Servertechnologien im Vergleich

Variablen laden

PHP-Anwendungen und Flash-Filme

ActionScript und XML

Ein Multiuser-Whiteboard

In diesem Kapitel finden Sie den Einstieg in die Programmierung serverseitiger Skripten, die mit Flash-Filmen interagieren. Auf diese Weise erhalten Sie die Möglichkeit, Daten aus den im vorigen Kapitel vorgestellten Formularen entgegenzunehmen, auf dem Server zu verarbeiten und anschließend wieder an andere Flash-Filme weiterzugeben.

Servertechnologien im Vergleich

Es gibt zahlreiche verschiedene Technologien und Programmiersprachen für serverseitige Anwendungen, sowohl kommerzielle als auch frei verfügbare. Welche sich für Sie anbietet, hängt vom Betriebssystem, von der Webserversoftware und möglicherweise vom Angebot Ihres Webhosting-Providers ab.

Von der grundlegenden Idee her funktionieren alle Technologien für Webserveranwendungen gleich: Der Webserver übermittelt Formulardaten, die ein Benutzer eingegeben hat, an ein separates Programm. Dieses Programm verarbeitet die Daten und erzeugt daraus – oft mithilfe externer Datenquellen wie zum Beispiel einer Datenbank – Ausgabedaten, die der Webserver wieder an den Browser des Benutzers sendet. Auf diese Weise entstehen dynamisch erzeugte Dokumente, meist im HTML-Format. Trotz dieser Gemeinsamkeit bestehen deutliche Unterschiede zwischen den diversen Technologien. Einige von ihnen werden in den folgenden Unterabschnitten angesprochen; PHP, eine der beliebtesten, wird in den restlichen Abschnitten dieses Kapitels genauer vorgestellt.

Was die Zusammenarbeit mit Flash angeht, funktionieren Serveranwendungen übrigens ein wenig anders: Normalerweise geht es nicht darum, dass der Server aus dynamischen Daten vollständige SWF-Dateien erzeugt. Stattdessen funktioniert die Kommunikation in der Regel folgendermaßen: Ein Flash-Film stellt der Serveranwendung Daten über die im vorigen Kapitel besprochenen Formulare oder über selbst programmierte Elemente zur Verfügung; bei der Dateneingabe gibt es also keinen prinzipiellen Unterschied zu Webanwendungen mit HTML-Benutzeroberfläche. Die Daten, die die Anwendung generiert, werden allerdings an einen bereits laufenden Flash-Film geliefert. Dazu dient die in Kapitel 17 vorgestellte Klasse Loader – nur dass in diesem Fall keine statische Textdatei, sondern eine Serveranwendung als Quell-URL dient.

CGI

Das Common Gateway Interface (CGI) ist die klassische Methode für die Zusammenarbeit zwischen Webserver und Anwendungen. Es handelt sich dabei nicht um eine bestimmte Programmiersprache, sondern lediglich um einen seit 1995 unverändert gültigen Kommunikationsstandard: Ein CGI-Programm liest Formulardaten über Standardschnittstellen des Betriebssystems, als würden sie über die Tastatur eingetippt. Seine Standardausgabe, die normalerweise auf dem Bildschirm landen würde, leitet der Webserver als dynamisch generiertes Dokument an den Browser des Benutzers weiter. CGI arbeitet langsamer als andere Serverprogrammierschnittstellen, wird dafür aber von fast jedem Webserver unterstützt und kann in beliebigen Sprachen programmiert werden. Die beliebteste Sprache für die CGI-Programmierung ist Perl – vor allem weil sie über hervorragende Möglichkeiten zur Textmanipulation verfügt und weil ein Standardmodul mit speziellen CGI-Funktionen zur Verfügung steht.

Hinweis

Prinzipiell ist es sogar möglich, SWF-Inhalte dynamisch zu generieren, weil das SWF-Format offengelegt wurde und weil es für viele Programmiersprachen entsprechende Bibliotheken gibt. In diesem Kapitel geht es aber um die Kommunikation zwischen Serveranwendungen und auf die klassische Weise erzeugten Flash-Filmen

PHP

Die Programmiersprache PHP, die in diesem Kapitel als Serversprache eingesetzt wird, ist zurzeit die beliebteste und am weitesten verbreitete Lösung für Webserveranwendungen. Sie ist frei verfügbar, arbeitet mit vielen verschiedenen Webservern zusammen und läuft auf zahllosen Unix-Varianten (einschließlich Mac OS X) sowie unter Windows; die aktuelle Version ist 5.3. PHP besticht durch eine leicht zu erlernende, an C und Perl angelehnte Syntax, unzählige Spezialfunktionen für die Webprogrammierung sowie Schnittstellen zu den meisten bekannten Datenbanksystemen. Dabei wird PHP unmittelbar an die passenden Stellen von HTML-Dokumenten geschrieben. Wenn Sie eine gründliche Einführung sowie eine umfassende Übersicht zu PHP brauchen, empfehle ich Ihnen das Buch *Programmieren mit PHP*, 2. Auflage, von Rasmus Lerdorf (dem PHP-Erfinder), Kevin Tatroe und Peter MacIntyre (O'Reilly Verlag).

Java Servlets und JSP

Die Programmiersprache Java wurde 1995 von Sun Microsystems eingeführt. Im Gegensatz zu Sprachen wie C oder C++ braucht ein Java-Programm nur einmal kompiliert (übersetzt) zu werden, weil es nicht direkt vom Prozessor eines konkreten Rechners, sondern von einer sogenannten virtuellen Maschine ausgeführt wird, die als Software für zahlreiche Plattformen und Betriebssysteme sowie für Webbrowser verfügbar ist. Zu den beliebtesten Anwendungen von Java gehörten ursprünglich sogenannte Applets – kleine Programme, die direkt in Webseiten eingebettet und von der virtuellen Maschine des Browsers ausgeführt werden. Flash und ähnliche Technologien haben die Bedeutung von Applets allerdings stark zurückgehen lassen; das wichtigste Einsatzgebiet von Java ist heutzutage die Programmierung von Enterprise-Anwendungen, also verteilten, datenbankgestützten Netzwerkanwendungen für (meist größere) Unternehmen.

Für Webserveranwendungen gibt es gleich zwei Java-Technologien: Java Servlets sind eigenständige Java-Programme, die eine Webseite als Ausgabe erzeugen – sie eignen sich also vor allem für arbeitsintensive Anwendungen mit wenig Design. Java Server Pages (JSP) sind dagegen HTML-Dokumente, in denen Java-Codeblöcke untergebracht werden können. Dieses Modell ähnelt PHP oder ASP und ist praktischer für Seiten mit viel statischem Inhalt und wenigen programmierten Elementen. Eine verbreitete Serversoftware für Servlets und JSP ist Apache Tomcat.

ASP und ASP.NET

Microsoft stattet seine Serverbetriebssysteme (Windows NT Server 4.0, Windows 2000 Server und Windows Server 2003) seit Jahren mit einem eigenen Webserver aus, den Internet Information Services (IIS). Diese unterstützen neben CGI eine eigene Schnittstelle für Webanwendungen: Active Server Pages (ASP) werden wie PHP oder JSP unmittelbar in den HTML-Code hineingeschrieben. Die Programmiersprache der ursprünglichen ASP war ausschließlich VBScript, eine abgespeckte Variante von Visual Basic. Die neuere Version ASP.NET, die im Rahmen von Microsofts .NET-Initiative entwickelt wurde, versteht dagegen sämtliche Sprachen der .NET Common Language Runtime (CLR) – zurzeit sind das Visual Basic, Visual C++ sowie Visual C#. Komfortable Schnittstellen für Datenbankzugriffe, XML-Anwendungen und Web Services machen ASP.NET zur ersten Wahl für Webanwendungen in einer Microsoft-basierten IT-Landschaft.

Ruby on Rails

Eine der neueren Technologien für Webserveranwendungen sind sogenannte *Frameworks*, die neben der reinen Programmierschnittstelle automatisch das Grundgerüst der Anwendung erstellen sowie eine neutrale, sprachnahe Datenbankschnittstelle und ähnliche Dienstleistungen bereitstellen. Eines der bekanntesten Web-Frameworks ist Ruby on Rails. Es basiert auf der eleganten objektorientierten Skriptsprache Ruby und verwirklicht das sogenannte Model-View-Controller-Entwurfsmuster, das Datenstruktur, Präsentation und Programmlogik sauber voneinander trennt.

MySQL

Wie die meisten Datenbankserver ist MySQL eine sogenannte *relationale Datenbank*. Die Daten sind in Tabellen organisiert, die zueinander in Beziehung (Relationship) gesetzt werden können. Das sorgt dafür, dass Daten niemals doppelt in der Datenbank gespeichert werden müssen. Denken Sie zum Beispiel an eine CD-Datenbank: Eine Tabelle enthält Informationen über die einzelnen CDs wie Interpret, Titel, Spieldauer und so weiter. Da mehrere CDs vom selben Interpreten stammen können, empfiehlt es sich, die Interpreten in einer separaten Tabelle zu speichern. Der Eintrag *Interpret* in der CD-Tabelle ist dann lediglich die Nummer des entsprechenden Interpreten aus der Interpretentabelle.

Für die Arbeit mit relationalen Datenbanken sollten Ihnen einige Begriffe geläufig sein: Eine Tabellenzelle, die eine Information über einen einzelnen Gegenstand enthält, heißt *Datenfeld*. Eine Zeile mit sämtlichen Informationen über einen Gegenstand wird *Datensatz* genannt (englisch *record*). Wenn Sie aus einer Tabelle heraus auf Datensätze einer anderen Tabelle verweisen möchten, benötigen diese Datensätze je ein Feld mit einem einmaligen Wert. Dieses spezielle Feld heißt *Primärschlüssel*. Der Primärschlüssel wird oft durch einfaches Durchnummerieren gebildet. Einige Objekte besitzen dagegen eine Art »natürlichen« Primärschlüssel: Bei Fahrzeugen ist das etwa das amtliche Kennzeichen, bei Büchern dagegen die ISBN.

Fast alle relationalen Datenbanken können über eine Sprache namens SQL (Structured Query Language) gesteuert werden – MySQL leitet sogar seinen Namen von dieser Tatsache ab. Es handelt sich dabei um eine leicht zu erlernende, mächtige Sprache, in der sogenannte Abfragen formuliert werden. Damit können Sie Tabellen erstellen, ändern und vor allem Informationen daraus erhalten.

Erste Schritte mit MySQL

Eine systematische Einführung in MySQL würde an dieser Stelle natürlich zu weit führen, deshalb finden Sie hier nur ein kurzes Beispiel, das Sie direkt eintippen können, wenn Sie den oben erwähnten `mysql`-Client starten:

```
$ mysql -u root -p
[Passwort eingeben]
```

Das Beispiel erstellt die Datenbank `buecher` mit zwei Tabellen: `autoren` mit den Feldern `aut_id` und `aut_name` sowie `buecher` mit den Feldern `b_id`, `b_autor`, `b_titel`, `b_jahr` und `b_seiten` (Anzahl der Seiten). Geben Sie dazu Folgendes ein:

```
mysql> CREATE DATABASE buecher;
Query OK, 1 row affected (0.24 sec)
mysql> use buecher
Database changed
mysql> CREATE TABLE autoren
    -> (aut_id INT AUTO_INCREMENT PRIMARY KEY, aut_name
        VARCHAR(60));
Query OK, 0 rows affected (0.28 sec)
mysql> CREATE TABLE buecher (b_id INT AUTO_INCREMENT PRIMARY KEY,
    -> b_autor INT, b_titel VARCHAR(40), b_jahr YEAR,
    -> b_seiten IN T);
Query OK, 0 rows affected (0.07 sec)
```

Wie Sie sehen, besitzt jedes Feld einen festgelegten Datentyp. Hier werden `INT` (Ganzzahl), `VARCHAR(n)` (Text mit maximal n Zeichen Länge) und `YEAR` (Jahreszahl) verwendet. `aut_id` beziehungsweise `b_id` sind die Primärschlüssel (`PRIMARY KEY`) der beiden Tabellen; der Zusatz `AUTO_INCREMENT` besagt, dass sie automatisch durchnummeriert werden sollen.

Fügen Sie nun mit den beiden folgenden Zeilen Beispielwerte in die Tabelle `interpreten` ein:

```
mysql> INSERT INTO autoren (aut_name) VALUES ("Tanenbaum, Andrew");
Query OK, 1 row affected (0.08 sec)
mysql> INSERT INTO autoren (int_name) VALUES ("Flanagan, David");
Query OK, 1 row affected (0.06 sec)
```

Jetzt können Sie sämtliche Inhalte der Tabelle `autoren` auswählen, damit diese angezeigt wird:

```
mysql> SELECT * FROM autoren;
+--------+------------------+
| aut_id | aut_name         |
+--------+------------------+
|      1 | Tanenbaum, Andrew |
|      2 | Flanagan, David  |
+--------+------------------+
2 rows in set (0.09 sec)
```

Tipp

Wenn Sie eine gründliche Einführung in MySQL benötigen, können Sie sich mein Buch *Praktischer Einstieg in MySQL mit PHP*, 2. Auflage (O'Reilly Verlag) besorgen – es steht wie das Ruby-Buch unter *http://www.oreilly.de/german/freebooks/einmysql2ger/* als kostenloses Open Book zur Verfügung. Dort finden Sie alle wichtigen Informationen zur Installation von Apache, MySQL und PHP sowie zu den ersten Schritten.

Groß- und Kleinschreibung

SQL-Anweisungen und -Schlüsselwörter wie CREATE TABLE, INSERT oder SELECT werden in der Literatur immer groß geschrieben, obwohl Groß- und Kleinschreibung hier keine Rolle spielen. Bei Datenbank- und Tabellennamen ist das anders, daher sollten Sie diese zur Vermeidung von Problemen stets klein schreiben.

Das zeigen die automatisch eingefügten Nummern an, die Sie benötigen, um den Büchern die korrekten Autoren zuzuordnen. Mit dieser Information können Sie dann damit beginnen, Bücher einzugeben:

```
mysql> INSERT INTO buecher (b_autor, b_titel, b_jahr, b_seiten)
    -> VALUES (1, "Modern Operating Systems", 2007, 1104);
Query OK, 1 row affected (0.03 sec)
mysql> INSERT INTO buecher (b_autor, b_titel, b_jahr, b_seiten)
    -> VALUES (1, "Computer Networks", 2010, 912);
Query OK, 1 row affected (0.01 sec)
mysql> INSERT INTO buecher (b_autor, b_titel, b_jahr, b_seiten)
    -> VALUES (2, "Java In A Nutshell", 2005, 1264);
Query OK, 1 row affected (0.00 sec)
```

Der folgende Befehl zeigt die gesamte Tabelle buecher an, und zwar aufsteigend (*ASCending*) nach Jahr sortiert:

```
mysql> SELECT * FROM buecher ORDER BY b_jahr ASC;
+------+---------+-------------------------+--------+----------+
| b_id | b_autor | b_titel                 | b_jahr | b_seiten |
+------+---------+-------------------------+--------+----------+
|    3 |       2 | Java In A Nutshell      |   2005 |     1264 |
|    1 |       1 | Modern Operating Systems|   2007 |     1104 |
|    2 |       1 | Computer Networks       |   2010 |      912 |
+------+---------+-------------------------+--------+----------+
3 rows in set (0.01 sec)
```

Der wichtigste Bestandteil einer SELECT-Anfrage ist eine WHERE-Klausel, die Bedingungen dafür formuliert, welche Datensätze ausgewählt werden sollen. Das folgende Beispiel zeigt nur die beiden Bücher von Andrew Tanenbaum an:

```
mysql> SELECT * FROM buecher WHERE b_autor = 1;
+------+---------+-------------------------+--------+----------+
| b_id | b_autor | b_titel                 | b_jahr | b_seiten |
+------+---------+-------------------------+--------+----------+
|    1 |       1 | Modern Operating Systems|   2007 |     1104 |
|    2 |       1 | Computer Networks       |   2010 |      912 |
+------+---------+-------------------------+--------+----------+
2 rows in set (0.01 sec)
```

Zu guter Letzt sollten Sie sich noch ein Beispiel dafür anschauen, wie Beziehungen zwischen Tabellen in der Praxis genutzt werden. Dazu soll eine Abfrage formuliert werden, die den Autor und den Titel jedes Buchs ausgibt. Die Beziehung kann entweder über eine etwas kompliziertere JOIN-Klausel oder mithilfe von WHERE formuliert werden; hier sehen Sie Letzteres:

```
mysql> SELECT aut_name, b_titel
    -> FROM autoren, buecher
    -> WHERE aut_id = b_autor;
```

```
+-------------------+-------------------------+
| aut_name          | b_titel                 |
+-------------------+-------------------------+
| Tanenbaum, Andrew | Modern Operating Systems |
| Tanenbaum, Andrew | Computer Networks       |
| Flanagan, David   | Java In A Nutshell      |
+-------------------+-------------------------+
3 rows in set (0.01 sec)
```

Wenn mehrere Tabellen gleichnamige Felder enthalten, die Sie ansprechen möchten, müssen Sie diese übrigens in der Form *Datenbankname.Feldname* notieren, beispielsweise `cds.cd_titel` oder `interpreten.int_nr`. Das vorliegende Beispiel kommt ohne dieses Hilfsmittel aus, weil in jeder Tabelle konsequent Namenspräfixe (hier `cd_` beziehungsweise `int_`) verwendet werden. Das ist auch in der Praxis empfehlenswert.

Für den Zugriff durch Webanwendungen sollten Sie schließlich einen separaten MySQL-Benutzer erzeugen, der nur auf die jeweilige Einzeldatenbank zugreifen darf. Das folgende Beispiel erzeugt im Kommandozeilenclient einen Benutzer namens *dbuser*, der in Skripten auf demselben Rechner mit dem (schlechten!) Passwort *geheim* auf die Datenbank *musik* zugreifen darf:

```
mysql> CREATE USER dbuser@localhost IDENTIFIED BY "geheim";
mysql> GRANT ALL PRIVILEGES ON musik.* TO dbuser@localhost;
mysql> FLUSH PRIVILEGES;
```

`ALL PRIVILEGES` bedeutet, dass dem User alle Rechte an der angegebenen Datenbank (*musik*) und sämtlichen darin enthaltenen Tabellen (*) gewährt werden. Dazu gehören einfache Rechte an Daten wie Auswählen, Einfügen, Ändern und Löschen, aber auch beispielsweise Änderungen an den Tabellenstrukturen selbst.

> **Tipp**
>
> Die Anweisung `FLUSH PRIVILEGES` wird verwendet, um die geänderten Benutzerrechte sofort neu zu laden. Andernfalls kann es dauern, bis sich der neue Benutzer anmelden kann. Dieses Vorgehen ist jedoch besonders wichtig, wenn Sie einmal einen Benutzer löschen oder ihm Rechte wegnehmen müssen.

Variablen laden

Die ActionScript-Kernfunktionalität für die Kooperation mit PHP oder anderen serverseitigen Skripten ist die Fähigkeit, Variablen aus externen Quellen zu laden. Dafür ist die Klasse `URLLoader` zuständig, die Daten aus einem `URLRequest` liest.

Damit eine Textdatei als Quelle für Flash-Variablen infrage kommt, sollten diese am besten die Form `Var1=Wert1&Var2=Wert2...` haben. Zudem müssen zahlreiche Sonderzeichen in einer solchen Datei speziell kodiert werden (*URL-Kodierung*): Aus dem Leerzeichen wird ein +, die meisten Satzzeichen oder Umlaute werden durch ein Prozentzeichen und ihren hexadezimalen Zeichencode dargestellt: Beispielsweise steht `%FC` für *ü*, während `%22` das Anführungszeichen repräsentiert.

> ## Umlaute
>
> Einfache Textdateien geben keinen Zeichensatz vor, deshalb werden Umlaute normalerweise nicht geladen.

Dieses spezielle Format entspricht dem MIME-Type `application/x-www-form-urlencoded`; dies ist die Art und Weise, wie die im vorigen Kapitel besprochenen HTML-Formulare versendet werden; auch die selbst gebastelten Flash-Formulare erhielten beim Versand dieses Format, wobei die Codierung der Werte automatisch durch die Methode `escape()` vorgenommen wurde.

Die geladenen Variablen kommen nicht als ungebundene lokale oder globale Variablen in Ihrem Flash-Film an, sondern als Eigenschaften einer URLVariables-Instanz.

Schematisch betrachtet, funktioniert der gesamte Ladevorgang wie folgt:

```
// Event-Handler, der die Daten lädt,
// wenn der Ladevorgang beendet ist
function loadHandler(e:Event) {
  // URLVariables-Objekt aus den URLLoader-Daten erstellen
  var urlVars:URLVariables = new URLVariables(e.target.data);
  // Die Daten befinden sich nun in urlVars.feldname1,
  // urlVars.feldname2 usw. und können so verarbeitet werden
  // ...
}
// URLLoader initialisieren
var urlLoader:URLLoader = new URLLoader();
// load() mit der gewünschten Datenadresse aufrufen
urlLoader.load(new URLRequest("Datenadresse"));
// EventListener für das Ereignis "fertig geladen" einrichten
urlLoader.addEventListener(Event.COMPLETE, loadHandler);
```

Wie Sie sehen, sorgt der Event-Handler für das Ereignis Event.COMPLETE dafür, dass die Daten erst verarbeitet werden, wenn sie vollständig geladen sind. Bis dahin kann der Film weiter seinen ursprünglichen Aufgaben nachgehen – zum Beispiel irgendeine Art von »Bitte warten«-Animation anzeigen oder auch tatsächlich etwas Sinnvolles erledigen. Damit handelt es sich um einen *asynchronen* Ladevorgang – die ActionScript-Variante dessen, was Ajax in JavaScript leistet. Nebenbei bemerkt, so etwas war auch in früheren ActionScript-Versionen bereits möglich, wenn auch mit anderer Syntax.

Es spielt übrigens überhaupt keine Rolle, ob die Daten aus einer statischen Textdatei oder aus der Ausgabe eines serverseitigen Skripts stammen (Letzteres ist die Grundlage der im nächsten Abschnitt beschriebenen Zusammenarbeit mit PHP). Speichern Sie deshalb als erstes Beispiel den folgenden Textblock unter dem Namen *vars.txt*:

```
name=Tanenbaum&vorname=Andrew&titel=Computer+Networks&jahr=2010
```

Weisen Sie nun einem Bild in einem Flash-Film folgendes Skript zu:

```
function loadHandler(e:Event) {
    var urlVars:URLVariables = new URLVariables(e.target.data);
    trace("Autor: " + urlVars.vorname + " " + urlVars.name);
    trace("Titel: " + urlVars.titel);
    trace("Erscheinungsjahr: " + urlVars.jahr);
}
var urlLoader:URLLoader = new URLLoader();
urlLoader.load("data.txt");
urlLoader.addEventListener(Event.COMPLETE, loadHandler);
```

PHP-Anwendungen und Flash-Filme

Im Kasten »Wie PHP funktioniert« erfahren Sie ganz kurz, wie PHP-Anwendungen grundsätzlich arbeiten. Hier geht es dagegen konkret um die Zusammenarbeit mit Flash-Filmen. Diese funktioniert etwas anders als die Erstellung HTML-basierter PHP-Anwendungen. Schauen Sie sich dazu den schematischen Ablauf an:

1. Ein Flash-Film dient gewissermaßen als Eingabemaske. Er enthält Textfelder, Komponenten oder selbst erstellte Formularelemente. Er spricht eine PHP-Anwendung an, der er seine Variablen über POST oder GET sendet. Wenn Sie auch nach dem Versand im aktuellen Flash-Film bleiben möchten, können Sie die oben vorgestellte Klasse URLLoader ebenfalls benutzen, um Daten an das PHP-Skript zu senden. Möchten Sie eine unabhängige Anwendung aufrufen, wird dagegen navigateToURL() verwendet.

2. Die PHP-Anwendung nimmt die Daten des Flash-Films wie HTML-Formulardaten entgegen. Mit diesen Daten führt sie hinter den Kulissen beliebige Operationen durch: Im Fall eines Forums oder Gästebuchs legt sie sie z.B. als neuen Beitrag in einer Datenbank ab; bei einer E-Commerce-Anwendung leitet sie sie sogar als Bestellung weiter.

3. Dieser Punkt ist der entscheidende Unterschied zu einer Webanwendung mit HTML-Oberfläche: Die PHP-Anwendung generiert kein vollständiges Dokument, das an den Browser gesendet wird, sondern URL-codierte Name=Wert-Paare, die der Flash Player als URLVariables-Instanz laden kann.

4. Zu guter Letzt wird das »Ergebnis« der Webanwendung angezeigt: Wieder werden URLLoader und URLVariables verwendet, um die dynamisch erzeugten Daten einer PHP-Anwendung zu laden. Diese Daten können dann beispielsweise zum Ausfüllen dynamischer Textfelder oder für Fallentscheidungen genutzt werden.

Beachten Sie, dass nicht alle Flash-basierten Webanwendungen die hier präsentierte Reihenfolge einhalten müssen. Einige von ihnen benötigen nicht einmal jeden dieser Punkte. Beispielsweise könnte sich ein Produktkatalog, der seine Inhalte aus einer Datenbank bezieht, auf Punkt 4 der Aufzählung beschränken. Umgekehrt bräuchte eine kurzfristige Bestellung – beispielsweise bei einem Pizzaservice – nicht unbedingt eine dynamische Rückmeldung, sodass hier die Punkte 1 und 2 genügen dürften. Und schließlich kann ein einziger URLLoader-Vorgang Daten sowohl senden als auch empfangen.

Wie PHP funktioniert

Hier soll an einem kurzen Beispiel gezeigt werden, wie PHP-Anwendungen üblicherweise aussehen. Im Rest dieses Kapitels geht es nämlich ausschließlich um die Zusammenarbeit mit Flash, die sich von der üblichen dynamischen Erzeugung von HTML-Dokumenten ein wenig unterscheidet.

Zur Eingabe von PHP können Sie jeden beliebigen Texteditor verwenden. Bessere Editoren bieten zusätzliche Features wie Syntaxhervorhebung oder Auto-Vervollständigung. Am komfortabelsten, aber für kleine Projekte wie diejenigen in diesem Kapitel nicht unbedingt nötig, ist eine vollwertige Entwicklungsumgebung (IDE). Mein eigenes tägliches Arbeitswerkzeug dafür ist NetBeans mit PHP-Erweiterung. Sie können das Programm als kostenlose Open Source-Software für Windows, Mac OS X und Linux unter *http://www. netbeans.org* herunterladen.

Das Praktische (manchmal aber auch Unübersichtliche) an PHP ist, dass Sie HTML ganz normal ohne weitere Markierung und ohne Ausgabebefehle benutzen können. Der PHP-Interpreter kümmert sich ausschließlich um Bereiche eines Dokuments, die von `<?php` und `?>` umschlossen werden. Beachten Sie aber, dass einige spezielle PHP-Anweisungen und die zugehörigen `<?php...?>`-Blöcke in der Datei stehen müssen, bevor die erste HTML-Zeile folgt – selbst ein Leerzeichen vor dem `<?php` ist schon zu viel. Das liegt daran, dass diese Anweisungen HTTP-Header manipulieren. Bereits im vorigen Kapitel wurde beschrieben, dass der Server diese vor dem eigentlichen Dokument sendet. Beispiele für solche Anweisungen sind `header()` zur direkten Header-Manipulation oder `cookie()` zum Setzen von Cookies.

Eine der wichtigsten PHP-Anweisungen ist `echo()` – ihr Argument wird an der aktuellen Position in das Ausgabedokument eingefügt. Eine Besonderheit gegenüber Sprachen wie ActionScript ist, dass Sie Variablen unmittelbar in die doppelten Anführungszeichen von Strings aufnehmen können: Da in PHP alle Variablennamen mit `$` beginnen, weiß der PHP-Interpreter Bescheid. Das folgende Beispiel erzeugt den Ausgabetext *Hallo, Welt!* als HTML-Hauptüberschrift:

```
<?php
   $planet = "Welt";
   echo("<h1>Hallo, $planet!</h1>");

?>
```

Hier sehen Sie ein kleines Beispiel für ein komplettes PHP-Programm. Es gibt Datum und Uhrzeit aus:

```
<html>
<head>
<title>Datum und Uhrzeit mit PHP</title>
</head>
<body>
<h1>Hallo!</h1>
<?php
   $jetzt = time();
   $datum = date("d.m.Y", $jetzt);
   $zeit = date("H:i", $jetzt);
   echo("Heute ist der $datum. Es ist jetzt genau $zeit Uhr.");
?>
</body>
</html>
```

Die praktische Funktion `date($format, $zeitpunkt)` formatiert Datum und Uhrzeit; die Funktion `time()` dient ihr als Eingabe, weil sie die aktuelle Systemzeit (Unix-typisch in Sekunden seit EPOCH)7 ausliest. Eine Liste der zulässigen Formatangaben finden Sie im Verzeichnis *docs* auf der beiliegenden DVD. Abbildung 19-1 zeigt das Ergebnis der Anwendung im Browser.

Zu guter Letzt sollten Sie noch wissen, wie Formulardaten mithilfe von PHP ausgelesen werden, da sie als Eingabedaten für Webanwendungen unent-behrlich sind. Sie stehen in den beiden globalen Arrays `$_POST` und `$_GET` zur Verfügung – je nachdem, mit welcher HTTP-Methode die Formulardaten versendet wurden (siehe voriges Kapitel). Die Indizes dieser Arrays sind die jeweiligen Feldnamen, wie sie über das Attribut name der HTML-Formular-Tags oder die Variablennamen eines Flash-Films festgelegt wurden.

Angenommen, ein HTML-Dokument enthält folgendes Formular:

```
<form action="gruss.php"
  method="get">
  Ihr Name:
```

```
  <input type="text"
    name="user" />
  <input type="submit"
    value="Absenden" />
</form>
```

Wenn ein Benutzer seinen Namen eintippt und auf *Absenden* klickt, kann das angesprochene PHP-Skript *gruss.php* ihn folgendermaßen persönlich begrüßen:

```
<?php
    $name = $_GET['user'];
    echo ("Hallo, $name!");

?>
```

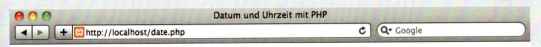

▲ Abbildung 19-1
Ausgabe eines einfachen PHP-Skripts im Browser

Flash-Variablen in PHP-Anwendungen laden

Wie schon erwähnt, können Sie eine PHP-Anwendung aus einem Flash-Film heraus sowohl mit navigateToURL() als auch mithilfe der URLLoader-Funktionalität aktivieren. navigateToURL() sorgt dafür, dass ein völlig neues Dokument in den Browser geladen wird. Wenn Sie auf diese Weise eine serverseitige Anwendung anfordern, wird erwartet, dass diese Anwendung das Dokument liefert. In Zusammenarbeit mit Flash wäre das nur dann sinnvoll, wenn der dynamisch erzeugte HTML-Code wieder einen eingebetteten Flash-Film enthielte. Deshalb sind loadVariablesNum() und loadVariables() oft geeigneter: Sie rufen die Webanwendung zunächst auf und senden ihr die Variablen des aktuellen Kontexts. Daraufhin erwarten sie, dass die Webanwendung ihnen Variablen im URL-Format sendet.

Weiter oben wurde bereits angesprochen, wie Sie in einem PHP-Skript auf Formulardaten zugreifen können. Flash-Variablen werden auf die gleiche Weise empfangen. Dabei spielt es keine Rolle, ob sie durch navigateToURL() oder URLLoader versandt wurden: Je nach HTTP-Versandmethode liegen die Variablen, die der Flash-Film übermittelt hat, in einem der globalen Arrays $_GET oder $_POST vor. ActionScript verwendet zum Senden von Variablen auch eine URLVariables-Instanz; dadurch erfolgt die benötigte URL-Codierung automatisch.

Betrachten Sie als erstes Beispiel folgende ActionScript-Zeilen in einem Flash-Film:

```
// Event-Handler, der nach dem Laden des PHP-Skripts aktiviert wird
function loadHandler(e:Event) {
    var vars:URLVariables = new URLVariables(e.target.data);
    // Falls das PHP-Skript einen Parameter namens ausgabe liefert,
    // gibt die nachfolgende Zeile diesen aus
    trace(vars.ausgabe);
}
// URLLoader initialisieren
var urlLoader:URLLoader = new URLLoader();
// URLVariables-Instanz zum Senden an das Skript vorbereiten
var sendVars:URLVariables = new URLVariables();
// Einzelne Variablen zum Senden definieren
sendVars.size = "XL";
sendVars.covers = "Champignons";
// URLRequest für das gewünschte PHP-Skript vorbereiten
var req:URLRequest = new URLRequest("pizza.php");
// Daten hinzufügen
req.data = sendVars;
// Anfrage senden
urlLoader.load(req);
// EventListener für das Fertigstellen der Anfrage vorbereiten
urlLoader.addEventListener(Event.COMPLETE, loadHandler);
```

Die load()-Anweisung ruft das im URLRequest-Objekt gespeicherte PHP-Skript *pizza.php* auf, das sich aufgrund der relativen URL im gleichen Webserververzeichnis befinden muss wie die SWF-Datei selbst. In der PHP-Anwendung können Sie die beiden Variablen vendor und product folgendermaßen aus $_GET auslesen:

```
$size = $_GET['size'];
$covers = $_GET['covers'];
```

Natürlich brauchen Sie in PHP nicht unbedingt identische Variablennamen – hier $size und $covers – zu wählen. Die entsprechenden Variablen sollten übrigens auch dann definiert sein, wenn die SWF-Datei sie wider Erwarten nicht liefert – beispielsweise wenn Sie sich beim Variablennamen verschrieben haben oder ein Benutzer ein Textfeld nicht ausgefüllt hat. Zu diesem Zweck können Sie folgende Ausdrucksweise verwenden:

```
$size = '';
if (isset($_GET['size']) && $_GET['size'] != '') {
    $size = $_GET['size'];
}
```

PHP-Daten in Flash-Filme laden

Während Sie nun bereits wissen, wie Ihre PHP-Anwendung Flash-Daten entgegennehmen kann, ist der umgekehrte Weg noch unbekannt. Die zuständigen Loader-Klassen haben Sie zwar zum Teil bereits kennengelernt, in Kapitel 17 wurde aber lediglich ihre Verwendung mit statischen Dateien demonstriert.

Damit Sie auch dynamische Daten damit laden können, muss ein serverseitiges Skript das passende Textformat als Ausgabe erzeugen. Dazu müssen Sie zunächst den korrekten MIME-Typ setzen – für einfachen Text ohne Auszeichnungen beispielsweise text/plain. In PHP geschieht das mithilfe der Anweisung header(). Wie bereits erwähnt, darf vor dem anfänglichen PHP-Block, in dem dies geschieht, kein einziges Zeichen stehen. Fügen Sie einfach folgende Zeile in Ihr Skript ein:

```
header("Content-type: text/plain");
```

Alternativ können Sie übrigens auch den von HTML-Formularen bekannten Typ application/x-www-form-urlencoded benutzen. Anschließend können Sie den Ausgabebefehl echo() oder einfachen Text außerhalb von PHP-Blöcken verwenden, um eine Abfolge von Variablen in der Form var1=Wert1&var2=Wert2&... auszugeben. Die Werte der Variablen sollten dabei, genau wie bei Formularfeldern, URL-codiert sein. Zu diesem Zweck definiert PHP die Funktion urlencode($wert). Das folgende Komplettbeispiel übermittelt das aktuelle Datum in der Form 16.07.2010 und die Uhrzeit im Format 19:34:

```
<?php
    // MIME-Type application/x-www-form-urlencoded setzen
    header("Content-type: application/x-www-form-urlencoded");
    // Datum und Uhrzeit formatieren
    $jetzt = time();
    $datum = urlencode(date ("d.m.Y", $jetzt));
    $zeit = urlencode(date ("H:i", $jetzt));
    // Ausgabe
    echo("datum=$datum&zeit=$zeit");
?>
```

Speichern Sie das Skript – zum Beispiel unter dem Namen *zeit.php* – im Website-Verzeichnis Ihres Webservers. Zur Kontrolle können Sie die header()-Zeile mittels vorangestelltem // auskommentieren und das Skript in einem Browser aufrufen. Sie erhalten eine Ausgabe wie diese:

```
datum=16.07.2010&zeit=19%3A34
```

Als Nächstes benötigen Sie einen Flash-Film, der auf das PHP-Skript zugreift und diese Variablen lädt. Sie können beispielsweise zwei dynamische Textfelder erstellen und ihnen die Instanznamen datumsFeld beziehungsweise zeitFeld zuordnen. Anschließend können Sie der jeweiligen text-Eigenschaft die Inhalte der geladenen Variablen zuordnen, um das Ergebnis anzuzeigen.

Erstellen Sie in einem neuen Film die beiden besagten Textfelder und vergessen Sie dabei nicht das Einbetten der benötigten Zeichen (mindestens *Ziffern* und *Satzzeichen*). Erstellen Sie anschließend folgendes Skript, um das Laden von Datum und Uhrzeit auszuprobieren:

```
// Event-Handler, der nach vollständigem Laden
// aufgerufen wird
function loadHandler(e:Event) {
    // URLVariables-Instanz erzeugen
    var vars:URLVariables = new URLVariables(e.target.data);
    // Den beiden Textfeldern die passenden Werte zuordnen
    datumsFeld.text = vars.datum;
    zeitFeld.text = vars.zeit;
}
// URLLoader erzeugen
var loader:URLLoader = new URLLoader;
// URLRequest für zeit.php erstellen
var req:URLRequest = new URLRequest("http://localhost/zeit.php");
// PHP-Skript anfordern
loader.load(req);
// EventListener definieren
loader.addEventListener(Event.COMPLETE, loadHandler);
```

ActionScript und XML

Die *Extensible Markup Language* (XML) hat sich in den letzten Jahren zum wichtigsten Datenaustauschformat für verteilte Anwendungen entwickelt. Flash kann XML-Dateien mithilfe einer praktischen Bibliothek verarbeiten. Auf diese Weise können Sie XML-Dokumente laden und in Form eines Baummodells auswerten, aber auch modifizieren und neu konstruieren. Der kurze Einstieg in diesem Abschnitt beschränkt sich auf die Verarbeitung vorhandener XML-Dokumente.

XML-Dokumente

XML ist zunächst keine Sprache mit speziellen Schlüsselwörtern, die eine konkrete Bedeutung haben, sondern ein Metaformat zur Definition solcher Sprachen.

XHTML ist beispielsweise die XML-basierte Neufassung von HTML 4.01. Jenseits solcher Standards können Sie Dokumente mit beliebigen Tags schreiben; solange Sie sich dabei an bestimmte Regeln halten, handelt es sich um *wohlgeformte XML-Dokumente*. Diese Regeln sind:

- Als Einleitung wird eine Steueranweisung mit dem folgenden Schema benötigt:

```
<?xml version="1.0" encoding="iso-8859-1" ?>
```

Es muss stets der tatsächliche Zeichensatz des Dokuments angegeben werden, statt `iso-8859-1` also zum Beispiel auch manchmal `utf-8`.

- Abgesehen von der Einleitungszeile muss ein Dokument vollständig von einem einzelnen Tag umschlossen werden, dem sogenannten *Wurzelelement*. Bei XHTML-Dokumenten ist das beispielsweise `<html>...</html>`.

- Jedes Element besteht aus einem Start-Tag und einem End-Tag. Das Start-Tag hat die Form `<Tagname [Attribut="Wert" ...]>`; das End-Tag lautet immer einfach `</Tagname>`, ohne Wiederholung der Attribute. Wenn ein Element keine Inhalte umschließt, ist die Kurzschreibweise `<Tagname [Attribut="Wert" ...] />` für die Kombination aus öffnendem und schließendem Tag zulässig – ein Beispiel dafür ist das XHTML-Tag `<br />` für einen einfachen Zeilenumbruch.

- Innerhalb von Elementen können beliebig viele weitere Elemente oder einfacher Text (PCDATA) verschachtelt sein.

- Zeichen, die in der XML-Syntax eine spezielle Bedeutung haben, müssen durch sogenannte *Entity-Referenzen* ersetzt werden: < steht für <, > für >, & für &, " für " und ' für '.

Um diese Regeln transparent zu machen, sehen Sie hier einen Ausschnitt aus einer XML-Repräsentation der Struktur dieses Buchs (die gekürzten Stellen werden durch `<!-- Kommentare -->` gekennzeichnet):

```
<?xml version="1.0" encoding="utf-8" ?>
<buch isbn="978-3-89721-987-8">
  <titel>Flash CS5</titel>
  <autor>Sascha Kersken</autor>
  <autor>André Reinegger</autor>
  <verlag>O&apos;Reilly</verlag>
  <auflage>1</auflage>
  <kapitel>
    <titel>Flash im Überblick</titel>
    <abschnitt>Was ist Flash?</abschnitt>
    <abschnitt>Bitmap und Vektorgrafik</abschnitt>
    <!-- weitere Abschnitte in Kapitel 1 -->
  </kapitel>
  <kapitel>
    <titel>Die Arbeitsumgebung von Flash</titel>
    <!-- Liste der Abschnitte in Kapitel 2 -->
  </kapitel>
  <!-- Hier weitere Kapitel -->
</buch>
```

HTML-Versionen

HTML 4.01 und XHTML 1.0 unterscheiden sich im Wesentlichen nur dadurch, dass XHTML die strengere XML-Syntax einhalten muss. In der kommenden Neufassung HTML 5.0, die diverse neue Features mit sich bringt, sind dagegen wieder beide Schreibweisen (klassisches HTML und XML-konform) zulässig. Die Arbeiten an XHTML 2.0 wurden dagegen inzwischen eingestellt.

XML in ActionScript verarbeiten

ActionScript ist von jeher mit Hilfsmitteln zur Verarbeitung von XML-Daten ausgestattet. In ActionScript 1.0 und 2.0 erfolgte der Zugriff über das Document Object Model (DOM) des W3C (WWW-Konsortiums). Dazu wurde eine Klasse namens XML mit entsprechenden Eigenschaften und Methoden verwendet. Diese Klasse ist in ActionScript 3.0 aus Kompatibilitätsgründen noch vorhanden, wurde aber in XMLDocument umbenannt.

Das bevorzugte Verfahren zur XML-Verarbeitung in ActionScript 3 heißt E4X (ECMAScript for XML). Damit ist XML ein interner ActionScript-Datentyp. Das Überraschendste daran ist vielleicht, dass Sie einer Variablen eine wohlgeformte XML-Struktur als Wert zuweisen können, zum Beispiel so:

```
var xml:XML =
<programmiersprachen>
  <sprache einsatz="Flash Player">ActionScript</sprache>
  <sprache einsatz="Webbrowser">JavaScript</sprache>
  <sprache einsatz="Webserver">PHP</sprache>
</programmiersprachen>;
```

XPath

XPath ist die offizielle W3C-Standardsprache für den Zugriff auf alle Bestandteile von XML-Bäumen. Sie wird beispielsweise im Zusammenhang mit der XML-Transformationssprache XSLT verwendet.

Wie Sie sehen, wird dieser spezielle Wert nicht in Anführungszeichen geschrieben – schließlich handelt es sich eben nicht um einen String, sondern um einen XML-Baum. E4X bietet zwei verschiedene Möglichkeiten des Zugriffs auf XML-Inhalte: zum einen über offizielle Methoden wie children() oder attributes(), zum anderen über eine XPath-ähnliche Syntax, die beispielsweise xml.elementname oder xml.@attribut lautet.

Probieren Sie vor allem Letzteres einmal aus, indem Sie beispielsweise wie folgt auf den Textinhalt des ersten <sprache>-Elements zugreifen:

```
trace(xml.sprache[0]);            // Ausgabe: "ActionScript"
```

Die nachfolgende Anweisung gibt den Inhalt des Attributs einsatz für das zweite Element aus:

```
trace(xml.sprache[1].@einsatz);  // Ausgabe: "Webbrowser"
```

Warnung

Da die Namen der XML-Tags und -Attribute ungekennzeichnet in den ActionScript-Code geschrieben werden, kann E4X nicht mit Bezeichnern umgehen, die einen Bindestrich enthalten, obwohl diese in XML vollkommen legal sind. Bedenken Sie das bei der Entwicklung der Struktur Ihrer XML-Dokumente – Sie können Unterstriche oder CamelCase zur Worttrennung verwenden.

Hier noch ein Beispiel, das alle drei sprache-Elemente durchgeht und ihre Text- und Attributinhalte ausgibt:

```
for each (var spr:XML in xml.sprache) {
    trace(spr.* + " wird verwendet für " + spr.@einsatz);
}
```

Einsatzbeispiel: Ein XML-Menü

Als Beispiel für die Verarbeitung von XML-Daten wird hier aus einem XML-Dokument ein verschachteltes Hyperlink-Menü erzeugt. Öffnen Sie die Datei *xml_menu. fla*, die Sie im Ordner *19_Webserverinteraktion* auf der beiliegenden DVD finden. Die

Anwendung ist bereits fertig, sodass es hier keine Praxisanleitung, sondern lediglich eine Beschreibung gibt. Kopieren Sie die Datei *menu.xml* aus demselben Verzeichnis in das Wurzelverzeichnis Ihres Webservers (zum Beispiel *C:\Programme\Apache Software Foundation\Apache2.2\htdocs*). Erst dann können Sie den Film testen.

Rufen Sie zunächst die Definition des Movieclip-Symbols `menuitem` auf. Hier finden Sie die vier Ebenen *hg* (Hintergrundfarbverlauf), *txt* (enthält ein dynamisches Textfeld mit dem Instanznamen `txtbox` für die dynamische Beschriftung), *btn* (Instanz des transparenten Schaltflächensymbols *button*) und *action* (Bildaktion).

Die Bildaktion färbt die jeweilige Instanz des Elements bei Mausberührung ein, stellt beim Loslassen ihre ursprüngliche Farbe wieder her und lädt bei einem Klick die URL aus der Variablen `href`:

```
function mouseHandler(e:MouseEvent) {
    if (e.type == MouseEvent.MOUSE_OVER) {
            // Mausberührung: Button heller darstellen
            trans.redOffset = 102;
            trans.greenOffset = 102;
            trans.blueOffset = 102;
            this.transform.colorTransform = trans;
    } else if (e.type == MouseEvent.MOUSE_OUT) {
            // Maus entfernen: Button normal darstellen
            trans.redOffset = 0;
            trans.greenOffset = 0;
            trans.blueOffset = 0;
        this.transform.colorTransform = trans;
    } else if (e.type == MouseEvent.MOUSE_UP) {
            // Mausklick: URL aufrufen
            navigateToURL(new URLRequest(this.href));
    }
}
// EventListener für drei Mausereignisse
button.addEventListener(MouseEvent.MOUSE_OVER, mouseHandler);
button.addEventListener(MouseEvent.MOUSE_OUT, mouseHandler);
button.addEventListener(MouseEvent.MOUSE_UP, mouseHandler);
// Bisherige Farbtransformation speichern
var trans:ColorTransform = this.transform.colorTransform;
```

Das Symbol ist unter dem Klassennamen `XMLMenuItem` für die Verwendung in ActionScript freigegeben.

Der gesamte Rest der Anwendung findet im Skript des ersten Bilds im Hauptfilm statt. Hier wird zunächst eine Funktion namens `getMenuItems()` definiert, deren Beschreibung weiter unten folgt. Zuallererst wird nämlich *menu.xml* geladen; nach dem Fertigstellen soll die Funktion `initMenu()` aufgerufen werden:

```
// Neues URLLoader-Objekt erzeugen:
var loader:URLLoader = new URLLoader();
// XML-Datei laden:
loader.load(new URLRequest("menu.xml"));
// Sobald die Datei fertig geladen ist:
loader.addEventListener(Event.COMPLETE, initMenu);
```

Die Funktion `initMenu()` enthält Folgendes, um aus den geladenen Daten eine XML-Instanz zu erstellen und den Erstaufruf der Funktion `getMenuItems()` durchzuführen:

```
function initMenu(e:Event) {
    // XML-Daten entnehmen
    var xml:XML = new XML(e.target.data);
    // Den XML-Baum durchwandern
    getMenuItems(xml);
}
```

Bevor die eigentliche Verarbeitung von *menu.xml* durch die Funktion `getMenu-Items()` beschrieben wird, sollten Sie sich diese Datei selbst anschauen. Sie besteht aus dem Wurzelelement `<menu>` sowie einer Reihe beliebig tief ineinander verschachtelter `<item>`-Tags, in denen das Attribut `href` für die jeweilige Linkadresse und `caption` für die Beschriftung steht. Mit beispielsweise der Website von O'Reilly sowie meiner eigenen sieht diese Datei so aus:

```
<?xml version="1.0" encoding="utf-8" ?>
<menu>
  <item href="http://www.oreilly.de" caption="O&apos;Reilly">
    <item href="http://www.oreilly.de/catalog/adocs5flashger/"
      caption="Buch: Flash CS5" />
    <item href="http://www.oreilly.de/web" caption="Thema Web" />
  </item>
  <item href="http://buecher.lingoworld.de" caption="Sascha
      Kersken">
    <item href="http://buecher.lingoworld.de/flash"
      caption="Flash" />
    <item href="http://buecher.lingoworld.de/apache2"
      caption="Apache 2" />
    <item href="http://buecher.lingoworld.de/mysql"
      caption="MySQL" />
  </item>
</menu>
```

Die Funktion `getMenuItems()`, die diese Datei auswertet und die entsprechenden Menüelemente zeichnet, arbeitet *rekursiv* – das bedeutet, dass sie sich für die untergeordneten XML-Elemente jeweils selbst aufruft. Das stellt sicher, dass die Hierarchie korrekt abgearbeitet wird. Die Funktion nimmt drei Parameter entgegen: die XML-Instanz x, die den jeweils aktuellen Bestandteil des XML-Dokuments repräsentiert, die numerische Einrückungstiefe `indent` sowie die aktuelle Zeile `row`, ebenfalls eine Ganzzahl; die beiden Letzteren sind optional und besitzen den Standardwert 0:

```
function getMenuItems(x:XML, indent:int = 0, row:int = 0):int {
```

Der Rückgabetyp der Funktion ist `int`, nämlich die jeweils nächste Zeilennummer. Innerhalb des Funktionsrumpfs wird zunächst überprüft, ob der aktuelle Knoten x ein Menüpunkt ist. Dazu wird seine Methode `nodeKind()` getestet – `"element"` ist ein XML-Element, während "text" beispielsweise für normalen Text steht. Außerdem muss die Methode localName(), der Elementname, den Wert "item" zurückgeben:

```
if (x.nodeKind() == "element" && x.localName() == "item") {
```

Ist beides der Fall, werden zunächst die Werte der beiden Attribute href und caption ermittelt:

```
var href:String = x.@href;
var cap:String = x.@caption;
```

Die nächste Zeile erstellt eine Instanz der Klasse XMLMenuItem:

```
var theItem:XMLMenuItem = new XMLMenuItem();
```

Die Variable theItem verweist auf die neu erstellte Kopie, damit im Folgenden ihre Eigenschaften und Variablen modifiziert werden können. Als Erstes wird ihre x-Position berechnet; es handelt sich um die Summe aus 10 Pixeln Entfernung vom linken Rand und dem 30-Fachen der aktuellen Einrückungsstufe:

```
theItem.x = 30 * indent + 10;
```

Die y-Position hat ebenfalls einen Abstand von 10 Pixeln vom oberen Rand; pro Zeile werden die Höhe der Instanz und 10 Pixel Abstand hinzuaddiert:

```
theItem.y = (theItem.height + 10) * row + 10;
```

Als Nächstes werden die Clip-Variable für die Verknüpfungs-URL sowie das Textfeld mit der Beschriftung gesetzt:

```
theItem.href = href;
theItem.txtbox.text = cap;
```

Nun wird die Instanz, die das richtige Aussehen und die korrekte Position besitzt, an die Anzeigeliste des Hauptfilms angehängt, um sie anzuzeigen:

```
addChild(theItem);
```

Zu guter Letzt wird die Zeilennummer um 1 erhöht, da soeben erfolgreich ein Menüpunkt angezeigt wurde:

```
row++;
```

Der Rest des Codes muss für jeden Knoten ausgeführt werden, also auch dann, wenn es kein Menüpunkt war. Zunächst wird wie folgt überprüft, ob es untergeordnete XML-Knoten gibt:

```
if (x.*.length() > 0) {
```

Das * wählt alle Kindelemente mit beliebigem Namen aus. Die Methode `length()` liefert ihre Anzahl. Falls diese größer als null ist, werden die Kinder in einer Schleife durchwandert:

```
for (var j:int = 0; j < x.*.length(); j++) {
```

Für jeden Kindknoten erfolgt ein verschachtelter Aufruf von `getMenuItems()`. Als Parameter werden der aktuelle Kindknoten, die um 1 erhöhte Einrückung sowie die aktuelle Zeile übergeben. Das Ergebnis wird wieder in `row` gespeichert, um die Zeilennummer aktuell zu halten:

```
row = getMenuItems(x.*[j], indent + 1, row);
```

Die letzte Zeile der Funktion ist das Gegenstück zu diesem Aufruf – sie gibt den aktuellen Wert von `row` zurück:

```
return row;
```

Hier noch einmal der komplette kommentierte Code des Bildskripts:

```
/* Alle Kindknoten des XML-Elements <menu> verarbeiten
   und die darin enthaltenen Menüelemente darstellen */
function getMenuItems(x:XML, indent:int = 0, row:int = 0):int {
    if (x.nodeKind() == "element" && x.localName() == "item") {
        // Attribute Link-URL und Beschriftung auslesen
        var href:String = x.@href;
        var cap:String = x.@caption;
        // MenuItem erstellen
        var theItem:XMLMenuItem = new XMLMenuItem();
        // x- und y-Position nach Einrückstufe bzw. Zeile
        // berechnen:
        theItem.x = 30 * indent + 10;
        theItem.y = (theItem.height + 10) * row + 10;
        // URL und Beschriftung des Clips setzen
        theItem.href = href;
        theItem.txtbox.text = cap;
        // Das fertige XMLMenuItem anhängen
        addChild(theItem);
        // Zeilennummer erhöhen, da ein Menüpunkt erstellt
        // wurde
        row++;
    }
    // Gibt es Kindknoten?
    if (x.*.length() > 0) {
        // Schleife über alle Kindknoten
        for (var j:int = 0; j < x.*.length(); j++) {
            // Rekursiver Aufruf für den aktuellen
            // Kindknoten
            row = getMenuItems(x.*[j], indent + 1, row);
        }
    }
```

```
        // Aktuelle Zeilennummer zurückgeben:
        return row;
}
/* XML-Instanz aus der geladenen Datei erstellen;
   mit dem Verarbeiten beginnen */
function initMenu(e:Event) {
        // XML-Daten entnehmen
        var xml:XML = new XML(e.target.data);
        // Den XML-Baum durchwandern
        getMenuItems(xml);
}
// Neues URLLoader-Objekt erzeugen
var loader:URLLoader = new URLLoader();
// XML-Datei laden
loader.load(new URLRequest("menu.xml"));
// Sobald die Datei fertig geladen ist:
loader.addEventListener(Event.COMPLETE, initMenu);
```

Abbildung 19-2
Das XML-Menü im Einsatz

Die Ausgabe des Films können Sie in Abbildung 19-2 betrachten.

Workshop

Ein Multiuser-Whiteboard

Wie Sie bemerkt haben dürften, enthält dieses Kapitel viele Beschreibungen allgemeiner Konzepte und Vorarbeiten, aber nur wenig an theoretischen Grundlagen zur Zusammenarbeit zwischen PHP und Flash selbst. Das liegt daran, dass die Schnittstelle selbst im Grunde sehr einfach ist und immer auf die gleiche Weise funktioniert. Umso wichtiger ist es deshalb, dass Sie anhand konkreter Beispiele ihren Einsatz kennenlernen.

Das vorliegende Beispiel könnte – mit einigen Ergänzungen in puncto Sicherheit und Komfort – auch in der Praxis sehr nützlich sein. Es handelt sich im Prinzip um eine Erweiterung des Zeichenbeispiels aus Kapitel 16. Diesmal können allerdings mehrere User gleichzeitig von verschiedenen Rechnern aus zeichnen, und ihre Zeichnungen werden über den Server synchronisiert.

Damit die Zeichnungen einander nicht in die Quere kommen, wird für jeden beteiligten User ein eigenes MovieClip-Objekt als Zeichenfläche angelegt, und zusätzlich wird jedem Benutzer eine andere Zeichenfarbe zugeordnet. Auf diese Weise können mehrere Personen nicht nur per Text (wie in einem Chat), sondern visuell zusammenarbeiten.

Die Kommunikation zwischen Flash-Anwendung und Serverskript läuft über POST-Anfragen und XML-Antworten. Das SWF sendet POST-Anfragen mit Feld=Wert-Paaren, wie sie weiter oben beschrieben wurden. Wichtig ist dabei das Feld cmd (für command), das bestimmt, welche Aufgabe das PHP-Skript jeweils ausführen soll. In Tabelle 19-1 sehen Sie alle definierten Kommandos. Die Spalte »Weitere Felder« führt auf, welche Daten für das jeweilige Kommando erforderlich sind.

Tabelle 19-1: Befehle, die das Serverskript verarbeiten kann

Kommando	Erläuterung	Weitere Felder
new_conference	Eine neue Konferenz erzeugen. Ändert nichts in der Datenbank, sondern gibt eine garantiert eindeutige Konferenz-ID zurück.	keine
add_user	Einen User hinzufügen. Der übergebene Username wird in die Tabelle `drawing_users` geschrieben, und dessen eindeutige User-ID wird zurückgegeben.	`conference_id`: ID der aktuellen Konferenz (nur zur Gültigkeitsprüfung) `username`: Name des neuen Users
save_data	Zeichendaten speichern. Die vom Client eines Users übermittelten Zeichendaten werden in der Tabelle `drawings` gespeichert.	`conference_id`: ID der aktuellen Konferenz `user_id`: ID des aktuellen Users `data_0` bis `data_n`: einzelne Zeichendatensätze
get_data	Zeichendaten ab einer bestimmten ID lesen und zurückliefern. Der aktuelle User wird dabei weggelassen (weil die eigene Zeichnung bereits vorhanden ist), und es wird eine Mindest-ID verwendet, um nur jeweils neue Daten zu lesen.	`conference_id`: ID der aktuellen Konferenz `user_id`: ID des aktuellen Users, um diesen aus der Datenbankabfrage auszuschließen `min_id`: Zeichendaten-ID, ab der Daten gelesen werden sollen
get_users	Liste aller User der aktuellen Konferenz auslesen und zurückliefern. Dazu verknüpft die Abfrage die Tabellen `drawing_users` für die Usernamen und `drawings` für die User-IDs der Konferenz.	`conference_id`: ID der aktuellen Konferenz

Die Antworten des serverseitigen Skripts sind stets dynamisch erzeugtes XML, weil ActionScript dies – wie oben gezeigt – besonders leicht verarbeiten kann. Innerhalb des Wurzelelements `<response>...</response>` stehen jeweils Fehler- und Statusmeldungen oder konkrete Daten.

Der visuelle Rahmen des Flash-Films ist bereits fertig – Sie finden ihn in der Datei *whiteboard_start.fla* im Ordner *19_Webserverinteraktion* auf der Buch-DVD. Ihre

Aufgabe während des Workshops besteht darin, Datenbanktabellen zu erzeugen, PHP-Skripten zu erstellen und ActionScript der Flash-Anwendung hinzuzufügen.

1   Die Datenbanktabellen vorbereiten

Die Serveranwendung verwendet zwei Datenbanktabellen. `drawing_users` speichert die Namen der angemeldeten Benutzer und weist jedem von ihnen eine eindeutige ID zu. `drawings` speichert die eigentlichen Zeichendaten mit einer Konferenz-ID (das heißt der gemeinsamen Sitzung, in der mehrere User zeichnen), der User-ID und der aktuellen Zeichenkoordinate.

Öffnen Sie den MySQL-Client und geben Sie folgende Kommandos ein, um die Datenbank `whiteboard` und die beiden Tabellen zu erzeugen:

```
mysql> CREATE DATABASE whiteboard;
mysql> USE whiteboard
mysql> CREATE TABLE drawing_users (
    >    user_id INT AUTO_INCREMENT,
    >    user_name VARCHAR(60),
    >    PRIMARY KEY (user_id),
    >    INDEX (user_name)
    > );
mysql> CREATE TABLE drawings (
    >    id INT auto_increment,
    >    conference_id VARCHAR(32),
    >    user_id INT,
    >    data VARCHAR(20),
    >    PRIMARY KEY (id),
    >    INDEX (conference_id, user_id)
    > );
```

Wie Sie sehen, hat die Tabelle `drawing_users` nur zwei Felder, nämlich `user_id` vom Typ `INT` und `user_name` vom Typ `VARCHAR(60)` – also einen String variabler Länge mit maximal 60 Zeichen. `user_id` ist der Primärschlüssel und wird per `AUTO_INCREMENT` automatisch hochgezählt, was eindeutige IDs garantiert.

Zusätzlich wird ein gewöhnlicher Index auf das Feld `user_name` gesetzt. Ein Datenbankindex funktioniert im Prinzip genau so wie der Index am Ende dieses Buchs: Die Daten des entsprechenden Felds werden noch einmal sortiert und mit einem Verweis auf ihre Position in der Tabelle gespeichert, was die Suche oder das Sortieren nach dieser Information erheblich beschleunigt.

Die Tabelle `drawings` enthält vier Spalten: `id` ist die fortlaufende Nummer des jeweiligen Datensatzes und damit der Primärschlüssel. Die `conference_id` identifiziert, wie bereits erwähnt, die aktuelle Sitzung. Es handelt sich um einen zufälligen String aus 32 Hexadezimalzeichen; wie er erzeugt wird, erfahren Sie im nächsten Schritt. Die `user_id` stammt aus der Tabelle `drawing_users`. `data` schließlich enthält die eigentlichen Zeichendaten. Es handelt sich um einen String in einem der folgenden Formate:

* `d:X-Wert:Y-Wert` – Der User hat eine Linie von den vorherigen zu den aktuellen Koordinaten gezeichnet.

- `m:X-Wert:Y-Wert` – Der User hat die Maus von den vorherigen zu den aktuellen Koordinaten bewegt, ohne zu zeichnen, das heißt ohne die Maustaste gedrückt zu halten.

- `c` – Der User hat seine Zeichenfläche mit einem Klick auf den zuständigen Button gelöscht.

Auch in dieser Tabelle kommt ein Index zum Einsatz, um die Suche zu beschleunigen, diesmal auf die Kombination der Felder `conference_id` und `user_id`.

Es empfiehlt sich, einen eigenen Datenbankuser zu erstellen, der nur auf die Datenbank `whiteboard` zugreifen darf. Geben Sie im MySQL-Client Folgendes ein, um den User `whiteboarduser` zu erstellen und ihm die notwendigen Rechte zuzuweisen:

```
mysql> CREATE USER whiteboarduser@localhost IDENTIFIED BY
'passwort';
mysql> GRANT ALL PRIVILEGES ON whiteboard.* TO whiteboaruser@
localhost;
mysql> FLUSH PRIVILEGES;
```

Statt `passwort` sollten Sie ein möglichst kryptisches Passwort aus Groß- und Kleinbuchstaben, Ziffern und Sonderzeichen verwenden. Interaktiv einzugeben brauchen Sie es ohnehin nicht; es wird lediglich in der PHP-Datei für den Datenbankzugriff gespeichert.

2 Die PHP-Skripte schreiben

Auf der Serverseite kommen zwei PHP-Skripte zum Einsatz, wobei eines von dem anderen verwendet wird. Es handelt sich um eine PHP-Klasse namens Db, die die Datenbankverbindung bereitstellt, und das eigentliche Serverskript *service.php*, das mit der Flash-Anwendung kommuniziert.

Erstellen Sie zunächst die folgende Datei und speichern Sie sie unter dem Namen *Db.php* in dem Verzeichnis Ihres Webservers, in dem die Anwendung laufen soll:

```php
<?php

/**
 * Klasse für die Datenbankverbindung
 *
 */
class Db {
  /**
   * Datenbankverbindung
   * @var mysqli
   */
  private $_conn = NULL;

  /**
   * Instanz liefern (und gegebenenfalls erzeugen)
   *
   * @return Db
   */
```

```php
  public static function getInstance() {
    static $instance;
    if (!(isset($instance) && is_object($instance))) {
      $instance = new Db();
    }
    return $instance;
  }

  /**
   * MySQL-Verbindung aufbauen
   *
   * @return mysqli
   */
  public function getConnection() {
    if ($this->_conn === NULL) {
      $host = 'localhost';
      $user = 'whiteboarduser';
      $pass = 'passwort'; // Durch Ihr eigenes Passwort ersetzen
      $db = 'whiteboard';
      $this->_conn = new mysqli($host, $user, $pass, $db);
    }
    return $this->_conn;
  }
}

?>
```

In der Klasse wird ein Kommentarstil verwendet, der in Kapitel 15 auch für ActionScript demonstriert wurde. Im Fall von PHP ist PHPDocumentor (*http://www.phpdoc.org/*) das Tool der Wahl, um daraus eine Dokumentation zu generieren.

Prinzipiell funktioniert Objektorientierung in PHP ähnlich wie in ActionScript: Das Schlüsselwort class leitet eine Klassendefinition ein, und innerhalb ihrer geschweiften Klammern können Attribute (durch Geheimhaltungsstufen wie public und private oder einfach mit var; vor PHP 5 nur Letzteres) und Methoden (mit der Einleitung function) definiert werden.

Ein wichtiger Unterschied zu ActionScript besteht darin, dass zwischen Instanzname und Attribut beziehungsweise Methode kein Punkt, sondern ein Pfeil (->) steht. So heißt das Attribut für die Datenbankverbindung innerhalb von Methoden beispielsweise $this->_conn; in ActionScript hieße eine entsprechende Instanzvariable this._conn.

Die Klasse Db besitzt ein privates Attribut namens $_conn, das die Datenbankverbindung speichert. Daneben gibt es zwei Methoden:

getInstance() ist eine statische Methode oder Klassenmethode, wird also nicht für eine Instanz der Klasse, sondern für die Klasse selbst aufgerufen. Sie liefert eine Instanz der Klasse zurück.

Die Variable $instance, in der die Instanz gespeichert wird, ist ebenfalls statisch. Dies garantiert, dass innerhalb eines Ausführungskontexts immer nur eine Instanz von Db verwendet wird. Das schont Ressourcen, insbesondere überflüssige Daten-

PHP 4 und PHP 5

Der gezeigte Code benötigt PHP 5. Falls Sie auf PHP 4 angewiesen sind, stehen keine Geheimhaltungsstufen zur Verfügung, und auch die modernere Datenbankschnittstelle mysqli wird nicht unterstützt. Deshalb besitzt das Verzeichnis mit den Dateien zu diesem Kapitel auf der Buch-DVD das Unterverzeichnis *php4*, in dem Sie Fassungen von *Db.php* und *service.php* in PHP-4-gerechter Form finden.

Kurios wird es, wenn Sie Webspace bei dem bekannten Hoster 1&1 verwenden: Dateien mit der Endung *.php* werden hier als PHP 4 interpretiert; für PHP 5 müssen Sie die Endung *.php5* verwenden und auch den Import von *Db.php* in *service.php* entsprechend anpassen.

bankverbindungen. Da dieses Verfahren zur Verwendung einer einzigen Instanz recht häufig eingesetzt wird, hat es eine feste Bezeichnung: *Singleton*. Es handelt sich um ein sogenanntes *Design Pattern* (deutsch: Entwurfsmuster), das eine gängige Lösung für ein häufig auftretendes Problem der Softwareentwicklung beschreibt.

Die Methode `getConnection()` erstellt eine MySQL-Datenbankverbindung. Dazu wird mysqli (MySQL improved) verwendet, eine der drei möglichen MySQL-Schnittstellen für PHP. Sie ist ab PHP 5 verfügbar und kann – wie hier – objektorientiert angesprochen werden.

Der eigentliche Verbindungsaufbau funktioniert wie folgt:

```
$this->_conn = new mysqli($host, $user, $pass, $db);
```

`getConnection()` erstellt nur dann eine neue Verbindung, wenn noch keine existiert, das Attribut `$this->_conn` also noch den Anfangswert `NULL` besitzt. Am Ende wird in jedem Fall der aktuelle Wert des Attributs zurückgegeben. In PHP sind Klasseninstanzen, die als Werte an Funktionen übergeben oder von diesen zurückgegeben werden, stets Referenzen. Bei einfachen Datentypen wie Zahlen, Strings oder Arrays werden dagegen standardmäßig Kopien der Werte weitergegeben.

Als Nächstes folgt das eigentliche Serverskript, das mit der Flash-Anwendung kommunizieren wird. Diese Datei, *service.php*, hat folgenden Inhalt:

```php
<?php

// Datenbankklasse importieren
include_once(dirname(__FILE__).'/Db.php5');

// Neue Konferenz erzeugen
function newConference() {
    // Zunächst davon ausgehen, dass es nicht funktioniert hat
    $result = FALSE;
    // Instanz der Datenbankklasse holen
    $db = Db::getInstance();
    // Falls die Datenbankverbindung funktioniert ...
    if ($conn = $db->getConnection()) {
        // SQL-Code der Abfrage speichern
        $sql = "SELECT DISTINCT(conference_id)
FROM drawings
WHERE conference_id = '%s'";
        do {
            // Zufällige ID erzeugen
            $id = md5(rand());
            // Davon ausgehen, dass sie eindeutig ist
            $unique = TRUE;
            // Falls die Abfrage funktioniert ...
            if ($query = $conn->query(sprintf($sql, $id))) {
                // ... und Daten enthält ...
                if ($row = $query->fetch_assoc()) {
                    // ... ist die ID nicht eindeutig
                    $unique = FALSE;
```

```
      }
    }
  } while (!$unique);
  // Das Ergebnis ist hier die garantiert eindeutige Konferenz-ID
  $result = $id;
}
// Ergebnis zurückgeben
return $result;
}


// In einer bestehenden Konferenz anmelden
// Parameter: Konferenz-ID und Username
function addUser($conferenceId, $name) {
  // Vorgabeergebnis: 0 (nicht angemeldet)
  $result = 0;
  // Falls der Username Zeichen außer Buchstaben, Ziffern
  // und _ enthält ...
  if (preg_match('(\W)', $name)) {
    // ... den Fehler -1 (illegale Daten) zurückgeben
    return -1;
  }
  // Falls die Konferenz-ID Zeichen außer Hexadezimalziffern
  // enthält ...
  if (preg_match('([^\da-f])i', $conferenceId)) {
    // ... den Fehler -1 (illegale Daten) zurückgeben
    return -1;
  }
  $db = Db::getInstance();
  if ($conn = $db->getConnection()) {
    $users = array();
    // Abfrage: Die unterschiedlichen User der Sitzung auslesen
    $sql = "SELECT DISTINCT(user_id)
FROM drawings
WHERE conference_id = '%s'";
    if ($query = $conn->query(sprintf($sql, $conferenceId))) {
      while ($row = $query->fetch_assoc()) {
        $users[] = $row['user_id'];
      }
    }
    // Falls es weniger als 10 User gibt ...
    if (count($users) < 10) {
      // Den neuen User in die Tabelle drawing_users einfügen
      $sql = "INSERT INTO drawing_users (user_name)
VALUES ('%s')";
      if ($query = $conn->query(sprintf($sql, $name))) {
        if ($conn->affected_rows > 0) {
          // Wenn alles geklappt hat, ist das Ergebnis die neue
          // User-ID
          $result = $conn->insert_id;
        }
      }
    } else {
      // Ansonsten ist das Ergebnis Fehler -2 (zu viele User)
      $result = -2;
    }
  }
```

```php
    // Ergebnis zurückgeben
    return $result;
}

// Zeichendaten speichern
// Parameter: Konferenz-ID und eigene User-ID
function saveDrawing($conferenceId, $userId) {
    // Zunächst von Misserfolg ausgehen
    $success = FALSE;
    // Beginn der Einfügeabfrage
    $sql = "INSERT INTO drawings
(conference_id, user_id, data)
VALUES ";
    // Zähler für die Zeichendaten
    $counter = 0;
    // Solange Daten nach dem Schema data_0 bis data_n vorhanden sind ...
    while (isset($_POST['data_'.$counter])) {
        $data = $_POST['data_'.$counter];
        // Ab dem 2. Datensatz ein Komma zur Abfrage hinzufügen
        if ($counter > 0) {
            $sql .= ", ";
        }
        // Die Daten selbst hinzufügen
        $sql .= "('$conferenceId', $userId, '$data')";
        $counter++;
    }
    // Nur, falls Daten vorhanden sind ...
    if ($counter > 0) {
        // Die Datenbankabfrage hinzufügen
        $db = Db::getInstance();
        if ($conn = $db->getConnection()) {
            $conn->query($sql);
            // Falls tatsächlich Daten eingefügt wurden ...
            if ($conn->affected_rows > 1) {
                // Erfolg!
                $success = TRUE;
            }
        }
    }
    // Ergebnis zurückgeben
    return $success;
}

// Zeichendaten auslesen
// Parameter: Konferenz-ID, eigene User-ID, Mindest-Daten-ID
function getDrawing($conferenceId, $userId, $minId = 0) {
    // Bei illegaler Konferenz-ID ...
    if (preg_match('([^\da-f])i', $conferenceId)) {
        // Fehlermeldung zurückgeben
        return '<data_error message="Illegal conference id" />';
    }
    // Die SQL-Abfrage erstellen:
    // Daten-ID, User-ID und Nutzdaten auslesen,
    // bei denen die korrekte Konferenz-ID gesetzt ist,
    // die User-ID NICHT dem aktuellen User entspricht und
    // die Daten-ID mindestens die Mindest-ID ist;
```

```
  // aufsteigend sortiert nach Daten-ID
  $sql = "SELECT id, user_id, data FROM drawings
WHERE conference_id = '%s'
  AND user_id != %d
  AND id >= %d
ORDER BY id ASC";
  $db = Db::getInstance();
  if ($conn = $db->getConnection($sql, $conferenceId, $userId,
$minId)) {
    $data = array();
    if ($query = $conn->query(sprintf($sql, $conferenceId, $userId,
            $minId))) {
      // Solange Datensätze vorhanden sind ...
      while ($row = $query->fetch_assoc()) {
        // ... zum Array hinzufügen
        $data[] = $row;
      }
      // Falls keine Daten vorhanden sind, entsprechende Meldung
      // zurückgeben
      if (empty($data)) {
        return '<no_data value="1" />';
      }
      // Andernfalls Ergebnis-XML erstellen
      $result = '<data>';
      foreach($data as $row) {
        // Nacheinander alle Zeilen hinzufügen: Daten-ID und
        // User-ID als Attribute,
        // Nutzdaten als Textinhalt
        $result .= sprintf('<row id="%d" user="%d">%s</row>',
$row['id'], $row['user_id'], $row['data']);
      }
      $result .= '</data>';
      // Ergebnis zurückgeben
      return $result;
    }
  }
  // Bei Problemen Fehlermeldung zurückgeben
  return '<data_error message="Database error" />';
}

// User einer bestimmten Konferenz auslesen
// Einziger Parameter: Konferenz-ID
function getUsers($conferenceId) {
  // Illegale Konferenz-IDs aussortieren
  if (preg_match('([^\da-f])i', $conferenceId)) {
    return '<data_error message="Illegal conference id" />';
  }
  // Abfrage: User-IDs und Usernamen aus den beiden
  // verknüpften Tabellen
  $sql = "SELECT DISTINCT u.user_id, u.user_name
FROM drawings d
INNER JOIN drawing_users u
ON d.user_id = u.user_id
WHERE d.conference_id = '%s'
ORDER BY u.user_id ASC";
  $db = Db::getInstance();
```

```php
    if ($conn = $db->getConnection()) {
      if ($query = $conn->query(sprintf($sql, $conferenceId))) {
        $result = '';
        while ($row = $query->fetch_assoc()) {
          // Falls Daten vorhanden sind, jeden Datensatz hinzufügen
          $result .= sprintf('<user id="%d">%s</user>', $row['user_
                              id'], $row['user_name']);
        }
        // Sind keine Daten vorhanden, Meldung zurückgeben
        if (empty($result)) {
          return '<no_users value="1" />';
        }
        return $result;
      }
    }
    // Bei Problemen Fehlermeldung zurückgeben
    return '<data_error message="Database error" />';
}

// Die Antwort als leeren String initialisieren
$response = '';

// Befehls-Dispatcher
// Falls das Feld 'cmd' gesetzt ist, auf die einzelnen Befehle prüfen
if (isset($_POST['cmd'])) {
  switch($_POST['cmd']) {
  case 'new_conference':
    // Neue Konferenz erzeugen
    $result = newConference();
    if (FALSE !== $result) {
      // Bei Erfolg Konferenz-ID in die Antwort schreiben
      $response = sprintf('<conference_id>%s</conference_id>', $result);
    } else {
      // Ansonsten Fehlermeldung
      $response = '<data_error message="Cannot create
                    conference." />';
    }
    break;
  case 'add_user':
    // User hinzufügen
    // Zunächst testen, ob Konferenz-ID und Username
    // vorhanden sind
    $conferenceId = '';
    $username = '';
    if (isset($_POST['conference_id'])) {
      $conferenceId = $_POST['conference_id'];
    }
    if (isset($_POST['username'])) {
      $username = $_POST['username'];
    }
    // Falls sie vorhanden sind ...
    if ($conferenceId != '' && $username != '') {
      // addUser() aufrufen
      $id = addUser($conferenceId, $username);
      if ($id > 0) {
        // Ergebnis größer als 0: gültige neue User-ID
```

```php
      $response = sprintf('<user_id>%d</user_id>', $id);
    } elseif ($id == -1) {
      // Ergebnis -1: illegale Anfragedaten
      $response = '<data_error message="Illegal data" />';
    } elseif ($id == -2) {
      // Ergebnis -2: Konferenz voll
      $response = '<data_error message="Too many users" />';
    } else {
      // Ergebnis 0: sonstiger Fehler
      $response = '<data_error message="Database error" />';
    }
  } else {
    // Nicht alle notwendigen Daten vorhanden
    $response = '<data_error message="Insufficient data" />';
  }
  break;
case 'save_data':
  // Zeichendaten hinzufügen
  $userId = 0;
  $conferenceId = '';
  if (isset($_POST['conference_id'])) {
    $conferenceId = $_POST['conference_id'];
  }
  if (isset($_POST['user_id'])) {
    $userId = $_POST['user_id'];
  }
  if ($conferenceId != '' && $userId > 0) {
    // Falls alle Daten vorhanden sind, saveDrawing() aufrufen
    $success = saveDrawing($conferenceId, $userId);
    if ($success) {
      // Bei Erfolg Erfolgsmeldung
      $response = '<saved success="1" />';
    } else {
      // Ansonsten Fehlermeldung
      $response = '<data_error message="Could not save
                  drawing" />';
    }
  } else {
    // Fehlermeldung: nicht genügend Daten
    $response = '<data_error message="Insufficient data" />';
  }
  break;
case 'get_data':
  // Zeichendaten der anderen User auslesen
  $userId = 0;
  $conferenceId = '';
  $minId = 0;
  if (isset($_POST['conference_id'])) {
    $conferenceId = $_POST['conference_id'];
  }
  if (isset($_POST['user_id'])) {
    $userId = $_POST['user_id'];
  }
  if (isset($_POST['min_id'])) {
    $minId = $_POST['min_id'];
  }
```

```php
            if ($conferenceId != '' && $userId > 0) {
                // Wenn alle Daten vorhanden sind, die Funktion
                // getDrawing() aufrufen
                // und deren Rückgabewert als Antwort verwenden
                $response = getDrawing($conferenceId, $userId, $minId);
            } else {
                // Ansonsten Fehlermeldung: unzureichende Daten
                $response = '<data_error message="Insufficient data" />';
            }
            break;
        case 'get_users':
            // Liste der User einer Konferenz auslesen
            if (isset($_POST['conference_id'])) {
                // Wenn Konferenz-ID vorhanden, Ergebnis von getUsers()
                // als Antwort verwenden
                $response = getUsers($_POST['conference_id']);
            } else {
                // Andernfalls Fehlermeldung
                $response = '<data_error message="No conference id" />';
            }
            break;
        default:
            // Jeder andere Befehl ist illegal
            $response = '<data_error message="Illegal command" />';
    }
} else {
    // Fehlermeldung, falls kein Befehl vorhanden
    $response = '<data_error message="No command" />';
}
// Antwort in XML-Dokument verpacken
$responseData = '<?xml version="1.0" encoding="utf-8" standalone="yes"?>
<response>
';
$responseData .= $response;
$responseData .= '
</response>';
// Datentyp XML senden
header('Content-type: text/xml');
// Antwort senden
echo $responseData;
?>
```

Der Code ist sehr ausführlich dokumentiert, sodass hier nicht mehr viele zusätzliche Erläuterungen erforderlich sind. Näheres zu den einzelnen PHP-Anweisungen können Sie am schnellsten in der PHP-Onlinedokumentation unter *http://www.php.net/manual/* nachschlagen.

Tipp

Wichtig: __FILE__ wird mit je zwei Unterstrichen vor und hinter dem Schlüsselwort geschrieben.

Das Skript importiert zunächst die Datei *Db.php*:

```php
include_once(dirname(__FILE__).'/Db.php5');
```

Die Anweisung `include_once()` sorgt dafür, dass eine bereits vorhandene Ressource nicht erneut importiert wird; in diesem Fall mit nur zwei Dateien kann das zwar nicht passieren, aber es empfiehlt sich stets als Vorsichtsmaßnahme. `dirname()` ermittelt den reinen Verzeichnisnamen eines Dateipfads, wobei `__FILE__` die aktuelle Datei selbst ist. Beide Dateien müssen also im selben Verzeichnis innerhalb der von Ihrem Webserver veröffentlichten Website liegen.

Anschließend wird für jeden möglichen Befehl eine eigene Funktion definiert. Da die Datei keine Klasse ist, handelt es sich tatsächlich um Funktionen und nicht um Methoden, und deshalb wird auch kein PHPDoc-Code für die Kommentare verwendet.

Jede Funktion prüft zunächst die übergebenen Parameter formal und weist sie gegebenenfalls mit einer Fehlermeldung zurück. Für die Prüfung kommt des Öfteren die Methode `preg_match($muster, $string)` zum Einsatz. Diese prüft den String `$string` gegen den regulären Ausdruck `$muster`. Reguläre Ausdrücke sind komplexe Suchmuster. Da sie auch von ActionScript unterstützt werden, finden Sie das Wichtigste darüber auf der Doppelseite »Reguläre Ausdrücke im Überblick« weiter unten in diesem Kapitel.

Die Funktionen `getDrawing()` und `getUser()`, die größere Datenmengen auslesen und zurückliefern, erzeugen direkt XML. Die meisten anderen Funktionen haben andere Arten von Rückgabewerten, und das XML für den Client wird je nach Rückgabewert an der aufrufenden Stelle erzeugt.

Die meisten Datenbankabfragen werden zunächst als Format-Strings mit Platzhaltern gespeichert. In solchen Format-Strings steht `%d` für eine Ganzzahl und `%s` für einen String. Die PHP-Funktion `sprintf($format, $replace1, $replace2, ...)` ersetzt die Platzhalter in `$format` der Reihe nach durch die `$replace`-Ausdrücke. Dies garantiert, dass alle verwendeten Daten den richtigen Typ besitzen.

Um eine Datenbankabfrage abzusenden, wird die Methode `query()` der mysqli-Datenbankverbindung aufgerufen. Bei Auswahlabfragen mit SELECT, die Datensätze zurückgeben sollen, wird anschließend einmal oder mehrmals die Methode `fetch_assoc()` des Ergebnisobjekts aufgerufen. Diese liefert die Datensätze nacheinander als Arrays zurück, in denen die Originalspaltennamen die Indizes bilden.

Bei Änderungsabfragen, hier konkret Einfügeabfragen mit INSERT, kann dagegen die Eigenschaft `affected_rows` des mysqli-Objekts abgefragt werden, um herauszufinden, wie viele Datensätze geändert wurden. Die bei `addUser()` verwendete Eigenschaft `insert_id` gibt dagegen die zuletzt über die aktuelle Verbindung eingefügte AUTO_INCREMENT-ID zurück, in diesem Fall also die User-ID des neuen Benutzers.

Reguläre Ausdrücke im Überblick

Reguläre Ausdrücke – englisch *regular expressions* oder kurz *Regex(p)* – stellen eine eigene, mächtige Sprache zur Formulierung von Mustern für das Suchen und Ersetzen in Texten dar. In der Unix-Welt sind sie sehr weit verbreitet, dort gibt es beispielsweise das Konsolenprogramm *grep* zur Suche nach regulären Ausdrücken. Die mächtigste

Regexp-Variante bietet die Programmiersprache Perl, deshalb werden auch immer mehr andere Sprachen und Anwendungen mit PCRE (Perl-Compatible Regular Expressions) ausgestattet. Die ECMA-Implementierung besitzt nicht ganz so viele Fähigkeiten wie Perl.

Das Wichtigste, das Sie über reguläre Ausdrücke wissen sollten, ist, dass sie

standardmäßig auf eine beliebige Teilmenge eines Strings zutreffen. Falls Sie beispielsweise den regulären Ausdruck /p/ (den Buchstaben p) verwenden, trifft dieser auf jeden String zu, der ein p enthält. Probieren Sie es aus – die wichtigste Methode zum Einsatz regulärer Ausdrücke ist:

```
string.match(/Regexp/)
```

So können Sie in einem neuen Film zum Beispiel folgendes Skript verwenden:

```
trace("der Programmierer".match(/p/));
trace("mit regulären Ausdrücken programmieren".match(/p/));
```

Die Ausgabe lautet:

```
null
p
```

Ein Treffer liefert also den Textausschnitt zurück, auf den der reguläre Ausdruck passt. Wenn der reguläre Ausdruck nicht zutrifft, wird null zurückgegeben. Damit können Sie match() unter anderem als Kriterium

für eine if-Abfrage verwenden, weil jeder Text als wahr und null als falsch gilt.

Wie die beiden Beispiele zeigen, unterscheiden reguläre Ausdrücke

standardmäßig zwischen Groß- und Kleinschreibung. Wenn Sie das nicht möchten, können Sie hinter dem schließenden Slash den Modifier i (für »ignore case«) einfügen. Die Variante

```
trace("der Programmierer".match(/p/i));
trace("mit regulären Ausdrücken programmieren".match(/p/i));
```

liefert entsprechend das Ergebnis (ein großes beziehungsweise ein kleines P):

```
P
p
```

Innerhalb regulärer Ausdrücke können Sie zahlreiche Konstrukte verwenden. Hier sehen Sie nur einige der wichtigsten anhand von Beispielen im Überblick; Sie sollten sie alle mithilfe von trace() und match() ausprobieren:

- Eine Zeichenfolge wie ActionScript muss genau so im untersuchten String vorkommen.

- Eine Gruppe von Zeichen in eckigen Klammern bedeutet, dass eines der angegebenen Zeichen vorkommen muss. Beispiel: [aeiou] steht für einen der angegebenen Vokale.

- In eckigen Klammern können Sie auch einen fortlaufenden Bereich angeben, beispielsweise [a-z] für einen beliebigen Kleinbuchstaben.

- Die beiden vorangegangenen Konstrukte lassen sich mischen; [a-zA-Z0-9_] ist beispielsweise der vollständige Zeichenvorrat für gültige ActionScript-Bezeichner: alle Kleinbuchstaben, alle Großbuchstaben, alle Ziffern und der Unterstrich.

- Ein »Zirkumflex« (^) zu Beginn der eckigen Klammern kehrt die Bedeutung um: Es wird ein beliebiges Zeichen mit Ausnahme der angegebenen erwartet. [^0-9] steht z. B. für alle Zeichen, die keine Ziffern sind.

- Der Punkt steht für genau ein beliebiges Zeichen.

- ? ist einer der drei allgemeinen sogenannten *Quantifier*: Das davor stehende Konstrukt kann null- bis einmal vorkommen. Beispielsweise steht /10?1/ für die Zahlen 11 oder 101, da die 0 vorkommen soll oder auch nicht.

- * ist der allgemeinste Quantifier: Das vorherige Element kann beliebig oft vorkommen, einschließlich keinmal. [0-9]* steht zum Beispiel für beliebig viele Ziffern.

- + bedeutet, dass ein Element ein- oder mehrmals vorkommen darf. /10+1/ trifft zum Beispiel auf 101, 1001 oder 100001 zu, aber nicht auf 11.

- Runde Klammern gruppieren mehrere Elemente, unter anderem zur Verwendung der Quantifier auf mehr als ein Zeichen. (10)+ steht beispielsweise für ein oder mehrere Vorkommen der Zeichenfolge 10.

- ^ außerhalb eckiger Klammern bezeichnet den Anfang des untersuchten Strings. /^a/i (erstes Zeichen a, ohne Rücksicht auf Groß- und Kleinschreibung) etwa trifft auf »ActionScript«, aber nicht auf »JavaScript« zu.

- Ein Dollarzeichen ($) ist entsprechend das Ende des Strings. /n$/ passt somit auf »lachen«, aber nicht auf »Nerd« oder »ActionScript«.

- \d ist eine Kurzfassung für [0-9], also für beliebige Ziffern. \D bezeichnet dagegen jedes Zeichen, das keine Ziffer ist.

- \s ist beliebiger Whitespace (Leerzeichen, Tabulator oder Zeilenumbruch). \S ist ein beliebiges Nicht-Whitespace-Zeichen.

Hier zum Schluss noch zwei nützliche Beispiele:

- /^[a-z_][a-z\d_]*$/i beschreibt Bezeichner vollständig: zu Beginn ein Buchstabe oder Unterstrich, dahinter beliebig viele Buchstaben, Ziffern oder Unterstriche, wobei Groß- und Kleinschreibung gleichermaßen zulässig sind.

- /<[^>]+>/ findet HTML- oder XML-Tags: ein Kleiner-als-Zeichen, ein oder mehrere Nicht-Größer-als-Zeichen, ein Größer-als-Zeichen. /<.*>/ ist dagegen problematisch, weil der Quantifier * »gierig« ist – er versucht, möglichst viel Text zu finden, und trifft so nicht auf ein Tag, sondern auf beliebig viele von ihnen zu.

Die komplexeste Datenbankabfrage steht in der Methode `getUsers()`:

```
$sql = "SELECT DISTINCT u.user_id, u.user_name
FROM drawings d
INNER JOIN drawing_users u
ON d.user_id = u.user_id
WHERE d.conference_id = '%s'
ORDER BY u.user_id ASC";
```

Die Tabellen werden mithilfe einer `INNER JOIN`-Klausel verknüpft, wobei `ON` festlegt, welches Kriterium für die Verknüpfung herangezogen wird. Da ein Feld namens `user_id` in beiden Tabellen vorkommt, erhalten sie die Aliasnamen d beziehungsweise u, um sie voneinander unterscheiden zu können. Das Schlüsselwort `DISTINCT` bestimmt, dass identische Ergebnisdatensätze nur je einmal berücksichtigt werden sollen.

In der Methode `newConference()` wird mit folgendem Code eine neue Konferenz-ID erzeugt:

```
$id = md5(rand());
```

`rand()` ohne Parameter liefert eine Zufallszahl zwischen 0 und 1. Von dem Ergebnis wird ein MD5-Hash gebildet. MD5 ist ein beliebtes Verfahren, um eine relativ eindeutige Entsprechung beliebig langer Strings zu bilden, beispielsweise als Prüfsumme, wird aber auch für die Einwegverschlüsselung von Passwörtern verwendet. Das Ergebnis ist stets 128 Bit lang und wird als 32-stelliger Hexadezimal-String dargestellt.

Dass nach der Erzeugung per Datenbankabfrage überprüft wird, ob dieselbe ID schon existiert, klingt eigentlich schon ziemlich paranoid, denn 128 Bit stellen etwa $3,4 \times 10^{38}$ verschiedene Werte zur Verfügung. Allerdings ist die Frage, wie gut die `rand()`-Implementierung von PHP ist – ein identischer Pseudozufallswert würde auch denselben MD5-Hash ergeben.

Nach den verschiedenen Funktionen wird der Inhalt von `$_POST['cmd']` per `switch-case`-Anweisung untersucht. Nach grundlegenden Prüfungen, ob die notwendigen Parameter vorhanden sind, wird die jeweilige Funktion aufgerufen. Wurde ein ungültiger oder gar kein Befehl verwendet, liefert das Skript eine Fehlermeldung zurück. Zum Schluss erfolgt die Ausgabe des jeweils erzeugten XML-Codes per `echo`-Anweisung.

3 ActionScript hinzufügen

Zu guter Letzt wird der ActionScript-Code für die Clientanwendung geschrieben. Auch dieser ist ausführlich dokumentiert und enthält nichts, was nicht bereits in diesem oder den vorigen Kapiteln besprochen wurde.

Fügen Sie zunächst in das Schlüsselbild auf der Ebene *actions* in Bild 1 folgendes Skript ein:

```
import flash.net.URLLoader;
import flash.net.URLRequest;
import flash.events.Event;
import flash.events.MouseEvent;

// Konferenz-ID (identifiziert die Zeichenchat-Sitzung)
var conference:String = '';
// Eindeutige ID des aktuellen Users
var userId:int = 0;
// URL des Serverskripts
var conferenceUrl = 'service.php';

// EventListener für die Antwort auf den Befehl add_user
function addUserHandler(e:Event):void {
  // XML aus den Antwortdaten generieren
  var xml:XML = new XML(e.target.data);
  if (xml.user_id.* > 0) {
    // User-ID setzen und loslegen, falls User-ID > 0
    userId = int(xml.user_id.*);
    gotoAndStop('draw');
  } else if (xml.data_error) {
    // Andernfalls Fehlermeldung anzeigen
    // (z.B. Zu viele User in der Sitzung)
    messageBox.text = xml.data_error.@message;
  }
}

// Neuen User hinzufügen
function addUser():void {
  // Daten für den Versand aufbereiten
  var sendVars:URLVariables = new URLVariables();
  // Befehl: add_user
  sendVars.cmd = 'add_user';
  // Konferenz-ID
  sendVars.conference_id = conference;
  // Benutzername aus dem Eingabefeld auslesen
  sendVars.username = userName.text;
  // Die Anfrage an das Serverskript
  var req:URLRequest = new URLRequest(conferenceUrl);
  // Daten hinzufügen
  req.data = sendVars;
  // Versandmethode POST einstellen
  req.method = 'POST';
  // URLLoader erzeugen
  var loader:URLLoader = new URLLoader(req);
  // Anfrage absenden
  loader.load(req);
  // EventListener für die Serverantwort registrieren
  loader.addEventListener(Event.COMPLETE, addUserHandler);
}

// Antwort auf den Befehl new_conference
function newConferenceHandler(e:Event):void {
  var xml:XML = new XML(e.target.data);
    if (xml.conference_id.* != '') {
```

```
                        // Konferenz-ID erhalten: Speichern, dann User hinzufügen
                        conference = xml.conference_id.*;
                            addUser();
                    } else if (xml.data_error) {
                        // Andernfalls Fehlermeldung ausgeben
                        messageBox.text = xml.data_error.@message;
                    }
                }

        // EventListener für den Button "Neu"
        function newButtonHandler(e:MouseEvent):void {
            // Anfrage mit dem Befehl new_conference vorbereiten
            var sendVars:URLVariables = new URLVariables();
            sendVars.cmd = 'new_conference';
            var req:URLRequest = new URLRequest(conferenceUrl);
            req.data = sendVars;
            req.method = 'POST';
            var loader:URLLoader = new URLLoader(req);
            loader.load(req);
            loader.addEventListener(Event.COMPLETE, newConferenceHandler);
        }

        // EventListener für den Button "Beitreten"
        function joinButtonHandler(e:MouseEvent):void {
            // Konferenz-ID aus dem Eingabefeld lesen, dann User hinzufügen
            conference = conferenceId.text;
            addUser();
        }

        // EventListener für die Buttons registrieren
        newButton.addEventListener(MouseEvent.CLICK, newButtonHandler);
        joinButton.addEventListener(MouseEvent.CLICK, joinButtonHandler);

        // Hier anhalten
        stop();
```

Anschließend folgt der Code für Bild 20 der Ebene *actions*:

```
        import flash.display.MovieClip;
        import flash.events.Event;
        import flash.events.MouseEvent;
        import flash.net.URLVariables;
        import flash.net.URLLoader;

        // Diverse globale Variablen deklarieren

        // Liste der Zeichenfarben für fremde Zeichnungen
        var canvasColors:Array = [
          0xFF0000,
          0x0000FF,
          0x009900,
          0xFF00FF,
          0xFF6600,
          0x666666,
          0x990099,
```

```
  0x009966,
  0x999900
];
// Liste der entsprechenden HTML-Farben für die Userliste
var htmlColors:Array = [
  '#FF0000',
  '#0000FF',
  '#009900',
  '#FF00FF',
  '#FF6600',
  '#666666',
  '#990099',
  '#009966',
  '#999900'
];
// Die Zeichenflächen der anderen User
var canvases:Array = [];
// Die Zeichenfarben der anderen User
var userColors:Array = [];
// Die HTML-Farben der anderen User (für die Userliste)
var userHtmlColors:Array = [];
// Aktuelle Mindest-ID zum Nachladen der Zeichendaten
var minId:int = 1;
// Wird true, wenn der Befehl get_users noch aktiv ist
var getUsersBusy:Boolean = false;
// Wird true, wenn der Befehl get_data noch aktiv ist
var getDataBusy:Boolean = false;
// Puffer für die eigenen Zeichendaten
var data:Array = [];
// Wird auf der eigenen Zeichenfläche gerade gezeichnet?
var _drawing:Boolean = false;
// Framezähler, der bestimmt, wann welche Anfrage gesendet wird
var frameCounter:int = 0;
// Die eigene Zeichenfläche erzeugen und hinzufügen
var canvas:MovieClip = new MovieClip();
canvas.graphics.lineStyle(2, 0x000000);
this.addChild(canvas);

// Antwort auf den Befehl save_data
// Wird nur für eventuelle Fehlermeldungen verwendet
function saveHandler(e:Event):void {
  var xml:XML = new XML(e.target.data);
  if (xml.data_error.@message != '') {
    trace (xml.data_error.@message);
  }
}

// Aktuelle eigene Zeichendaten an den Server senden
function saveData() {
  if (data.length == 0) {
    return;
  }
  // Datencontainer
  var sendVars:URLVariables = new URLVariables();
  // Befehl save_data
  sendVars.cmd = 'save_data';
```

```actionscript
      // Konferenz-ID
      sendVars.conference_id = conference;
      // Eigene User-ID
      sendVars.user_id = userId;
      // Die Zeichnung als data_0 bis data_n
      for (var i:int = 0; i < data.length; i++) {
        sendVars['data_' + i] = data[i];
      }
      // Den Puffer für die eigene Zeichnung leeren
      data = [];
      // URLRequest vorbereiten und versenden
      var req:URLRequest = new URLRequest(conferenceUrl);
      req.data = sendVars;
      req.method = 'POST';
      var loader:URLLoader = new URLLoader(req);
      loader.load(req);
      // EventListener für die Antwort
      loader.addEventListener(Event.COMPLETE, saveHandler);
    }

    // Eine Zeichenfläche für einen fremden User erzeugen
    // ID ist die User-ID,
    // canvasColor die optionale laufende Nummer der Zeichenfarbe
    function createCanvas(id:String, canvasColor:int = -1) {
      // Nur ausführen, wenn der User nicht der lokale ist
      if (int(id) != userId) {
        // Falls keine Zeichenfarbe gesetzt, die nächste verfügbare nehmen
        if (canvasColor == -1) {
          canvasColor = canvases.length;
        }
        // Zeichenfarbe und Userlistenfarbe speichern
        userColors[id] = canvasColors[canvasColor];
        userHtmlColors[id] = htmlColors[canvasColor];
        // Zeichenfläche erstellen und Linienstil einstellen
        canvases[id] = new MovieClip();
        canvases[id].graphics.lineStyle(2, canvasColors[canvasColor]);
        this.addChild(canvases[id]);
      } else {
        // Beim lokalen User ist die Zeichen- und Listenfarbe
        // stets Schwarz
        userColors[id] = 0x000000;
        userHtmlColors[id] = '#000000';
      }
    }

    // EventListener für die Antwort auf get_users
    function getUsersHandler(e:Event):void {
      // get_users wieder freigeben
      getUsersBusy = false;
      var xml:XML = new XML(e.target.data);
      // Liste der <user>-Knoten aus dem XML-Dokument
      var usersList:XMLList = xml.user;
      // Falls User vorhanden:
      if (usersList.length() > 0) {
        // Überschrift
        var output = "<font color=\"#000000\"><b>Users:</b></font>\n\n";
```

```
    // Alle <user>-Knoten durchgehen
    for (var i:int = 0; i < usersList.length(); i++) {
      // Falls für den User noch keine Zeichenfläche existiert,
      // wird sie hier erzeugt
      if (!canvases[usersList[i].@id]) {
        createCanvas(usersList[i].@id, i);
      }
      // Den jeweiligen User in dessen Farbe hinzufügen
      output += '<font color="' + userHtmlColors[usersList[i].@id] + '">';
      output += usersList[i].* + "</font>\n";
    }
    // Die fertige Liste in das Textfeld schreiben
    usersDisplay.htmlText = output;
  }
}

// Die get_users-Anfrage vorbereiten und senden
function getUsers() {
  // Falls bereits eine solche Anfrage läuft, abbrechen
  if (getUsersBusy) {
    return;
  }
  // Registrieren, dass die Anfrage läuft
  getUsersBusy = true;
  var sendVars:URLVariables = new URLVariables();
  sendVars.cmd = 'get_users';
  sendVars.conference_id = conference;
  sendVars.user_id = userId;
  var req:URLRequest = new URLRequest(conferenceUrl);
  req.data = sendVars;
  req.method = 'POST';
  var loader:URLLoader = new URLLoader(req);
  loader.load(req);
  loader.addEventListener(Event.COMPLETE, getUsersHandler);
}

// Antwort auf get_data
function getOthersDataHandler(e:Event):void {
  getDataBusy = false;
  var xml:XML = new XML(e.target.data);
  var rowsList:XMLList = xml.data.row;
  // Nur durchführen, falls <row>-Knoten vorhanden sind
  if (rowsList.length() > 0) {
    trace (rowsList[i].@id);
    // Alle <row>-Knoten durchgehen
    for (var i:int = 0; i < rowsList.length(); i++) {
      // ID des jeweiligen Users
      var uid:String = rowsList[i].@user;
      // Es kann sein, dass hier ein neuer User auftaucht, der
      // noch nicht in der Userliste steht. In diesem Fall
      // wird von hier aus eine Leinwand für ihn angelegt
      if (!canvases[uid]) {
        createCanvas(uid);
      }
      // Mindest-ID für die nächste Anfrage setzen
      minId = int(rowsList[i].@id);
```

```
            // Daten an Doppelpunkten teilen
            var rowData:Array = rowsList[i].split(':');
            if (rowData[0] == 'c') {
              // Befehl löschen: Zeichenfläche des Users löschen
              canvases[uid].graphics.clear();
              // Linienstil wiederherstellen
              canvases[uid].graphics.lineStyle(2, userColors[uid]);
            } else if (rowData[0] == 'd') {
              // Befehl zeichnen: Linie zeichnen
              canvases[uid].graphics.lineTo(rowData[1], rowData[2]);
            } else if (rowData[0] == 'm') {
              // Befehl bewegen: Zeichenposition bewegen
              canvases[uid].graphics.moveTo(rowData[1], rowData[2]);
            }
        }
    }
}

// Die get_data-Anfrage vorbereiten und senden
function getOthersData() {
  // Falls bereits eine solche Anfrage läuft, abbrechen
  if (getDataBusy) {
    return;
  }
  // Registrieren, dass die Anfrage läuft
  getDataBusy = true;
  var sendVars:URLVariables = new URLVariables();
  sendVars.cmd = 'get_data';
  sendVars.user_id = userId;
  sendVars.conference_id = conference;
  sendVars.min_id = minId;
  var req:URLRequest = new URLRequest(conferenceUrl);
  req.data = sendVars;
  req.method = 'POST';
  var loader:URLLoader = new URLLoader(req);
  loader.load(req);
  loader.addEventListener(Event.COMPLETE, getOthersDataHandler);
}

// Regelmäßig aufgerufener EventListener für jeden Framewechsel
function enterFrameHandler(e:Event):void {
  // Die eigene Zeichnung erweitern und zwischenspeichern
  if (mouseX > 10 && mouseX < 610 && mouseY > 8 && mouseY < 538) {
    if (_drawing) {
      canvas.graphics.lineTo(mouseX, mouseY);
      data.push('d:' + mouseX + ':' + mouseY);
    } else {
      canvas.graphics.moveTo(mouseX, mouseY);
      data.push('m:' + mouseX + ':' + mouseY);
    }
  }
  // Den Zähler erhöhen ...
  frameCounter++;
  // ... und gegebenenfalls zurücksetzen
  if (frameCounter >= 60) {
    frameCounter = 0;
```

```
  }
  if (frameCounter == 0) {
    // Bei 0: save_data-Anfrage senden
    saveData();
  } else if (frameCounter % 60 == 20) {
    // Bei 20: get_users-Anfrage senden
    getUsers();
  } else if (frameCounter % 60 == 40) {
    // Bei 40: get_data-Anfrage senden
    getOthersData();
  }
}

// EventListener: Maustaste gedrückt
function mouseDownHandler(e:MouseEvent):void {
  // Ab jetzt wird gezeichnet
  _drawing = true;
}

// EventListener: Maustaste losgelassen
function mouseUpHandler(e:MouseEvent):void {
  // Es wird nicht mehr gezeichnet
  _drawing = false;
}

// EventListener: Löschen-Button gedrückt
function clearButtonHandler(e:MouseEvent):void {
  // Die eigene Zeichenfläche leeren
  canvas.graphics.clear();
  // Linienstil wiederherstellen
  canvas.graphics.lineStyle(2, 0x000000);
  data.push('c');
  _drawing = false;
}

// Die globalen EventListener registrieren
stage.addEventListener(Event.ENTER_FRAME, enterFrameHandler);
stage.addEventListener(MouseEvent.MOUSE_DOWN, mouseDownHandler);
stage.addEventListener(MouseEvent.MOUSE_UP, mouseUpHandler);
clearButton.addEventListener(MouseEvent.CLICK, clearButtonHandler);

// Konferenz-ID für Einladungen ausgeben
confId.text = 'Konferenz-ID: ' + conference;

// Hier anhalten
stop();
```

Wichtig ist in diesem zweiten Skript vor allem die Variable frameCounter. Sie wird bei jedem Durchlauf des EventListeners enterFrameHandler() um 1 erhöht und ab dem Wert 60 wieder auf 0 zurückgesetzt. Verwendet wird sie, um zu entscheiden, wann welche Anfrage an den Server abgefeuert wird: Ist sie 0, wird eine save_data-Anfrage versendet, bei 20 get_users und bei 40 get_data. Jedes 20. Mal wird also eine Anfrage versendet und jedes 60. Mal wieder dieselbe.

Nachdem nun alles fertig ist, können Sie den Film veröffentlichen. Kopieren Sie die HTML- und die SWF-Datei in das Verzeichnis Ihres Webservers, in dem sich auch die PHP-Skripten befinden, und starten Sie die Anwendung in einem Browser. Abbildung 19-3 zeigt den Startscreen.

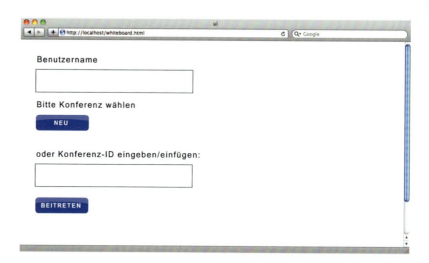

▶ **Abbildung 19-3**
Anmeldebildschirm des
Multiuser-Whiteboards

Geben Sie einen beliebigen Benutzernamen ein – dieser darf jedoch aufgrund der Prüfung in *service.php* nur Buchstaben, Ziffern und Unterstriche enthalten. Klicken Sie anschließend auf *Neu*, da ja noch keine Konferenz existiert. Nun können Sie loszeichnen.

Wenn Sie niemanden zur Hand haben, der mit Ihnen zusammen die Anwendung ausprobiert, öffnen Sie einfach ein zweites Browserfenster und geben erneut die URL der Whiteboard-Anwendung ein. Kopieren Sie die Konferenz-ID aus der Anzeige im ersten Fenster und fügen Sie sie in das Feld über *Beitreten* im neuen Fenster ein. Geben Sie einen anderen Benutzernamen ein als beim ersten Mal und klicken Sie auf *Beitreten*. Nun können Sie abwechselnd in beiden Fenstern zeichnen und sehen, was passiert. Beispielsweise werden Sie feststellen, dass der jeweilige User seine eigene Zeichnung in Schwarz sieht und die andere in einer anderen Farbe.

In Abbildung 19-4 wird eine Sitzung mit zwei Benutzern gezeigt. Auf dem Zeichenbildschirm sehen Sie die eigentliche Zeichenfläche, die Liste der User in der aktuellen Sitzung sowie die Konferenz-ID. Letztere können Sie beispielsweise per E-Mail verschicken, um andere Benutzer in die laufende Konferenz einzuladen. Der *Löschen*-Button schließlich dient dazu, Ihre eigene Zeichnung zu löschen. Auch das wird in den Zeichendaten gespeichert und an die anderen User übermittelt.

◀ **Abbildung 19-4**
Das Multiuser-Whiteboard im Einsatz
mit zwei Teilnehmern

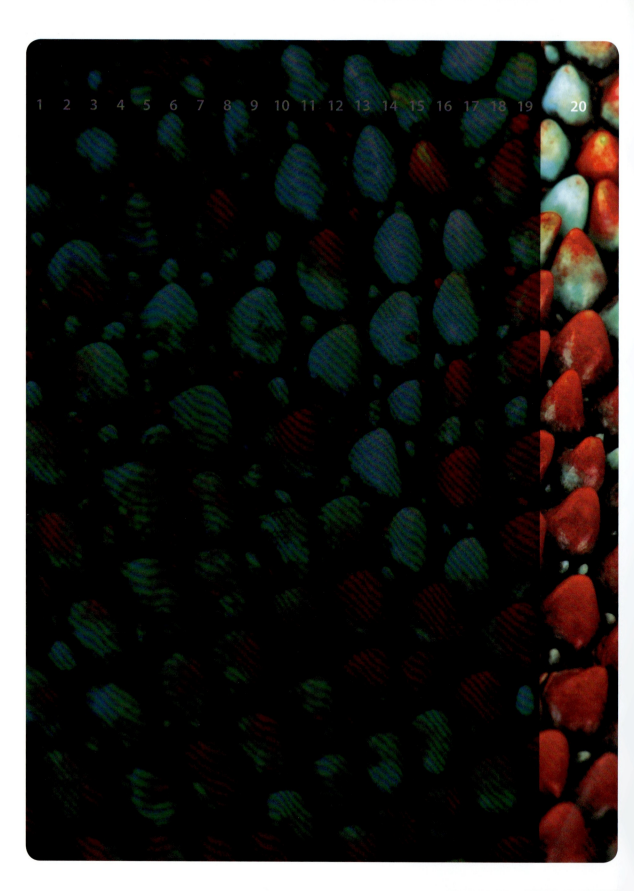

Kapitel 20

Ausflug in die Welt der Spiele

Der Mensch spielt nur da, wo er in voller Bedeutung des Wortes Mensch ist, und er ist nur da ganz Mensch, wo er spielt.

Friedrich Schiller

Kollisionserkennung

Das Weltraumspiel

Die Kombination aus Vektorgrafik, einfacher Medienintegration und einer äußerst leistungsfähigen Programmiersprache macht Flash zur ersten Wahl für die Programmierung von Onlinespielen. In diesem Kapitel wird ein einfaches Actionspiel programmiert, das an Klassiker wie *Space Invaders* erinnert.

Kollisionserkennung

Die meisten Konzepte, die zur Erstellung eines solchen Spiels nötig sind, wurden in den letzten sechs Kapiteln bereits erläutert. Es fehlt im Grunde nur noch eins: die Kollisionserkennung. Diese wird in einem eigenen Abschnitt vor dem eigentlichen Spiel besprochen.

Um Actionspiele zu programmieren, müssen Sie in der Lage sein, herauszufinden, ob bestimmte Objekte andere berühren. In dem Weltraumspiel, das in diesem Kapitel entwickelt wird, geht es beispielsweise darum, zu erkennen, ob ein Schuss aus Ihrem Raumfahrzeug eines der angreifenden Schiffe getroffen hat oder umgekehrt.

Natürlich bestünde die Möglichkeit, einfach die x- und y-Koordinaten der beteiligten Objekte zu vergleichen (unter Berücksichtigung ihrer Ausdehnung, die sich mithilfe der Eigenschaften `width` und `height` ebenfalls leicht auslesen lassen). ActionScript bietet jedoch ein viel komfortableres Verfahren, nämlich eigene Methoden zur Kollisionserkennung.

Die Methode `displayObject1.hitTestObject(displayObject2)` liefert `true` zurück, wenn sich die Begrenzungsrechte der beiden Objekte `displayObject1` und `displayObject2` (vom Typ `DisplayObject`, also Sprites, Movieclips oder Ähnliche) überlappen. Ist das nicht der Fall, wird `false` zurückgegeben.

Die Methode `displayObject.hitTestPoint(x, y, shapeFlag)` überprüft, ob das Objekt `displayObject` die Koordinaten x, y berührt. Der optionale Boolean-Parameter `shapeFlag` bestimmt, ob das Begrenzungsrechteck von `displayObject` mit berücksichtigt (Standardwert `false`) oder ob die genaue Form beachtet wird (`true`).

Kollisionserkennung im Praxistest

Es folgt ein kleines Beispiel, mit dem Sie die Wirkung der verschiedenen Arten von Kollisionserkennungen ausprobieren können.

1   **Flash-Film erstellen**

Erstellen Sie einen neuen Flash-Film vom Grundtyp *ActionScript 3.0*.

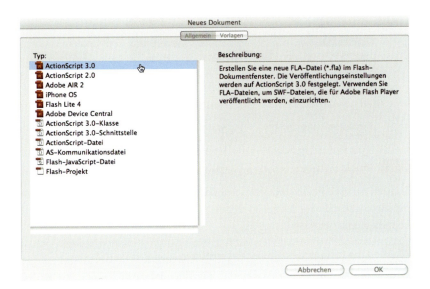

◀ **Abbildung 20-1**

2   **Ein Movieclip-Symbol erzeugen**

Erzeugen Sie ein neues Symbol vom Typ *Movieclip* mit dem Namen *dreieck*. Zeichnen Sie ein rotes Dreieck hinein, dessen Höhe und Breite ungefähr 100 Pixel betragen.

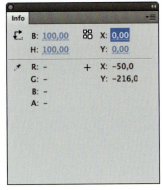

▲ **Abbildung 20-2**

3 · Movieclip-Instanzen erstellen

Ziehen Sie drei Instanzen des Movieclip-Symbols *dreieck* auf die Bühne und nennen Sie sie *dreieck1*, *dreieck2* und *dreieck3*.

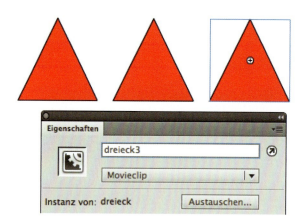

▶ Abbildung 20-3

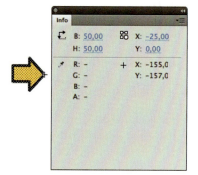

▲ Abbildung 20-4

4 · Einen weiteren Movieclip erzeugen

Erstellen Sie ein weiteres Movieclip-Symbol namens *pfeil* und zeichnen Sie einen massiven, etwa 50 Pixel langen Pfeil hinein. Seine Spitze sollte sich auf dem Symbolmittelpunkt befinden.

5 · Eine Instanz des Movieclips einfügen

Ziehen Sie auch das Symbol *pfeil* aus der Bibliothek auf die Bühne und nennen Sie die Instanz ebenfalls *pfeil*.

▶ Abbildung 20-5

Fügen Sie dem einzigen Bild des Films zu guter Letzt folgendes Skript hinzu:

```
import flash.events.Event;
import flash.geom.ColorTransform;

function enterFrameHandler(e:Event):void {
     // Pfeil auf die Mauskoordinaten setzen
     pfeil.x = mouseX;
     pfeil.y = mouseY;

     // Dreieck 1 bei Objektberührung mit Pfeil umfärben
     if (dreieck1.hitTestObject(pfeil)) {
          dreieck1.transform.colorTransform = newTransform;
     } else {
          dreieck1.transform.colorTransform = origTransform;
     }

     // Dreieck 2 bei ungefährer Punktberührung umfärben
     if (dreieck2.hitTestPoint(mouseX, mouseY)) {
          dreieck2.transform.colorTransform = newTransform;
     } else {
          dreieck2.transform.colorTransform = origTransform;
     }

     // Dreieck 3 bei genauer Punktberührung umfärben
     if (dreieck3.hitTestPoint(mouseX, mouseY, true)) {
          dreieck3.transform.colorTransform = newTransform;
     } else {
          dreieck3.transform.colorTransform = origTransform;
     }
}

// Originalfarbgebung speichern
var origTransform = dreieck1.transform.colorTransform;
// Neue Farbgebung erstellen
var newTransform = new ColorTransform(1, 1, 0, 1, 0, 255, 0, 0);

// Originalmauszeiger verstecken
Mouse.hide();

// EventListener für Framewechsel (regelmäßiger Aufruf)
stage.addEventListener(Event.ENTER_FRAME, enterFrameHandler);
```

Wie Sie sehen, wird der Originalmauszeiger mit `Mouse.hide()` ausgeblendet. Bei jedem Framewechsel wird stattdessen der Pfeil auf die Mauskoordinaten gesetzt. Für Dreieck 1 wird die Objektberührung mit `hitTestObject()` überprüft, bei den Dreiecken 2 und 3 kommt dagegen die Punktprüfung für die Mauskoordinaten (und damit die Pfeilspitze) zum Einsatz, einmal ohne und einmal mit Beachtung der genauen Form.

Wenn Sie den Film testen und vorsichtig mit dem Pfeil über die Dreiecke fahren, werden Sie Folgendes feststellen:

- Sie können sich Dreieck 1 von jeder beliebigen Seite mit dem Pfeil nähern. So-bald sich die Begrenzungsrechtecke überlappen, wird das Dreieck umgefärbt.

- Das Begrenzungsrechteck von Dreieck 2 müssen Sie mit der Pfeilspitze berüh-ren, um den Farbeffekt hervorzurufen.

- Bei Dreieck 3 müssen Sie sogar die genaue Form selbst mit der Pfeilspitze berühren, um es neu einzufärben.

In Abbildung 20-6 sehen Sie als Beispiel die Umfärbung von Dreieck 2, wobei sich die Pfeilspitze zwar innerhalb des Begrenzungsrechtecks, aber außerhalb der eigentlichen Dreiecksform befindet.

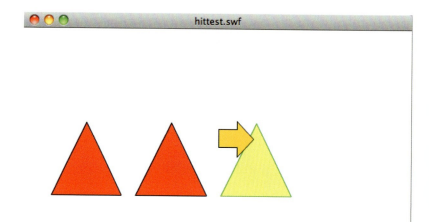

▶ **Abbildung 20-6**
Test auf Berührung des Begrenzungs-rechtecks mit hitTestPoint( )

Das Weltraumspiel

Die grafischen Bestandteile des Spiels sind bereits fertig; öffnen Sie dazu die Datei *game_start.fla* aus dem Verzeichnis mit den Arbeitsdateien zu diesem Kapitel. Auf der Bühne befinden sich die drei Ebenen *background* (für die vorab vorhandenen grafischen Elemente), *action* (für Skripten) und *labels* (für Bildbezeichnungen). Jede Ebene hat nur zwei Schlüsselbilder, für die die Labels *start* und *play* festgelegt wurden.

In der Bibliothek (Abbildung 20-7) befinden sich insgesamt neun Objekte:

- Movieclip *enemy*: Vorlage für die feindlichen Raumschiffe, für ActionScript exportiert unter dem Klassennamen Enemy.

- Movieclip *enemyShot*: Feindliches Projektil, exportiert als `EnemyShot`.

- Movieclip *gameOverScreen*: Bühnengroßer *Game over*-Bildschirm; für ActionScript exportiert als `GameOverScreen`.

- Button *play*: Wird im Startbildschirm eingeblendet. Das Spiel startet, sobald der Button angeklickt wird.

- Button *replay*: Wird am Ende des Spiels (nach *Gewonnen* oder *Game over*) angezeigt, um ein neues Spiel zu starten. Auch Buttons können für ActionScript exportiert werden, dieser hier trägt den Klassennamen `Replay`.

- Movieclip *rocket*: Das Raumfahrzeug des Spielers, Exportname `Rocket`.

- Movieclip *rocketShot*: Eigenes Projektil, exportiert als `RocketShot`.

- *Schriftart 1*: Wurde beim Einbetten der nötigen Schriftzeichen für die Punkteanzeige automatisch erzeugt (alle anderen Texte sind statisch und benötigen daher keine Einstellungen zur Zeicheneinbettung).

- Movieclip *winScreen*: Bühnengroßer *Gewonnen*-Bildschirm mit dem Exportnamen `WinScreen`.

Auf der Bühne befinden sich im Frame *start* der Hintergrundverlauf, der Titel und der Play-Button (Instanzname `playButton`). Im Frame *play* sind lediglich der Hintergrund und das TLF-Textfeld *score* (rechts oben) vorhanden.

Ihre Aufgabe besteht wie im vorherigen Workshop darin, den ActionScript-Code hinzuzufügen. Los geht es mit dem sehr kurzen Code im Bild *start*. Klicken Sie das Schlüsselbild auf der Ebene *action* an, öffnen Sie das Fenster *Aktionen* und geben Sie folgenden Code ein:

```
import flash.events.MouseEvent;

function playButtonHandler(e:MouseEvent):void {
     gotoAndStop('play');
}

playButton.addEventListener(MouseEvent.CLICK, playButtonHandler);


stop();
```

Hier gibt es nichts weiter zu erklären. Was geschieht, sollten Sie ohne Weiteres am Code erkennen: Der Film hält im aktuellen Frame an. Sobald der Button *Play* gedrückt wird, springt er zum Bild *play* und hält dort erneut an.

Nun folgt der erheblich ausführlichere Code für den Frame *play*. Weisen Sie dem entsprechenden Schlüsselbild der Ebene *action* folgendes Skript zu:

```
import flash.events.Event;
import flash.events.KeyboardEvent;
import flash.events.MouseEvent;
```

```
// Das Spiel initialisieren
// Wird in einer Funktion erledigt, damit das Spiel
// nach "Gewonnen" oder "Game over" neu gestartet
// werden kann
function initGame() {
  // Los geht es mit den Feinden
  // Die Liste der Feinde
  // 4 Reihen ...
  enemies = [];
  for (var i:int = 0; i < 4; i++) {
    // ... mit je 12 Feinden
    for (var j:int = 0; j < 12; j++) {
      // Aktuellen Feind erzeugen, positionieren
      // und der Bühne sowie der Liste hinzufügen
      var enemy:Enemy = new Enemy();
      enemy.x = j * (enemy.width + 8) + 40;
      enemy.y = i * (enemy.height + 6) + 30;
      this.addChild(enemy);
      enemies.push(enemy);
    }
  }
  // Anzahl der noch existierenden Feinde
  enemiesCount = enemies.length;

  // Bewegungsrichtungen: Feinde nach rechts,
  // Rakete noch gar nicht
  enemiesXDirection = 1;
  rocketXDirection = 0;

  // Framezähler: bestimmt, wann die Feinde nach unten fliegen
  frameCounter = 0;

  // Die Rakete erzeugen und positionieren
  rocket = new Rocket();
  rocket.x = (stage.stageWidth / 2 - rocket.width / 2);
  rocket.y = stage.stageHeight - rocket.height - 15;
  this.addChild(rocket);

  // Raketenschüsse: anfangs leere Liste und möglich
  rocketShots = [];
  canShoot = true;

  // Schüsse der Feinde: ebenfalls zunächst leere Liste
  enemyShots = [];

  // Punktzahl: zunächst 0
  scoreCount = 0;

  // Ab jetzt läuft das Spiel
  gameRunning = true;

  // Referenzvariable für "Gewonnen"- oder "Game over"-Screen
  statusScreen = null;

  // Fokus setzen, damit die Tastatursteuerung
  // ohne zusätzlichen Klick auf die Bühne funktioniert
  stage.focus = this;
```

```
  // Mauszeiger ausblenden
  Mouse.hide();
}

// EventListener für den Button "Replay"
// Entfernt alle eventuell noch vorhandenen Spielobjekte
// aus den Listen und von der Bühne; auch der Meldungs-
// bildschirm und der "Replay"-Button werden entfernt.
// Zum Schluss initGame() aufrufen, um ein neues Spiel
// zu initialisieren
function replayButtonHandler(e:MouseEvent):void {
  // Rakete entfernen und ihre Variable leeren
  this.removeChild(rocket);
  rocket = null;
  // Solange noch Feinde aus der Liste zu entfernen sind ...
  var enemy:Enemy;
  while (enemy = enemies.pop()) {
    //... falls der aktuelle Feind Child des Hauptfilms ist ...
    if (enemy != null && this.contains(enemy)) {
      // ... auch von diesem entfernen
      this.removeChild(enemy);
    }
  }
  // Dieselbe Prozedur mit den Feindesschüssen
  var enemyShot:EnemyShot;
  while (enemyShot = enemyShots.pop()) {
    if (enemyShot != null && this.contains(enemyShot)) {
      this.removeChild(enemyShot);
    }
  }
  // Und mit den eigenen Schüssen
  var rocketShot:RocketShot;
  while (rocketShot = rocketShots.pop()) {
    if (rocketShot != null && this.contains(rocketShot)) {
      this.removeChild(rocketShot);
    }
  }
  // Statusbildschirm und "Replay"-Button entfernen
  this.removeChild(statusScreen);
  statusScreen = null;
  this.removeChild(replayButton);
  replayButton = null;
  initGame();
}

// Funktion, die am Spielende ("Gewonnen" oder "Game over")
// aufgerufen wird
// Blendet einen bühnengroßen Movieclip mit der entsprechenden
// Meldung sowie einen "Replay"-Button ein
function endGame(screen):void {
  // Das Spiel läuft nicht mehr
  gameRunning = false;
  // Statusscreen anzeigen
  statusScreen = screen;
  this.addChild(statusScreen);
    // Replay-Button erzeugen ...
  replayButton = new Replay();
```

```
    // ... korrekt positionieren ...
    replayButton.x = stage.stageWidth / 2 - replayButton.width / 2;
    replayButton.y = 450;
    // ... einen EventListener zuweisen ...
    replayButton.addEventListener(MouseEvent.CLICK,
replayButtonHandler);
    // ... und der Bühne hinzufügen
    this.addChild(replayButton);
    // Mauszeiger wieder anzeigen
    Mouse.show();
}

// EventListener für "enterFrame": Hauptschleife des Spiels
function enterFrameHandler(e:Event):void {
    // Wenn das Spiel nicht mehr läuft, gibt es nichts zu tun -
    // Funktion verlassen
    if (! gameRunning) {
        return;
    }

    // Die Rakete in die aktuelle x-Richtung bewegen,
    // falls sie noch nicht den jeweiligen Rand erreicht hat
    if ((rocketXDirection < 0 && rocket.x > 0) ||
        (rocketXDirection > 0 && rocket.x < stage.stageWidth)) {
        rocket.x +=  rocketXDirection;
    }

    // Den Framezähler erhöhen ...
    frameCounter++;
    // ... und gegebenenfalls zurücksetzen
    if (frameCounter == 3) {
        frameCounter = 0;
    }

    // Die Feinde positionieren
    // Position des niedrigsten Feindes merken; anfangs 0
    var lowestEnemy:int = 0;
    // Alle Feinde durchgehen
    for (var i:int = 0; i < 48; i++) {
        // Den aktuellen Feind in die aktuelle x-Richtung bewegen
        enemies[i].x +=  enemiesXDirection;
        // In jedem dritten Durchgang die y-Position erhöhen
        if (frameCounter == 2) {
            enemies[i].y +=  1;
            // Wenn der Feind noch sichtbar ist, testen,
            // ob seine y-Position weiter unten liegt als die gespeicherte
            if (enemies[i].visible && enemies[i].y > lowestEnemy) {
                // Falls ja, seine y-Position als neue niedrigste speichern
                lowestEnemy = enemies[i].y;
            }
        }
    }
    // Haben die untersten Feinde die Rakete überholt?
    if (lowestEnemy > rocket.y) {
        // Dann ist das Spiel leider vorbei:
```

```
    // Spiel mit "Game Over"-Bildschirm beenden
    endGame(new GameOverScreen());
    // Funktion verlassen
    return;
}
// Die x-Position der Feinde prüfen;
// gegegebenfalls die x-Bewegungsrichtung anpassen
if (enemies[0].x <= enemies[0].width) {
    // Linken Rand erreicht?
    // Ab dem nächsten Durchgang wieder nach rechts
    enemiesXDirection = 1;
} else if (enemies[11].x >= stage.stageWidth - enemies[11].width) {
    // Rechten Rand erreicht?
    // Ab dem nächsten Durchgang wieder nach links
    enemiesXDirection = -1;
}


// Die Schüsse der Rakete steuern
// Annehmen, dass noch kein Schuss ganz oben angekommen ist
var removeRocketShot:Boolean = false;
// Alle vorhandenen Schüsse durchgehen
for (var j:String in rocketShots) {
    // y-Position vermindern (Schuss steigt hoch)
    rocketShots[j].y -= 5;
    // Wenn der Schuss am oberen Rand angekommen ist ...
    if (rocketShots[j].y < 4) {
        // ... wird er vom Bildschirm entfernt
        this.removeChild(rocketShots[j]);
        // Vormerken, dass er auch aus der Liste verschwinden muss
        removeRocketShot = true;
    } else if (rocketShots[j].visible) {
        // Falls der Schuss noch sichtbar ist (d.h. noch nicht
        // getroffen hat) ...
        // ... alle Feinde durchgehen
        for (var k:int = 0; k < 48; k++) {
            // Falls der aktuelle Feind noch sichtbar ist ...
            // ... und der Schuss ihn berührt ...
            if (enemies[k].visible && enemies[k].
                    hitTestObject(rocketShots[j])) {
                // ... Punkte erhöhen, und zwar umso mehr, je höher
                // sich der getroffene Feind befindet
                scoreCount += Math.floor((560 - enemies[k].y) / 56) * 10;
                // Feinde-Zähler vermindern
                enemiesCount -= 1;
                // Den entsprechenden Feind und den Schuss unsichtbar machen
                enemies[k].visible = false;
                rocketShots[j].visible = false;
            }
        }
    }
}
// Den ältesten Schuss aus der Liste entfernen, wenn er oben
// angekommen ist
if (removeRocketShot) {
    rocketShots.shift();
}
```

```
            // Keine Feinder mehr da? Gewonnen!
            if (enemiesCount == 0) {
                endGame(new WinScreen());
                return;
            }

            // Die Schüsse der Feinde steuern
            // Sie schießen umso öfter, je weniger noch vorhanden sind!
            var enemyShotNow:int = Math.floor(Math.random() * enemiesCount / 2);
            // Schießt gerade ein Feind?
            if (enemyShotNow == 0) {
                // Bestimmen, welcher Feind schießen soll
                var shootingEnemy:int = Math.floor(Math.random() * 48);
                // Falls dieser noch sichtbar ist ...
                if (enemies[shootingEnemy].visible) {
                    // ... einen Schuss erzeugen, positionieren
                    // und der Bühne sowie der Liste hinzufügen
                    var eShot:EnemyShot = new EnemyShot();
                    eShot.x = enemies[shootingEnemy].x;
                    eShot.y = enemies[shootingEnemy].y + 3;
                    this.addChild(eShot);
                    enemyShots.push(eShot);
                }
            }
            // Liste der zu entfernenden Feindesschüsse
            var removeEnemyShots:Array = [];
            // Alle existierenden Schüsse durchgehen
            for (var l:String in enemyShots) {
                // Aktuellen Schuss nach unten verschieben
                enemyShots[l].y +=  6;
                // Wenn die Rakete getroffen wurde, ist das Spiel aus
                if (rocket.hitTestObject(enemyShots[l])) {
                    endGame(new GameOverScreen());
                    return;
                }
                // Wenn der Schuss unten angekommen ist,
                // wird er von der Bühne entfernt und
                // der Liste der zu entfernenden Schüsse hinzugefügt
                if (enemyShots[l].y > stage.stageHeight - 3) {
                    this.removeChild(enemyShots[l]);
                    removeEnemyShots.unshift(l);
                }
            }
            // Die markierten Schüsse aus der Liste entfernen
            for (var m:String in removeEnemyShots) {
                enemyShots.splice(removeEnemyShots[m], 1);
            }
            // Punktzahl anzeigen
            score.text = 'Score ';
            for (i = 1; i <= 6; i++) {
                if (scoreCount < Math.pow(10, i)) {
                    score.text += '0';
                }
            }
            score.text += scoreCount;
        }
```

```
// EventListener für "Taste gedrückt"
function keyDownHandler(e:KeyboardEvent):void {
  // Pfeil links: Ab sofort wird die Rakete nach links bewegt
  if (e.keyCode == Keyboard.LEFT) {
    rocketXDirection = -4;
  }
  // Pfeil rechts: Rakete wird bis auf Weiteres nach rechts bewegt
  if (e.keyCode == Keyboard.RIGHT) {
    rocketXDirection = 4;
  }
  // Leertaste: nur beachten, falls Schuss möglich ist
  // (dies verhindert Dauerfeuer, das das Spiel
  //   zu einfach machen würde)
  if (e.keyCode == Keyboard.SPACE && canShoot) {
    // Erst nach dem Loslassen kann wieder geschossen werden
    canShoot = false;
    // Schuss erzeugen, positionieren und der Liste hinzufügen
    var shot:RocketShot = new RocketShot();
    shot.x = rocket.x - 4;
    shot.y = rocket.y;
    this.addChild(shot);
    rocketShots.push(shot);
  }
}

// EventListener für "Taste losgelassen"
function keyUpHandler(e:KeyboardEvent):void {
  if (e.keyCode == Keyboard.LEFT || e.keyCode == Keyboard.RIGHT) {
      // Links oder rechts: Rakete wird nicht mehr bewegt
    rocketXDirection = 0;
  } else if (e.keyCode == Keyboard.SPACE) {
    // Leertaste: Ab sofort kann wieder geschossen werden
    canShoot = true;
  }
}

// Globale Variablen deklarieren
// Die Liste der Feinde
var enemies:Array;
// Anzahl der noch existierenden Feinde
var enemiesCount:int;

// x-Bewegungsrichtungen
// Feinde
var enemiesXDirection:int;
// Rakete
var rocketXDirection:int = 0;

// Framezähler: bestimmt, wann die Feinde nach unten fliegen
var frameCounter:int;

// Die Rakete
var rocket:Rocket;

// Raketenschüsse und Schussmöglichkeit
var rocketShots:Array;
var canShoot:Boolean;
```

```
// Schüsse der Feinde
var enemyShots:Array;

// Punktzahl
var scoreCount:int;

// Läuft das Spiel gerade?
var gameRunning:Boolean;

// Referenzvariable für "Gewonnen"- oder "Game over"-Screen
// Hat keinen Datentyp
var statusScreen = null;

// Button, um ein weiteres Spiel zu starten
var replayButton:Replay;

// Die eigentliche Initialisierung aufrufen
initGame();

// EventListener registrieren
stage.addEventListener(Event.ENTER_FRAME, enterFrameHandler);
stage.addEventListener(KeyboardEvent.KEY_DOWN, keyDownHandler);
stage.addEventListener(KeyboardEvent.KEY_UP, keyUpHandler);

// Hier anhalten
stop();
```

Wie alle längeren Codeblöcke in diesem Buch ist auch dieser wieder sehr ausführlich kommentiert. Einige wichtige Konzepte sollten trotzdem noch einmal genauer angesprochen werden. Hervorzuheben ist beispielsweise, dass die Spiel-Objekt- und Statusvariablen wie rocket, enemies oder gameRunning zwar außerhalb einer Funktion deklariert werden (damit sie global sind), aber ihre Anfangsinhalte oder -werte innerhalb einer Funktion erhalten, nämlich in initGame(). Nur diese Vorgehensweise erlaubt es nämlich, nach dem Ende eines Spieldurchlaufs sauber einen neuen zu starten.

Ganz neu ist auch folgende Codezeile aus initGame():

```
stage.focus = this;
```

Damit wird der Fokus für die Tastatursteuerung an die Bühne gebunden. Das Problem ist nämlich, dass zuvor der Play- beziehungsweise Replay-Button gedrückt wurde. Der entsprechende Button verschwindet jedoch unmittelbar nach dem Klick, sodass kein Objekt mehr den Fokus hat. Der Spieler müsste nochmals die Bühne anklicken, um die Rakete und ihre Schüsse mit der Tastatur zu steuern.

Wie oben bereits erwähnt, können nicht nur Movieclip-, sondern auch Schaltflächensymbole für ActionScript exportiert werden. Die automatisch vorgeschlagene Elternklasse ist SimpleButton; in der Regel sollten Sie diese beibehalten. Die Instanz wird genau wie bei einem exportierten Movieclip mit new *Klassenname()* erzeugt, hier also mit new Replay(). Danach kann die Instanz ebenfalls wie üblich positioniert und mittels addChild() zu DisplayList hinzugefügt werden. Zusätzlich wird der neuen Instanz ein EventListener zugewiesen, genau wie bei Buttons, die Sie in der Flash-Arbeitsumgebung auf die Bühne ziehen.

In der Funktion `replayButtonHandler()` werden alle Relikte des alten Spiels von der Bühne und aus den Variablen entfernt, bevor `initGame()` zur Initialisierung des neuen aufgerufen wird. Dabei kommt das Konstrukt `this.contains()` zum Einsatz. Diese Methode gibt `true` zurück, wenn das geprüfte Element ein Child der entsprechenden DisplayList ist. Versuchen Sie nämlich, mit `removeChild()` ein Element zu entfernen, das kein Child ist, wird eine Fehlermeldung ausgegeben.

Betrachten Sie zu guter Letzt noch die globale Variable `statusScreen`: Sie hat keinen festgelegten Datentyp, weil sie je nach Spielausgang eine neue Instanz der Klasse `GameOverScreen` oder aber `WinScreen` aufnehmen soll.

Damit ist das Spiel fertig, und Sie können es testen. Bewegen Sie das Raumschiff mit den Pfeiltasten nach links oder rechts und schießen Sie mit der ⎵Leertaste⎵. Durch die globale Variable `canShoot` wird ein Dauerfeuer verhindert, was das Spiel ein wenig schwieriger macht. In Abbildung 20-8 sehen Sie eine Spielszene.

▲ **Abbildung 20-8**
Das Weltraumspiel in Aktion

Referenz der Menüs und Tastenkürzel

Autoren sollten stehend an einem Pult schreiben.
Dann würden ihnen ganz von selbst kurze Sätze einfallen.

Ernest Hemingway

In dieser Referenz steht der Begriff »Objekte« für sämtliche Bühneninhalte, die keine offenen Zeichnungen sind: Gruppen, Symbolinstanzen, Text und Bitmaps. »Element« ist dagegen der Oberbegriff für *sämtliche* Arten von Bühneninhalten.

Bitte beachten Sie, dass Sie sämtliche Tastenkürzel in Flash CS5 bei Bedarf an Ihre Bedürfnisse anpassen können. Wählen Sie dazu den Befehl *Bearbeiten → Tastaturbefehle* (Windows) beziehungsweise *Anwendungsmenü (Flash) → Tastaturbefehle* (Mac OS X). In der nachfolgenden Übersicht werden die Werkeinstellungen angegeben, die Sie unter *Adobe-Standard* finden. Einige Menüs sind so umfangreich, dass manche unwichtigeren Befehle weggelassen wurden, die kein Tastenkürzel besitzen – vor allem, wenn es eine schnellere Alternative zum Menü gibt, etwa in einem der Bedienfelder.

Menü »Datei«

Befehl	Tastenkürzel Windows	Tastenkürzel Mac	Kurzbeschreibung
Neu	Strg + N	⌘ + N	Neues Dokument erstellen
Öffnen	Strg + O	⌘ + O	Bestehende Datei laden
Bridge durchsuchen	Strg + Alt + O	⌘ + Alt + O	Öffnet den Dateimanager *Adobe Bridge*
Zuletzt geöffnet	–	–	Liste der kürzlich bearbeiteten Dateien
Schließen	Strg + W / Strg + F4	⌘ + W	Aktuelle Datei schließen
Alle schließen	Strg + Alt + W	⌘ + Alt + W	Alle offenen Dateien schließen
Speichern	Strg + S	⌘ + S	Aktuelle Datei speichern
Speichern und komprimieren	–	–	Speichern, Dateigröße optimieren
Speichern unter	Strg + ⇧ + S	⌘ + ⇧ + S	Unter neuem Namen speichern
Als Vorlage speichern	–	–	Datei zur Vorlage für neue Dokumente machen
Alles speichern	–	–	Alle offenen Dateien speichern
Wiederherstellen	–	–	Zurück zur letzten gespeicherten Version
Importieren → In Bühne importieren	Strg + R	⌘ + R	Importieren und auf Bühne setzen
Importieren → In Bibliothek importieren	–	–	Importieren, nur in Bibliothek ablegen
Importieren → Externe Bibliothek öffnen	Strg + ⇧ + O	⌘ + ⇧ + O	Bibliothek eines anderen Films öffnen
Exportieren → Bild exportieren	–	–	Nur aktuelles Einzelbild exportieren
Exportieren → Film exportieren	Strg + Alt + ⇧ + S	⌘ + Alt + ⇧ + S	Den gesamten Film exportieren
Einstellungen für Veröffentlichungen	Strg + ⇧ + F12	⌘ + ⇧ + F12	Einstellung der Exportformate und -optionen für Veröffentlichungen
Vorschau für Veröffentlichungen → Standard	F12	F12	HTML+SWF exportieren und im Browser anzeigen
Vorschau für Veröffentlichungen (sonstige)	–	–	Test weiterer Exportformate
Veröffentlichen	⇧ + F12	⇧ + F12	Veröffentlichen mit aktuellen Einstellungen
AIR-Einstellungen ActionScript-Einstellungen	–	–	Optionen für AIR-Export bzw. ActionScript des aktuellen Films

Befehl	Tastenkürzel Windows	Tastenkürzel Mac	Kurzbeschreibung
Dateiinformationen	–	–	XMP-Metadaten des Films bearbeiten (Infos über Autor, Titel, Inhalt, Audio, Video usw.)
Eigenen Bildschirm freigeben	–	–	Den Bildschirm für den Dienst Adobe CS Live freigeben, um mit anderen Usern oder dem Adobe-Support zu kooperieren
Seite einrichten	–	–	Voreinstellungen zum Drucken
Drucken	Strg + P	⌘ + P	Drucken der Bühne
Senden an	–	–	Per E-Mail versenden
Sites bearbeiten	–	–	Definition von Websites
Beenden[1]	Strg + Q / Alt + F4	⌘ + Q	Programm verlassen

Menü »Bearbeiten«

Befehl	Tastenkürzel Windows	Tastenkürzel Mac	Kurzbeschreibung
Rückgängig	Strg + Z	⌘ + Z	Letzten Befehl zurücknehmen
Wiederholen	Strg + Y	⌘ + Y	Letzten Befehl wiederholen
Ausschneiden	Strg + X	⌘ + X	Auswahl in Zwischenablage verschieben
Kopieren	Strg + C	⌘ + C	Auswahl in Zwischenablage kopieren
Zentriert einfügen	Strg + V	⌘ + V	Zwischenablage in Bühnenmitte einfügen
An Position einfügen	Strg + ⇧ + V	⌘ + ⇧ + V	Zwischenablage an ursprünglicher Stelle einfügen
Inhalte einfügen	–	–	Inhalt der Zwischenablage als Vektorgrafik/Bitmap einfügen
Löschen	Entf	Rücktaste	Ausgewählte Elemente löschen
Duplizieren	Strg + D	⌘ + D	Sofort eine Kopie der Auswahl erstellen
Alles auswählen	Strg + A	⌘ + A	Inhalte aller offenen, sichtbaren Ebenen auswählen
Auswahl aufheben	Strg + ⇧ + A oder Esc	⌘ + ⇧ + A oder Esc	Ausgewählte Objekte abwählen
Suchen und ersetzen	Strg + F	⌘ + F	Text in Objekten und Skripten suchen/ ersetzen
Weitersuchen	F3	F3	Letzten Suchbegriff erneut suchen

---

1 bei Mac OS X im Anwendungsmenü (Flash)

Befehl	Tastenkürzel Windows	Tastenkürzel Mac	Kurzbeschreibung
Zeitleiste → Bilder ausschneiden	Strg + Alt + X	⌘ + Alt + X	Markierte Bilder in Zwischenablage verschieben
Zeitleiste → Bilder kopieren	Strg + Alt + C	⌘ + Alt + C	Markierte Bilder in Zwischenablage kopieren
Zeitleiste → Bilder einfügen	Strg + Alt + V	⌘ + Alt + V	Bilder aus der Zwischenablage einfügen
Zeitleiste → Bilder löschen	Alt + Rücktaste	Alt + Rücktaste	Bilder löschen, ohne Dauer der Ebene zu verkürzen
Zeitleiste → Bilder entfernen	⇧ + F5	⇧ + F5	Markierte Bilder völlig entfernen
Zeitleiste → Alle Bilder auswählen	Strg + Alt + A	⌘ + Alt + A	Alle Bilder der Zeitleiste markieren
Symbole/Dokument bearbeiten	Strg + E	⌘ + E	Umschalten zwischen Symbol und Szene
Auswahl bearbeiten	–	–	Gruppe/Symbol bearbeiten
An Position bearbeiten	–	–	Gruppe/Symbol im Kontext bearbeiten (schneller: Doppelklick)
Alle bearbeiten	–	–	Bearbeiten einer Gruppe beenden
Voreinstellungen[2]	Strg + U	⌘ + U	Vorgaben des Programms anpassen (siehe Anhang B)
Werkzeug-Bedienfeld anpassen	–	–	Werkzeugleiste umsortieren/Werkzeuge ausblenden
Schriftzuordnung	–	–	Vorgaben für Geräteschriftarten
Tastenkombinationen[3]	–	–	Tastenkürzel ändern

Menü »Ansicht«

Befehl	Tastenkürzel Windows	Tastenkürzel Mac	Kurzbeschreibung
Gehe zu → Erste Szene	Pos1	Pos1	Zum Anfang des Films springen
Gehe zu → Vorhergehende Szene	Bild ↑	Bild ↑	Eine Szene zurück
Gehe zu → Nächste Szene	Bild ↓	Bild ↓	Eine Szene weiter

2 bei Mac OS X im Anwendungsmenü (Flash)
3 bei Mac OS X im Anwendungsmenü (Flash)

Befehl	Tastenkürzel Windows	Tastenkürzel Mac	Kurzbeschreibung
Gehe zu → Letzte Szene	`Ende`	`Ende`	Zur letzten Szene springen
Vergrößern	`Strg` + `+`	`⌘` + `+`	Eine Stufe größer zoomen
Verkleinern	`Strg` + `-`	`⌘` + `-`	Eine Stufe kleiner zoomen
Vergrößerung → 100%	`Strg` + `1`	`⌘` + `1`	Originalgröße
Vergrößerung → 400%	`Strg` + `4`	`⌘` + `4`	Auf vierfache Größe zoomen
Vergrößerung → 800%	`Strg` + `8`	`⌘` + `8`	Auf achtfache Größe zoomen
Vergrößerung → Bild einblenden	`Strg` + `2`	`⌘` + `2`	Bühne in Fenster einpassen
Vergrößerung → Alles zeigen	`Strg` + `3`	`⌘` + `3`	Inhalte in Fenster einpassen
Vorschaumodus → Konturen	`Strg` + `Alt` + `⇧` + `O`	`⌘` + `Alt` + `⇧` + `O`	Nur Konturen anzeigen
Vorschaumodus → Schnell	`Strg` + `Alt` + `⇧` + `F`	`⌘` + `Alt` + `⇧` + `F`	Anti-Alias ausblenden (pixelig)
Vorschaumodus → Anti-Alias	`Strg` + `Alt` + `⇧` + `A`	`⌘` + `Alt` + `⇧` + `A`	Zeichnungen geglättet anzeigen
Vorschaumodus → Anti-Alias Text	`Strg` + `Alt` + `⇧` + `T`	`⌘` + `Alt` + `⇧` + `T`	Zeichnungen und Text geglättet anzeigen (wie SWF-Ergebnis)
Vorschaumodus → Vollanzeige	–	–	Beste Anzeige, mit FlashType-Anti-Alias
Arbeitsbereich	`Strg` + `⇧` + `W`	`⌘` + `⇧` + `W`	Bereich außerhalb der Bühne ein-/ausblenden
Lineale	`Strg` + `Alt` + `⇧` + `R`	`⌘` + `Alt` + `⇧` + `R`	Lineale ein-/ausblenden
Raster → Raster einblenden	`Strg` + `Ä`	`⌘` + `Ä`	Gitternetz ein-/ausblenden
Raster → Raster bearbeiten	`Strg` + `Alt` + `G`	`⌘` + `Alt` + `G`	Abstände, Farbe usw. ändern
Hilfslinien → Hilfslinien anzeigen	`Strg` + `Ü`	`⌘` + `;`	Hilfslinien ein-/ausblenden
Hilfslinien → Hilfslinien sperren	`Strg` + `Alt` + `Ü`	`⌘` + `Alt` + `;`	Hilfslinien vor Verschieben schützen
Hilfslinien → Hilfslinien bearbeiten	`Strg` + `Alt` + `⇧` + `G`	`⌘` + `Alt` + `⇧` + `G`	Optionen für Hilfslinien
Ausrichten → Am Raster ausrichten	`Strg` + `⇧` + `Ä`	`⌘` + `⇧` + `'`	Gitternetz magnetisch
Ausrichten → An Hilfslinien ausrichten	`Strg` + `⇧` + `Ü`	`⌘` + `⇧` + `;`	Hilfslinien magnetisch

Befehl	Tastenkürzel Windows	Tastenkürzel Mac	Kurzbeschreibung
Ausrichten → An Pixeln ausrichten	–	–	Positionierung auf ganze Pixel beschränken
Ausrichtung → An Objekten ausrichten	`Strg` + `⇧` + `#`	`⌘` + `⇧` + `#`	Einrasten an Eckpunkten und Konturen (Magnet)
Ränder ausblenden	`Strg` + `H`	`⌘` + `H`	Auswahlschraffur ein-/ausblenden
Formmarken anzeigen	`Strg` + `Alt` + `H`	`⌘` + `Alt` + `H`	Formmarken ein-/ausblenden
Tabulatorreihen-folge anzeigen	–	–	Tabulatorreihenfolge für Textfelder und Komponenten ein-/ausblenden

Menü »Einfügen«

Befehl	Tastenkürzel Windows	Tastenkürzel Mac	Kurzbeschreibung
Neues Symbol	`Strg` + `F8`	`⌘` + `F8`	Neues Symbol erstellen
Bewegungs-Tween	–	–	Objektbasiertes Bewegungs-Tweening
Form-Tween	–	–	Form-Tweening
Klassisches Tween	–	–	Klassisches Bewegungs-Tweening
Zeitleiste → Ebene	–	–	Ebene einfügen
Zeitleiste → Ebenen-ordner	–	–	Ebenenordner einfügen
Zeitleiste → Bild	`F5`	`F5`	Einfaches Bild einfügen
Zeitleiste → Schlüsselbild	`F6`	`F6`	Schlüsselbild mit Kopie des vorigen Inhalts einfügen
Zeitleiste → Leeres Schlüsselbild	`F7`	`F7`	Schlüsselbild ohne Inhalt einfügen
Zeitleisten-Effekte	–	–	Diverse Automatisierungs- und Beschleunigungsfunktionen
Szene	–	–	Neue Szene erstellen

Menü »Modifizieren«

Befehl	Tastenkürzel Windows	Tastenkürzel Mac	Kurzbeschreibung
Dokument	`Strg` + `J`	`⌘` + `J`	Eigenschaften des Films ändern
In Symbol konvertieren	`F8`	`F8`	Aktuelle Auswahl in neues Symbol umwandeln; Instanz einfügen

Befehl	Tastenkürzel Windows	Tastenkürzel Mac	Kurzbeschreibung
Teilen	Strg + B	⌘ + B	Gruppen, Text, Instanzen oder Bitmaps zerlegen
Form → Optimieren	Strg + ⇧ + C	⌘ + ⇧ + C	Vereinfachen von Zeichnungen
Form → Formmarke hinzufügen	Strg + ⇧ + H	⌘ + ⇧ + H	Punkt in Form-Tweening vorgeben
Zeitleiste → Auf Ebenen verteilen	Strg + ⇧ + D	⌘ + ⇧ + D	Markierte Elemente auf verschiedene Ebenen verschieben
Schlüsselbild löschen	⇧ + F6	⇧ + F6	Schlüsselbild in normales Bild umwandeln
Transformieren → Skalieren und Drehen	Strg + Alt + S	⌘ + Alt + S	Skalieren/Drehen per Eingabe
Transformieren → Um 90° nach rechts	Strg + ⇧ + 9	⌘ + ⇧ + 9	Vierteldrehung der Auswahl nach rechts
Transformieren → Um 90° nach links	Strg + ⇧ + 7	⌘ + ⇧ + 7	Vierteldrehung der Auswahl nach links
Transformieren → Transformation entfernen	Strg + ⇧ + Z	⌘ + ⇧ + Z	Objekt zurücksetzen
Anordnen → In den Vordergrund	Strg + ⇧ + ↑	⌘ + ⇧ + ↑	Objekt in Ebenenvordergrund stellen
Anordnen → Nach vorne verschieben	Strg + ↑	⌘ + ↑	Eine Stufe weiter nach vorn
Anordnen → Nach hinten verschieben	Strg + ↓	⌘ + ↓	Eine Stufe weiter nach hinten
Anordnen → Sperren	Strg + Alt + L	⌘ + Alt + L	Auswählbarkeit verhindern
Anordnen → Alle Sperrungen aufheben	Strg + Alt + ⇧ + L	⌘ + Alt + ⇧ + L	Gesperrte Elemente freigeben
Ausrichten → Links	Strg + Alt + 1	⌘ + Alt + 1	Elemente linksbündig ausrichten
Ausrichten → Horizontal zentriert	Strg + Alt + 2	⌘ + Alt + 2	Elemente zentriert ausrichten
Ausrichten → Rechts	Strg + Alt + 3	⌘ + Alt + 3	Elemente rechtsbündig ausrichten
Ausrichten → Oben	Strg + Alt + 4	⌘ + Alt + 4	Elemente am oberen Rand bündig ausrichten
Ausrichten → Vertikal zentriert	Strg + Alt + 5	⌘ + Alt + 5	Elemente vertikal mittig ausrichten
Ausrichten → Unten	Strg + Alt + 6	⌘ + Alt + 6	Elemente am unteren Rand bündig ausrichten
Ausrichten → Breite verteilen	Strg + Alt + 7	⌘ + Alt + 7	Horizontal gleichmäßig verteilen

Befehl	Tastenkürzel Windows	Tastenkürzel Mac	Kurzbeschreibung
Ausrichten → Höhe verteilen	`Strg` + `Alt` + `9`	`⌘` + `Alt` + `9`	Vertikal gleichmäßig verteilen
Ausrichten → Gleiche Breite	`Strg` + `Alt` + `⇧` + `7`	`⌘` + `Alt` + `⇧` + `7`	Elemente gleich breit skalieren
Ausrichten → Gleiche Höhe	`Strg` + `Alt` + `⇧` + `9`	`⌘` + `Alt` + `⇧` + `9`	Elemente gleich hoch skalieren
Ausrichten → An Bühne	`Strg` + `Alt` + `8`	`⌘` + `Alt` + `8`	Elemente an Bühnenrändern/nur aneinander ausrichten
Gruppieren	`Strg` + `G`	`⌘` + `G`	Elemente zu einer Einheit zusammenfassen
Gruppierung aufheben	`Strg` + `⇧` + `G`	`⌘` + `⇧` + `G`	Gruppierung auflösen

Menü »Text«

Befehl	Tastenkürzel Windows	Tastenkürzel Mac	Kurzbeschreibung
Stil → Normal	`Strg` + `⇧` + `P`	`⌘` + `⇧` + `P`	Sonderformate ausschalten
Stil → Fett	`Strg` + `⇧` + `B`	`⌘` + `⇧` + `B`	Zeichen fett setzen
Stil → Kursiv	`Strg` + `⇧` + `I`	`⌘` + `⇧` + `I`	Zeichen kursiv setzen
Ausrichten → Links ausrichten	`Strg` + `⇧` + `L`	`⌘` + `⇧` + `L`	Absatz linksbündig
Ausrichten → Zentriert ausrichten	`Strg` + `⇧` + `C`	`⌘` + `⇧` + `C`	Absatz zentrieren
Ausrichten → Rechts ausrichten	`Strg` + `⇧` + `R`	`⌘` + `⇧` + `R`	Absatz rechtsbündig
Ausrichten → Blocksatz	`Strg` + `⇧` + `J`	`⌘` + `⇧` + `J`	Absatz in Blocksatz ausrichten
Zeichenabstand → Weiter	`Strg` + `Alt` + `→`	`⌘` + `Alt` + `→`	Text sperren
Zeichenabstand → Enger	`Strg` + `Alt` + `←`	`⌘` + `Alt` + `←`	Text enger setzen
Zeichenabstand → Zurücksetzen	`Strg` + `Alt` + `↑`	`⌘` + `Alt` + `↑`	Standardzeichenabstand

Menüs »Steuerung« und »Debuggen«

Befehl	Tastenkürzel Windows	Tastenkürzel Mac	Kurzbeschreibung
Abspielen/Stopp	`↵`	`↵`	Zeitleiste abspielen/anhalten
Zurückspulen	`Strg` + `Alt` + `R`	`⌘` + `Alt` + `R`	Zum ersten Bild springen

Befehl	Tastenkürzel Windows	Tastenkürzel Mac	Kurzbeschreibung
Ans Ende gehen	–	–	Zum letzten Bild springen
Ein Bild vorwärts	.	.	Abspielkopf ein Bild weiter
Ein Bild rückwärts	,	,	Abspielkopf ein Bild zurück
Film testen	Strg + ↵	⌘ + ↵	SWF exportieren und abspielen
Szene testen	Strg + Alt + ↵	⌘ + Alt + ↵	Aktuelle Szene als SWF testen
Projekt testen	Strg + Alt + P	⌘ + Alt + P	Komplettes Projekt als SWF testen
Bildaktionen aktivieren	Strg + Alt + F	⌘ + Alt + F	Bildaktionen in Arbeitsumgebung ausführen
Schaltflächen aktivieren	Strg + Alt + B	⌘ + Alt + B	Schaltflächenaktionen in Arbeitsumgebung ausführen
Debuggen	Strg + ⇧ + ↵	⌘ + ⇧ + ↵	Film testen in der Debug-Umgebung

Menü »Fenster«

Befehl	Tastenkürzel Windows	Tastenkürzel Mac
Fenster duplizieren	Strg + Alt + K	⌘ + Alt + K
Zeitleiste	Strg + Alt + T	⌘ + Alt + T
Werkzeuge	Strg + F2	⌘ + F2
Eigenschaften	Strg + F3	⌘ + F3
Bibliothek	Strg + L oder F11	⌘ + L oder F11
Aktionen	F9	F9
Verhalten	⇧ + F3	⇧ + F3
Debugger	⇧ + F4	⇧ + F4
Film-Explorer	Alt + F3	Alt + F3
Ausgabe	F2	F2
Projekt	⇧ + F8	⇧ + F8
Ausrichten	Strg + K	⌘ + K
Farbmischer	⇧ + F9	⇧ + F9
Farbfelder	Strg + F9	⌘ + F9
Info	Strg + I	⌘ + I
Transformieren	Strg + T	⌘ + T
Komponenten	Strg + F7	⌘ + F7
Komponenten-Inspektor	Alt + F7	Alt + F7
Andere Bedienfelder → Eingabehilfen	Alt + F2	Alt + F2
Andere Bedienfelder → Protokoll	Strg + F10	⌘ + F10
Andere Bedienfelder → Szene	Strg + F12	⌘ + F12

Befehl	Tastenkürzel Windows	Tastenkürzel Mac
Andere Bedienfelder → String-Tabelle	`Strg` + `F11`	`⌘` + `F11`
Andere Bedienfelder → Web Services	`Strg` + `⇧` + `F10`	`⌘` + `⇧` + `F10`
Bedienfelder ausblenden	`F4`	`F4`

Aktionenpalette

Die nachfolgenden Befehle sind über das Optionenmenü des Bedienfelds *Aktionen* erreichbar; die angegebenen Tastenkombinationen funktionieren nur, wenn die Palette gerade aktiv ist.

Befehl	Tastenkürzel Windows	Tastenkürzel Mac
Skript immer vorne	`Strg` + `+`	`⌘` + `+`
Skript schließen	`Strg` + `-`	`⌘` + `-`
Alle Skripts schließen	`Strg` + `⇧` + `-`	`⌘` + `⇧` + `-`
Gehe zu Zeile	`Strg` + `G`	`⌘` + `G`
Suchen und Ersetzen	`Strg` + `F`	`⌘` + `F`
Weitersuchen	`F3`	`F3`
Auto-Format	`Strg` + `⇧` + `F`	`⌘` + `⇧` + `F`
Syntax überprüfen	`Strg` + `T`	`⌘` + `T`
Codehinweis zeigen	`Strg` + `Leertaste`	`⌘` + `Leertaste`
Skript importieren	`Strg` + `⇧` + `I`	`⌘` + `⇧` + `I`
Skript exportieren	`Strg` + `⇧` + `X`	`⌘` + `⇧` + `X`
Zeilennummern anzeigen	`Strg` + `⇧` + `L`	`⌘` + `⇧` + `L`
Zeilenumbruch	`Strg` + `⇧` + `W`	`⌘` + `⇧` + `W`
Voreinstellungen	`Strg` + `U`	`⌘` + `U`

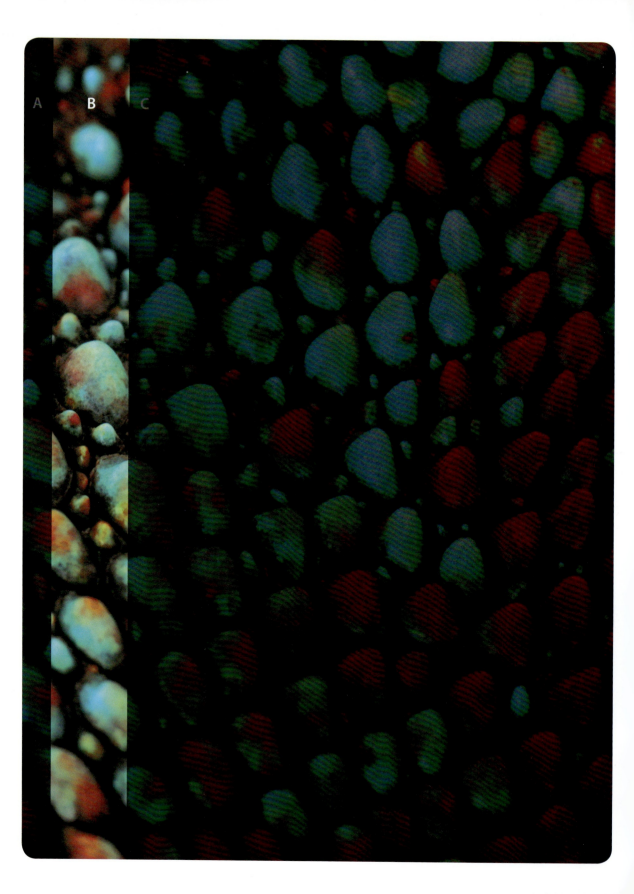

Flash-Voreinstellungen

Die Umgebung, in der der Mensch sich den größten Teil des Tages aufhält, bestimmt seinen Charakter.

Antiphon von Rhamnus

In diesem Anhang finden Sie eine tabellarische Übersicht über die sieben Kategorien des Dialogs *Bearbeiten* → *Voreinstellungen* ([Strg] + [U]), in dem Sie das Verhalten des Programms Ihren Bedürfnissen anpassen können.

Die Abschnitte *PSD-Importprogramm* und *AI-Importprogramm* werden hier nicht näher beschrieben, da identische Dialoge auch für den Import einzelner Photoshop- beziehungsweise Illustrator-Dateien verwendet und in den passenden Kapiteln beschrieben werden.

Allgemein

Befehl	Beschreibung
Beim Start	Was soll beim Start angezeigt werden? Kein Dokument, neues Dokument, zuletzt geöffnete Dokumente oder Startseite?
Rückgängig	Rückgängig-Protokoll für das Dokument oder für einzelne Objekte führen?
Schritte	Anzahl der Befehle, die mit *Bearbeiten → Rückgängig* zurückgenommen werden können (1–300).
Testfilm als Registerkarte öffnen	Öffnet den SWF-Film mit der Funktion *Film testen* als Tab, wie bei Arbeitsdateien.
Symbolbedienfelder automatisch ausblenden	Diejenigen Paletten, die als Symbole angezeigt werden, nur anzeigen, wenn sie gerade verwendet werden.
Mit Umschalttaste auswählen	Mehrere Objekte mit/ohne ⇧ markieren.
QuickInfo einblenden	Befehlskurzbeschreibung bei Mauskontak.t
Kontaktempfindliche Auswahl- und Lassowerkzeuge	Geschlossene Objekte werden in die Auswahl aufgenommen, wenn sie vom Auswahlwerkzeug berührt/vollständig umschlossen werden.
Bereichsbasierte Auswahl	In der Zeitleiste Bereiche/einzelne Bilder auswählen.
Benannter Anker in Szene	Jede Szene beginnt mit benanntem Anker (für Vor/Zurück im Browser).
Hervorhebungsfarbe	Farbe für Bühnenauswahl – individuell oder Konturfarbe der jeweiligen Ebene.

ActionScript

In dieser Kategorie werden die Optionen des Bedienfelds *Aktionen* festgelegt.

Befehl	Beschreibung
Automatisch schließende Klammer	Bei der Eingabe von { automatisch das Gegenstück einfügen.
Automatische Einrückung	{ . . . }-Blöcke einrücken.
Tabulatorgröße	Breite eines Tabs bei der automatischen Einrückung in Zeichen.
Codehinweise	Syntaxschema am Code anzeigen.

Befehl	Beschreibung
Verzögerung	Wartezeit bis zur Anzeige der Codehinweise.
Schrift/Stil	Schriftart und -größe für die Skriptanzeige.
Öffnen/Importieren	Zeichensatzvorgabe für importierte Skripten.
Speichern/Exportieren	Zeichensatzvorgabe für den Skriptexport.
Modifizierte Dateien neu laden	Bestimmt, ob extern veränderte Dateien (z.B. in der Flex-IDE bearbeitete Klassen) automatisch neu geladen werden sollen.
Syntaxfarben	Ein-/Ausschalten sowie Farbwahl der Syntaxhervorhebung.
ActionScript 2.0-Einstellungen	Verzeichnisse für die Suche nach Klassendefinitionen.
ActionScript-3.0-Einstellungen	Klassen- und Bibliothekspfade für ActionScript 3.
Auf Standardwerte zurücksetzen	Eigene Einstellungen rückgängig machen.

Auto-Format

Voreinstellungen für die automatische Formatierung von ActionScript-Code:

Befehl	Beispiele

{ nach if, for, switch, while usw. in Zeile einfügen	Angekreuzt:
	``if (...)
	{
	    ...
	}```
	Nicht angekreuzt:
	``if (...) {
	    ...
	}```

{ nach den Schlüsselwörtern 'function', 'class' und 'interface' in Zeile einfügen	Angekreuzt:
	``class Klasse
	{
	    ...
	}```
	Nicht angekreuzt:
	``class Klasse {
	    ...
	}```

Befehl	Beispiele

`'else'` und `'}'` nicht in gleicher Zeile	Angekreuzt:
	
	```if (...) {```
	``` ...```
	```}```
	```else {```
	``` ...```
	```}```
	
	Nicht angekreuzt:
	
	```if (...) {```
	``` ...```
	```} else {```
	``` ...```
	```}```

Leerzeichen nach Funktionsname in Funktionsaufrufen einfügen	Angekreuzt:
	
	```function funktion (a)```
	
	Nicht angekreuzt:
	
	```function funktion(a)```

Leerzeichen vor und nach Operatoren einfügen	Angekreuzt:
	
	```if (a < b) {```
	``` trace (a + b);```
	```}```
	
	Nicht angekreuzt:
	
	```if (a<b) {```
	``` trace (a+b);```
	```}```

Zwischenablage

Diese Einstellungen legen fest, wie Flash-Inhalte anderen Anwendungen über die Zwischenablage zur Verfügung gestellt werden.

Befehl	Beschreibung
Bitmaps:	
Typ (Farbtiefe)	Anzahl unterschiedlicher Farben
Auflösung	Bildauflösung in dpi (Punkte pro Zoll)
Farbverläufe (nur Windows):	
Farbverlaufsqualität	Farbtreue von Farbverläufen

Zeichnen

Einstellungen für Zeichenwerkzeuge und -optionen:

Befehl	Beschreibung
Strichvorschau anzeigen	Kurven und Linien schon beim Zeichnen anzeigen
Eckpunkte ausfüllen	Ankerpunkte gefüllt darstellen
Exakte Cursor anzeigen	Mauszeiger als Fadenkreuz
Linien verbinden	Abstand, ab dem Linien magnetisch wirken
Kurven glätten	Stärke der Glättung bei Kurven
Linien erkennen	Grenzwert, ab dem Linien begradigt werden
Formen erkennen	Genauigkeit der Formerkennung
Klickgenauigkeit	Zulässiger Abstand des Mauszeigers vom angeklickten Element

Text

Voreinstellungen für die Funktion der Textwerkzeuge:

Befehl	Beschreibung
Schriftzuordnungsstandard	Standardersatzschrift, falls Schriftart nicht vorhanden
Standard-Textausrichtung	Text standardmäßig vertikal ausrichten (asiatische Sprachen)
Textfluss von rechts nach links	Vertikaler Text mit erster Spalte rechts
Keine Unterschneidung	Kerning bei vertikalem Text deaktivieren
Eingabemethode	Auswahl des Eingabeverfahrens für asiatische Sprachen: *Japanisch und Chinesisch* oder *Koreanisch*

Warnungen

Die folgenden Einstellungen bestimmen, unter welchen Umständen Flash Warnmeldungen ausgeben soll; bei einigen sind nähere Erklärungen erforderlich:

- *Warnung beim Speichern für Adobe Flash CS4-Kompatibilität*

- *Warnmeldung bei URL-Änderungen beim Starten und Bearbeiten*

- *Warnmeldung beim Einfügen von Bildern während des Imports von Inhalten*

- *Warnmeldung bei Kodierungskonflikten beim Export von ActionScript-Dateien* – Warnung, wenn die Zeichensatzeinstellungen bestimmte Zeichen in Skripten nicht zulassen.

- *Warnung beim Konvertieren von grafischen Objekten mit Effekt* – Warnung bei dem Versuch, ein Objekt mit Zeitleisteneffekten zu bearbeiten.
- *Warnungen beim Exportieren für Flash Player ab Version 6 r65*
- *Warnung bei Sites mit überlapptem Stammordner* – Warnung, wenn die Verzeichnisse zweier Sites einander überschneiden.
- *Warnung bei Verhaltenssymbolkonvertierung* – Warnung, wenn ein zugewiesenes Skript bei der Änderung des Symboltyps nicht mehr funktionieren würde.
- *Warnung bei der Symbolkonvertierung* – Warnmeldung, wenn der Typ eines Symbols nachträglich geändert wird.
- *Warnung bei automatischer Konvertierung von Zeichenobjekten in Gruppen* – Warnmeldung, wenn ein Zeichenobjekt in eine Gruppe konvertiert wird, sobald es mehrere Zeichnungen enthält.
- *Inkompatibilitätswarnungen auf Funktionssteuerungen anzeigen*
- *Warnung bei automatischer Erstellung von ActionScript-Klassen für Zeitleisten* – Warnmeldung, wenn ein Symbol als Klasse für ActionScript exportiert wird, ohne dass eine gleichnamige Klassendatei vorhanden ist.
- *Warnung bei kompilierten Clips, die ActionScript-Klassen für Symbole definieren*
- *Warnung beim Konvertieren einer Mehrfachauswahl in ein Symbol für Tween* – Warnmeldung, wenn mehrere ausgewählte Elemente in ein Symbol konvertiert werden.
- *Warnung beim Konvertieren einer Auswahl in ein Symbol für Tween* – Warnmeldung, wenn überhaupt ausgewählte Elemente in ein Symbol konvertiert werden.
- *Warnung beim Ersetzen des aktuellen Tween-Ziels* – Warnmeldung, wenn Start- und Zielobjekt eines klassischen Tweenings nicht mehr identisch sind.
- *Warnmeldung, wenn Bewegungsbild ActionScript enthält* – wie in mehreren Kapiteln angesprochen, sollten Sie Grafik- und Action-Ebenen trennen.
- *Warnmeldung, wenn Bewegungszielobjekt ActionScript enthält* – da animierte und geskriptete Objekte nach Möglichkeit auseinandergehalten werden sollten, kann auch diese Meldung nützlich sein.
- *Warnmeldung bei nicht angezeigten IK-Bones* – falls eine Skelettebene ausgeblendet wird (oder Bones aus anderen Gründen nicht angezeigt werden), könnte man Objekte, die durch Bones verbunden sind, sonst für unabhängig halten.
- *Warnmeldung, wenn Text eingebettete Schriftart benötigt*
- *Warnmeldung zum Löschen des SWF-Verlaufs, wenn Vorlage gespeichert wird* – beim Speichern als Vorlage wird der SWF-Verlauf, das heißt die Übersicht über die vorherigen SWF-Exporte, gelöscht.
- *Warnmeldung, wenn beim Löschen der RSL erst der gesamte Inhalt heruntergeladen wird, bevor das erste Bild abgespielt wird* – RSL steht für Runtime Shared Library, also eine gemeinsam genutzte Bibliothek.
- *Warnmeldung zum Entfernen des Standardwerts aus RSL-Liste*

Ressourcen und Tools

Das Streben nach Wissen ist eine natürliche Veranlagung aller Menschen.

Aristoteles

Dieser Anhang gibt einen Überblick über weitere Ressourcen: Bücher, die Ihnen nach dem Erlernen der Grundlagen weiterhelfen, informative und inspirierende Websites sowie nützliche Zusatzprogramme, die Sie bei der Arbeit mit Flash unterstützen können.

Weiterführende Literatur

Hier finden Sie Bücher und Videotrainings aus verschiedenen Kategorien, die Ihnen nach dem Durcharbeiten des vorliegenden Buchs – oder auch parallel dazu – nützlich sein könnten.

HTML und Webdesign

- Jennifer Niederst Robbins: *HTML & XHTML – kurz & gut*. 4. Auflage, Köln 2010, O'Reilly Verlag. Diese handliche Taschenreferenz bietet einen guten Überblick über alle wesentlichen HTML-Tags und ihren praktischen Einsatz.

- Jennifer Niederst Robbins: *Webdesign mit (X)HTML und CSS – Ein Praxisbuch zum Einsteigen, Auffrischen und Vertiefen*. Köln 2008, O'Reilly Verlag. Dieses Buch bietet einen erfrischenden Einstieg ins Webdesign und macht Sie mit den modernen technischen Standards vertraut.

- Christopher Schmitt: *CSS Kochbuch*. 2. Auflage, Köln 2007, O'Reilly Verlag. Aktualisiert und deutlich erweitert, wartet die zweite Auflage des CSS-Kochbuchs mit dem bewährten Mix aus schnellen, praxisorientierten Lösungen und begleitenden Diskussionen auf. In über 150 Rezepten werden gängige bis vertrackte CSS-Aufgaben behandelt, denen sich Webdesigner immer wieder gegenübersehen

- jQuery Community Experts: *jQuery Kochbuch*. Köln 2010, O'Reilly Verlag. Mit seinen praxisnahen Lösungen ist das jQuery-Kochbuch ideal sowohl für den Einsteiger wie auch für den JavaScript-Veteranen. Es startet mit den Grundlagen und geht zügig über zu praxisrelevanten Anwendungsfällen mit erprobten Lösungen.

Flash und ActionScript

- André Reinegger: *Flash CS5 – Das umfassende Training*. In diesem Videotraining lernen Sie Schritt für Schritt alle Werkzeuge kennen. Dazu kommen Arbeitstechniken, mit denen Sie animierte interaktive Flash-Filme mit Grafiken, Sound und Video erstellen.

- Sascha Kersken: *ActionScript 3-Grundlagen – Flash-basierte Webanwendungen programmieren*. Dieses Videotraining erläutert ausführlich alle Grundlagen – von der Filmsteuerung mit ActionScript über formale Sprachgrundlagen bis hin zur Objektorientierung.

- Colin Moock: *Essential ActionScript 3.0*. Sebastopol 2007, O'Reilly Media, Inc. Hier erhalten Sie eine Übersicht über alle wichtigen Aspekte von ActionScript 3 zur Verwendung in Flash, Flex und Adobe AIR.

- *David Stiller et al.: The ActionScript 3.0 Quick Reference Guide: For Developers and Designers Using Flash*: 2008, O'Reilly Media, Inc. Das Buch stellt exzellentes Wissen und sogar ein wenig Weisheit aus dem Reich der ActionScript-Programmierung bereit.

- Joey Lott, Darron Schall, Keith Peters: *ActionScript 3.0 Cookbook*. Sebastopol 2006, O'Reilly Media, Inc. Auch zu ActionScript gibt es das bewährte Konzept der Rezeptsammlung.

- Gerald Reinhardt: *Praxiswissen Flex 3*. Köln 2009, O'Reilly Verlag. Eine praxisorientierte Einführung in die Arbeit mit dem Flex-Framework aus derselben Buchreihe wie der vorliegende Band.

Serverseitige Webprogrammierung

- Sascha Kersken: *Apache 2*. 3. Auflage, Bonn 2009, Galileo Computing. Ein umfassendes Handbuch zum Apache-Webserver der Versionen 2.0 und 2.2. Alle Installationsoptionen, Konfigurationsanweisungen, Module und Programmierschnittstellen werden umfassend beschrieben.

- Andrew Ford & Sascha Kersken: *Apache kurz & gut*. 2. Auflage, Köln 2007, O'Reilly Verlag. Eine nützliche Taschen-Nachschlagehilfe zu allen wichtigen Apache-Aspekten.

- Rasmus Lerdorf, Kevin Tatroe, Peter McIntyre: *Programmieren mit PHP*. 2. Auflage, Köln 2006, O'Reilly Verlag. Der PHP-Erfinder Lerdorf und seine Koautoren stellen hier ausführlich alle wichtigen Aspekte der PHP-Programmierung vor.

- Sascha Kersken: *Praktischer Einstieg in MySQL mit PHP*. 2. Auflage, Köln 2007, O'Reilly Verlag. Schnelleinstieg in Einrichtung, Konfiguration und praktischen Einsatz des Datenbanksystems MySQL und der Datenbankprogrammierung mit PHP. Gedruckt nicht mehr lieferbar, aber kostenloser PDF-Download unter *http://www.oreilly.de/german/freebooks/einmysql2ger/*.

- Lynn Beighley & Michael Morrison: *PHP & MySQL von Kopf bis Fuß*. Köln 2009, O'Reilly Verlag. Auch zu PHP und MySQL gibt es nun einen Band aus der »ganz anderen« Von-Kopf-bis-Fuß-Buchreihe. Mit Rätseln, Spielen und viel Humor lernen Sie hier alles, was Sie über datenbankgestützte PHP-Entwicklung wissen müssen.

Websites

Die nachfolgende kleine Auswahl von Websites bietet nützliche Informationen und inspirierende Anregungen zu Flash, ActionScript und Webdesign oder einfach nur Unterhaltung.

Softwarequellen

Diese Adressen sind die Quellen für alle im Buch näher vorgestellten Softwareprodukte:

- *http://apache.org*. Auf der Website des Apache HTTP Server Project können Sie den Webserver Apache herunterladen sowie die umfangreiche Online-dokumentation studieren.

- *http://www.php.net*. Diese Site bietet PHP-Versionen für viele verschiedene Plattformen zum Download. Außerdem gibt es hier das PHP Manual in unterschiedlichen Sprachen und Formaten.

- *http://www.mysql.com*. Bei der Firma MySQL AB können Sie den gleichnamigen Datenbankserver herunterladen; zudem erhalten Sie dort zahlreiche Zusatztools und die Onlinedokumentation.

- *http://www.apachefriends.org/xampp*. XAMPP ist ein freies, leicht zu installierendes, vorkonfiguriertes Softwarepaket für Windows, Linux und Sun Solaris. Es enthält Apache, PHP, MySQL und weitere Serversoftware.

Zusätzliche Programme

Hier folgt eine kleine Liste mit Programmen und Tools rund um das Erstellen und Bearbeiten von Flash-Inhalten und Websites:

- *http://www.fdt.powerflasher.com/*. Flash Developer Tools 4 (kurz FDT) ist eine leistungsstarke Flash-/Flex-Entwicklungsumgebung für ActionScript 3 und MXML.

- *http://www.jetbrains.com/idea/features/flex_ide.html*. IntelliJ IDEA dient der Entwicklung von Rich Internet Applications über ein Flex-Framework mit Editoren für ActionScript, MXML und CSS.

- *http://www.osflash.org*. Auf dieser Website werden alle Open Source-Tools verlinkt und beschrieben, mit denen sich Flash-Inhalte bearbeiten, dynamisch erstellen oder veröffentlichen lassen.

- *http://www.swishzone.com*. Genau wie mit Flash können Sie auch mit *SWiSH-max* SWF-Filme erstellen. Das Programm kennt unzählige automatisierte Animationseffekte, die in Flash viel Arbeit kosten würden, ist dafür aber in Sachen Interaktivität schwächer ausgestattet.

- *http://www.sothink.com*. Sothink stellt Flash-Tools her: den *SWF Decompiler* zum nachträglichen Bearbeiten von Filmen, die nur im SWF-Format vorliegen, oder den *SWF Quicker*, einen kleinen, schnellen Flash-Editor.

- *http://www.swftools.com*. Auf dieser Site werden Links und Informationen zu Flash- und SWF-Tools diverser Hersteller gesammelt.

- *http://www.gimp.org*. The Gimp ist ein sehr umfangreiches, professionelles Open Source-Bildbearbeitungsprogramm für Windows, Mac OS X und Linux. Es ist ideal dazu geeignet, die Bitmaps für Ihre Websites und Flash-Filme zu bearbeiten.

- http://inkscape.org. Inkscape ist ein Open-Source-Vektorgrafikeditor, dessen Fähigkeiten mit denen von Illustrator, Freehand oder CorelDraw vergleichbar sind.

Info- und Tutorial-Sites

- *http://www.adobe.com/de.* Auf der Website von Adobe Deutschland finden Sie Trial-Versionen zu anderen Adobe-Programmen sowie ergänzende Informationen.

- *http://www.adobe.com/de/products/flash.* Die Flash-Startseite von Adobe Deutschland ist erster Anlaufpunkt für Updates, technische Tipps und Flash-Erweiterungen.

- http://www.adobe.com/de/devnet/flash/. Das Flash Developer Center ist eine hilfreiche Community-Seite mit zahlreichen Tutorials und Ressourcen rund um da Thema Flash.

- http://tv.adobe.com/de. Auf dieser Video-Website von Adobe finden Sie eine große Anzahl von Videotrainings zu allen Adobe-Produkten.

- http://www.video2brain.de. Hier finden Sie unzählige Videotrainings zu sämtlichen Adobe-Produkten, aber auch zu Themen wie HTML & CSS, JavaScript sowie PHP & MySQL.

- *http://www.flashforum.de.* Das Flashforum wird von Marc Thiele und Sascha Wolter betrieben. Es handelt sich um die größte und aktivste deutschsprachige Flash-Community, in der über sämtliche Themen rund um Flash diskutiert wird.

- *http://www.flashhilfe.de.* Eine weitere sehr aktive Forencommunity.

- *http://www.flashbattle.de.* Auch auf dieser Site finden Sie zahlreiche Foren zu Flash, ActionScript und Webdesign – vom Newbie-Forum für Flash-Einsteiger über Foren zu den verschiedenen Flash-Versionen bis hin zu Spezialthemen wie Flash-Games oder objektorientierter Programmierung.

- *http://active.tutsplus.com. Auf der Website erscheinen täglich neue spannende Tutorials rund um das Thema Flash und ActionScript.*

- *http://activeden.net. Hier finden Sie eine große Anzahl an Vorlagen, Galerien, Animationen und Utilities auf Flash-Basis.*

- *http://www.drweb.de.* Dr. Web Magazin enthält täglich neue Artikel, Tipps und Tricks zu Webdesign und -entwicklung mit (unter anderem) HTML, CSS, JavaScript, Flash und PHP.

- *http://de.selfhtml.org.* Seit vielen Jahren ist SelfHTML von Stefan Münz die engagierteste, umfangreichste und genaueste Onlinereferenz zu HTML, CSS, JavaScript, CGI/Perl und anderen Webthemen.

- *http://www.galileocomputing.de/openbook/kit.* Die HTML-Fassung des Buchs *Kompendium der Informationstechnik* von Sascha Kersken (Neuauflage: *IT-Handbuch für Fachinformatiker*) bietet eine Mischung aus Theorie und Praxis zahlreicher Themen der modernen IT: Unter anderem werden Hardware, Betriebssysteme, Programmierung, Mediengestaltung, Netzwerke und Webentwicklung behandelt.

- http://www.entwickler.de. Auf dieser Website finden Sie aktuelle News, Interviews, Buchtipps und Jobangebot rund um den IT-Bereich.

Gelungenes Flash-Design

- *http://www.thefwa.com*. Die Seite von Favorite Web Awards präsentiert eine gute Auswahl an fantastischen Websites.

- *http://www.sikorsky.com*. Diese Website eines Flugzeug- und Helikopterherstellers hat eine besondere Produktauswahl auf der Startseite, die einen Blick wert ist.

- *http://ge.ecomagination.com/smartgrid/*. Eine sehr gut gemachte Website rund um das Thema alternative Energien.

Flash-Spiele

- *http://www.shockwave.com*. Hier finden Sie zahlreiche mit Flash und Director realisierte Action-, Abenteuer- und Denkspiele sowie einige Cartoons und Musikvideos.

- http://www.aee.gouv.qc.ca/en/energuy/game/. In diesem genial gemachten Flash-Spiel lernt man auf lustige Art, Strom zu sparen.

- http://www.gettheglass.com. Ein ungeheuer gutes in Flash realisiertes Brettspiel, das man gesehen haben muss.

- *http://amanita-design.net/samorost-2/*. Auch »Samorost« ist eine Art Adventure mit brillanter Grafik, das vor allem Fans der bekannten *Myst*-Reihe begeistern dürfte.

Flash-Cartoons

- *http://www.angryalien.com*. Hier finden Sie eine Collection bekannter Kinofilme, parodiert und nachgespielt in 30 Sekunden von einer Truppe von Cartoonhasen.

- *http://www.jibjab.com*. Die Macher der US-Wahlkampfparodie »This Land«, die es sogar in viele Hauptnachrichtensendungen schaffte, haben noch zahlreiche weitere gute Cartoons zu bieten.

- *http://www.southparkstudios.com*. Einige Cartoons aus der beliebten, skurrilen Zeichentrickserie »Southpark« als Flash-Animationen.

Index

Symbole

A

Sascha Kersken kam 1983 zum ersten Mal mit einem Computer in Berührung und hatte später das Glück, dieses langjährige Hobby zu seinem Beruf machen zu können. Er ist Senior Developer bei der *papaya Software GmbH* in Köln und arbeitet nebenbei als Fachbuchautor und Dozent.

Sascha ist Autor vieler Bücher, darunter *Praxiswissen Flash*, *Praxiswissen Ruby* (O'Reilly Verlag), *IT-Handbuch für Fachinformatiker* und *Apache 2* (Galileo Press). Für den O'Reilly Verlag hat er unter anderem die Titel *Praxiswissen Dreamweaver 8*, *Die Programmiersprache Ruby*, *Ajax von Kopf bis Fuß* und *Active Directory* übersetzt bzw. mit übersetzt sowie das Buch *Apache – kurz & gut* aktualisiert und erweitert.

Seine Freizeit verbringt Sascha am liebsten mit seiner Frau und seinem Sohn oder mit guten Büchern.

André Reinegger machte sein Hobby zum Beruf und arbeitet seit über zehn Jahren mit Flash, Fireworks und Dreamweaver. Er ist als freiberuflicher Diplom-Designer im Bereich der interaktiven Medien tätig. Außerdem reist er als Adobe Certified Instructor quer durch Deutschland und hält zahlreiche Seminare und Fachvorträge. Seit Kurzem ist er außerdem Lehrbeauftragter an der Fachhochschule in Aachen für den Studiengang *Communication & Multimediadesign*.

Mit seiner eigenen Web-Agentur *www.reinegger.net* realisiert er Websites und Shops, E-Learning-Anwendungen, Rich Internet Applications – kurz: alles, was interaktiv ist. Er setzte unter anderem Projekte für die Deutsche Post, das Handelsblatt, Philips, Goldman Sachs und viele andere Kunden um.

André ist Autor diverser Videotrainings von *video2brain*, unter anderem hat er auch die DVDs zu den Themen Dreamweaver, Fireworks und Flash erstellt. Darüber hinaus nimmer er Videotrainings für Adobe TV auf.

Kolophon

Das Tier auf dem Cover von Flash CS5 ist ein Pantherchamäleon (*Furcifer pardalis*). Es lebt in den Küstenwäldern Madagaskars und benachbarter Inseln sowie auf La Réunion und Mauritius.

Das Pantherchamäleon ist ein besonders bunter Vertreter seiner Gattung. Je nachdem, in welchem Lebensraum es zuhause ist, hat es eine eigene Färbung, die von grün mit roter Zeichnung bis grau mit weißen Streifen reichen kann. Auf dem Rücken zieht sich ein stacheliger Kamm bis hinunter zum kräftigen Schwanz, der zu einem Kringel eingerollt werden kann.

Wie bei allen Chamäleons sind auch die Augen des Pantherchamäleons unabhängig voneinander beweglich. Auf diese Weise haben die Tiere einen Sichtwinkel von mehr als 340°. Mit seiner langen Zunge jagt es Insekten und Spinnen, gelegentlich sogar kleine Säuger oder Vögel.

Das Pantherchamäleon erreicht eine Größe von 44 bis 55 Zentimetern, wobei die Weibchen etwas kleiner sind als ihre männlichen Artgenossen. Da Chamäleons ihr Leben lang wachsen, ist es nach einiger Zeit unabdingbar, dass sie sich häuten. Unter der äußeren Epidermis bildet sich zunächst eine neue Hautschicht. Ist die Zeit zur Häutung gekommen, platzt die alte, pergamentartige Haut auf, der sich das Tier durch Schürfen an Ästen und Baumrinden entledigt.

Aufgrund ihrer intensiven Färbung sind Pantherchamäleons beliebte Terrarientiere. Ihre Haltung ist allerdings nicht einfach und erfordert eine Menge Erfahrung und Zeit.

Den Umschlag dieses Buches hat Michael Oreal gestaltet.

Als Textschrift im Buch verwenden wir die Myriad Pro und als Nichtproportionalschrift für Code die LucasFont's TheSans Mono Condensed.

Das Buch wurde mit Adobe® InDesign® CS5 gesetzt.

Geesche Kieckbusch hat das Tierportrait für dieses Kolophon geschrieben.